개정판

파이썬 연습

PYTHON PRACTICE

| 김기용 • 성동수 지음 |

도서출판 그린

Preface

프로그래밍 언어는 새로운 소프트웨어를 작성하기 위한 소프트웨어이며, 최근에는 소프트웨어 작성뿐만 아니라 통계 계산, 데이터 시각화, 시뮬레이션 등의 연구 분야에서도 활용되고 있다. 대표적인 프로그래밍 언어로는 C, C++, C#, Java, Python, Ruby, Swift, PHP 등이 있다.

파이썬은 귀도 반 로섬(Guido van Rossum)이 발표하였고, 공동체 기반의 개방적 개발 모델을 가지고 있으며, 파이선 소프트웨어 재단(Python Software Foundation)에서 관리하고 있다. 파이썬은 간결한 문법으로 입문자가 이해하기 쉽고, 다양한 분야에 활용할 수 있는 컴퓨터 언어이다. 이 때문에 파이썬은 기계학습, 그래픽, 웹 개발 등 여러 업계에서 선호하는 언어로 꾸준히 성장하고 있다.

'파이썬(Python)'이란 영어의 의미는 원래 그리스 신화에 나오는 뱀 이름이다. 파이썬 로고에 두 개의 뱀이 서로 마주본 듯한 그림이 있는 이유도 이 때문이다. 하지만 귀도 반 로섬이 실제 '파이썬'이란 단어를 선택할 당시에는 그리스 신화를 참고한 것은 아니었다. 영국 〈BBC〉 방송의 코미디 프로그램인 '몬티 파이썬 비행 서커스(Monty Python's Flying Circus)'를 좋아해 가져온 단어였다.

현재 파이썬은 대형 글로벌 기업부터 스타트업까지 다양하게 이용되고 있다. 파이썬은 다양한 플랫폼에서 사용이 가능한 객체 지향 기반 인터프리터 방식의 고급 프로그래밍 언어 중 하나로 문법이 배우기 쉽고 결과를 바로 확인할 수 있는 장점이 있다.

파이썬은 문법 구조가 간단, 명확하고, 많은 시스템 호출과 풍부한 라이브러리, 다양한 윈도우 시스템용 인터페이스 등을 포함하고 있어 생산성이 높은 언어이기도 하다. 반면 실행속도가 상대적으로 느리다는 단점이 있다. 반면, 다른 프로그래밍 언어와의 호환성이 높아, 빠른 속도가 필요한 부분은 C, C++ 등의 언어로 개발하여 융합할 수 있다.

본 교재는 파이썬 언어의 이해를 돕기 위하여 각 개념을 설명하고 각 개념마다 실제 예제를 두었다. 각 예제들은 실제 코드 및 실행 결과를 책에 도시하였기 때문에, 각 예제들을 실제로 작성하여 수행해보면 각 개념들을 쉽게 이해할 수 있다.

본 교재의 내용은 교육기관에서 파이썬 언어를 처음 접하는 학생들의 한 학기 공부를 위하여 전체를 15장으로 구성하였다. 각 장에 있는 기본 개념, 예제, 연습문제를 체계적으로 공부한다면 독자가 필요한 파이썬 프로그램의 개발에 유용하게 이용될 수 있을 것으로 기대된다.

2022년 1월

김기용, 성동수

Contents

Chapter 01

프로그래밍과 파이썬

제 1 장 프로그래밍과 파이썬

1.1. 컴퓨터 프로그래밍

현대 사회를 살아가는 인간은 컴퓨터가 없으면 생활이 힘들 정도로 컴퓨터는 인간의 생활과 밀접한 관계가 있다. 특히 스마트폰이 대중화되면서 우리의 일상에 많은 변화가 일어났으며, 몇 번의 동작만으로 원하는 자료를 손쉽게 구할 수 있다. 최근에는 컴퓨터에게 음성 대화를 통하여 명령을 내리기도 한다. 이런 생활이 가능하게 된 가장 큰 이유는 컴퓨터의 하드웨어뿐만 아니라 소프트웨어 기술이 발전한 덕분이며, 이와 함께 4차 산업혁명 시대를 맞이하여 소프트웨어 기술에 대한 중요성이 점차 커지고 있다.

이와 같이 소프트웨어가 중요하다고 하는데 과연 소프트웨어는 무엇일까? 소프트웨어의 사전적 정의는 "컴퓨터 프로그램 및 그와 관련된 문서들을 통틀어 이르는 말"이라고 되어 있다. 그러나 우리가 일반적으로 생각하는 소프트웨어는 보통 컴퓨터 프로그램을 의미하며, 컴퓨터 하드웨어에게 명령을 내리거나, 작업을 수행하도록 기능을 구현한 것을 말한다. 컴퓨터 소프트웨어는 컴퓨터 하드웨어와는 반대되는 개념으로, 하드웨어는 컴퓨터 본체, 키보드, 마우스, 모니터와 같이 형체가 있는 것을 말하며, 소프트웨어는 하드웨어를 구동하기 위한 형체가 없는 프로그램이다. 따라서 컴퓨터는 하드웨어와 함께 소프트웨어가 반드시 있어야 동작할 수 있다.

그렇다면 소프트웨어를 배운다는 것은 어떤 의미일까? 소프트웨어를 배우는 것은 워드, 엑셀과 같은 응용 소프트웨어의 사용법을 익히는 것도 있지만, 궁극적인 목적은 컴퓨터를 이용하여 원하는 작업을 직접 지시하는 프로그램을 만드는 방법을 배우는 것이다. 컴퓨터에게 작업을 지시하기 위해서 소프트웨어를 사용하지만, 이러한 소프트웨어는 프로그래밍 언어를 이용하여 만들 수 있다. 그러나 우리가 일상적으로 사용하는 한국어, 미국 사람들이 사용하는 영어 등 인간이 사용하는 언어에도 여러 종류가 있듯이 프로그래밍 언어에도 많은 종류가 있다. 즉 소프트웨어를 만들기 위해서는 컴퓨터가 이해할 수 있는 프로그래밍 언어를 사용해야 하며, 컴퓨터가 이해할 수 있는 언어의 종류 역시 파이썬, C/C++, Java 등과 같이 다양하게 존재한다. 그리고 이러한 언어를 사용할 때는 각 언어에 맞는 문법을 사용해야만 한다.

그러나 프로그래밍 언어의 문법을 배운다고 해서 컴퓨터 프로그램을 즉시 만들 수 있는 것은 아니다. 컴퓨터는 어린 아이와 같아서 대화를 할 때 하나하나 세심하게 이야기해야 한다. 예를 들어서 홀수와 짝수를 구별하는 프로그램을 만든다고 가정하자. 우리는 홀수와 짝수가 어떠한 숫자들인지 이미 배워서 알고 있다. 그러나 어린 아이에게는 숫자의 개념부터 시작해서 홀수, 짝수의 개념까지 하나하나 알려줘야 한다. 컴퓨터에게도 마찬가지로 "홀수와 짝수를 찾아라."라고 명령을 내리면 이해하지 못하며, "2로 나눈 나머지가 0인 수를 찾아라."라고 명령을 내려야 한다. 이와 같이 컴퓨터를 이용하여 문제를 해결하기 위해서 어떠한 문제가 주어지면 컴퓨터가 계산하는 입장에서 생각해야 하며, 문제가 복잡해지면 해당 문제를 작은 단위로 나누어서 하나씩 접근해야 한다. 이것을 컴퓨팅 사고(computational thinking)라고 한다.

컴퓨팅 사고는 문제를 효과적으로 처리할 수 있도록 문제를 정의하고, 그에 대한 답을 기술하는 과정이 포함된 사고 과정 전체를 말한다. 이때 정답은 하나가 아닐 수 있다. 다만 문제를 해결하기 위하여 문제를 작은 단위로 나누고, 자료를 이용하고, 문제 해결에 필요한 공통점(패턴)을 찾고, 일반화하는 과정을 말한다. 즉 소프트웨어 기술을 익히는 것은 컴퓨팅 사고 능력을 기르는 것이며, 문제 해결을 위한 절차나 방법을 공식화하고 알고리즘의 형태로 표현함으로써 논리적인 사고 능력을 기르는 데 도움을 준다.

1.2. 파이썬 소개

파이썬은 1991년 네덜란드 암스테르담의 귀도 반 로섬(Guido Van Rossum)이 개발한 프로그래밍 언어이다. 파이썬이라는 이름은 귀도가 좋아하는 '몬티 파이썬의 날아다니는 서커스(Monty Python's Flying Circus)'라는 코미디 쇼에서 따왔다고 한다. 본래 파이썬의 사전적 의미는 그리스 신화에서 파르나소스 산 남쪽 기슭에 있는 델포이의 신탁소를 지배하던 큰 뱀의 이름이다. 따라서 파이썬 공식 홈페이지(https://www.python.org/)에 나와 있는 로고 및 아이콘의 모양은 다음의 그림과 같이 뱀의 형태로 되어 있다.

파이썬은 다른 언어와 비교해서 문법이 비교적 쉽고 간단하기 때문에 프로그래밍을 처음 배우는 사람들에게 추천되는 언어이다. 뿐만 아니라 다양한 플랫폼에서 사용할 수 있고, 라이브러리(모듈)가 풍부하여 대학을 비롯한 여러 교육기관 및 연구소, 산업체에서 이용이 증가하고 있다. 특히 최근 각광받고 있는 빅데이터, 인공지능과 관련한 라이브러리를 쉽게 사용할 수 있고, 수치 연산 및 과학 계산에 특화된 라이브러리도 다양하게 제공하고 있기 때문에 과학 및 공학 연구 분야에서 활발히 사용되고 있다. 또한 무료로 배포되고 있는 오픈 소스이기 때문에 누구나 별도의 비용을 들이지 않고 쉽게 접할 수 있다.

1.3. 파이썬 설치

파이썬을 배우기 전에 먼저 컴퓨터에 파이썬을 설치해야 한다. 본 교재에서는 윈도우즈에서 설치하는 방법만을 다룬다. 리눅스, MAC OS 등 다른 시스템을 사용할 경우에는 파이썬 공식 홈페이지(https://www.python.org/)의 설명을 참고한다.

파이썬을 설치하기 위하여 설치 파일을 다운로드 받아야 한다. 우선 파이썬 공식 홈페이지에서 Downloads 메뉴에 마우스를 이동하면 다음의 그림과 같이 팝업 메뉴가 열리고 파일을 다운로드 할 수 있다. 이 글을 작성하고 있는 현재 배포되고 있는 파이썬의 가장 최근 버전은 Python 3.10.0 버전이며, 이는 기간이 지남에 따라 달라질 수 있다.

파일을 다운로드한 후에 프로그램을 실행하면 다음과 같이 설치가 진행된다. 이때 파이썬이 어느 위치에서도 실행될 수 있도록 [Add Python 3.10 to PATH] 옵션을 반드시 선택한다.

설치가 완료되면 [close]를 클릭하여 종료하면 파이썬 설치가 끝난다. 파이썬이 정상적으로 설치되었다면 다음의 그림과 같이 프로그램 메뉴에서 확인할 수 있다. 이때 설치되는 프로그램은 컴퓨터 환경에 따라 다를 수 있다.

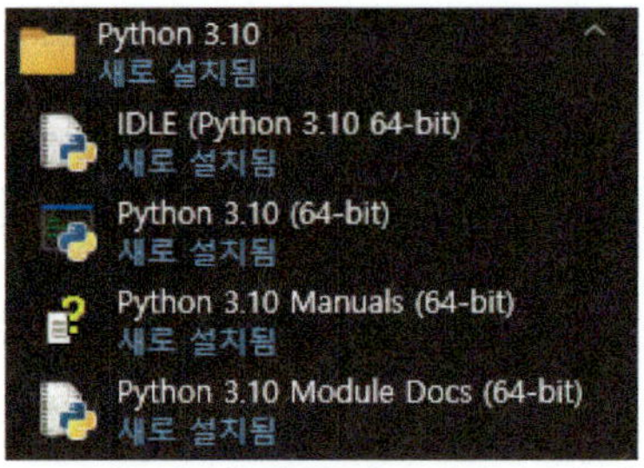

1.4. 첫 번째 파이썬 프로그램

지금부터 파이썬을 이용하여 프로그램을 만들어보자. 파이썬은 명령 프롬프트에서 "python"이라는 명령어를 입력하여 실행하는 방법과 파이썬을 설치할 때 함께 설치되는 Python IDLE(Integrated Development and Learning Environment)을 이용하여 파이썬을 실행하는 방법, 그리고 본 교재에서는 다루지 않지만 규모가 큰 프로그램 개발을 위하여 PyCharm이나 Visual Studio Code와 같이 다양한 기능이 추가된 별도의 통합 개발 환경(Integrated Development Environment)을 이용하는 방법 등 여러 가지가 있다.

1.4.1. 파이썬 실행하기

다음과 같이 시작 메뉴의 "Windows 시스템" - "명령 프롬프트"를 이용하여 명령 프롬프트를 실행하면 텍스트로 구성되어 있는 창(명령 프롬프트)이 열린다. 이렇게 실행된 명령 프롬프트에서 "python"이라고 명령어를 입력하면 파이썬 인터프리터(명령어를 바로 실행하는 컴퓨터 프로그램 또는 환경)가 실행된다.

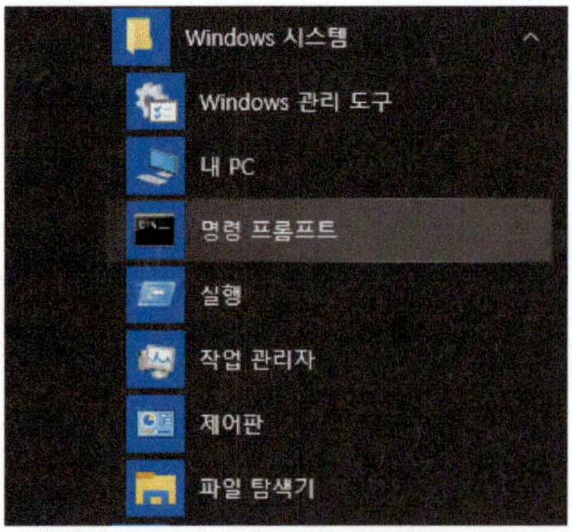

```
명령 프롬프트 - python
Microsoft Windows [Version 10.0.19043.1237]
(c) Microsoft Corporation. All rights reserved.

c:\Python>python
Python 3.10.0 (tags/v3.10.0:b494f59, Oct  4 2021, 19:00:18) [MSC v.1929 64 bit (AMD64)] on win32
Type "help", "copyright", "credits" or "license" for more information.
>>>
```

화면에서 ">>>"로 표시된 것은 프롬프트라고 불린다. 프롬프트에 우리가 명령어를 입력하고 엔터키를 누르면 즉시 명령어가 실행되고 결과가 바로 화면에 출력된다. 다음의 그림과 같이 간단한 연산을 계산해 보자.

```
명령 프롬프트 - python
Microsoft Windows [Version 10.0.19043.1237]
(c) Microsoft Corporation. All rights reserved.

c:\Python>python
Python 3.10.0 (tags/v3.10.0:b494f59, Oct  4 2021, 19:00:18) [MSC v.1929 64 bit (AMD64)] on win32
Type "help", "copyright", "credits" or "license" for more information.
>>> 3 + 4
7
>>> 3 - 4
-1
>>> 3 * 4
12
>>> 3 / 4
0.75
>>>
```

명령 프롬프트에서 파이썬을 실행하는 방법은 단순히 파이썬 명령어들을 입력하고 결과를 즉각 확인할 수는 있지만, 코드의 길이가 길어질 경우 이미 실행했던 명령어들을 저장하거나 다시 불러올 때 불편함이 있다. 따라서 일반적인 경우 통합 개발 환경을 이용하여 코드를 별도의 문서에 저장한 후 불러와서 프로그램을 동작시킨다. 파이썬을 설치할 때 함께 설치되는 Python IDLE을 사용하면, 명령어를 직접 입력할 수도 있고 소스 파일이라고도 부르는 파이썬 스크립트 파일에 저장하여 저장된 명령어를 한 번에 실행할 수 있는 방법을 사용할 수도 있다. 우선 시작 메뉴에서 "Python IDLE"을 찾아서 실행하면 다음과 같이 파이썬 셸(Python Shell)이 실행된다.

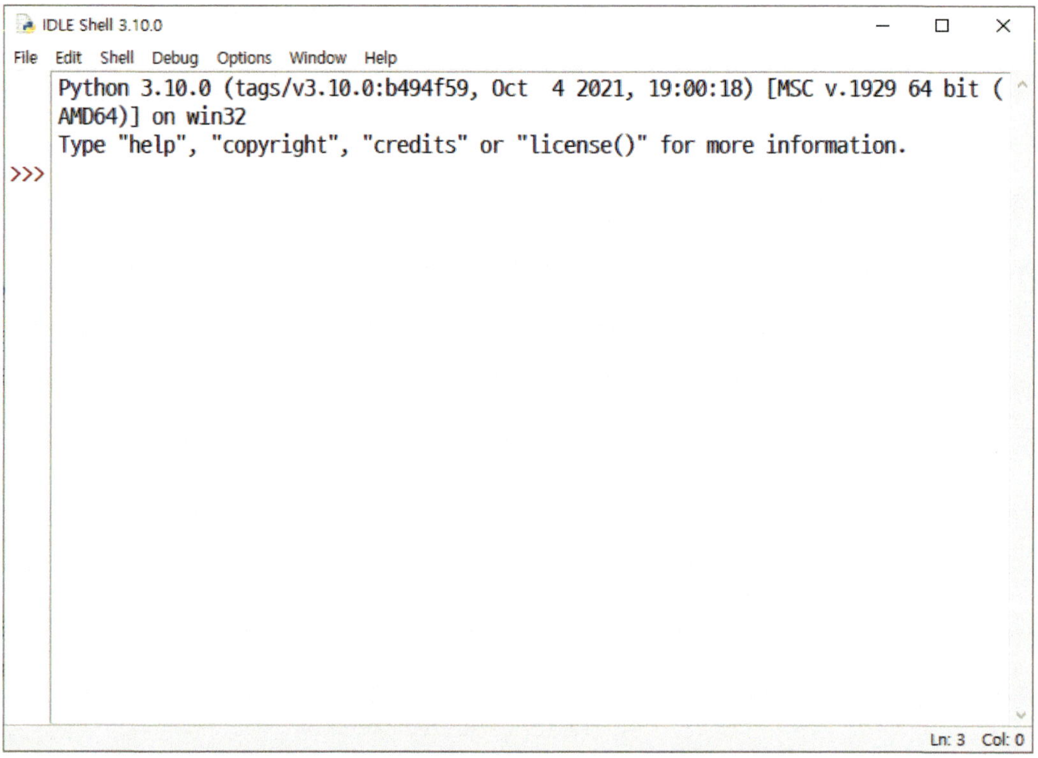

파이썬 셸에서는 앞에서 명령 프롬프트를 이용하여 실행했던 파이썬 인터프리터와 동일한 방법으로 한 번에 하나의 명령어를 실행할 수 있고 실행 결과를 즉시 확인할 수 있다. 다음의 그림과 같이 사칙연산을 똑같은 방법으로 계산할 수 있다.

```
IDLE Shell 3.10.0
File  Edit  Shell  Debug  Options  Window  Help
Python 3.10.0 (tags/v3.10.0:b494f59, Oct  4 2021, 19:00:18) [MSC v.1929 64 bit (
AMD64)] on win32
Type "help", "copyright", "credits" or "license()" for more information.
>>> 3 + 4
7
>>> 3 - 4
-1
>>> 3 * 4
12
>>> 3 / 4
0.75
>>> 
```

이제 간단한 프로그램을 만들어보자. 프로그램을 배우는 사람들이 가장 먼저 만드는 프로그램이 있다. 바로 화면에 "Hello World!"라는 글자를 출력하는 프로그램이다. 다음의 그림과 같이 명령어를 입력해보자.

```
IDLE Shell 3.10.0
File  Edit  Shell  Debug  Options  Window  Help
Python 3.10.0 (tags/v3.10.0:b494f59, Oct  4 2021, 19:00:18) [MSC v.1929 64 bit (
AMD64)] on win32
Type "help", "copyright", "credits" or "license()" for more information.
>>> 3 + 4
7
>>> 3 - 4
-1
>>> 3 * 4
12
>>> 3 / 4
0.75
>>> print("Hello World!")
Hello World!
>>> 
                                                              Ln: 13  Col: 0
```

print("Hello World!")라고 하면 큰따옴표(" ") 안에 있는 글자들이 출력된 것을 볼 수 있다. 즉 print()는 괄호 안의 내용을 화면에 출력하라는 의미의 명령어이며, 이러한 명령어를 함수라고 한다. 함수에 대한 자세한 내용은 뒤에서 배울 것이다. 다면 여기서는 어떤 특정한 작업을 수행하기 위한 명령어라고 이해하고 넘어가자.

이와 같이 파이썬 쉘을 이용하면 파이썬 인터프리터를 직접 실행한 것과 동일한 방법으로 프로그램을 작성할 수 있다. 그러나 파이썬 쉘이 파이썬 인터프리터와 다른 점은 자체 내장 코드 편집기를 제공하여 파이썬 스크립트 파일이라 부르는 파이썬 소스 코드 파일을 만들 수 있다. 파이썬 쉘에서는 파일을 편집, 관리할 수 있고, 편집한 소스 코드를 즉시 실행할 수 있는 메뉴를 지원한다. 이제 코드 편집기 창을 열어보자. 파이썬 쉘의 [File] 메뉴에서 [New File]을 선택하면 윈도우즈의 메모장과 비슷한 형태의 코드 편집기 창이 실행된다.

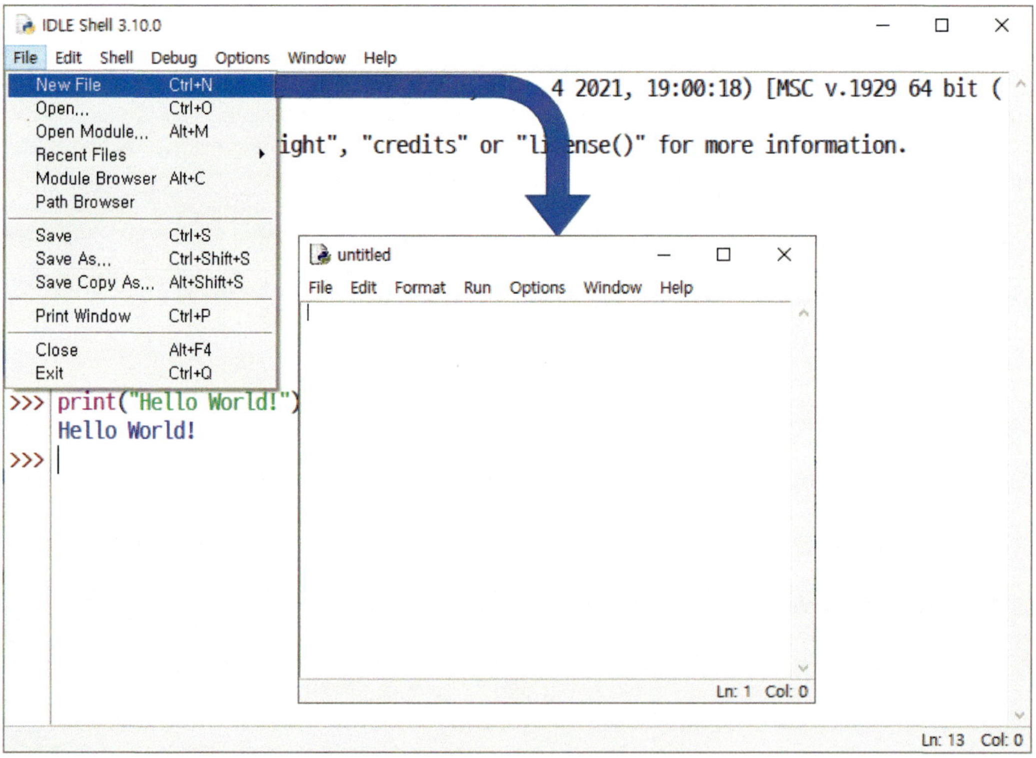

이제 다음의 그림과 같이 파이썬 스크립트 파일을 작성하고 [File] 메뉴의 [Save]를 선택하여 파일을 저장해 보자. 저장할 때 파일 이름은 임의로 지정해도 되지만, 파일의 확장자는 반드시 ".py"로 지정해야 한다. 본 예제에서는 "print.py"라는 이름으로 저장하였다.

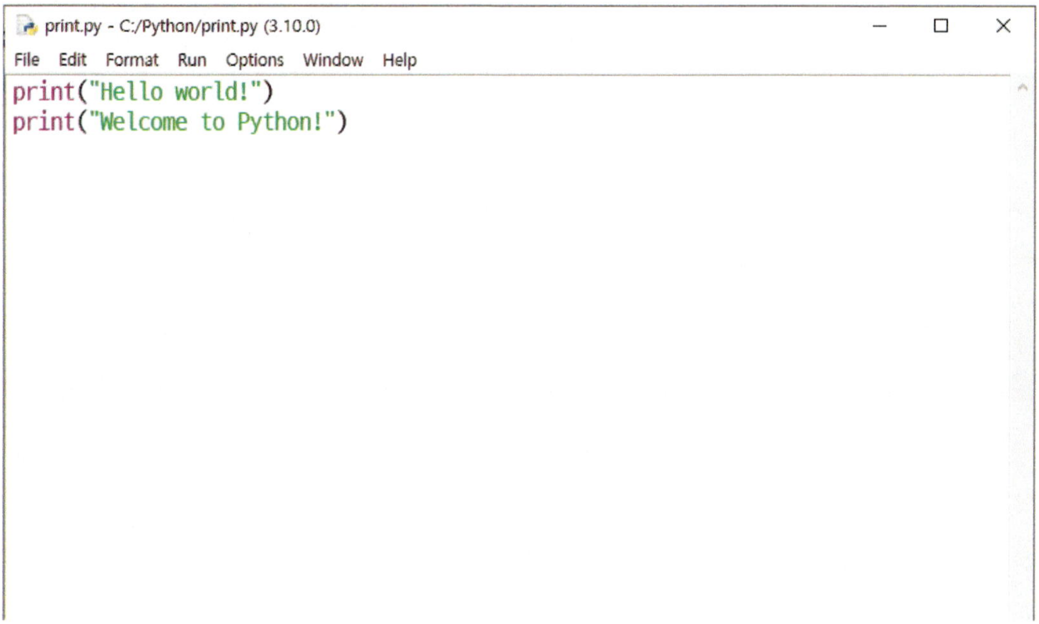

파일을 저장한 후 파이썬 스크립트 파일을 실행해 보자. 파이썬 스크립트 파일을 실행하는 방법은 파이썬 쉘의 코드 편집기 창에서 직접 실행하는 방법과 명령 프롬프트에서 명령어를 입력하여 실행하는 방법을 사용할 수 있다. 우선 파이썬 쉘에서 실행해 보자. 다음의 그림과 같이 코드 편집기 창에서 [Run] 메뉴의 [Run Module] 항목을 선택하면 파이썬 쉘에서 파일 내부의 코드를 실행한 후 결과를 보여준다.

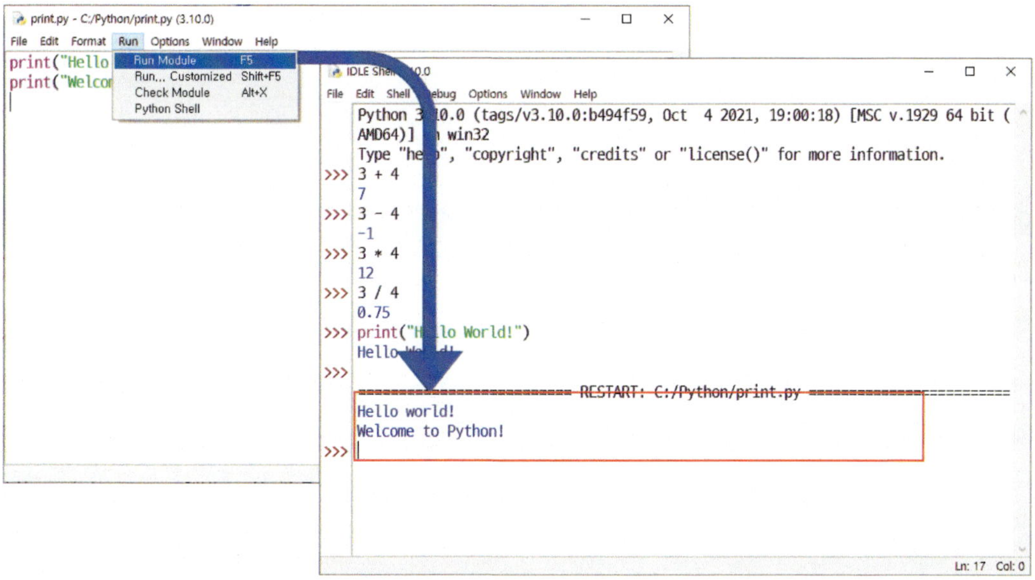

이미 저장되어 있는 파일을 열어서 실행할 때는 [File] 메뉴의 [Open]을 이용해서 파일을 열고 같은 방법으로 파일을 실행하면 된다.

저장된 파이썬 스크립트 파일을 실행하는 두 번째 방법은 명령 프롬프트에서 직접 파일을 실행하는 방법이다. 앞에서 명령 프롬프트에서 "python"을 입력하면 파이썬 인터프리터가 실행된다는 것을 배웠다. 같은 방법으로 "python 파일명"을 입력하면 파이썬 인터프리터가 실행되는 것이 아니라 해당 파이썬 스크립트 파일을 직접 실행한 후 결과를 보여준다. 다음의 그림과 같이 "print.py" 파일을 실행한 후 결과를 확인해 보자.

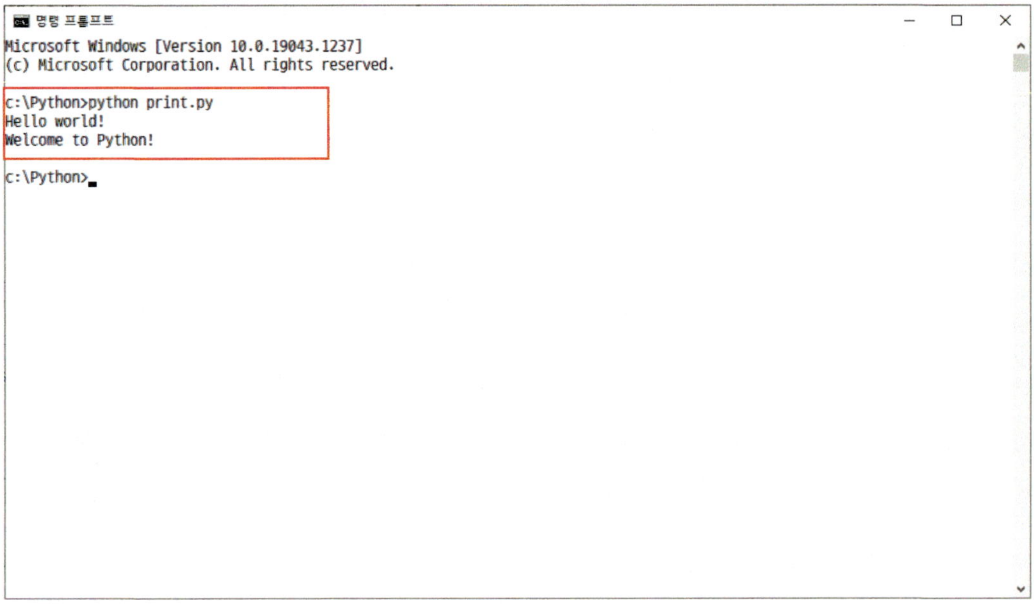

이제 파이썬을 이용하여 프로그램을 만드는 방법에 대하여 배웠다. 이제 앞으로 배우게 되는 변수 등을 이용하여 값을 저장하고, 계산한 후 결과를 확인하는 다양한 방법을 배울 것이다. 앞으로 예제를 공부할 때는 앞에서 배운 것과 같이 파이썬 인터프리터 모드와 편집기 창을 이용한 실습을 모두 이용한다. 프로그램 예제가 다음과 같이 >>>로 시작하면 인터프리터 모드를 이용한다.

```
>>> print("Hello World!")
Hello World!
```

예제가 다음과 같이 줄 번호와 코드로 구분되어 있는 경우에는 코드 편집기 창을 이용한다.

```
print("Hello world!")
print("Welcome to Python")
```

실행 결과	Hello world! Welcome to Python

1.5. 연습문제

1-1. 다음 괄호 부분을 채우시오.

① (   )은 다른 프로그래밍 언어와 비교해서 문법이 비교적 쉽고 간단하기 때문에 프로그래밍을 처음 배우는 사람들에게 추천되는 언어이다.

② Python IDLE을 사용하여 프로그램을 만들 때 소스 파일이라고 부르는 .py 확장자를 갖는 파이썬 (   ) 파일에 저장하여 저장된 명령어를 한 번에 실행할 수 있다.

③ 파이썬 소스 파일의 확장자는 (   )이다.

④ 파이썬의 (   ) 모드를 이용하면 명령어를 하나씩 입력하여 프로그램의 결과를 즉시 확인할 수 있다.

⑤ 명령 프롬프트에서 (   )이라고 명령어를 입력하면 파이썬을 이용한 프로그램 개발 환경이 실행된다.

1-2. 다음과 같은 결과를 갖도록 파이썬의 인터프리터 모드를 이용하여 프로그램을 작성하시오.

실행 결과	안녕하세요. 반갑습니다.

1-3. 다음의 결과를 갖도록 파이썬 소스 파일을 만들어서 프로그램을 작성한 후, 명령 프롬프트에서 소스 파일을 실행하시오.

실행 결과	Good Morning. Nice to meet you.

```
include <stdio.h>

oid main()

  int iValue1, iValue2, iResult;

  printf("WnWn ***** program start

  iValue1 = 20;
  iValue2 = 30;
  iResult = iValue1 * iValue2;

  printf(" %d + %
```

Chapter 02

숫자, 문자열, 변수, 계산하기

제 2 장 숫자, 문자열, 변수, 계산하기

이번 장에서는 파이썬을 이용하여 기본적인 계산 작업을 해볼 것이다. 컴퓨터를 사용한다는 것은 대부분 소프트웨어를 사용하는 것을 말한다. 소프트웨어는 컴퓨터 사용자의 작업을 처리하기 위하여 데이터를 사용하며, 연산을 통하여 데이터를 가공한 후 결과를 사용자에게 전달한다. 이와 같이 프로그램을 만들 때는 반드시 데이터를 필요로 한다. 프로그래밍 언어는 사람이 사용하는 데이터를 그 형태에 맞게 구분하며, 이를 자료형이라고 한다. 파이썬에서 사용하는 모든 자료형은 객체라는 것으로 구현되어 있다. 객체는 데이터를 저장하기 위한 틀이라고 생각하면 되며, 속성(값)과 메서드(행동)로 구성되어 있다. 예를 들어 자동차를 생각해 보자. 자동차는 차체, 엔진, 바퀴, 핸들 등으로 구성되어 있고, 가속기를 밟으면 앞으로 나아가며 브레이크를 밟으면 정지한다. 이때 형태를 구성하는 엔진, 바퀴, 핸들 등이 속성이며, 전진, 좌회전, 우회전 등이 행동이 된다. 이 세상에 존재하는 모든 것은 이처럼 속성과 메서드로 구분지어 생각할 수 있으며, 이를 추상화라고 한다. 그리고 프로그래밍 언어에서 추상화를 응용하여 데이터를 관리하는 방식을 객체 지향 프로그래밍 언어라고 한다. 파이썬은 객체 지향 프로그래밍 언어이며, 객체에 대한 자세한 것은 뒤에서 다시 설명한다. 여기서는 우리가 사용하는 숫자, 문자열 등의 데이터가 컴퓨터에서 어떻게 사용되는지를 우선 살펴보자. 그리고 연산자를 이용하여 데이터를 가공하는 방법에 대하여 배워보자.

2.1. 숫자형

파이썬에서 사용하는 숫자형에 대하여 우선 공부해보자. 숫자형이란 숫자를 표현하기 위한 자료형으로, 파이썬에서 사용할 수 있는 숫자 자료형은 크게 정수, 실수, 복소수로 구분할 수 있다. 다음은 파이썬에서 사용할 수 있는 숫자 자료형을 나타낸다. 이 중에서 프로그래밍 언어에서 주로 사용하는 자료형은 정수와 실수이며, 복소수 자료형은 본 교재에서는 다루지 않는다.

분류	자료형	사용 예
정수	10진수	123, −123, 0
	2진수	0b1100101
	8진수	0o12
	16진수	0x1A
실수	실수	123.4, 1.234E2, 1.234e2
복소수	복소수	1.2 + 3.4j

2.1.1. 정수형

표에서 확인할 수 있듯이 파이썬에서 정수를 표현할 수 있는 방법은 크게 네 가지가 있다. 일반적으로 사람이 사용하는 10진수의 형태뿐만 아니라 2진수 및 8진수, 16진수로 표현도 가능하다. 숫자를 2진수로 표현하기 위해서는 숫자 앞에 0b 또는 0B를 붙여서 사용하며, 8진수로 표현하기 위해서는 숫자 앞에 0o 또는 0O를 붙인다. 그리고 16진수로 표현하기 위해서는 0x 또는 0X를 붙이면 된다. 이때 숫자를 2진수로 표현하는 경우 0b123과 같이 0과 1 이외의 숫자를 쓰게 되면 오류가 발생한다. 또한 8진수로 숫자를 표현할 때는 0부터 7까지의 숫자만을 사용해야 하며, 16진수로 표현할 때는 0부터 9까지의 숫자와 A부터 F까지의 알파벳만을 사용해야 한다. 그리고 숫자를 10진수로 표현할 때 010과 같이 숫자 앞에 0을 붙여도 오류를 발생시킨다. 다음의 예제를 살펴보자.

```
>>> 123
123
>>> -123
-123
>>> 0b1100101
101
>>> 0b123
SyntaxError: invalid syntax
>>> 0o12
10
>>> 0o129
SyntaxError: invalid syntax
>>> 0x1A
26
>>> 010
```

```
SyntaxError: invalid token
```

다음의 표는 10진수와 다른 진수와의 관계를 나타낸다.

10진수	2진수	8진수	16진수	10진수	2진수	8진수	16진수
0	0	0	0	16	10000	20	10
1	1	1	1	17	10001	21	11
2	10	2	2	18	10010	22	12
3	11	3	3	19	10011	23	13
4	100	4	4	20	10100	24	14
5	101	5	5	21	10101	25	15
6	110	6	6	22	10110	26	16
7	111	7	7	23	10111	27	17
8	1000	10	8	24	11000	30	18
9	1001	11	9	25	11001	31	19
10	1010	12	A	26	11010	32	1A
11	1011	13	B	27	11011	33	1B
12	1100	14	C	28	11100	34	1C
13	1101	15	D	29	11101	35	1D
14	1110	16	E	30	11110	36	1E
15	1111	17	F	31	11111	37	1F

2.1.2 실수형

실수형은 소수점 이하의 값을 갖는 숫자이다. 파이썬에서는 실수를 표현하기 위하여 123.4와 같이 소수점만을 사용하는 방법과 1.234E2 또는 1.234e2와 같이 지수의 형태로 표현하는 방법을 모두 지원한다. 이때 1.234E2 또는 1.234e2는 1.234×10^2이라는 의미이며, 123.4와 같은 값이다. 다음의 예제를 살펴보자.

```
>>> 123.4
123.4
>>> 1.234e2
123.4
```

```
>>> 1.234E2
123.4
```

2.1.3 산술 연산자를 사용하여 계산하기

산술 연산자를 사용하면 정수와 실수를 이용하여 계산을 할 수 있다. 파이썬에서 사용할 수 있는 산술 연산자는 다음과 같다.

연산자	설명	예	결과
+	덧셈	3 + 4	7
–	뺄셈	4 - 3	1
*	곱셈	3 * 4	12
/	나눗셈	5 / 2	2.5
//	정수 나눗셈	5 / 2	2
%	나머지	5 % 2	1
**	지수	3 ** 4	81

표에서 소개한 연산자 들 중에서 나눗셈 연산자(/)와 정수 나눗셈 연산자(//)에 주의하자. 나눗셈 연산자의 연산 결과는 소수점 이하의 값을 포함한 결과가 출력되며, 정수 나눗셈 연산자의 연산 결과는 소수점을 제외한 결과, 즉 정수 값이 출력된다. 또한 연산식을 적을 때 연산자와 피연산자(숫자)를 붙여서 사용하거나 띄어쓰기를 해도 동일한 결과를 얻는다.

파이썬 쉘의 인터프리터 모드에서는 간단한 계산 작업을 별도의 명령어 없이 즉시 확인할 수 있다. 다음의 예제를 통하여 연산 결과들을 확인해 보자.

```
>>> 3 + 4
7
>>> 15 - 7
8
>>> 5 - 9
-4
>>> 5 + 9 + 3
17
>>> 4 + 3 + 2 - 5
4
>>> 3 + 5 * 9
```

```
48
>>> 5 / 2
2.5
>>> 5 // 2
2
>>> 5.3 / 1.7
3.1176470588235294
>>> 5.3 // 1.7
3.0
>>> 5 % 2
1
>>> 5 ** 2
25
```

예제에서 3 + 5 * 9의 연산 결과가 48이 나왔다. 즉 파이썬에서 계산할 때 덧셈보다 곱셈을 먼저 계산한다. 만일 곱셈보다 덧셈을 먼저 계산하고자 한다면 수학에서 사용하는 것과 같이 덧셈 부분을 괄호를 이용하여 묶어주면 된다. 이와 같이 파이썬에서도 연산자들 사이에 우선순위가 있음을 기억하자.

연산식을 파이썬 스크립트 파일로 만들어서 저장한 후 실행해 보자. 다음과 같이 예제를 스크립트 파일로 작성하여 결과를 살펴보면 결과가 출력되지 않는다.

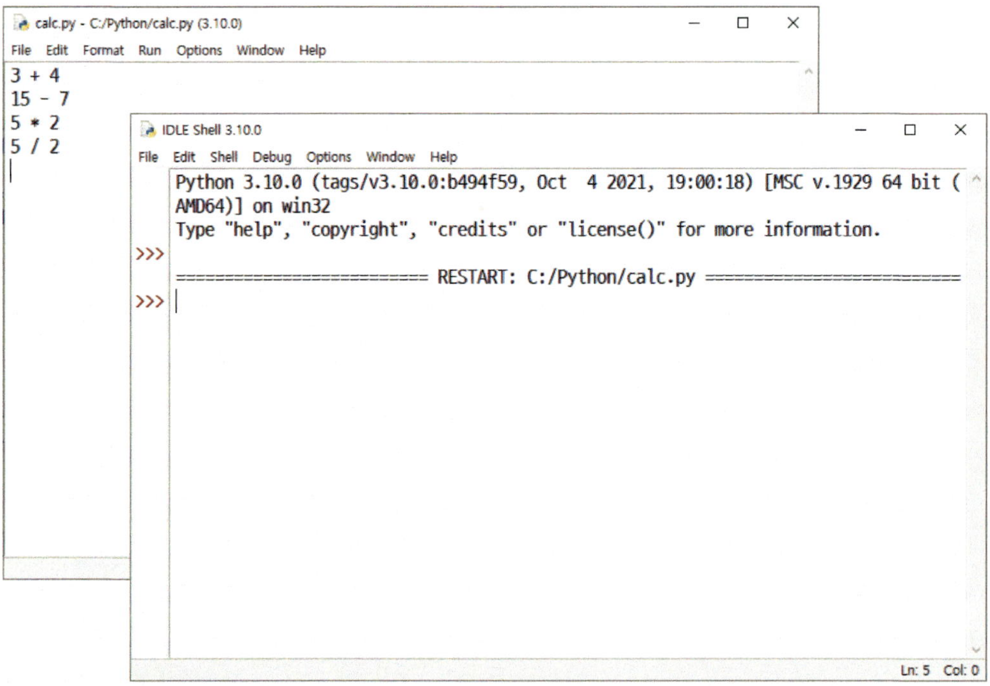

파이썬 쉘의 경우 인터프리터 모드이기 때문에 결과를 즉시 보는 용도에는 적합하다. 따라서 값 또는 계산식만 넣어도 결과가 바로 출력된다. 그러나 파이썬 스크립트 파일을 별도로 실행할 경우 명령어 단위로 인식해야하기 때문에 print() 함수를 사용해야 한다. 소스 코드를 다음과 같이 변경한 후 다시 실행하면 정상적으로 출력되는 것을 볼 수 있을 것이다.

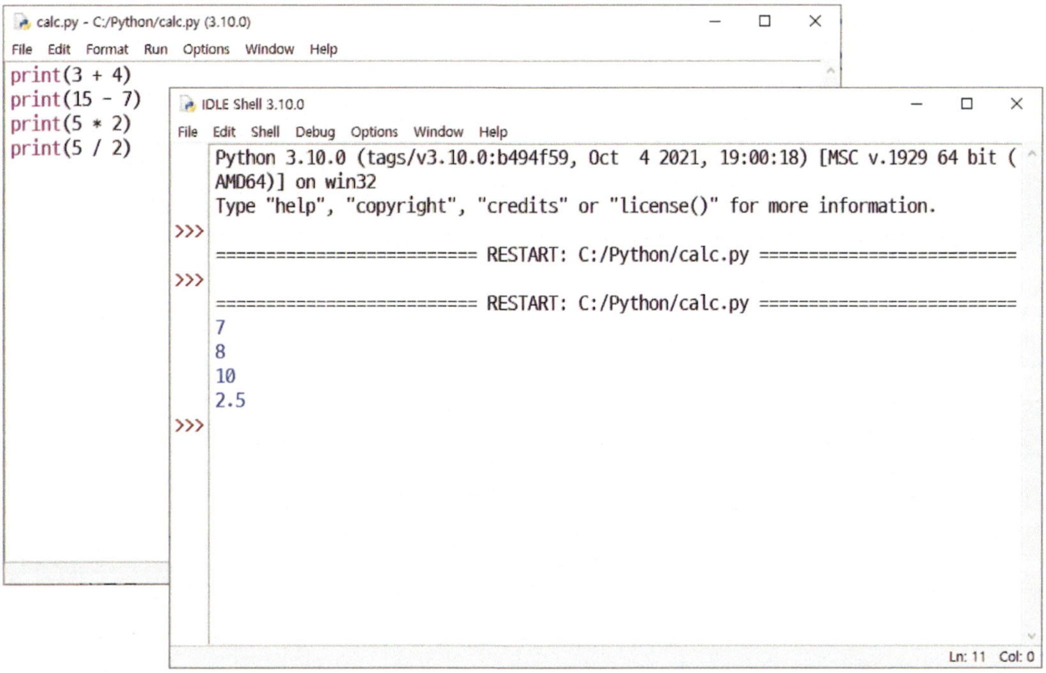

2.2. 문자열

문자열은 문자들의 집합, 즉 문장과 같다. 많은 프로그래밍 언어에서는 문자와 문자열을 구분해서 사용하지만, 파이썬에서는 문자와 문자열을 따로 구분하지 않고 모두 문자열로 취급하여 처리한다.

2.2.1. 문자열 표현 방법

파이썬에서 문자열을 사용하는 방법은 다음과 같이 네 가지 종류가 있다.

방법	예
큰따옴표로 둘러싸기	"Hello World!"
작은따옴표로 둘러싸기	'Hello World!'
큰따옴표 3개를 연속으로 써서 둘러싸기	"""Hello World!"""
작은따옴표 3개를 연속으로 써서 둘러싸기	'''Hello World!'''

다음의 예제를 보면 네 가지 방법 모두 같은 결과를 나타내는 것을 볼 수 있다.

```
>>> "Hello World!"
'Hello World!'
>>> 'Hello World!'
'Hello World!'
>>> """Hello World!"""
'Hello World!'
>>> '''Hello World!'''
'Hello World!'
```

네 가지 방법의 결과를 살펴보면 모두 'Hello World!'와 같이 작은따옴표 한 개를 이용하여 결과를 표현한 것을 확인할 수 있다. 작은따옴표 한 개 또는 큰따옴표 한 개를 이용하여 문자열을 표현할 수 있는데 왜 네 가지 방법을 지원하는 것일까? 그 이유는 다음과 같다.

① 여러 줄로 이루어진 문자열 사용하기

큰따옴표 세 개, 또는 작은따옴표 세 개로 이루어진 문자열은 여러 줄을 이용하여 문자열을 작성할 수 있다. 다음의 예제를 살펴보자.

```
>>> "Hello
SyntaxError: EOL while scanning string literal
>>> """Hello
World!"""
'Hello\nWorld!'
>>>
```

큰따옴표 한 개를 이용하여 "Hello라고 문자열을 입력한 다음 엔터키를 누르면 예제와 같이 오류가 발생한다. 반면 큰따옴표 세 개를 이용하여 """Hello라고 입력한 다음 엔터를 누르면 예제와 같이 다음 라인을 이어서 입력할 수 있으며, 그 상태에서 World!"""라고 입력하면 'Hello₩nWorld!'라고 출력되는 것을 볼 수 있다. 여기서 ₩n은 한 줄 내린다는 의미의 문자(escape sequence, 탈출문자)이며, 탈출문자에 대한 내용은 뒤에서 배운다. 이와 같이 다른 프로그래밍 언어에서는 여러 줄의 문자열을 프로그램에 입력하기 위하여 ₩n과 같은 문자를 강제적으로 사용해야 하지만, 파이썬에서는 큰따옴표 세 개 또는 작은따옴표 세 개를 이용하여 직관적으로 표현할 수 있다. 위의 예제를 다음과 같이 작성해 보자.

```
>>> print("""Hello
World!""")
Hello
World!
```

print() 함수를 이용하여 여러 줄의 문자열을 출력할 경우 줄바꿈이 이루어져서 출력되는 것을 확인할 수 있다.

② 문자열 안에 작은따옴표나 큰따옴표 포함하기

문자열을 사용하다 보면 문자열 내부에 큰따옴표나 작은따옴표를 넣어야 하는 경우가 발생한다. 예를 들어 다음과 같이 I'm studying Python!이라는 문장을 출력하기 위하여 문자열을 작은따옴표를 이용하여 'I'm studying Python!'로 표현하면 작은따옴표가 I만을 감싸기 때문에 오류가 발생한다. 이때 다른 프로그래밍 언어에서는 작은따옴표를 문자열에 삽입하기 위하여 ₩'와 같이 표현한다. 그러나 파이썬에서는 "I'm studying Python!"과 같이 큰따옴표를 이용하여 문자열을 표현하면 전체 문장을 큰따옴표가 감싸기 때문에 문자열 내부에 있는 작은따옴표를 정상적으로 출력할 수 있다. 다음의 예제를 살펴보자.

```
>>> print('I'm studying Python!')
SyntaxError: invalid syntax
>>> print("I'm studying Python!")
I'm studying Python!
```

③ 탈출문자(escape sequence)

앞에서 본 것과 같이 큰따옴표 세 개, 또는 작은따옴표 세 개를 사용하면 여러 줄의 문자열을 손쉽게 만들 수 있다. 그러나 파이썬에서는 전통적인 프로그래밍 방법인 탈출문자를 이용하여 여러 줄의 문자열을 만드는 방법도 제공한다. 탈출문자에서 대표적인 것이 앞에서 살펴봤던 ₩n이고, ₩n은 문자열 내부에서 줄바꿈을 하고 싶을 때 사용한다. 다음의 예제를 살펴보자.

```
>>> print("Hello\nWorld!")
Hello
World!
```

"Hello₩nWorld!"라는 문자열의 실제 출력된 결과를 보면 Hello와 World!가 서로 다른 줄에 줄바꿈되어 출력된 것을 확인할 수 있다. 이와 같이 문자열 내에서 ₩와 조합하여 출력되는 형태를 조절할 수 있으며, 이를 탈출문자(escape sequence)라고 한다. 프로그래밍 언어에서 자주 사용하는 탈출문자는 다음과 같다.

문자 이름	표현	의미
개행 문자	₩n	다음 줄로 이동
경고	₩a	컴퓨터 벨을 이용한 경고음 발생
백스페이스	₩b	이전 문자 하나 삭제
수평탭	₩t	다음 탭으로 이동
큰따옴표	₩"	큰따옴표 문자 출력
작은따옴표	₩'	작은따옴표 문자 출력
백슬래시	₩₩	₩ 문자 화면에 출력

2.2.2. 문자열 연산

파이썬에서는 문자열에 덧셈 연산자와 곱셈 연산자를 사용할 수 있다. 다음의 예제를 살펴보자.

```
>>> "Hello" + " World!"
'Hello World!'
>>> "Python" * 2
'PythonPython'
```

문자열에 덧셈 연산자를 사용하면 두 개의 문자열이 서로 결합되며, 문자열에 숫자와 함께 곱셈 연산자를 사용하면 해당 문자열이 곱한 값만큼 반복된다. 다음과 같이 코드 편집기를 이용하여 코드를 작성한 후 실행해 보자. 이때 print() 함수를 이용하여 문자열을 출력할 때는 출력 결과에 작은따옴표가 없음에 주의하자. print() 함수를 사용하면 파이썬 스크립트 파일 뿐만 아니라 파이썬 셸의 인터프리터 모드에서도 작은따옴표 없이 값만 출력된다.

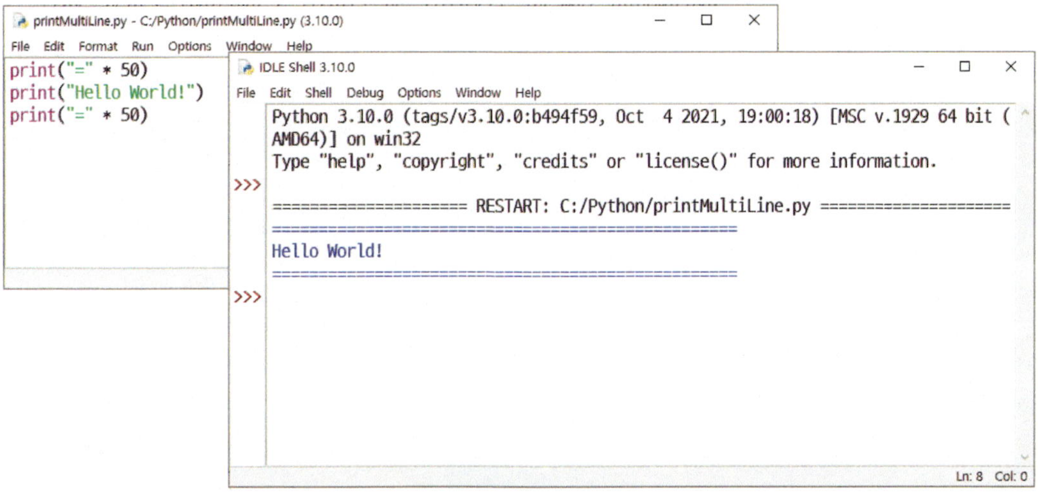

2.2.3. 문자열의 길이 구하기

문자열은 문자들의 집합이다. 따라서 필요에 따라 해당 문자열이 몇 개의 문자들로 이루어졌는지를 알아야 될 수도 있다. 파이썬에서는 다음과 같이 len() 함수를 이용하여 문자열의 길이를 구할 수 있다.

```
>>> len("Hello")
5
```

2.3. 변수

지금까지 숫자형, 문자열 등 파이썬에서 사용하는 데이터를 살펴보았다. 그러나 지금까지 사용한 데이터는 값을 이용해서 계산하고 화면에 출력하는 것은 가능했지만, 그 결과를 갖고 다른 작업을 할 수는 없었다. 프로그램을 작성하다 보면 계산 작업을 수행하고 그 결과를 이용해서 다른 작업을 이어서 진행하는 경우가 많으며, 이러한 경우 데이터를 다른 곳에 저장할 필요가 있다. 이때 프로그래밍 언어에서 사용하는 것이 바로 변수이다. 변수는 컴퓨터 프로그램에서 데이터를 저장하기 위한 공간이다. 변수를 이용해서 데이터를 저장하고, 저장된 데이터를 읽으며, 저장된 데이터를 변경할 수 있다. 이러한 변수는 컴퓨터의 메모리를 저장 공간으로 사용한다.

2.3.1. 변수의 생성과 값의 저장

파이썬에서는 다음과 같이 "변수명 = 값"의 형식으로 변수를 만들 수 있다. 다음의 예제를 살펴보자.

```
>>> value = 10
>>> value
10
>>> print(value)
10
```

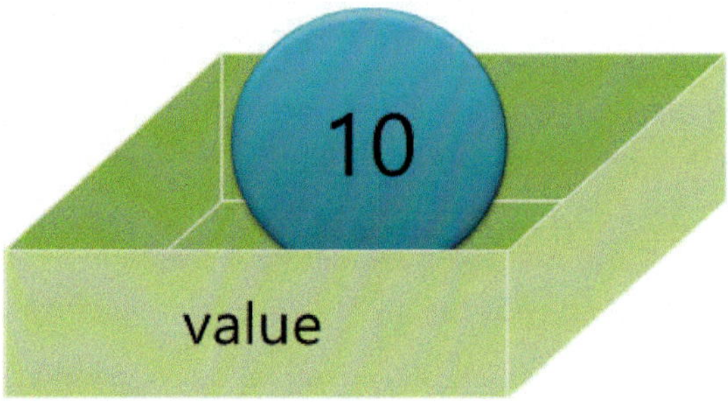

value = 10이라고 입력하면, 메모리에 값을 저장하기 위한 공간을 만들고 해당 공간에 value라는 이름을 부여한다. 변수를 만들고 난 이후 value라는 이름을 사용하면 value에 저장된 10의 값을 자동으로 가져와서 사용한다. value = 10 문장에서 =는 "오른쪽에 있는 값을 왼쪽의 변수에 대입하라"는 의미를 갖는 대입(할당) 연산자이다. =는 수학에서 "같다"라는 의미를 갖지만 대다수의 프로그래밍 언어에서는 값을 대입하기 위한 연산자로 사용된다. 나중에 배우겠지만 파이썬에서 "같다"라는 의미를 갖는 연산자는 ==(등호 두 개)를 사용한다.

그러나 변수를 만들 때에는 제약 조건이 있다. 변수라는 것은 자료를 저장하기 위한 공간이고, 이 공간은 다른 것과 구별되는 이름을 가져야 한다. 이러한 이름을 식별자라고 하고, 식별자를 만들 때에는 다음과 같이 특별한 규칙을 따라야 한다.

번호	규칙	잘못된 식별자
1	식별자는 알파벳 문자, 숫자, 밑줄(_)로만 구성되어야 한다.	coun#t
2	식별자의 첫 번째 문자는 반드시 문자 또는 밑줄(_)이어야 한다. 즉 숫자로 시작할 수 없다.	1_value
3	예약어는 사용할 수 없다.	in
4	식별자는 대소문자를 구분하며, 길이의 제한은 없다.	

이 밖에도 파이썬만이 사용하는 추천하는 방침들이 있기는 하지만 본 교재에서는 다루지 않는다. 다음은 변수의 이름으로 사용할 수 없는 파이썬의 예약어이다. 이러한 예약어가 어디에 사용되는지는 앞으로 계속 배우게 될 것이다.

예약어 목록				
and	assert	break	class	continue
def	del	elif	else	except
exec	finally	for	from	global
if	import	in	is	lambda
not	or	pass	print	raise
return	try	while	with	yield
False	None	True		

생성된 변수에서 값을 가져올 때 변수의 이름을 사용하는 것과 같은 방법으로, 변수의 이름을 이용해서 이미 저장되어 있는 값을 변경할 수도 있다. 이때는 변수를 처음 만드는 것과 동일한 방법으로 "변수명 = 새로운 값"의 형식으로 이미 만들어진 변수에 저장된 값을 변경한다. 다음의 예제를 살펴보자.

```
>>> value = 10
>>> print(value)
10
>>> value = 20
>>> print(value)
20
```

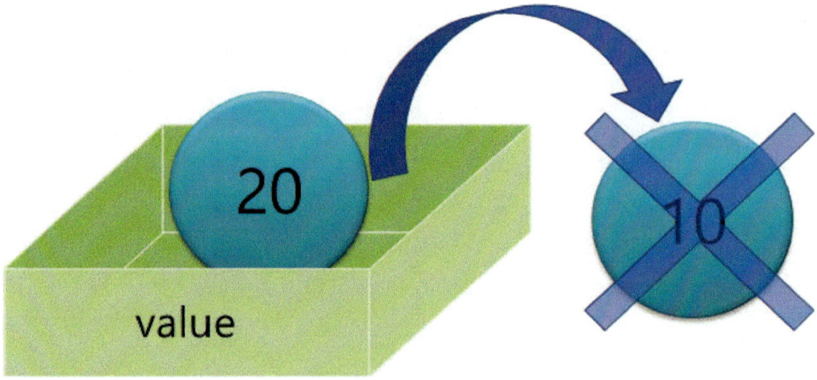

우리는 앞에서 value = 10이라는 문장으로 value 변수를 만들고 10의 값을 저장하였다. 그 이후에 value = 20이라고 하면, 기존에 저장되어 있던 10의 값을 버리고 20의 값을 새롭게 저장한다. 이와 같이 변수에는 값을 저장할 수 있으며, 저장된 값을 변경할 수 있다. 변수에는 앞에서 보았던 정수뿐만 아니라 실수, 문자열의 값을 저장할 수도 있으며, 다른 변수의 값도 저장할 수 있다. 그리고 수식의 값도 저장이 가능하다. 다음의 예제를 살펴보자.

```
>>> length = 10
>>> radius = length
>>> pi = 3.14
>>> square_area = length * length
>>> circle_area = pi * radius ** 2
>>> print(square_area)
100
>>> print(circle_area)
314.0
```

위의 예에서 radius = length 부분을 살펴보자. =는 앞에서 이야기한 것과 같이 대입 연산자이다. 따라서 = 왼쪽의 radius는 값을 저장하기 위한 공간이 된다. 그러면 오른쪽의 length는 어떤 의미일까? 변수의 이름이 사용되기는 했지만, = 오른쪽에 변수가 사용되면 공간의 개념이 아니라 해당 공간에 저장된 값의 의미를 갖는다. 따라서 radius = length 문장은 radius 변수가 만들어지지 않은 상태이기 때문에 radius 변수를 만들고 이미 만들어진 length 변수에 저장되어 있는 10을 가져와서 radius 변수에 대입하는 문장이다. 만일 이때 다음과 같이 오른쪽의 변수가 이미 만들어지지 않은 경우에는 대입할 수 있는 값이 없기 때문에 오류가 발생한다.

```
>>> radius = width
Traceback (most recent call last):
  File "<pyshell#23>", line 1, in <module>
    radius = width
NameError: name 'width' is not defined
```

변수를 생성할 때 한 번에 하나씩만 만들 수 있는 것은 아니다. "변수명1, 변수명2, 변수명3 = 값1, 값2, 값3"과 같이 각 변수를 콤마로 구분한 뒤 저장할 값을 지정해주면 여러 개의 변수를 한 번에 만들 수 있다. 이때 변수의 개수와 저장하고자 하는 값의 개수를 동일하게 맞춰야 하며, 순서대로 값이 저장된다. 만약 변수와 값의 개수가 일치하지 않을 경우 오류가 발생한다.

```
>>> value1, value2, value3 = 10, 20, 30
>>> print(value1, value2, value3)
10 20 30
>>> value4, value5, value6 = 40, 50
Traceback (most recent call last):
  File "<pyshell#26>", line 1, in <module>
    value4, value5, value6 = 40, 50
ValueError: not enough values to unpack (expected 3, got 2)
>>> value4, value5, value6 = 40, 50, 60, 70
Traceback (most recent call last):
  File "<pyshell#31>", line 1, in <module>
    value4, value5, value6 = 40, 50, 60, 70
ValueError: too many values to unpack (expected 3)
```

위의 예에서 value1, value2, value3 = 10, 20, 30 문장을 이용해서 value1, value2, value3 변수를 만들고 각 변수에 10, 20, 30의 값을 저장한다. 다음 print 문장에서 각 변수에 저장된 값을 출력한다. print() 함수 역시 변수를 생성할 때와 같은 방법으로 콤마를 이용하여 여러 변수의 값을 한 번에 출력할 수 있다. 다음 value4, value5, value6 = 40, 50 문장에서는 value6 변수에 저장하는 값을 지정하지 않았다. 따라서 개수가 일치하지 않기 때문에 오류가 발생한 것을 확인할 수 있다. 또한 value4, value5, value6 = 40, 50, 60, 70과 같이 저장하고자 하는 값이 변수의 개수보다 많을 때도 오류가 발생한다.

변수를 만들 때 콤마를 이용하여 여러 개의 변수를 만들 수 있는 것과 같이 값을 할당할 때도 여러 개의 변수에 값을 할당할 수도 있다. 다음의 예제를 살펴보자.

```
>>> value1, value2 = 10, 20
>>> print(value1, value2)
10 20
>>> value1, value2 = value2, value1
>>> print(value1, value2)
20 10
```

위의 예에서 value1, value2 = value2, value1 문장을 살펴보자. 이 문장은 value1에는 value2에 저장되어 있는 값 20을 저장하고, value2에는 value1에 있는 값 10을 저장하라는 문장이다. 따라서 결과적으로 value1과 value2 변수에 저장되어 있던 값을 서로 교환하는 문장이 된다.

지금까지 변수를 만들고 대입 연산자를 이용하여 변수에 값을 저장하였다. 대입 연산자는 값을 저장하는 기능 외에 다른 연산자와 결합하여 사용할 수 있다. 예제를 보면 어떻게 동작하는지 알 수 있을 것이다.

```
>>> value = 10
>>> value += 1
>>> print(value)
11
```

value에 10이 저장되어 있고 다음 문장은 value += 1이다. 그리고 value 값을 출력해 보니 11의 결과가 나왔다. 즉 value에 저장되어 있던 값이 1만큼 증가했다. 즉 += 연산의 결과는 왼쪽 변수에 오른쪽의 값을 더한 후 그 결과를 다시 왼쪽 변수에 저장하라는 의미이다. 이와 같이 대입 연산자는 산술 연산자와 결합하여 새로운 연산의 수행이 가능하다. 이를 복합 대입 연산자라고 하며, 그 종류는 다음과 같다.

연산자	설명	예 (value가 10일 때)
+=	왼쪽 변수에 오른쪽 값을 더한 후 결과를 왼쪽 변수에 저장	value += 1 value에 11이 저장
−=	왼쪽 변수에 오른쪽 값을 뺀 후 결과를 왼쪽 변수에 저장	value −= 1 value에 9가 저장
*=	왼쪽 변수에 오른쪽 값을 곱한 후 결과를 왼쪽 변수에 저장	value *= 2 value에 20이 저장

연산자	설명	예 (value가 10일 때)
/=	왼쪽 변수에 오른쪽 값을 나눈 후 결과를 왼쪽 변수에 저장	value /= 4 value에 2.5가 저장
//=	왼쪽 변수에 오른쪽 값을 나눈 몫의 결과를 왼쪽 변수에 저장	value //= 4 value에 2가 저장
%=	왼쪽 변수에 오른쪽 값을 나눈 나머지의 결과를 왼쪽 변수에 저장	value %= 3 value에 1이 저장
**=	왼쪽 변수에 오른쪽 값만큼 거듭제곱한 결과를 왼쪽 변수에 저장	value **= 2 value에 100이 저장

2.3.2 변수의 자료형과 형 변환

우리는 10은 정수, 3.14는 실수인 것을 알고 있다. 그러나 프로그램에서 변수에 값을 저장하게 되면 변수의 이름만으로 해당 변수에 어떤 종류의 값이 저장되었는지 확인하기는 어렵다. 물론 변수의 이름을 iValue와 같이 i라는 접두어 등을 이용하여 지음으로써 해당 변수의 자료형을 표시할 수도 있다. 파이썬에서는 다음과 같이 type() 함수를 사용하면 변수, 상수가 어떤 자료형인지를 확인할 수 있다.

```
>>> type(123)
<class 'int'>
>>> value = 10
>>> type(value)
<class 'int'>
>>> type(3.14)
<class 'float'>
>>> type("Hello")
<class 'str'>
```

type(123)을 이용하여 123의 자료형을 확인하면 〈class 'int'〉라고 출력된다. 여기서 int는 integer의 약자로 정수형을 나타내는 자료형이다. 앞에서 이야기한 것과 같이 파이썬의 모든 자료형은 객체로 관리하며, 객체를 자료형의 형태로 만든 것이 클래스(class)이다. 클래스에 대한 자세한 내용은 뒤에서 배우기로 한다. 3.14와 같은 실수 자료형 float은 floating point(부동소수점)에서 가져온 자료형이며, 문자열은 string에서 가져온 str을 자료형으로 사용한다.

파이썬에는 지금 확인한 int, float, str 자료형 외에도 나중에 배우게 될 리스트(list), 딕셔너리(dictionary), 셋(set), 튜플(tuple) 등의 자료형이 있으며, class를 이용하여 사용자 정의 자료형을 만들어서 사용할 수도 있다. 이 중에서 int, float, str 세 자료형은 쉬운 방법으로 각 자료형을 서로 다른 자료형으로 변환할 수 있다. 우선 int() 함수를 사용하면 실수형이나 문자열을 정수로 변환한다. 이때 변환하고자 하는 값이 실수일 때는 소수점 이하가 버려지며, 문자열일 때는 반드시 정수 형태의 문자열이어야 한다.

```
>>> int(3.14)
3
>>> int("12345")
12345
>>> int("+12345")
12345
>>> int("3.14")
Traceback (most recent call last):
  File "<pyshell#43>", line 1, in <module>
    int("3.14")
ValueError: invalid literal for int() with base 10: '3.14'
```

float() 함수를 사용하면 정수형이나 문자열을 실수형으로 변환한다. 다음의 예제를 살펴보자.

```
>>> float(3)
3.0
>>> float("3")
3.0
>>> pi = "3.14"
>>> float(pi)
3.14
>>> int(float("3.14"))
3
```

위의 예제에서 int(float("3.14"))를 살펴보자. 이와 같이 함수가 중복되어 있는 문장은 괄호 안에 있는 함수가 먼저 실행되고 난 다음 그 결과를 이용하여 바깥쪽의 함수를 실행한다. 따라서 괄호 안에 들어있는 float("3.14")의 결과인 3.14를 int() 함수를 이용하여 결과를 계산하기 때문에 최종 결과는 int(3.14)의 결과인 3이 된다.

str() 함수를 사용하면 문자열로 변환이 가능하다. 다음의 예제를 살펴보자.

```
>>> str(3)
'3'
>>> str(3.14)
'3.14'
>>> str(1234.000000001)
'1234.000000001'
>>> str(1234.00000000000000000001)
'1234.0'
```

str() 함수를 사용하면 문자열로 변환이 가능하기는 하지만, 실수를 문자열로 변환할 때 자릿수에 주의해야 한다. 소수점 이하의 자릿수가 길어지게 될 경우 표현되는 숫자에 제한이 생긴다.

2.4. 문자열 응용

str() 함수를 사용하면 숫자를 문자열로 변환이 가능하지만 그 기능이 제한적이다. 예를 들어 "A학생의 점수는 90점입니다." "B학생의 점수는 85점입니다."와 같은 문자열은 비슷한 패턴을 갖는 문자열이며 이러한 패턴에 따라 문자열을 생성하면 더 편리하다. 또는 문자열 내에서 특정 문자의 위치를 찾아야 할 때도 있으며, 프로그램을 만들다 보면 문자열을 단어 단위로 분리할 때도 생긴다. 이를 위하여 파이썬에서는 문자열을 처리하기 위한 다양한 방법을 제공한다.

2.4.1. 서식을 이용한 문자열 처리

파이썬에서는 서식 문자를 이용하여 문자열과 숫자, 문자열과 다른 문자열을 결합해서 새로운 문자열을 생성할 수 있다. 이를 문자열 포매팅이라고 한다. 우선 다음의 예제를 보자.

```
>>> "My name is %s." % "Kim"
'My name is Kim.'
>>> "I'm %d years old." % 20
"I'm 20 years old."
```

```
>>> name = "Lee"
>>> "My name is %s." % name
'My name is Lee.'
```

"My name is %s." % "Kim"이라는 문장의 출력이 "My name is Kim."으로 변경되었다. 즉 두 개의 문자열이 %를 기준으로 나뉘어 있으며, 앞의 문자열의 %s 자리에 % 뒤에 있는 "Kim"이라는 문자열이 삽입된 것을 알 수 있다. 이때 %s를 서식 문자 또는 변환 문자라고 한다. 서식 문자는 %로 시작하고 자료형을 뜻하는 문자가 붙는다. 즉 %s는 문자열이라는 뜻이며, s는 string을 나타낸다. 다음 "I'm %d years old." % 20에서 %d는 decimal 즉 10진수를 나타낸다. 따라서 %d 자리에 20의 값이 10진수의 형태로 삽입되었다. 파이썬에서 사용할 수 있는 서식 문자는 다음과 같다.

서식 문자	설명	비고
%s	문자열(string)	
%c	문자 1개(character)	
%d	10진 정수(integer)	
%f	실수(floating point)	소수점 6자리 출력
%o	8진수 정수	
%x	16진수 정수	
%%	% 문자 자체 출력	

여기서 주의할 것은 %%이다. 파이썬은 문자열 내에서 "90%"와 같이 출력하기 위하여 "%d%" % 90과 같이 표기하면 %d%의 앞의 %d 때문에 뒤의 %까지 서식 문자를 찾는다. 이럴 경우 오류가 발생한다. 이때는 % 자체를 출력하기 위해서는 %%를 이용해서 표기해야만 한다. 만일 서식 문자가 없는 문자열일 경우에는 % 단독으로 사용해야 한다.

```
>>> "%d%%" % 90
'90%'
>>> "90%"
'90%'
>>> "%d%" % 90
Traceback (most recent call last):
  File "<pyshell#60>", line 1, in <module>
```

```
    "%d%" % 90
ValueError: incomplete format
>>> "90%%"
'90%%'
```

%f를 사용해서 실수를 문자열에 넣을 때는 항상 소수점 6자리까지 들어간다. 다음의 예를 살펴보자.

```
>>> "PI is %f" % 3.14
'PI is 3.140000'
```

만약 소수점 이하의 자릿수나 정수의 자릿수를 지정하고 싶을 경우 %10d, %.2f와 같이 사용할 수 있다.

```
>>> "%10d" % 123
'       123'
>>> "PI is %.2f" % 3.14
'PI is 3.14'
>>> "PI is %10.2f" % 3.14
'PI is       3.14'
```

이때 %10d의 의미는 전체 10자리를 이용하라는 의미이며, %.2f는 소수점 둘째 자리까지 사용하겠다는 의미이다. 또한 %10.2f는 전체 10자리이고 소수점은 2자리를 사용한다는 의미가 된다. 이 방법은 자릿수가 다른 숫자를 한 쪽으로 정렬할 때 유용하게 사용할 수 있다.

```
>>> "%10d" %123
'       123'
>>> "%10d" %12345
'     12345'
```

자릿수 정렬을 왼쪽으로 하려면 %-10d와 같이 숫자 앞에 - 부호를 붙인다.

```
>>> "%-10d" % 123
'123       '
>>> "%-10d" %12345
'12345     '
```

서식 문자를 이용하여 문자열 내부에 한 번에 여러 개의 값을 넣을 수도 있다. 다음과 같이 문자열에 서식 문자를 여러 개 넣은 이후에 출력하고자 하는 값을 괄호와 컴마로 구분하여 넣어주면 차례대로 변환되어 저장된다. 이때 중요한 것은 변환 문자의 개수와 값의 개수, 그리고 순서에 따른 값의 형태가 일치해야 한다.

```
>>> "Today is %d, %s, %d" % (10, "Oct", 2019)
'Today is 10, Oct, 2019'
```

2.4.2. format 메서드 사용하기

파이썬에서는 문자열을 만들 때 서식 문자를 이용하는 것 보다 기능이 더 많은 format() 메서드를 제공한다. 우선 다음의 예제를 살펴보자.

```
>>> "My name is {0}.".format("Kim")
'My name is Kim.'
>>> "I'm {0} years old.".format(20)
"I'm 20 years old."
>>> name = "Lee"
>>> "My name is {0}.".format(name)
"My name is Lee.
```

사용 방법은 서식 문자를 이용하는 것과 비슷하다. 차이점은 format() 안에 있는 숫자 또는 문자열이 작성하고자 하는 문자열 내의 {0}이라고 표시된 곳으로 들어간다는 것이다. format() 메서드를 사용할 때도 2개 이상의 값을 넣을 수 있으며, 이때는 문자열 내의 {0}을 {0}, {1}, {2}와 같이 넣고자 하는 값의 순서에 맞게 지정하면 된다. 여기서 {0}, {1}과 같은 순서를 인덱스라고 한다. 다음의 예에서 {0}은 format 함수의 첫 번째 입력 값인 10을 가리키며, {1}은 두 번째 입력 값인 "Oct", {2}는 세 번째 입력 값인 2019를 가리킨다.

```
>>> "Today is {0}, {1}, {2}.".format(10, "Oct", 2019)
'Today is 10, Oct, 2019.'
>>> "Today is {2}, {1}, {0}.".format(10, "Oct", 2019)
'Today is 2019, Oct, 10.'
```

format() 메서드를 사용할 때는 인덱스 대신 이름을 이용하여 값을 넣을 수도 있다. 다음의 예를 살펴보자.

```
>>> "Today is {day}, {month}, {year}.".format(day = 10, month = "Oct", year = 2019)
'Today is 10, Oct, 2019.'
```

format() 메서드를 이용하여 자릿수를 지정하거나 정렬할 때는 다음과 같이 {인덱스:자릿수}를 이용하여 자릿수를 지정할 수 있다. 서식 문자를 사용할 때와 마찬가지로 정렬도 가능하며 {인덱스:〈자릿수}를 이용하여 왼쪽 정렬, {인덱스:〉자릿수}를 이용하여 오른쪽 정렬, {인덱스:^자릿수}를 이용하여 가운데 정렬을 할 수 있다. 그리고 정렬할 때 다른 문자와 결합하여 공백 채우기도 가능하다. 이때 채워 넣을 문자 값을 :와 〈, 〉, ^ 사이에 넣어야 한다.

```
>>> "{0:>10}".format(123)
'       123'
>>> "{0:<10}".format(123)
'123       '
>>> "{0:^10}".format(123)
'   123    '
>>> "{0:=>10}".format(123)
'=======123'
>>> "{0:=<10}".format(123)
'123======='
>>> "{0:=^10}".format(123)
'===123===='
```

소수점 이하의 값을 format() 메서드를 이용하여 출력할 때는 format() 메서드 내부의 숫자가 그대로 출력된다. 자릿수를 고정하고자 할 때는 앞의 서식 문자의 .2f, 10.2f와 같은 방법으로 전체 자릿수와 소수점 자릿수를 지정할 수 있다.

```
>>> "{0}".format(3.14)
'3.14'
>>> "{0}".format(3.141592)
'3.141592'
>>> "{0:.2f}".format(3.141592)
'3.14'
>>> "{0:10.2f}".format(3.14)
'      3.14'
```

2.4.3. 문자열 인덱싱과 슬라이싱

2.4.3.1. 인덱싱

문자열은 문자들의 집합이다. 따라서 문자열을 구성하고 있는 각 문자들은 자신들만의 위치가 있으며, 이를 인덱스 또는 오프셋이라고 한다. 예를 들어 value = "Hello World!"라는 문장을 이용하여 value 변수에 문자열을 저장하는 경우를 생각해 보자. 첫 번째 H부터 마지막 !까지 공백을 포함하여 총 12개의 문자로 구성된다. 이때 첫 번째 H의 인덱스는 0이며, 그 다음은 1, 2, ... , 11까지 지정된다. 즉 인덱스의 범위는 0부터 (문자개수 - 1)까지이다. 파이썬에서는 문자열[인덱스]를 이용하여 문자열 내부의 특정 위치(인덱스)에 있는 문자 하나를 가져올 수 있다. 다음의 예제를 살펴보자.

```
>>> string = "Hello World!"
>>> string[0]
'H'
>>> string[6]
'W'
>>> string[11]
'!'
>>> string[12]
Traceback (most recent call last):
  File "<pyshell#103>", line 1, in <module>
    string[12]
IndexError: string index out of range
```

string[0]의 값은 H, string[6]의 값은 W, 그리고 string[11]의 값은 !가 출력된 것을 확인할 수 있다. 그러나 string[12]의 값을 출력하고자 할 때 오류가 발생하였다. 즉 12개의 문자들로 구성되어 있는 문자열이기 때문에 인덱스의 최댓값은 11이므로 오류가 발생한다. 이와 같이 문자열을 구성하고 있는 문자들의 인덱스 범위를 벗어나는 값을 넣지 않도록 주의해야 한다. 인덱스가 0부터 (문자개수 - 1)까지이기는 하지만, 파이썬에서는 인덱스에 마이너스(-) 부호를 붙이는 것이 가능하다. 이때 -의 의미는 "거꾸로 세어라"라는 뜻이 된다. 즉 -1은 뒤에서 첫 번째 문자이다. 왜 -0이 뒤에서 첫 번째 문자가 아닐까? -0은 0과 같기 때문에 앞에서 첫 번째 문자가 되고, 뒤에서 첫 번째 문자는 가장 앞의 글자 다음으로 계산되기 때문에 -1이 뒤에서 첫 번째 문자가 된다. 다음의 예제를 살펴보자.

```
>>> string[-0]
'H'
>>> string[-1]
'!'
>>> string[-5]
'o'
>>> string[-12]
'H'
```

2.4.3.2. 슬라이싱

문자열의 인덱스를 이용하여 문자열의 일부를 추출할 수 있다. 이를 문자열 슬라이싱이라고 한다. 문자열 슬라이싱을 하기 위해서는 문자열[시작 인덱스 : 끝 인덱스 : 스텝]과 같이 대괄호와 콜론(:)을 사용한다. 슬라이싱은 자르고자 하는 시작 인덱스부터 (끝 인덱스 - 1)까지의 문자를 포함하며, 이들 중 일부의 생략이 가능하다. 다음의 예제를 살펴보자.

```
>>> alphabet = 'abcdefghijklmnopqrstuvwxyz'
>>> alphabet[:]
'abcdefghijklmnopqrstuvwxyz'
```

슬라이싱을 할 때 [:]라고 표기하면 문자열의 첫 번째 문자부터 끝까지 전체 문자열을 추출한다. 이와 같이 시작 인덱스를 지정하지 않을 경우 0이 생략된 것으로 간주하며, 끝 인덱스를 지정하지 않을 경우 문자열 끝까지 추출한다.

```
>>> alphabet[:10]
'abcdefghij'
>>> alphabet[10:]
'klmnopqrstuvwxyz'
>>> alphabet[10:20]
'klmnopqrst'
```

다음 [:10]는 문자열의 처음인 0번 인덱스부터 (10 - 1)번 인덱스까지 10개의 문자열을 추출한다. 또한 [10:]는 10번 인덱스부터 문자열의 끝까지 추출한다. 그리고 [10:20]이라고 하면 10번 인덱스부터 19번 인덱스까지 10개의 문자열을 추출한다.

```
>>> alphabet[-5:]
'vwxyz'
```

```
>>> alphabet[:-5]
'abcdefghijklmnopqrstu'
>>> alphabet[-10:-5]
'qrstu'
```

슬라이싱할 때 역시 인덱스에 마이너스(-) 부호를 사용할 수 있다. [-5:]를 이용하면 끝에서 다섯 번째 문자부터 마지막 문자까지 출력되며, [:-5]를 이용하면 처음부터 끝에서 다섯 번째 문자 앞까지 즉 마지막 다섯 개의 문자를 제외한 나머지 문자들이 출력된다. 또한 [-10:-5]를 이용하여 끝에서 10번째 문자부터 5개의 문자를 추출할 수 있다.

```
>>> alphabet[::2]
'acegikmoqsuwy'
>>> alphabet[10:20:2]
'kmoqs'
>>> alphabet[::-1]
'zyxwvutsrqponmlkjihgfedcba'
```

슬라이싱할 때 스텝을 이용하여 추출하는 문자를 건너뛰면서 문자를 추출할 수도 있다. [::2]를 사용할 경우 처음부터 끝까지 2스텝씩 건너뛰면서 문자를 추출한다. 또한 스텝을 음수로 지정할 경우 문자열을 역으로 추출한다. 따라서 [::-1]은 마지막 문자부터 처음 문자까지 문자를 추출한다.

2.4.4. 문자열 관련 메서드

파이썬에서 사용하는 모든 자료형은 객체로 구현되어 있고, 속성(값)과 메서드(행동)로 구성되어 있다. 문자열 역시 객체로 구현되어 있기 때문에 메서드를 이용하여 문자열을 조작하거나 문자열과 관련된 정보를 얻을 수 있다. 이러한 메서드를 문자열 내장 메서드라고 하며, 문자열 변수 또는 상수 뒤에 점(.)을 붙인 다음 메서드 이름을 써주면 된다. 이제 문자열에서 사용할 수 있는 메서드들에 대하여 알아보자.

2.4.4.1. 문자 개수 세기

다음과 같이 count() 메서드를 이용하면 문자열 중 해당 문자의 개수를 알려준다.

```
>>> "Hello World!".count("o")
2
```

2.4.4.2. 문자 또는 문자열의 위치 찾기

find() 메서드 또는 index() 메서드를 사용하면 문자열 중 해당 문자 또는 문자열이 처음으로 나온 위치를 알려준다. 이때 find() 메서드는 찾는 문자나 문자열이 없을 때 -1을 반환하고, index() 메서드의 경우 오류를 발생시킨다.

```
>>> "Hello World!".find("Wor")
6
>>> "Hello World!".index("Wor")
6
>>> "Hello World!".find("k")
-1
>>> "Hello World!".index("k")
Traceback (most recent call last):
  File "<pyshell#130>", line 1, in <module>
    "Hello World!".index("k")
ValueError: substring not found
```

2.4.4.3. 문자열 바꾸기

replace(문자열1, 문자열2) 메서드를 이용하면 전체 문자열에서 문자열1을 찾은 후 문자열2로 변경한 후 전체 문자열을 반환한다. 만약 문자열1을 찾을 수 없을 때는 원래의 전체 문자열을 반환한다.

```
>>> "Hello World!".replace("World", "Python")
'Hello Python!'
```

2.4.4.4. 문자열 삽입하기

join() 메서드를 사용하면 괄호 안에 있는 문자열의 각각의 문자들 사이에 문자열을 삽입할 수 있다. 다음의 예로 확인하자.

```
>>> ",".join("abcdef")
'a,b,c,d,e,f'
```

2.4.4.5. 문자열 분리하기

split() 메서드는 문자열을 괄호 안의 문자열을 기준으로 나눈다. 괄호 안에 값을 넣지 않을 경우 공백(스페이스, 탭, 엔터 등)을 기준으로 문자열을 나누며, 괄호 안에 특정 문자열이 있을 경우 괄호 안의 문자열을 구분자로 이용하여 문자열을 나눈다. 다음의 예제를 살펴보자.

```
>>> "Hello World!".split()
['Hello', 'World!']
>>> "A-B-C-D-E".split("-")
['A', 'B', 'C', 'D', 'E']
```

이때 ['Hello', 'World!']와 같이 대괄호와 컴마로 값들을 구분하여 저장한 것을 리스트 자료형이라고 한다. 리스트 자료형에 관한 내용은 4장에서 자세히 설명한다.

2.4.4.6. 대소문자 변경

upper() 메서드를 이용하면 문자열을 대문자로 변경할 수 있으며, lower() 메서드를 이용하면 문자열을 소문자로 변경할 수 있다.

```
>>> "Hello World!".upper()
'HELLO WORLD!'
>>> "Hello World!".lower()
'hello world!'
```

2.4.4.7. 공백 또는 특정 문자 지우기

lstrip(), rstrip(), strip() 메서드를 사용하면 문자열의 시작과 끝 부분에 있는 특정 문자들을 지울 수 있다. lstrip() 메서드는 문자열의 왼쪽에 있는 특정 문자를 삭제하며, rstrip() 메서드는 문자열의 오른쪽에 있는 특정 문자를 삭제하고, strip() 메서드는 문자열의 왼쪽과 오른쪽에 있는 특정 문자를 삭제한다. 이때 lstrip()과 같이 괄호 안에 삭제할 문자들을 지정하지 않을 경우 공백이 삭제되며, lstrip(",.")과 같이 콤마와 마침표를 지정할 경우 왼쪽부터 콤마와 마침표가 나오기 전까지의 모든 콤마와 마침표를 삭제한다. 다음의 예제를 살펴보자.

```
>>> "   Hello   ".lstrip()
'Hello   '
>>> "   Hello   ".rstrip()
'   Hello'
>>> "   Hello   ".strip()
```

```
'Hello'
>>> ",.Hello.,".lstrip(",")
'.Hello.,'
>>> ",.Hello.,".lstrip(".,")
'Hello.,'
```

2.5. 입력과 출력

2.5.1. 입력

지금까지 변수와 자료형에 대해 알아보았다. 그러나 지금까지 사용한 프로그램은 value = 10과 같이 프로그램 내에서 변수에 직접 값을 대입한 후 다른 작업을 수행하였다. 이러한 방법은 프로그램 내에 저장되는 값이 고정되어 있어서 다른 값을 이용한 계산을 수행할 경우 새롭게 프로그램을 만들어야 하는 단점이 있다. 따라서 프로그램을 실행할 때 마다 값을 새롭게 입력한다면 이러한 불편함을 해결할 수 있다. 파이썬에서는 input() 함수를 사용하여 키보드로부터 값을 입력받을 수 있다.
다음의 예제를 살펴보자.

```
>>> value = input()
hello
>>> print(value)
hello
```

위의 예제에서 value = input()이라고 프롬프트에서 명령을 내리면, 다음 줄로 이동한 후 커서가 깜빡일 것이다. 이 상태에서 입력하고자 하는 값을 넣은 후 엔터키를 누르면 value 변수에 값이 저장된다. 다음 print(value) 문장을 이용하여 값을 출력한 결과 입력한 값이 출력된 것을 확인할 수 있다. 이때 input()만 사용한다면 커서만 이동한 후 깜빡이기 때문에 어떤 작업을 수행해야 하는지 알지 못하는 불편함이 있다. 예를 들어 "정수를 입력하세요 :"와 같이 특정 구문이 나온다면, 프로그램을 사용하는 사람이 더욱 편리하게 쓸 수 있을 것이다. 다음과 같이 input() 함수의 괄호 안에 질문 내용을 입력해 보자.

```
>>> value = input("정수를 입력하세요 : ")
```

```
정수를 입력하세요 : 123
>>> print(value)
123
```

이제 두 수를 입력받은 후 덧셈을 계산하는 간단한 프로그램을 만들어보자. 다음의 프로그램은 파이썬 스크립트 파일로 저장한 후 실행해보자.

```
1  # 두 수를 더한 후 합을 구하는 프로그램
2  # add1.py
3
4  value1 = input("첫 번째 숫자를 입력하세요 : ") # 정수 입력
5  value2 = input("두 번째 숫자를 입력하세요 : ") # 정수 입력
6
7  print(value1 + value2)
```

실행 결과

```
첫 번째 숫자를 입력하세요 : 10
두 번째 숫자를 입력하세요 : 20
1020
```

우선 1번 라인과 2번 라인을 살펴보자. 라인의 앞부분이 #으로 시작되었다. 그리고 실행 결과를 살펴보면, 해당 라인이 결과에 아무런 영향을 미치지 않는 것을 알 수 있다. 이와 같이 파이썬에서는 라인의 맨 처음에 #을 적으면 프로그램의 실행 결과에 전혀 영향을 미치지 않는다. 프로그래밍 언어에서는 이러한 기능을 하는 것을 주석이라고 한다.

주석은 프로그램 내에서 일종의 메모지 역할을 한다. 이러한 기능이 필요한 이유는 프로그램을 만들고 난 이후에 프로그램을 검토하거나, 또는 여러 사람이 프로그램을 함께 만들 때 다른 사람에게 해당 코드가 어떠한 역할을 하는 것인지를 알리는 용도로 사용한다. 주석은 4번 라인에서 사용하는 것과 같이 프로그램 코드의 중간에도 넣을 수가 있다. 4번과 5번 라인을 보면 문장의 가장 뒤에 # 정수 입력이라고 되어 있는 부분을 볼 수 있다. 이것은 해당 문장이 어떠한 역할을 하는 것인지를 알리기 위한 주석이다. 즉 # 뒤에 남기고 싶은 메모를 남길 수 있다. 파이썬에서는 문자열 내부에 있는 #을 제외하고 프로그램 내에서 #을 만나면 해당 라인의 끝까지를 주석으로 처리한다. 주석을 프로그램 코드에 남길 때 주의할 점은 실제 프로그램이 작업을 수행하는 부분은 주석을 제외한 부분이기 때문에 너무 많은 주석은 프로그램의 코드를 확인하는데 오히려 방해가 된다는 것이다.

프로그램을 실행하면 우선 "첫 번째 숫자를 입력하세요 : "가 출력되고 값을 입력하면 value1 변수에 저장한다. 그리고 같은 방법으로 두 번째 숫자를 입력한 후 value1과 value2의 값을 더한 후 화면에 출력한다. 그러나 출력 결과를 살펴보면 우리가 예상한 30이 아니라 1020의 결과가 나왔다. 이러한 이유는 input() 함수를 이용해서 받은 값은 모두 문자열로 처리되기 때문이다. 이미 배운 것과 같이 문자열에 +연산자를 사용하면 두 개의 문자열을 결합한다. 따라서 숫자 계산을 위해서 입력 값을 정수로 변환해 줄 필요가 있다. 문자열을 정수로 변환하는 방법은 앞에서 배웠던 int() 함수를 사용한다. 프로그램을 다음과 같이 변경해 보자.

```
1 # 두 수를 더한 후 합을 구하는 프로그램
2 # add2.py
3
4 value1 = int(input("첫 번째 숫자를 입력하세요 : ")) # 정수 입력
5 value2 = int(input("두 번째 숫자를 입력하세요 : ")) # 정수 입력
6
7 print(value1 + value2)
```

실행 결과

```
첫 번째 숫자를 입력하세요 : 10
두 번째 숫자를 입력하세요 : 20
30
```

4번 라인의 문장을 보면 input("첫 번째 숫자를 입력하세요 : ")를 int()가 감싸고 있는 형태이다. 이와 같이 함수 내에 함수가 있을 때는 안쪽의 함수가 먼저 실행되고 난 후, 그 결과를 이용하여 감싸고 있는 바깥쪽의 함수가 실행된다. 즉 input() 함수를 이용해서 받은 문자열을 int() 함수를 이용하여 정수로 변환한 후 value1 변수에 저장한다. 따라서 10이라고 입력할 경우 정수 10이 value1에 저장된다.

input() 함수를 이용하여 변수에 값을 입력해 보았다. 그렇다면 한 번에 두 개 이상의 값을 입력받기 위해서는 어떻게 해야 할까? 답은 split() 메서드에 있다. input() 함수를 이용하여 입력받는 값은 모두 문자열 자료형이라는 것을 이미 배웠다. 문자열에서 split() 메서드를 사용하면 특정 구분자를 이용하여 해당 문자열을 분리해준다. 다음의 예제를 살펴보자.

```
1 # 두 수를 더한 후 합을 구하는 프로그램
2 # add3.py
3
4 value1, value2 = input("두 정수를 입력하세요 : ").split()
5
6 value1 = int(value1)
7 value2 = int(value2)
8
9 print(value1 + value2)
```

실행 결과 1

```
두 정수를 입력하세요 : 10 20
30
```

실행 결과 2

```
두 정수를 입력하세요 : 10 20 30
Traceback (most recent call last):
  File "C:\Python\add3.py", line 4, in <module>
    value1, value2 = input("두 정수를 입력하세요 : ").split()
ValueError: too many values to unpack (expected 2)
```

4번 라인을 살펴보자. 4번 라인에서는 문자열을 입력받은 후 split() 메서드를 이용하여 공백을 기준으로 문자열을 분리한다. 즉 value1에는 "10"이라는 문자열이 저장되고, value2에는 "20"이라는 문자열이 저장된다. 다음 6번 라인의 value1 = int(value1) 문장을 살펴보자. value1 변수에 int(value1)을 저장한다. 따라서 value1에 저장되어있던 "10" 문자열을 정수로 변환하여 다시 value1 변수에 10의 정수값을 저장하는 것이다. 그리고 7번 라인의 문장을 실행한 결과 value2에는 정수 20이 저장된다.

여기서 파이썬이 갖고 있는 변수의 특성을 살펴보자. 대부분의 프로그래밍 언어는 변수에 자료형이 정해져 있기 때문에 저장할 수 있는 값에 제한이 있다. 보통의 프로그래밍 언어는 정수형 변수에는 정수 값만 저장이 가능하고, 문자열 변수에는 문자열로만 저장이 가능하다. 그러나 파이썬에서 사용되는 변수는 기본적으로 동적 타입(자료형)의 특징을 갖는다. 즉 변수에 저장할 수 있는 자료형이 정해진 것이 아니라 변수에 저장되는 값에 따라서 변수의 자료형이 변한다. 따라서 4번 라인과 같이 변수에 문자열 값을 저장하면 해당 변수가 문자열 자료형이 되며, 6번과 7번 라인과 같이 변수에 정수 값을 저장하면 같은 이름, 같은 변수라도 정수 자료형이 된다. 파이썬에도 동적 타입 변수 외에 정적으로 자료형을 고정하여 만들 수도 있지만 일반적인 경우 사용하지 않기 때문에 본 교재에서는 다루지 않는다.

input() 함수를 이용하여 여러 개의 값을 입력할 때 주의할 점은 저장하고자 하는 개수, 즉 split() 메서드를 이용하여 나누게 되는 값의 개수와 변수의 개수가 반드시 일치해야 한다. 예제의 실행 결과2를 살펴보면, 저장하고자 하는 개수가 10 20 30으로 3개이다. 그러나 저장할 수 있는 변수는 value1과 value2 두 개 뿐이다. 따라서 30은 저장할 수 있는 공간이 없기 때문에 오류가 발생한다.

2.5.2 출력

프로그램을 만드는 목적은 컴퓨터를 이용하여 사람이 하기 어려운 작업을 대신 하게하기 위함이다. 프로그램을 실행하게 되면 대부분의 프로그램은 작업 수행 결과를 사람에게 알려주며, 대부분 모니터 화면에 출력한다. 앞에서 배운 것과 같이 파이썬에서는 모니터 화면에 문자로 된 결과를 출력하기 위하여 print()라는 함수를 사용하였다. print() 함수를 사용할 때는 다음과 같은 방법으로 출력 형태를 지정할 수 있다.

첫째, print() 함수에서 값을 여러 개 한 번에 출력하고자 할 때는 콤마(,)를 이용하여 값을 구분한다. 이때 콤마로 구분된 값은 출력 시에 자동으로 띄어쓰기가 된다. 다음의 예를 살펴보자.

```
>>> print("Hello", "World!")
Hello World!
>>> print(1,2,3)
1 2 3
```

콤마를 이용하여 값을 여러 개 출력할 때 기본 출력 형식은 스페이스로 출력되는 값을 구분한다. 그러나 다음과 같이 sep을 이용하여 출력되는 값의 구분자를 지정할 수 있다.

```
>>> print("Hello", "World!", sep = ",")
Hello,World!
>>> print(1, 2, 3, sep = ",")
1,2,3
```

둘째, 문자열을 한 번에 여러 개 출력할 때 콤마를 생략하고 따옴표로 문자열만 구분해도 된다는 것이다. 이는 문자열의 + 연산자가 생략된 것과 동일하며, 문자열들이 서로 붙어서 출력된다.

```
>>> print("Hello" "World!")
HelloWorld!
>>> print("Hello" + "World!")
HelloWorld!
```

셋째, print() 함수는 출력이 끝나면 기본적으로 줄바꿈을 한다. 만약 줄바꿈이 없이 결과를 계속 이어서 출력하려면 다음과 같이 end를 이용하여 끝 문자를 지정할 수 있다.

```
1  # print() 함수에 end 사용
2  # print_end.py
3
4  print("Hello")
5  print("World!")
6
7  print("Hello", end = " ")
8  print("World!")
9
10 print("Hello", end = "")
11 print("World!")
```

실행 결과

```
Hello
World!
Hello World!
HelloWorld!
```

4번 라인과 5번 라인에서 print() 함수를 사용하여 Hello와 World! 문자열을 출력하면 줄바꿈이 생기면서 두 줄로 출력된다. 그러나 7번 라인의 print("Hello", end = " ")와 같이 end를 사용하면 줄바꿈 대신에 end에 해당하는 공백이 추가되어 한 줄로 출력된다. end = "" 또는 end = ","와 같이 공백 대신에 아무 것도 없는 문자열의 지정도 가능하고, 콤마를 지정할 수도 있다.

2.6. 연습문제

2-1. 다음 괄호 부분을 채우시오.

① 파이썬에서 사용하는 숫자 자료형은 크게 ( ), ( ), ( )로 구분할 수 있다.

② 숫자 앞에 ( ) 또는 ( )를 붙이면 16진수의 숫자로 표현된다.

③ 실수를 표현할 때 123.4와 같이 ( )을 사용하는 방법과 1.234e2와 같이 ( )의 형태로 표현하는 방법 모두 사용할 수 있다.

④ 나머지를 구하기 위하여 사용하는 연산자는 ( )이다.

⑤ // 연산자의 연산 결과는 ( )이다.

⑥ 문자열 내에서 한 줄 내리기 위하여 탈출문자 ( )를 사용한다.

⑦ 문자열의 길이를 구하기 위하여 ( ) 함수를 사용한다.

⑧ ( )는 파이썬에서 데이터를 저장하기 위하여 사용한다.

⑨ 변수의 이름을 ( )라고 하며, 알파벳 문자, ( ), ( )로만 구성할 수 있다.

⑩ ( ) 연산자는 왼쪽 변수에 오른쪽 값을 더한 후 결과를 왼쪽 변수에 저장한다.

⑪ ( ) 함수를 사용하면 변수 또는 상수가 어떤 자료형인지를 확인할 수 있다.

⑫ 서식 문자를 이용한 문자열을 만들 때 %d는 ( )를 나타낸다.

⑬ ( ) 메서드를 사용하면 문자열을 특정 구분자로 분리할 수 있다.

⑭ ( ) 함수를 이용하면 키보드로부터 문자열을 입력받을 수 있다.

2-2. 잘못 만들어진 변수 이름을 찾고 그 이유를 설명하시오.

① 2Count

② Count3

③ _Count

④ co unt

2-3. 다음 프로그램의 실행 결과를 적으시오.

```
>>> print("\n\t Hello \\\\ world\n")
```

2-4. 다음과 같이 문자열을 입력받은 후, 입력받은 문자열을 모두 대문자로 변경하고, 문자열 중에서 대문자 "L"이 몇 개가 있는지를 구하는 프로그램을 작성하시오.

```
문자열을 입력하세요 : hello world
대문자로 변경하면 다음과 같습니다.
HELLO WORLD
대문자 L이 3개 포함되어 있습니다.
```

2-5. 3의 제곱과 세제곱을 계산하는 프로그램을 작성하시오.

```
3의 제곱 = 9
3의 세제곱 = 27
```

2-6. 가로가 12cm, 세로가 34cm인 사각형의 면적을 계산하는 프로그램을 작성하시오.

```
가로가 12cm, 세로가 34cm인 사각형의 면적 = 408
```

2-7. 두 개의 숫자(정수)를 입력받은 후 두 수의 합과 차를 출력하는 프로그램을 작성하시오.

```
첫 번째 정수를 입력하세요 : 20
두 번째 정수를 입력하세요 : 10
합 = 30
차 = 10
```

2-8. 다음과 같이 문자열을 입력받은 후 띄어쓰기 부분을 줄바꿈하는 프로그램을 작성하시오.

```
문자열을 입력하세요 : hello world
hello
world
```

2-9. 다음과 같이 각 점수를 입력받아 최종 점수를 계산하는 프로그램을 작성하시오.

```
중간고사 점수를 입력하세요 (100점 만점 : 30%) : 80
기말고사 점수를 입력하세요 (100점 만점 : 30%) : 90
과제 점수를 입력하세요 (100점 만점 : 10%) : 100
출석 점수를 입력하세요 (100점 만점 : 30%) : 95

중간고사 점수 = 80
기말고사 점수 = 90
과제 점수 = 100
출석 점수 = 95
최종 점수 = 89.5
```

2-10. 다음과 같이 문자열을 입력받은 후 각 문자 사이에 "-"를 삽입하여 출력하는 프로그램을 작성하시오.

```
문자열을 입력하세요 : hello
h-e-l-l-o
```

```
include <stdio.h>

oid main()

  int iValue1, iValue2, iResult;

  printf("WnWn ***** program start

  iValue1 = 20;
  iValue2 = 30;
  iResult = iValue1 * iValue2;

  printf(" %d + %
```

Chapter 03

논리연산과 조건문

제 3 장 논리연산과 조건문

컴퓨터 프로그램을 만들다 보면 지금까지 배웠던 간단한 수식의 계산 결과를 보기 위한 프로그램 보다는 훨씬 더 복잡한 작업을 컴퓨터가 대신할 수 있도록 하는 경우가 많다. 이러한 작업은 특정 조건에 따라 수행되기도 하고 또는 반복되기도 한다. 파이썬에서는 특정 조건이 일치할 때 문장을 수행하기 위하여 조건문을 사용할 수 있으며, 반복을 위한 작업을 위해서 반복문을 사용할 수 있다.
파이썬에서 사용할 수 있는 조건문은 if문이 있으며, 반복문은 while문과 for문이 있다. 이러한 조건문과 반복문은 특정 조건에 따라 문장의 실행 유무를 선택하고, 조건이 일치할 때를 참(True), 조건이 일치하지 않을 때를 거짓(False)인 값으로 표현한다. 파이썬에서는 참(True)과 거짓(False)을 나타내기 위한 불(bool 또는 boolean) 자료형을 사용한다.

3.1. 불(bool)과 비교연산자

불 자료형은 True와 False의 값을 가질 수 있는 자료형이다. 이때 True와 False는 문자열로 표기되더라도 따옴표로 감싸지 않으며, 파이썬에서는 예약어로 True와 False가 지정되어 있다. True와 False는 제일 첫 번째 글자를 반드시 대문자 T 또는 F를 사용해야 하며, true, false와 같이 소문자를 사용하면 오류를 발생한다. 다음과 같이 변수에 True와 False의 값을 저장하고 이 값이 어떠한 자료형을 갖는지 확인해보자.

```
>>> v1, v2 = True, False
>>> type(v1)
<class 'bool'>
>>> type(v2)
<class 'bool'>
```

불 자료형은 다음과 같이 주로 자료의 비교를 위한 연산의 결과를 저장하기 위하여 주로 사용한다. 이는 뒤에서 배울 조건문의 조건식에서 주로 이용된다.

```
>>> 10 > 20
False
>>> 10 == 10.0
True
```

자료를 비교하기 위한 연산자는 비교 연산자 또는 관계 연산자라고 부르며, 그 종류는 다음과 같다.

연산자	사용법	설명
==	a == b	a와 b가 같으면 True, 다르면 False
!=	a != b	a와 b가 다르면 True, 같으면 False
〉	a 〉 b	a가 b보다 크면 True, 작거나 같으면 False
〈	a 〈 b	a가 b보다 작으면 True, 크거나 같으면 False
〉=	a 〉= b	a가 b보다 크거나 같으면 True, 작으면 False
〈=	a 〈= b	a가 b보다 작거나 같으면 True, 크면 False

비교 연산자에서 주의해야 할 것은 두 피연산자가 같은지를 비교할 때 사용하는 연산자가 ==와 같이 = 기호 두 개를 붙여서 써야 한다는 것이다. 파이썬에서 =는 변수에 값을 대입할 때 사용하는 대입 연산자이며, 비교 연산자는 ==이다. 또한 두 피연산자가 다른지를 비교할 때는 != 연산자를 사용한다.

불 자료형은 일반적으로 자료 값을 비교할 때 주로 사용되지만, 문자열을 비교할 때도 사용할 수 있다. 단 문자열을 비교할 때는 대소문자를 구분한다. 다음의 경우를 살펴보자.

```
>>> "Python" == "python"
False
>>> "Python" != "python"
True
>>> "Python" == "Python"
True
>>> "Python" > "python"
False
>>> "Python" < "python"
True
```

문자열 비교에서 같다(==)와 다르다(!=)의 비교는 이해가 쉬울 것이다. 이때 대소문자를 구분한다는 것만 기억하자.
크다(>)와 작다(<)의 결과를 살펴보자. "Python" > "python" 문자열을 비교하면 결과가 False이고, "Python" < "python" 문자열을 비교하면 결과가 True이다. 이는 문자열이 저장되는 구조 때문에 발생하는 결과다. 문자열은 문자들의 집합이고, 문자는 컴퓨터 내에서 정수형 값으로 변환되어 저장된다. 예를 들어 대문자 A는 정수 65의 값으로 변환되어 저장되고, 대문자 B는 66, 대문자 C는 67과 같이 1씩 증가하면서 저장한다. 또한 소문자 a는 정수 97로 변환되며, b는 98, c는 99와 같이 1씩 증가하면서 저장한다. 이와 같이 영문자의 경우 각 문자마다 정수의 값이 할당되어 있으며, 이를 ASCII 코드라고 한다. 문자열을 크다(>) 또는 작다(<)로 비교할 때는 해당 문자열을 앞에서부터 한 글자씩 ASCII 코드 값을 비교하여 결과를 계산한다. 즉 대문자 P의 ASCII 코드 값 보다 소문자 p의 ASCII 코드 값이 더 크기 때문에 "Python" < "python"의 결과는 True 값을 반환한다.

불 자료형은 이처럼 숫자를 비교하거나, 문자를 비교한 결과를 저장하기 위하여 사용하지만 bool() 함수를 사용하여 일반 자료형을 불 자료형으로 변환할 수도 있다. 다음의 예를 살펴보자.

```
>>> bool("Python")
True
>>> bool("")
False
>>> bool(1)
True
>>> bool(0)
False
```

이와 같이 자료형이 갖고 있는 값 자체에도 참과 거짓이 있으며, 이는 나중에 배울 조건문 등에서 조건을 판별 할 때도 자주 이용된다. 값의 참과 거짓을 구분하는 방법은 다음과 같다.

자료형	값	True/False
정수형	0	False
	0이 아닌 값	True
실수형	0.0	False
	0.0이 아닌 값	True
문자열	""	False
	"a", "A", "python", " "과 같이 따옴표 내에 문자가 있는 경우	True
리스트	[]	False
	[]가 아닌 모든 경우	True
튜플	()	False
	()가 아닌 모든 경우	True
딕셔너리	{}	False
	{}가 아닌 모든 경우	True
None	None	False

위의 자료형 중에서 리스트, 튜플, 딕셔너리, None은 아직 배우지 않은 자료형이다. 이에 대해서는 뒤에서 자세히 설명한다. 일단 정수형과 실수형과 같이 숫자로 표현되는 자료형의 경우 0 또는 0.0이면 거짓, 0 또는 0.0이 아니면 참이라는 것과 문자열의 경우 큰따옴표(또는 작은따옴표) 내부에 아무런 문자(공백 문자도 문자로 간주한다)도 없으면 거짓이고 그 외의 경우에는 참이라는 것을 기억하자. 그러나 불 자료형의 값을 정수형으로 바꿀 경우 True는 1로 바뀌며, False는 0으로 바뀐다. 또한 True를 문자열로 바꿀 경우에는 'True'로 변경되며, False는 'False' 문자열로 변경된다. 다음의 예제를 통하여 결과를 확인하자.

```
>>> int(True)
1
>>> int(False)
0
>>> str(True)
'True'
>>> str(False)
'False'
```

3.2. 논리 연산자

프로그램을 만들다 보면 조건이 여러 개 필요한 경우가 있다. 예를 들어 20세 이하의 남학생들의 키를 정리하고자 한다면? 남학생이라는 조건과 20세 이하라는 조건이 함께 사용되어야 한다. 이때 사용가능한 것이 바로 논리 연산자이다. 파이썬에서 사용할 수 있는 논리 연산자의 종류는 다음과 같이 and, or, not의 세 개가 있다. 이때 and, or, not은 모두 소문자로 적어야 한다.

A	B	연산자		
		A and B	A or B	not A
False	False	False	False	True
False	True	False	True	True
True	False	False	True	False
True	True	True	True	False

and 연산자의 결과는 두 개의 피연산자가 모두 True일 때 True인 결과를 갖는다. or 연산자의 결과는 두 개의 피연산자 중에서 하나 이상이 True일 때 True인 결과를 갖는다. 마지막 not 연산자의 경우 피연산자가 한 개이며, 피연산자가 True일 때 False, False일 때 True인 결과를 갖는다. 이러한 논리 연산자는 주로 비교 연산자와 함께 사용하여 조건 여러 개를 한 번에 비교한 결과를 얻을 수 있다. 다음의 예를 살펴보자.

```
>>> value = 10
>>> value > 0 and value < 100
True
>>> age = 18
>>> gender = "Male"
>>> age < 20 and gender == "Female"
False
```

위의 예에서 value에 10이 저장되어 있기 때문에 value 〉 0의 식은 True, value 〈 100의 식 역시 True이다. 따라서 True and True 연산이기 때문에 전체 결과는 True가 된다. 다음으로 age에 18을 저장하고 gender에 "Male"이 저장되어 있는 변수를 age 〈 20 and gender == "Female" 식으로 비교해 보자. age 〈 20은 True이지만 gender == 'Female'

식은 False가 되어 True and False의 식이 되어 전체 결과는 False가 된다. 이와 같이 논리 연산자를 이용하면 여러 개의 식을 한 번에 비교할 수 있다. 참고로 value 〉 0 and value 〈 100의 식은 파이썬에서 0 〈 value 〈 100과 같이 사용할 수도 있다.

논리 연산자에서 기억해야 할 것은 연산을 평가할 때 앞의 결과에 따라 뒤의 식을 계산하지 않는 경우가 있다는 사실이다. 예를 들어 and 연산자의 경우 두 개의 피연산자가 모두 True일 때만 최종 결과가 True이다. 만약 앞의 피연산자가 False라면? 뒤의 피연산자가 True이던 False이던 최종 결과는 무조건 False가 될 것이다. 따라서 이러한 경우 뒤의 피연산자를 실행할 필요가 없어지게 된다. 이와 같이 앞의 피연산자의 결과에 따라서 뒤의 피연산자를 수행하지 않는 것을 단락 평가라고 한다. and 연산자의 경우에는 앞의 피연산자가 False이면 뒤의 피연산자와는 관계없이 전체 결과가 False가 되기 때문에 뒤의 피연산자는 수행하지 않고, or 연산자의 경우에는 앞의 피연산자가 True이면 뒤의 피연산자와 관계없이 True인 결과를 갖기 때문에 뒤의 피연산자는 계산하지 않는다.

이러한 단락 평가에서 주의할 사항이 있다. 바로 논리 연산의 결과가 단락 평가의 마지막 계산 값으로 고정된다는 것이다. 다음의 예를 살펴보자.

```
>>> True and 1
1
>>> 1 and True
True
>>> False and 1
False
>>> 0 and True
0
```

and 연산자의 앞 피연산자는 True이고 뒤 피연산자는 1이다. 1은 불 값으로 True이다. 따라서 결과가 True가 나오기를 원했지만 결과로 1이 나왔다. 반면 1 and True 식에서는 결과가 True가 나왔다. 1과 True는 모두 불 값으로 계산하면 True이다. 따라서 and 뒤의 피연산자의 결과가 전체 계산의 결과가 된다. 반면 False and 1과 0 and True의 경우에는 앞의 피연산자가 불 값 False를 나타내기 때문에 뒤의 피연산자는 계산할 필요도 없이 전체 결과가 False가 된다. 따라서 단락 평가가 이루어지므로 앞의 피연산자가 결과로 나왔다.

3.3. if, else, elif

3.3.1. if와 else

우리는 앞에서 불 자료형과 논리 연산을 이용하여 값의 참과 거짓을 판단하였다. 이러한 참과 거짓의 값은 주로 조건문과 반복문에서 사용하여 특정 조건에서만 실행하는 문장을 만들기 위해서 사용할 수 있다. 파이썬에서는 특정 조건에서만 문장을 실행하기 위하여 if 조건문을 사용하며, 문장을 반복하기 위하여 5장에서 배우게 될 while 반복문과 for 반복문을 사용할 수 있다. 우선 if 조건문을 먼저 살펴보자. 예를 들어 "온도가 30도가 넘으면 에어컨을 켜라, 그렇지 않으면 에어컨을 꺼라"라는 문장을 파이썬 코드로 표현하면 다음과 같다.

```
# if문 기본
# air_control.py

temperature = int(input("온도를 입력하세요 : "))

if temperature > 30:
    print("에어컨을 켭니다.")
    print("온도가 30도가 넘습니다.")
else:
    print("에어컨을 끕니다.")
    print("온도가 30도를 넘지 않습니다.")
```

실행 결과 1

```
온도를 입력하세요 : 25
에어컨을 끕니다.
온도가 30도를 넘지 않습니다.
```

실행 결과 2

```
온도를 입력하세요 : 32
에어컨을 켭니다.
온도가 30도를 넘습니다.
```

위 프로그램의 결과를 살펴보면 실행 결과1과 실행 결과2가 서로 다른 문장이 출력된 것을 볼 수 있다. 즉 온도를 25로 입력했을 때는 "에어컨을 끕니다." 문장이 실행되었고, 온도를 32로 입력했을 때는 "에어컨을 켭니다." 문장이 실행되었다. 이와 같이 if 조건문은 특정 조건에 따라 실행할 수 있는 문장을 선택할 수 있다. 파이썬에서 사용하는 if 조건문의 형식은 다음과 같다.

형식	프로그램 진행 과정	의미
if 조건식: 문장	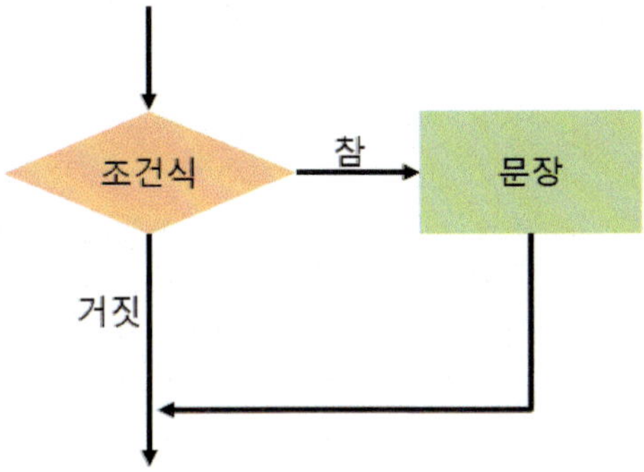	조건식이 참이면 문장을 수행하고, 거짓이면 문장을 수행하지 않는다.

if 조건식:
    문장1
else:
    문장2
	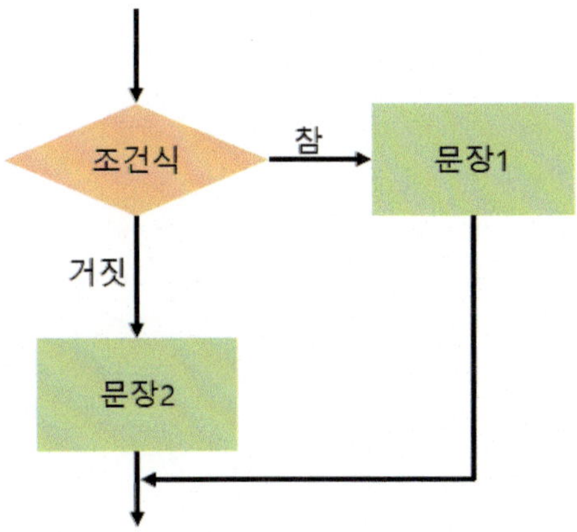	조건식이 참이면 문장1을 수행하고, 거짓이면 문장2를 수행한다.

if 조건문은 크게 조건식이 참일 때만 문장을 수행하는 if문과, 조건식이 참일 때와 거짓일 때 수행해야 하는 문장을 구분하는 if ~ else문이 있다. if 조건문을 만들 때는 if 뒤에 조건식을 적고 콜론(:)을 붙인다. 그 후 실행해야 하는 문장들을 적는다. if ~ else문을 이용할 때는 if 조건식: 부분은 같으며 조건식이 거짓일 때를 위하여 else:을 사용한 후 그 후 실행해야 하는 문장들을 적는다. 이때 주의할 것은 실행해야 하는 문장은 if 조건식:과 else: 보다 안쪽으로 들어간 형태여야만 한다. 파이썬 쉘 등에서는 자동으로 들여쓰기가 되며, 메모장 등을 이용하는 경우 일반적으로 4칸의 공백을 차지하도록 프로그램을 작성한다. 만약 실행해야 하는 문장이 여러 개일 때는 각 문장들의 들여쓰기 공간이 반드시 같아야 한다. 만약 들여쓰기를 맞추지 않는다면 다음의 그림과 같이 오류를 발생시킨다.

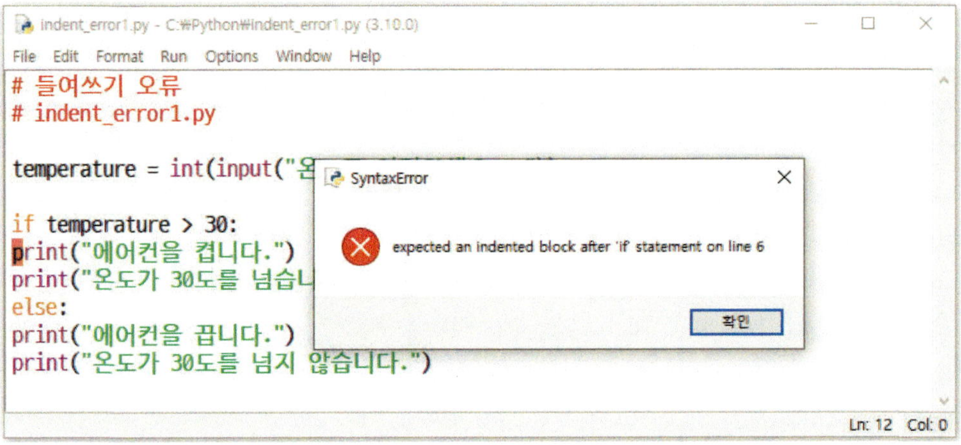

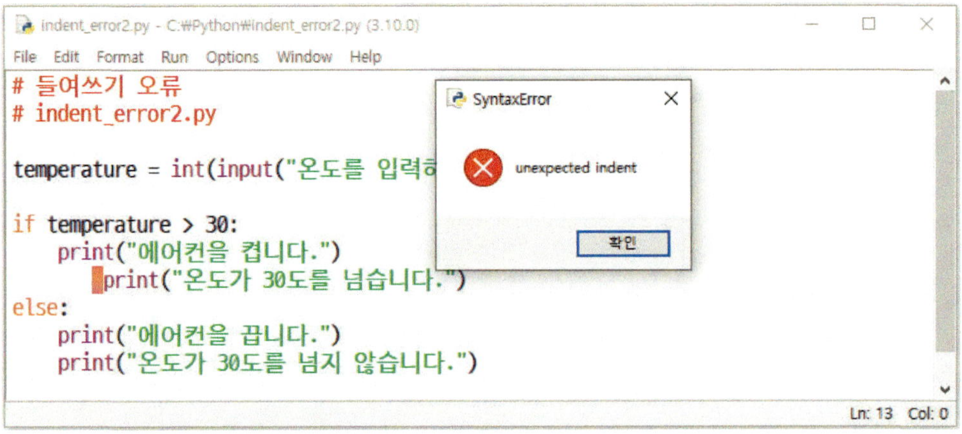

if 조건문을 사용할 때 또 다른 주의 사항은 조건식에 대입 연산자를 사용할 수 없다는 것이다. 파이썬에서 두 피연산자가 같은가를 비교하기 위해서 사용하는 연산자는 ==이며, =는 변수에 값을 대입하기 위한 연산자이다. 몇몇 프로그래밍 언어에서는 조건식에 = 연산자를 사용할 수 있기도 하지만, 파이썬에서는 조건식에 =를 사용할 경우 다음과 같이 오류가 발생하니 유의해야 한다.

```
>>> x = 10
>>> if x = 10:

SyntaxError: invalid syntax
```

이제 if 조건문을 이용해서 프로그램을 만들어 보자. 다음 예제는 입력받은 숫자가 짝수인지 홀수인지를 판별하는 프로그램이다.

```
1 # 짝수/홀수의 판별
2 # even_odd.py
3
4 value = int(input("정수를 입력하세요 : "))
5
6 if value % 2 == 0:
7     print("짝수입니다.")
8 else:
9     print("홀수입니다")
```

실행결과 1

```
정수를 입력하세요 : 5
홀수입니다
```

실행결과 2

```
정수를 입력하세요 : 6
짝수입니다
```

예제의 6번 라인에서 if 조건문이 시작한다. 조건식이 value % 2 == 0으로 되어있다. % 연산자는 나머지를 구하기 위한 연산자이다. 즉 숫자를 2로 나눈 나머지가 0인가 그렇지 않은가를 판단한다. 5를 입력할 경우 나머지가 1이기 때문에 식은 거짓이 된다. 따라서 else 이하의 문장이 실행된다. 6을 입력할 경우 나머지가 0이기 때문에 식 전체는 참이 된다. 따라서 if와 else 사이의 문장이 실행된다.

이번에는 식을 조금 복잡하게 구성해보자. 다음의 예제는 입력받은 숫자가 3과 4의 공배수인지를 확인하는 프로그램이다.

```
# 공배수 확인 프로그램
# com_multi1.py

value = int(input("정수를 입력하세요 : "))

if value % 3 == 0 and value % 4 == 0:
    print("3과 4의 공배수입니다.")
else:
    print("3과 4의 공배수가 아닙니다.")
```

실행 결과 1	정수를 입력하세요 : 12 3과 4의 공배수입니다.
실행 결과 2	정수를 입력하세요 : 15 3과 4의 공배수가 아닙니다.

예제의 6번 라인의 if 조건문에서 사용된 식은 value % 3 == 0 and value % 4 == 0이다. 만약 식에서 연산자의 우선순위를 모른다면 (value % 3 == 0) and (value % 4 == 0)과 같이 표현할 수도 있다. 이 식은 논리 연산자 and가 사용되었기 때문에 value를 3으로 나눈 나머지가 0인 식과 value를 4로 나눈 나머지가 0인 식 두 개가 모두 참일 경우 참이다. 따라서 입력받은 숫자가 3으로도 나누어 떨어져야 하고, 4로도 나누어 떨어져야 하는 3과 4의 공배수여야만 식이 참이 된다. 위의 예제는 다음과 같이 프로그램할 수도 있다.

```
# 공배수 확인 프로그램
# com_multi2.py

value = int(input("정수를 입력하세요 : "))

if value % 3 == 0:
    if value % 4 == 0:
        print("3과 4의 공배수입니다.")
    else:
        print("3과 4의 공배수가 아닙니다.")
else:
    print("3과 4의 공배수가 아닙니다.")
```

실행 결과 1	정수를 입력하세요 : 12 3과 4의 공배수입니다.
실행 결과 2	정수를 입력하세요 : 15 3과 4의 공배수가 아닙니다.

6번 라인의 if 조건문과 함께 7번 라인에서도 if 조건문이 사용되었다. 이와 같이 if 조건문 내부에 if 조건문이 또 있는 것을 중첩 if 조건문이라고 한다. 7번 라인의 if 조건문은 6번 라인의 if 조건문이 참인 경우에만 수행이 가능하다. 따라서 value % 3 == 0인 경우에만 value % 4 == 0인 식을 검사한다. 이때 주의할 것은 8번과 10번 라인의 들여쓰기이다. 8번 라인은 7번 라인의 조건식이 참일 경우에만 수행하는 문장이며, 10번 라인은 7번 라인의 조건식이 거짓일 때만 수행하는 문장이므로, 들여쓰기를 7번 라인을 기준으로 한 단계 더 들어가야 한다.

3.3.2. elif

지금까지 if와 else를 이용하여 조건에 맞는 문장을 실행하는 방법을 배웠다. 그러나 일상생활을 프로그램화 하다 보면 조건이 여러 개가 필요한 경우가 생긴다. 앞의 에어컨 동작 프로그램을 온도 조절 프로그램으로 바꾸어 보자. 온도 조절 프로그램의 조건은 다음과 같다.

```
온도가 30도가 넘으면 에어컨을 작동한다.
온도가 15도가 안되면 보일러를 작동한다.
위의 두 경우가 아니면 에어컨과 보일러를 모두 끈다.
```

위와 같은 조건을 프로그램으로 만들려면 어떻게 해야 할까? 정답은 지금부터 배우게 될 elif이다. elif는 주어진 조건이 거짓일 때 수행해야 하는 else 대신에 새로운 조건을 넣을 수 있도록 한다. 다음은 elif를 포함한 if 조건문의 사용 형식이다.

형식	프로그램 진행 과정	의미

if 조건식1:
문장1
elif 조건식2:
문장2
elif 조건식3:
문장3
...
elif 조건식n:
문장n
else:
문장
	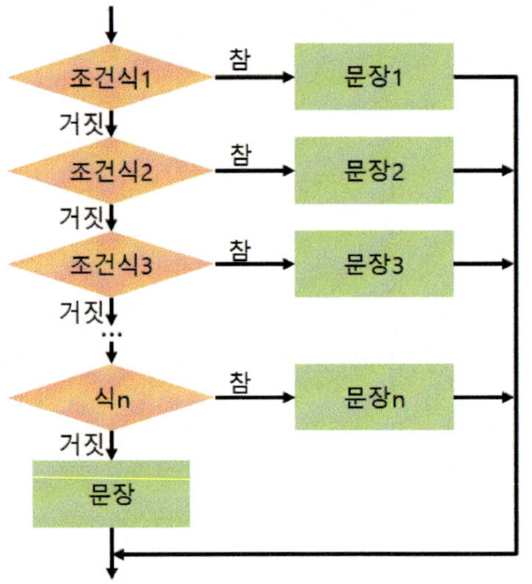	조건식1이 참이면 문장1을 수행하고 if문 종료
		거짓이면 다음 조건인 조건식2를 검사
		조건식2가 참이면 문장2를 수행하고 if문 종료
		거짓이면 다음 조건인 조건식3을 검사
		조건이 맞을 때 까지 계속 조건을 검사하며, 조건이 모두 거짓이면 else 이하의 문장 수행

if 조건식1:
문장1
elif 조건식2:
문장2
elif 조건식3:
문장3
...
elif 조건식n:
문장n
	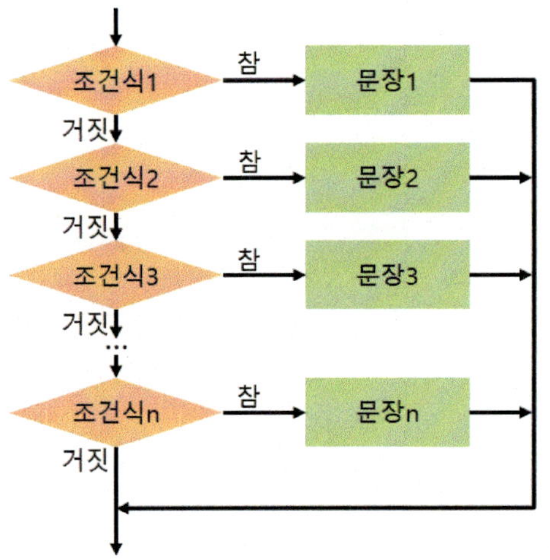	위와 같은 방법으로 조건을 검사하지만 조건이 모두 거짓일 때 수행하는 문장이 없음

이제 위의 형식을 이용하여 온도 조절 프로그램을 만들어 보자.

```
# 온도 조절 프로그램
# temp_control.py

temperature = int(input("온도를 입력하세요 : "))

if temperature > 30:
```

```
    print("에어컨을 켭니다.")
    print("온도가 30도가 넘습니다.")
elif temperature < 15:
    print("보일러를 켭니다.")
    print("온도가 15도를 넘지 않습니다.")
else:
    print("에어컨과 보일러를 모두 끕니다.")
    print("온도가 적정 온도입니다.")
```

실행결과 1

```
온도를 입력하세요 : 33
에어컨을 켭니다.
온도가 30도가 넘습니다.
```

실행결과 2

```
온도를 입력하세요 : 25
에어컨과 보일러를 모두 끕니다.
온도가 적정 온도입니다.
```

실행결과 3

```
온도를 입력하세요 : 10
보일러를 켭니다.
온도가 15도를 넘지 않습니다.
```

이제 앞에서 실습했던 공배수를 구하는 프로그램을 elif를 이용하여 조금 더 보기 좋게 만들어 보자.

```
# 공배수 확인 프로그램
# com_multi3.py

value = int(input("정수를 입력하세요 : "))

if value % 3 == 0 and value % 4 == 0:
    print("3과 4의 공배수입니다.")
elif value % 3 == 0:
    print("3의 배수이지만 4의 배수는 아닙니다.")
elif value % 4 == 0:
    print("4의 배수이지만 3의 배수는 아닙니다.")
else:
    print("3과 4의 배수가 모두 아닙니다.")
```

실행 결과 1	정수를 입력하세요 : 12 3과 4의 공배수입니다.
실행 결과 2	정수를 입력하세요 : 15 3의 배수이지만 4의 배수는 아닙니다.
실행 결과 3	정수를 입력하세요 : 16 4의 배수이지만 3의 배수는 아닙니다.
실행 결과 4	정수를 입력하세요 : 17 3과 4의 배수가 모두 아닙니다.

위의 예제에서 주의할 것이 있다. 바로 value % 3 == 0 and value % 4 == 0 식 전에 value % 3 == 0의 식이나 value % 4 == 0의 식을 먼저 비교하면, 공배수를 구할 수 없게 된다. 다음과 같이 식이 구성되어 있다고 가정하자.

```
if value % 3 == 0:
    print("3의 배수이지만 4의 배수는 아닙니다.")
elif value % 4 == 0:
    print("4의 배수이지만 3의 배수는 아닙니다.")
elif value % 3 == 0 and value % 4 == 0:
    print("3과 4의 공배수입니다.")
else:
    print("3과 4의 배수가 모두 아닙니다.")
```

위의 프로그램에서 12를 입력하면 첫 번째 value % 3 == 0의 식이 참이 된다. 따라서 print("3의 배수이지만 4의 배수는 아닙니다.") 문장이 출력되고 다음 조건은 검사하지 않고 if문을 빠져나온다. 이와 같이 elif를 함께 사용할 때는 조건을 비교하는 순서에도 주의해야 한다.

위의 프로그램은 다음과 같이 중첩 if 조건문을 이용한 프로그램으로 변경할 수도 있다.

```
# 공배수 확인 프로그램
# com_multi4.py

value = int(input("정수를 입력하세요 : "))

if value % 3 == 0:
    if value % 4 == 0:
        print("3과 4의 공배수입니다.")
    else:
        print("3의 배수이지만 4의 배수는 아닙니다.")
elif value % 4 == 0:
    print("4의 배수이지만 3의 배수는 아닙니다.")
else:
    print("3과 4의 배수가 모두 아닙니다.")
```

실행결과 1	정수를 입력하세요 : 12 3과 4의 공배수입니다.
실행결과 2	정수를 입력하세요 : 15 3의 배수이지만 4의 배수는 아닙니다.
실행결과 3	정수를 입력하세요 : 16 4의 배수이지만 3의 배수는 아닙니다.
실행결과 4	정수를 입력하세요 : 17 3과 4의 배수가 모두 아닙니다.

3.3.3 조건부 표현식

파이썬에서는 if 조건문을 한 줄로 만들기 위한 조건부 표현식을 사용할 수 있다. 조건부 표현식을 사용하는 형식은 다음과 같다.

```
조건문이 참인 경우 if 조건식 else 조건문이 거짓인 경우
```

다음의 예제는 짝수와 홀수를 구별하기 위한 if문을 조건부 표현식으로 변경한 것이다.

if 조건문	if value % 2 == 0:
	    result = "짝수"
	else:
	    result = "홀수"

조건부 표현식	result = "짝수" if value % 2 == 0 else "홀수"

위의 문장에서 value % 2가 조건식이 되며, 참일 경우 if 앞에 있는 "짝수" 문자열이 result 변수에 저장된다. 만약 value % 2 조건식이 거짓이 되면 else 뒤에 있는 "홀수" 문자열이 result 변수에 저장된다. 이와 같이 조건부 표현식은 한 줄에 조건문을 작성할 수 있기 때문에 간단한 작업에서 많이 사용된다.

3.4. 연습문제

3-1. 다음 괄호 부분을 채우시오.

① 파이썬에서 (   )는 변수에 값을 대입할 때 사용하는 대입 연산자이며, (   ) 두 변수의 값이 같은가를 확인하기 위한 비교 연산자이다.

② 정수형 값 0 또는 실수형 값 0.0은 조건문 등에서 조건을 판단할 때 (   )으로 판단한다.

③ 논리 연산자 (   )는 두 개의 피연산자가 모두 True일 때 True인 결과를 갖는다.

④ 특정 조건에 일치할 때문 문장을 수행하기 위하여 (   )를 이용한다.

3-2. 다음의 문장 중에서 틀린 것들을 고르고 이유를 설명하시오.

① 조건문은 조건식에 따라 분기하는 제어문으로 if문과 select문이 있다.

② if 조건식: 문장에서 조건식의 위치에 대입연산자가 올 수 있다.

③ if문에서 조건이 여러 개일 때 논리 연산자를 사용하면 편리하다.

④ 두 개의 피연산자가 같지 않을 때 사용하는 비교연산자는 ◇이다.

3-3. 다음 프로그램의 실행 결과를 적고, 조건부 표현식을 if문으로 변경하시오.

```
>>> val = 10
>>> print("홀수") if val % 2 == 1 else print("짝수")
```

3-4. 학생의 평균 평점을 입력받고, if문을 이용하여 수업료를 계산해 주는 프로그램을 작성하시오. 단, 수업료는 300만원이며, 평균 평점이 4.3 이상이면 전액 장학금을 지급하고, 평균 평점이 4.1 이상이고 4.3 미만이면 반액 장학금을 지급하고, 평균 평점이 3.9 이상이고 4.1 미만이면 수업료의 1/4을 장학금으로 지급한다.

```
평균 평점을 입력하세요 : 3.9
수업료는 2250000원입니다.
```

```
평균 평점을 입력하세요 : 4.2
수업료는 1500000원 입니다.
```

3-5. 정수를 입력받은 후, 해당 정수가 양수인지, 음수인지, 아니면 0인지를 판별하는 프로그램을 작성하시오.

```
정수를 입력하세요 : 10
양수입니다.
```

```
정수를 입력하세요 : 0
양수도 음수도 아닌 0입니다.
```

```
include <stdio.h>

oid main()

  int iValue1, iValue2, iResult;

  printf("₩n₩n ***** program start

  iValue1 = 20;
  iValue2 = 30;
  iResult = iValue1 * iValue2;

  printf(" %d + %
```

Chapter 04

리스트, 튜플, 딕셔너리, 셋

제 4 장 리스트, 튜플, 딕셔너리, 셋

프로그램을 만들다 보면 대량의 자료를 다루어야 할 때가 있다. 예를 들어 학생들의 성적을 관리하는 프로그램, 도서관의 도서 관리 프로그램과 같은 경우 자료의 양이 많기 때문에 변수 하나에 값 하나를 저장하는 방법은 현실적으로 불가능하다. 파이썬에서는 이를 위해 여러 개의 값을 모아서 하나의 변수에 저장할 수 있는 기능을 제공한다. 이와 같이 여러 개의 자료를 저장할 수 있는 자료형을 시퀀스 자료형이라고 한다. 시퀀스 자료형은 컴퓨터 내부에서 자료들이 연속적인 공간에 저장되어 있으며, 인덱스라고 하는 숫자로 접근할 수 있다. 파이썬에서 사용하는 대표적인 시퀀스 자료형은 리스트, 튜플, 딕셔너리, 셋의 네 종류가 있다. 또한 앞에서 배웠던 문자열 역시 시퀀스 자료형이며, 일부 함수의 반환값으로만 사용하는 시퀀스 자료형도 있다.

4.1. 리스트

리스트는 파이썬에서 사용하는 시퀀스 자료형 중에서 가장 많이 사용하는 자료형이다. 리스트 내부에 저장되는 값은 순차적으로 접근이 가능하며, 자료의 추가 및 삭제가 쉽다. 리스트에는 동일한 값 여러 개를 저장할 수 있으며, 기존에 저장된 값을 변경할 수도 있다.

4.1.1. 리스트의 생성 및 사용

4.1.1.1. 리스트의 생성

파이썬에서 리스트 자료형을 표기하기 위해서는 저장하는 값들을 콤마(,)를 이용하여 구분한 후 대괄호([ ])로 그 값들을 감싸면 된다. 이때 리스트 내부에 저장되는 값들을 리스트의 요소(element) 또는 항목이라고 한다. 리스트 내부에 저장할 수 있는 요소는 파이썬에서 사용할 수 있는 모든 자료형이 가능하며, 서로 다른 자료형을 저장할 수도 있다. 다음의 예제를 살펴보자.

```
>>> value1 = [10, 20, 30, 40, 50, 60, 70, 80, 90, 100]
>>> print(value1)
[10, 20, 30, 40, 50, 60, 70, 80, 90, 100]
>>> value2 = ["Sun", "Mon", "Tue", "Wed", "Thu", "Fri", "Sat"]
>>> print(value2)
['Sun', 'Mon', 'Tue', 'Wed', 'Thu', 'Fri', 'Sat']
>>> value3 = ["Kim", 20, "Male"]
>>> print(value3)
['Kim', 20, 'Male']
```

위의 예에서 value1은 정수 요소들을 갖는 리스트이며, value2는 문자열 요소들을 갖는 리스트이다. 그러나 value3과 같이 문자열과 정수를 혼합한 형태를 갖는 리스트 역시 가능하다. value1이 컴퓨터에서 저장되는 형태는 다음과 같다.

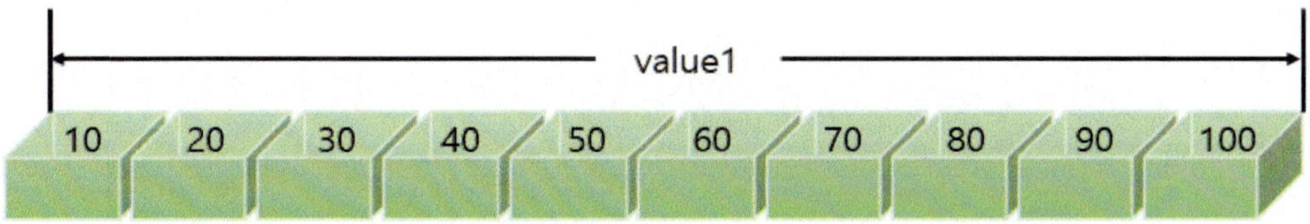

파이썬에서 리스트를 생성하거나 출력할 때는 모두 대괄호([ ])로 둘러싸인 형태를 사용하며, 앞으로 출력 결과에서 대괄호로 둘러싸인 자료는 모두 리스트이다. 리스트 변수를 만들 때 요소가 없는 비어있는 리스트를 만들 수도 있다. 비어 있는 대괄호([ ]) 또는 list() 함수를 이용하면 빈 리스트를 만들 수 있다.

```
>>> value4 = []
>>> print(value4)
[]
>>> value5 = list()
>>> print(value5)
[]
```

4.1.1.2. 연속된 숫자로 이루어진 리스트 생성

앞에서 만들었던 value1 리스트는 10부터 100까지의 값을 갖고 있는 정수형 리스트이다. 이와 같이 연속된 숫자로 이루어진 리스트는 range() 함수를 이용하여 편리하게 만들 수 있다. range() 함수의 사용 형식은 다음과 같다.

형식	의미	예
range(숫자)	0부터 (숫자 - 1)까지의 연속된 숫자 생성	list(range(10))
range(시작, 끝)	시작부터 (끝 - 1)까지의 연속된 숫자 생성	list(range(0, 10))
range(시작, 끝, 스텝)	시작부터 (끝 - 1)까지 스텝 만큼 변화하면서 연속된 숫자 생성	list(range(0, 10, 2)) list(range(10, 0, -1))

range() 함수는 괄호 내부에 숫자 값을 필요로 하며, range(숫자)와 같이 숫자를 하나만 지정할 경우 0부터 (숫자 - 1)까지의 연속된 숫자를 생성한다. 그러나 range() 함수의 결과는 리스트가 아닌 range() 함수의 결과로만 사용하는 시퀀스 자료형이다. 따라서 이를 리스트로 만들기 위해서는 list(range(10))과 같은 형식으로 사용해야한다. 만약 range(시작, 끝)과 같이 시작과 끝을 지정하면 시작부터 (끝 -1)까지의 연속된 숫자를 생성한다. 즉 range(0, 10)은 range(10)과 같다. 마지막으로 range(시작, 끝, 스텝)의 형식을 사용하면 시작부터 (끝 - 1)까지 스텝만큼 숫자가 변하면서 연속된 숫자를 생성한다. 다음의 결과를 살펴보자.

```
>>> range(10)
range(0, 10)
>>> type(range(10))
<class 'range'>
>>> list(range(10))
[0, 1, 2, 3, 4, 5, 6, 7, 8, 9]
>>> list(range(0, 10))
[0, 1, 2, 3, 4, 5, 6, 7, 8, 9]
>>> list(range(0, 10, 2))
[0, 2, 4, 6, 8]
>>> list(range(10, 0))
[]
>>> list(range(10, 0, -1))
[10, 9, 8, 7, 6, 5, 4, 3, 2, 1]
```

위의 예에서 range(10) 문장을 실행할 경우 그 결과가 단순히 range(0, 10)으로 나오는 것을 볼 수 있다. 이는 range() 함수의 결과가 리스트로 나오는 것이 아닌 range() 함수와 관련된 시퀀스 자료형임을 나타낸다. type(range(10))과 같이 type() 함수를 이용하여 결과를 확인해 보면 range 클래스 자료형인 것을 알 수 있다. 따라서 range() 함수의 결과를 리스트로 저장하기 위해서는 list(range(10))과 같이 list() 함수를 이용해서 변환해야 한다.

위의 예에서 range(10, 0)의 결과 아무런 값도 나오지 않았다. range(10, 0)과 같이 스텝 값을 지정하지 않은 경우 파이썬은 range(10, 0, 1)로 인식한다. 따라서 10부터 0까지 1만큼씩 증가하면서 값을 생성하기 때문에 생성되는 값이 없다. 10, 9, 8과 같이 값을 감소하면서 숫자를 생성하고 싶은 경우 range(10, 0, -1)과 같이 스텝 값을 음수로 반드시 지정해야 한다.

4.1.1.3. 다른 자료형을 리스트로 변환하기

비어있는 리스트를 만들기 위해서 list() 함수를 사용하지만, 괄호 안에 다른 데이터를 넣을 경우 해당 데이터를 리스트의 형태로 변환한다. 다음의 예제는 문자열을 리스트로 변환한 것이다.

```
>>> value6 = list("Hello")
>>> print(value6)
['H', 'e', 'l', 'l', 'o']
```

리스트의 형태로 변환할 수 있는 것은 시퀀스 자료형만 가능하며, 문자열은 문자의 나열이기 때문에 시퀀스 자료형의 한 종류이다. 따라서 "Hello" 문자열은 "H", "e", "l", "l", "o" 문자열이 연속되어 있는 형태이고, 리스트로 변환이 가능하다.

다음 절에서 배우게 되는 튜플 자료형도 리스트로 변환이 가능하다. 다음의 예제를 살펴보자.

```
>>> tuple_value = (10, 20, 30)
>>> print(tuple_value)
(10, 20, 30)
>>> value7 = list(tuple_value)
>>> print(value7)
[10, 20, 30]
```

튜플 자료형은 뒤에서 자세히 배우기로 하고, 일단 튜플 자료형의 형식은 소괄호를 이용한다는 것만 알고 있자. 위의 예에서 튜플 자료형의 출력 결과는 전체 값을 소괄호를 이용하여 둘러싼 형태이며, 리스트 자료형은 대괄호를 이용하여 둘러싼 형태이다.

우리는 앞에서 특정 구분자를 이용하여 문자열을 나누는 split() 메서드를 배웠다. split() 메서드에서 수행했던 예제를 다시 살펴보자.

```
>>> "Hello World!".split()
['Hello', 'World!']
>>> "A-B-C-D-E".split("-")
['A', 'B', 'C', 'D', 'E']
```

출력되는 특징을 알 수 있는가? "Hello World!".split()은 "Hello"와 "World!"로 나누어 졌고 이 결과는 대괄호([ ])로 둘러싸여있다. 따라서 split() 메서드의 결과는 리스트가 된다.

4.1.1.4. 리스트의 리스트

리스트는 여러 개의 값들로 구성되어 있는 시퀀스 자료형이다. 리스트의 내부에 들어가는 자료 자체를 리스트로 구성하면 2차원 리스트를 생성할 수 있다. 다음의 예를 살펴보자.

```
>>> student = [["Kim", 90], ["Lee", 80], ["Park", 70]]
>>> print(student)
[['Kim', 90], ['Lee', 80], ['Park', 70]]
```

위의 student 리스트는 3×2의 구조를 갖는 리스트이다. 즉 다음의 그림과 같이 2개짜리 요소를 갖는 리스트가 3개 있는 리스트라고 볼 수 있으며, 수학의 행렬과 비슷한 구조로 이해하면 된다.

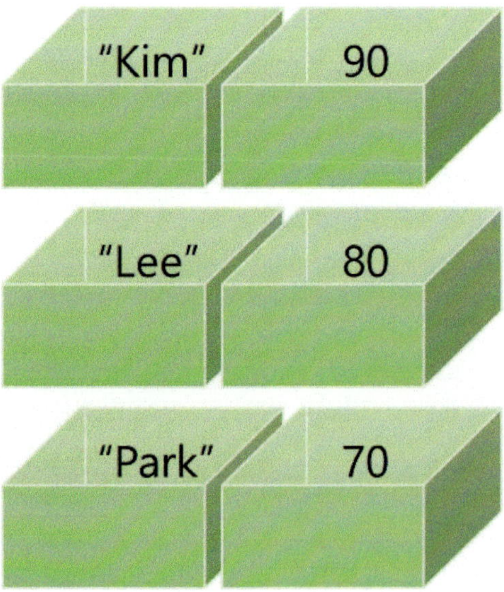

또한 파이썬에서는 다음과 같이 가로의 크기가 서로 다른 리스트도 만들 수 있다.

```
>>> value = [[10, 20], [30, 40, 50], [60, 70, 80, 90]]
>>> print(value)
[[10, 20], [30, 40, 50], [60, 70, 80, 90]]
```

위에서 생성한 value 리스트는 [10, 20] 리스트와 [30, 40, 50] 리스트, 그리고 [60, 70, 80, 90] 리스트 세 개로 구성된 리스트이다. 이와 같이 파이썬의 리스트는 크기 및 요소 값을 자유롭게 구성할 수 있기 때문에 파이썬 내에서 자주 사용된다.

4.1.2. 리스트 인덱싱과 슬라이싱

4.1.2.1. 인덱싱

리스트에 자료를 저장하는 방법을 배웠으니, 리스트에 저장된 값을 가져와 보자. 리스트는 문자열과 동일한 방법으로 리스트명[인덱스]와 같이 대괄호([ ])와 인덱스를 이용하여 요소의 값을 가져올 수 있다. 이때 인덱스는 문자열과 마찬가지로 0부터 시작해서 리스트의 (요소 개수 - 1)까지 사용할 수 있다. 또한 문자열과 마찬가지로 인덱스에 마이너스(-) 기호를 사용할 수 있다. 이때 인덱스 [-1]은 가장 마지막 요소이며, [-2]는 끝에서 두 번째 요소를 나타낸다.

```
>>> value = [10, 20, 30, 40, 50]
>>> value[0]
10
>>> value[4]
50
>>> value[-1]
50
>>> value[5]
Traceback (most recent call last):
  File "<pyshell#71>", line 1, in <module>
    value[5]
IndexError: list index out of range
```

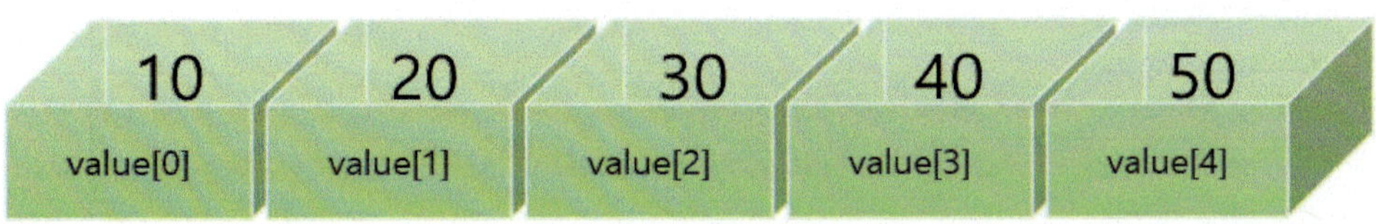

2차원 리스트의 경우에도 역시 인덱스를 이용하여 값을 가져올 수 있다. 만약 리스트 내부에 있는 리스트의 개별 요소에 접근하기 위해서는 리스트명[인덱스1][인덱스2]와 같이 인덱스를 여러 번 사용하면 된다.

```
>>> student = [["Kim", 90], ["Lee", 80], ["Park", 70]]
>>> student[0]
['Kim', 90]
>>> student[0][0]
'Kim'
>>> student[0][1]
90
```

문자열 인덱싱과는 다르게 리스트는 리스트명[인덱스] = 값 문장과 같이 인덱스를 이용하여 리스트 내부 요소의 값을 변경할 수 있다. 다음의 예제를 살펴보자.

```
>>> value1 = [10, 20, 30, 40, 50]
>>> print(value1)
[10, 20, 30, 40, 50]
>>> print(value1[0])
10
>>> value1[0] = 1000
>>> print(value1)
[1000, 20, 30, 40, 50]
```

문자열에서 인덱스를 이용하여 문자를 변경하고자 하면 다음과 같이 오류를 발생한다.

```
>>> value2 = "ABC"
>>> print(value2)
ABC
>>> print(value2[0])
A
>>> value2[0] = "a"
Traceback (most recent call last):
  File "<pyshell#87>", line 1, in <module>
    value2[0] = "a"
TypeError: 'str' object does not support item assignment
```

4.1.2.2. 슬라이싱

문자열과 마찬가지로 리스트도 인덱스를 이용하여 요소들의 일부분만을 추출하는 슬라이싱이 가능하다. 문자열과 마찬가지로 리스트에서 리스트명[:]과 같이 표기하면 리스트의 전체 요소를 가져올 수 있다.

```
>>> value = list(range(0, 100, 10))
>>> value
[0, 10, 20, 30, 40, 50, 60, 70, 80, 90]
>>> value[:]
[0, 10, 20, 30, 40, 50, 60, 70, 80, 90]
```

[:5]는 0번 인덱스부터 (5-1)번 인덱스까지 총 5개의 요소를 추출한다. 또한 [5:]는 5번 인덱스부터 끝까지 리스트의 요소를 추출한다. 그리고 [2:5]와 같이 특정 부분의 요소만 추출할 수도 있다.

```
>>> value[:5]
[0, 10, 20, 30, 40]
>>> value[5:]
[50, 60, 70, 80, 90]
>>> value[2:5]
[20, 30, 40]
```

리스트 역시 슬라이싱할 때 인덱스에 마이너스(-) 부호를 사용할 수 있다.

```
>>> value[:-2]
[0, 10, 20, 30, 40, 50, 60, 70]
>>> value[-5:-2]
[50, 60, 70]
```

스텝을 이용하여 요소를 건너뛰면서 추출도 가능하다. [::2]를 사용할 경우 처음부터 끝까지 요소를 추출하며, 이때 2스텝씩 이동하기 때문에 하나씩 건너뛰면서 리스트의 요소를 추출한다. 또한 리스트를 역순으로 추출하기 위해서 [::-1]를 사용할 수 있다.

```
>>> value[::2]
[0, 20, 40, 60, 80]
>>> value[::-1]
```

```
[90, 80, 70, 60, 50, 40, 30, 20, 10, 0]
```

4.1.3. 리스트 연산

4.1.3.1. 리스트 복사와 is 연산자

리스트는 대입 연산자를 이용하여 다른 리스트에 대입이 가능하다. 그러나 이때 주의할 사항이 있다. 우선 대입 연산자를 이용하여 다른 리스트에 대입해 보자.

```
>>> value1 = list(range(10))
>>> value2 = value1
>>> print(value1)
[0, 1, 2, 3, 4, 5, 6, 7, 8, 9]
>>> print(value2)
[0, 1, 2, 3, 4, 5, 6, 7, 8, 9]
```

0부터 9까지 10개의 요소로 이루어진 리스트 변수 value1을 만들고 value2 = value1과 같이 value1 리스트를 value2 리스트에 복사한 후 출력한 결과이다. 두 리스트 모두 같은 값을 갖고 있는 것을 확인할 수 있다. 이제 value1 리스트의 요소를 인덱스를 이용하여 변경한 후 두 리스트를 다시 확인해 보자.

```
>>> value1[0] = 100
>>> print(value1)
[100, 1, 2, 3, 4, 5, 6, 7, 8, 9]
>>> print(value2)
[100, 1, 2, 3, 4, 5, 6, 7, 8, 9]
```

분명 value1 리스트의 0번 요소의 값을 100으로 변경하였는데 value2 리스트의 0번 요소의 값까지 함께 변경되었다. 파이썬에서는 대입 연산자를 이용하여 리스트를 복사하면 실제 값이 복사되는 것이 아니라 다음의 그림과 같이 동일한 공간에 새로운 이름을 부여한다.

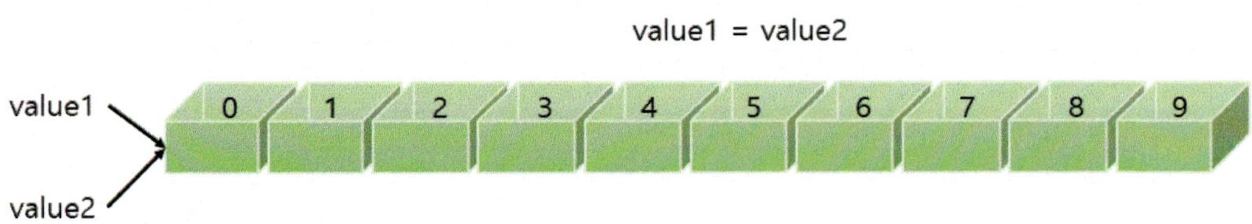

따라서 value1에 저장되어 있는 값을 변경하면 value2의 값까지 함께 변경된다. 만약 두 리스트가 서로 같은 공간을 가리키고 있는지 확인하기 위해서는 다음과 같이 is 연산자를 사용한다. is 연산자는 두 변수(객체)가 같은 공간을 가리키고 있으면 True, 그렇지 않으면 False 값을 반환한다.

```
>>> value1 is value2
True
```

만약 value1 리스트와 value2 리스트가 같은 공간을 가리키고 있을 때 value2의 값을 다음과 같이 다른 리스트로 변경하면 어떻게 될까? 이제는 서로 다른 곳을 가리키게 된다.

```
>>> value1 = [0, 1, 2, 3, 4, 5, 6, 7, 8, 9]
>>> value2 = value1
>>> value1 is value2
True
>>> value2 = [0, 1, 2, 3, 4, 5, 6, 7, 8, 9]
>>> print(value1)
[0, 1, 2, 3, 4, 5, 6, 7, 8, 9]
>>> print(value2)
[0, 1, 2, 3, 4, 5, 6, 7, 8, 9]
>>> value2 is value1
False
>>> value1[0] = 1000
>>> print(value1)
[1000, 1, 2, 3, 4, 5, 6, 7, 8, 9]
>>> print(value2)
[0, 1, 2, 3, 4, 5, 6, 7, 8, 9]
```

위의 예제에서 볼 수 있듯이 value2 = value1을 이용해서 리스트를 직접 대입하면 두 리스트가 같은 공간을 가리키게 된다. 두 리스트가 같은 공간을 가리킬 때 value2 = [...]의 문장으로 value2 리스트의 값을 바꾸면, 두 리스트가 서로 같은 요소를 갖고 있다고 하더라도, 다음의 그림과 같이 서로 다른 공간을 가리키게 된다. 따라서 value1의 요소 값을 변경하더라도 value2에는 아무런 영향을 미치지 않는다.

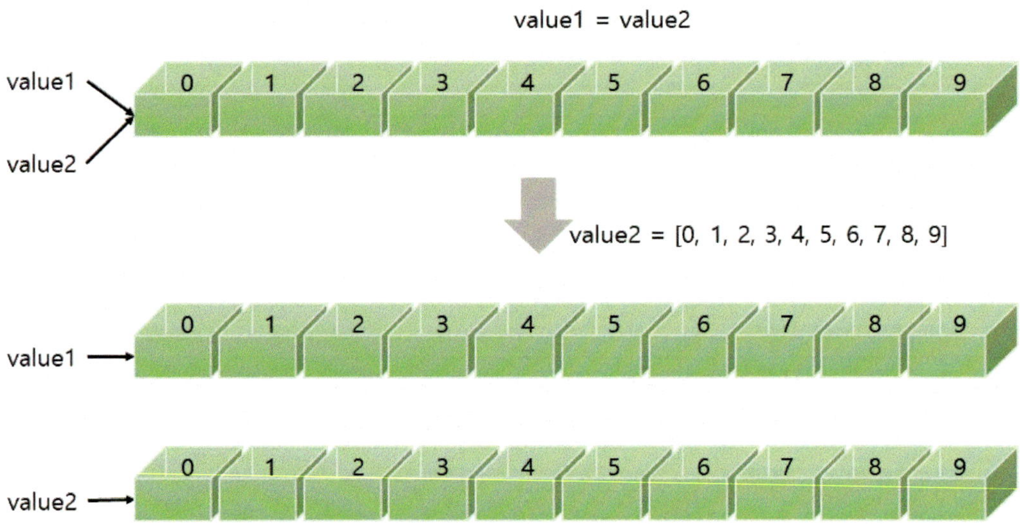

그렇다면 원래의 리스트에서 값만 가져와서 서로 다른 공간을 가리킬 수 있는 리스트 두 개를 만드는 방법은 없을까? 이와 같이 원본 리스트로부터 동일한 요소를 갖는 새로운 리스트 공간을 만드는 것을 리스트 복사라고 하며, 다음과 같은 방법을 사용한다.

리스트를 복사하는 첫 번째 방법은 리스트의 copy() 메서드를 이용하는 방법이다. 다음의 예를 살펴보자.

```
>>> value1 = list(range(10))
>>> print(value1)
[0, 1, 2, 3, 4, 5, 6, 7, 8, 9]
>>> value2 = value1.copy()
>>> print(value2)
[0, 1, 2, 3, 4, 5, 6, 7, 8, 9]
>>> value1 is value2
False
```

리스트를 복사하는 두 번째 방법은 list() 함수를 이용하여 새로운 리스트를 만드는 것이다. 다음의 예를 살펴보자.

```
>>> value3 = list(value1)
>>> print(value3)
[0, 1, 2, 3, 4, 5, 6, 7, 8, 9]
>>> value1 is value3
False
```

리스트를 복사하는 마지막 방법은 슬라이싱을 이용하는 방법이다.

```
>>> value4 = value1[:]
>>> print(value4)
[0, 1, 2, 3, 4, 5, 6, 7, 8, 9]
>>> value1 is value4
False
```

4.1.3.2. 요소의 삭제

인덱스를 이용하여 리스트 요소의 값을 가져오거나 변경할 수 있었다. 그렇다면 리스트의 요소를 삭제하려면 어떻게 해야 할까? 리스트의 요소를 삭제하려면 다음과 같이 del 구문을 이용한다. del은 대입 연산자 =와 반대로 동작하는 파이썬의 예약어이며 연산자이다. del은 객체로부터 이름을 분리하고, 메모리에서 객체를 삭제한다. 다음의 예를 살펴보자.

```
>>> value = [10, 20, 30, 40, 50]
>>> print(value)
[10, 20, 30, 40, 50]
>>> del value[2]
>>> print(value)
[10, 20, 40, 50]
>>> print(value[2])
40
```

[10, 20, 30, 40, 50]의 요소로 구성되어 있는 value 리스트에서 del value[2]와 같이 2번 요소를 삭제한다. 따라서 30의 값이 삭제되며, 리스트의 요소의 개수는 1 감소한다. 결과적으로 [10, 20, 30, 40, 50]이 [10, 20, 40, 50]로 변경된다. 따라서 del 문장 실행 이후에는 value[2]의 값은 40이 된다.

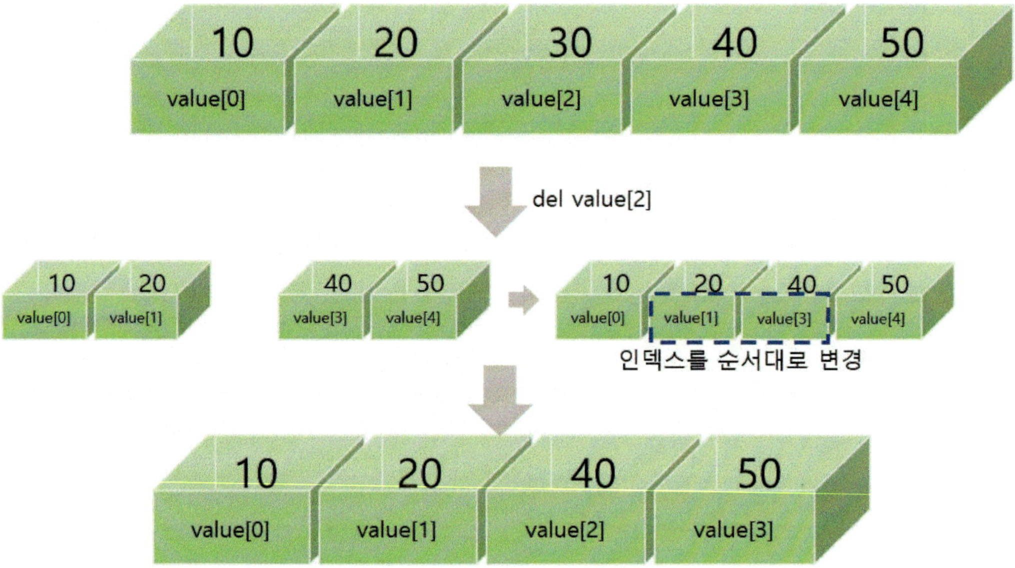

4.1.3.3. 리스트의 요소들 중에 값의 존재 유무 확인

in 연산자를 사용하면 리스트 내부를 구성하고 있는 요소들 중에 어떤 값이 해당 리스트에 포함되어 있는지를 확인할 수 있다. 값 in 리스트의 형태로 사용하며, 리스트 내부에 해당 값이 존재한다면 True를 반환하고, 값이 존재하지 않는다면 False를 반환한다. in 연산자는 뒤에서 배우게 될 튜플, 딕셔너리, 셋 등 시퀀스 자료형에서 모두 사용 가능하다. 다음의 예제를 살펴보자.

```
>>> value = list(range(0, 100, 10))
>>> print(value)
[0, 10, 20, 30, 40, 50, 60, 70, 80, 90]
>>> 30 in value
True
>>> 25 in value
False
```

4.1.3.4. 리스트 결합과 반복

문자열과 같은 방법으로 리스트 역시 + 연산자를 이용하여 더할 수 있고, * 연산을 이용하여 반복할 수 있다. 우선 두 개의 리스트를 서로 더해 보자.

```
>>> value1 = [0, 1, 2, 3]
>>> value2 = [4, 5, 6, 7]
```

```
>>> value1 + value2
[0, 1, 2, 3, 4, 5, 6, 7]
>>> value3 = [0, 1, 2, 3]
>>> value1 + value3
[0, 1, 2, 3, 0, 1, 2, 3]
```

리스트의 + 연산은 리스트 요소들을 서로 합치는 역할을 한다. 이때 동일한 요소를 갖고 있는 리스트끼리의 + 연산도 가능하며, 요소의 개수가 늘어난 것을 확인할 수 있다.

리스트의 * 연산은 리스트 요소들을 반복하여 새로운 리스트를 생성한다. 다음의 예제를 살펴보자.

```
>>> value = [0, 1, 2, 3]
>>> value * 3
[0, 1, 2, 3, 0, 1, 2, 3, 0, 1, 2, 3]
>>> value[:2] * 3
[0, 1, 0, 1, 0, 1]
```

4.1.4. 리스트 요소 개수 구하기

리스트 안에 있는 요소의 개수를 구하기 위해서는 len() 함수를 사용한다. len() 함수는 이미 문자열에서 문자열을 구성하고 있는 문자의 개수를 구하기 위하여 사용하였다. len() 함수는 문자열과 리스트 외에 다음에 배우게 될 튜플, 딕셔너리, 셋 등 시퀀스 자료형에서 요소의 개수를 구하기 위하여 동일하게 사용할 수 있다. 이러한 len() 함수는 나중에 배우게 될 반복문에서 자주 사용되니 꼭 기억해 두자.

```
>>> value = [1, 2, 3, 4, 5]
>>> len(value)
5
```

4.1.5. 리스트 내부 메서드

문자열과 마찬가지로 리스트 역시 객체로 구현되어 있고, 메서드를 이용하여 리스트를 조작하거나 관련된 정보를 가져올 수 있다. 리스트의 내부 메서드를 이용하기 위해서는 리스트 뒤에 점(.)을 붙인 다음 메서드 이름을 적는다. 리스트에서 사용할 수 있는 메서드는 여기에 소개된 메서드 외에도 추가로 다양한 메서드가 존재하며, 이미 앞에서 살펴보았던 copy() 메서드와 같이 관련 내용이 나오는 부분에서 따로 설명한다.

4.1.5.1. append()

append() 메서드는 이름에서 알 수 있듯이 기존 리스트에 새로운 요소를 추가하기 위하여 사용한다. 다음의 예를 살펴보자.

```
>>> names = ["Kim", "Lee"]
>>> names
['Kim', 'Lee']
>>> names.append("Park")
>>> names
['Kim', 'Lee', 'Park']
```

만약 리스트에 새로운 리스트를 append() 메서드를 이용해서 추가하면, 리스트 내부에 리스트가 추가되어 중복 리스트가 되기 때문에 주의해야 한다.

```
>>> names1 = ["Kim", "Lee"]
>>> names1
['Kim', 'Lee']
>>> names2 = ["Park", "Choi"]
>>> names1.append(names2)
>>> names1
['Kim', 'Lee', ['Park', 'Choi']]
```

위의 예에서 names1 리스트를 ['Kim', 'Lee', 'Park', 'Choi']와 같이 만들고자 한다면 앞에서 배웠던 + 연산자를 사용해야 한다.

```
>>> names1 = ["Kim", "Lee"]
>>> names1
['Kim', 'Lee']
>>> names2 = ["Park", "Choi"]
>>> names1 + names2
['Kim', 'Lee', 'Park', 'Choi']
```

4.1.5.2. extend()

우리는 두 개의 리스트를 결합하기 위하여 + 연산자를 사용한다는 것을 배웠다. 앞의 예제에서 names1 + names2 연산을 수행하면 ['Kim', 'Lee', 'Park', 'Choi'] 리스트가 반환되었다. 만약 names1 리스트에 저장된 값 자체를 변경하기 위해서는 다음과 같이 += 연산자를 사용하거나 names1 = names1 + names2 문장을 사용해야 한다.

```
>>> names1 = ["Kim", "Lee"]
>>> names1
['Kim', 'Lee']
>>> names2 = ["Park", "Choi"]
>>> names1 + names2
['Kim', 'Lee', 'Park', 'Choi']
>>> names1
['Kim', 'Lee']
>>> names1 = names1 + names2    # names1 += names2 문장과 같다.
>>> names1
['Kim', 'Lee', 'Park', 'Choi']
```

앞 장의 대입 연산자에서 배운 것과 같이 names1 = names1 + names2 문장은 names1 += names2 문장과 동일한 문장이다. 따라서 names1 + names2의 결과를 names1 리스트 변수에 저장하므로 names1 리스트에 ['Kim', 'Lee', 'Park', 'Choi']가 저장된다.

+= 연산자를 사용하여 두 개의 리스트를 결합하는 것 외에 extend() 메서드를 사용할 수도 있다. extend() 메서드는 하나의 리스트와 다른 리스트를 병합한다.

```
>>> names1 = ["Kim", "Lee"]
>>> names1
['Kim', 'Lee']
>>> names2 = ["Park", "Choi"]
>>> names2
['Park', 'Choi']
>>> names1.extend(names2)
>>> names1
['Kim', 'Lee', 'Park', 'Choi']
```

4.1.5.3. insert()

앞에서 append() 메서드를 사용해서 리스트에 요소를 추가하는 것을 알아보았다. 그러나 append() 메서드는 단지 리스트의 끝에 요소를 추가하며, 원하는 위치에 추가는 불가능하다. insert() 메서드를 사용하면 리스트의 원하는 위치에 요소를 추가할 수 있다. 사용 방법은 insert(인덱스, 값)과 같이 괄호 안에 추가하고자 하는 위치와 값을 넣는다. 만약 인덱스가 리스트의 끝을 넘을 경우에는 append()와 같이 리스트의 끝에 요소를 추가한다.

```
>>> names1 = ["Kim", "Lee"]
>>> names1.insert(0, "Park")
>>> names1
['Park', 'Kim', 'Lee']
>>> names1.insert(10, "Choi")
>>> names1
['Park', 'Kim', 'Lee', 'Choi']
```

names1.insert(0, "Park") 문장은 names1 리스트의 0번 인덱스에 "Park" 문자열을 넣는다. 따라서 names1 리스트에 저장되어 있던 값이 ["Kim", "Lee"]에서 ["Park", "Kim", "Lee"]가 되었다. names1.insert(10, "Choi") 문장은 names1 리스트의 10번 인덱스에 "Choi" 문자열을 넣는다. 그러나 names1의 마지막 인덱스는 현재 2이므로 10번 인덱스에 추가할 수 없다. 따라서 리스트의 가장 마지막에 문자열이 추가되었으며, ['Park', 'Kim', 'Lee', 'Choi']가 되었다.

4.1.5.4. remove()

리스트에서 요소를 삭제하기 위하여 del 연산자를 이용하였다. 그러나 del 연산자는 del value[2]와 같이 삭제할 요소의 인덱스를 알고 있어야 사용할 수 있다. 리스트에서 삭제할 요소의 인덱스를 모를 경우 다음과 같이 remove() 메서드를 이용한다. 그러나 remove() 메서드를 이용해서 존재하지 않는 요소를 삭제하려고 하면 다음과 같이 오류 메시지를 발생시킨다.

```
>>> names =["Kim", "Lee", "Park", "Choi"]
>>> names
['Kim', 'Lee', 'Park', 'Choi']
>>> names.remove("Park")
>>> names
['Kim', 'Lee', 'Choi']
>>> names.remove("Yoon")
Traceback (most recent call last):
  File "<pyshell#185>", line 1, in <module>
    names.remove("Yoon")
ValueError: list.remove(x): x not in list
```

그러면 존재하지 않는 요소를 삭제하려고 할 때 발생하는 오류 메시지는 어떻게 처리해야 할까? 다음과 같이 앞에서 배웠던 in 연산자와 if 조건문을 사용하면 해결할 수 있다.

```
>>> if "Yoon" in names:
	names.remove("Yoon")

>>>
```

위의 문장은 names 리스트에 "Yoon"이 있으면 names.remove("Yoon")를 실행하라는 의미이다. 따라서 요소가 있을 경우에만 remove() 메서드가 동작하므로 오류를 미리 방지할 수 있다.

4.1.5.5. pop()

del 연산자나 remove() 메서드는 리스트에서 요소 값을 삭제하기는 하지만 삭제할 때 별도의 결과 값을 가져오지는 않는다. 실제 파이썬 인터프리터에서 실행하면 다음과 같이 어떠한 출력 결과도 화면에 표시되지 않는다.

```
>>> names = ['Park', 'Kim', 'Lee', 'Choi']
>>> del names[0]
>>> names.remove("Kim")
```

리스트의 pop() 메서드를 사용하면 요소 값을 삭제하는 동시에 값을 가져온다. 그리고 이때 가져온 값은 다른 변수에 저장할 수 있다. pop(1)과 같이 인덱스와 함께 pop() 메서드를 호출하면 해당 인덱스의 요소의 값을 반환한 후 리스트에서 삭제한다. 만약 pop()와 같이 인덱스 없이 사용하면 pop(-1)과 같이 동작한다. 다음의 예제를 살펴보자.

```
>>> names = ['Park', 'Kim', 'Lee', 'Choi']
>>> names.pop(0)
'Park'
>>> names
['Kim', 'Lee', 'Choi']
>>> names.pop(1)
'Lee'
>>> names
['Kim', 'Choi']
>>> names.pop(-1)
'Choi'
>>> names
['Kim']
```

pop() 메서드를 사용할 때도 인덱스의 범위에 주의해야 한다. 만약 인덱스의 최댓값을 넘어가는 값을 사용할 경우 다음과 같이 오류를 발생시킨다.

```
>>> names = ['Park', 'Kim', 'Lee', 'Choi']
>>> names.pop(10)
Traceback (most recent call last):
  File "<pyshell#202>", line 1, in <module>
    names.pop(10)
IndexError: pop index out of range
```

4.1.5.6. index()

만약 요소 값에 해당하는 인덱스가 알고 싶다면 index() 메서드를 사용한다. 이때 해당 요소가 리스트에 없다면 오류가 발생한다. 또한 리스트 내에 동일한 요소가 여러 개 있을 경우에는 가장 앞의 요소에 해당하는 인덱스를 반환한다.

```
>>> names = ['Park', 'Kim', 'Lee', 'Choi', "Kim"]
>>> names.index("Park")
0
>>> names.index("Kim")
1
>>> names.index("Yoon")
Traceback (most recent call last):
  File "<pyshell#206>", line 1, in <module>
    names.index("Yoon")
ValueError: 'Yoon' is not in list
```

4.1.5.7. count()

리스트의 전체 요소의 개수를 구하기 위하여 len() 함수를 이용하였다. 리스트에 특정 값이 얼마나 있는지 알아보기 위해서는 다음과 같이 count() 메서드를 이용한다. len() 함수는 리스트에 포함된 것이 아닌 파이썬의 함수이기 때문에 len(리스트명)과 같이 사용했지만, count() 메서드는 리스트에 포함된 메서드이기 때문에 리스트명.count(값)과 같은 형식을 사용한다. 다음의 예를 살펴보자.

```
>>> names = ["Kim", "Lee", "Park", "Choi", "Kim", "Kim", "Lee"]
>>> len(names)
7
```

```
>>> names.count("Kim")
3
>>> names.count("Lee")
2
>>> names.count("Yoon")
0
```

4.1.5.8. join()

문자열을 리스트로 나누기 위해 split() 메서드를 사용한 적이 있다. join() 메서드는 split() 메서드와는 반대로 리스트를 문자열로 결합하기 위한 메서드이다. 그러나 join() 메서드는 리스트의 메서드가 아니며 ", ".join(리스트)와 같은 문법을 사용하는 문자열의 메서드이다. 다음의 예제를 살펴보자.

```
>>> hello = "Hello Kim Nice To Meet You"
>>> hello
'Hello Kim Nice To Meet You'
>>> hello = hello.split()
>>> hello
['Hello', 'Kim', 'Nice', 'To', 'Meet', 'You']
>>> hello = ", ".join(hello)
>>> hello
'Hello, Kim, Nice, To, Meet, You'
```

4.1.5.9. sort()

일반적으로 리스트는 0부터 (인덱스 크기 - 1)과 같이 인덱스 순서에 의해서 정렬된다. 만약 리스트의 요소 값들을 정렬하고자 한다면 다음과 같이 sort() 메서드를 사용한다.

```
>>> names = ["Kim", "Lee", "Park", "Choi"]
>>> names.sort()
>>> names
['Choi', 'Kim', 'Lee', 'Park']
```

만약 정렬을 역순으로 하고 싶다면 sort(reverse = True)를 추가하여 메서드를 호출한다.

```
>>> names.sort(reverse = True)
>>> names
['Park', 'Lee', 'Kim', 'Choi']
```

sort() 메서드는 리스트의 요소의 순서를 변화시킨다. 만약 리스트의 순서를 변화시키지 않고 정렬된 값만을 가져오고 싶을 경우에는 파이썬의 sorted() 함수를 사용한다. 이때도 역시 reverse = True를 사용할 수 있다.

```
>>> names = ["Kim", "Lee", "Park", "Choi"]
>>> sorted(names)
['Choi', 'Kim', 'Lee', 'Park']
>>> sorted(names, reverse = True)
['Park', 'Lee', 'Kim', 'Choi']
>>> names
['Kim', 'Lee', 'Park', 'Choi']
```

위의 결과에서 볼 수 있듯이 names 리스트 내에 저장되어 있는 요소들의 순서에는 변화가 없지만, sorted() 함수를 이용해서 출력한 값은 정렬된 것을 확인할 수 있다. 만약 sorted() 함수를 이용하여 리스트 내부에 저장되어 있는 요소들의 순서를 함께 변경하고 싶을 때는 names = sorted(names)와 같이 사용할 수도 있다.

```
>>> names = ["Kim", "Lee", "Park", "Choi"]
>>> names
['Kim', 'Lee', 'Park', 'Choi']
>>> names = sorted(names)
>>> names
['Choi', 'Kim', 'Lee', 'Park']
```

4.1.5.10. clear()

del 연산자나 remove() 메서드 또는 pop() 메서드를 사용하면 리스트 내의 요소를 삭제할 수 있었다. 만약 리스트 내의 모든 요소를 삭제하고자 한다면 clear() 메서드를 사용하면 된다.

```
>>> names = ["Kim", "Lee", "Park", "Choi"]
>>> names
['Kim', 'Lee', 'Park', 'Choi']
>>> names.clear()
>>> names
[]
```

4.2. 튜플

튜플은 리스트와 비슷한 시퀀스 자료형이다. 튜플과 리스트가 다른 점은 튜플은 내부에 저장되어 있는 요소들의 값을 변경할 수 없다는 것이다. 따라서 튜플을 만든 후에는 요소를 추가, 삭제, 수정할 수 없다. 그렇다면 리스트 자료형이 있는데 왜 굳이 내부의 요소 값들을 바꿀 수 없는 튜플을 사용할까? 튜플과 리스트가 동일한 요소를 갖고 있다면 리스트보다 튜플이 메모리 공간을 더 적게 사용한다. 또한 실수로 요소들이 변경될 염려가 없다. 그리고 나중에 배우게 되겠지만, 함수의 인수들은 내부적으로 튜플로 전달된다. 그러나 일반적인 환경에서는 튜플보다는 리스트를 더 많이 사용한다.

4.2.1. 튜플의 생성

리스트가 대괄호([ ])를 사용하여 만드는 반면, 튜플은 소괄호(( ))를 사용한다. 소괄호의 사용은 생략이 가능하며, 소괄호를 사용하지 않고 콤마(,)로 구분된 값들을 지정하기만 하면 튜플이 된다. 그러나 일반적인 상황에서는 소괄호는 생략하지 않는다. 그리고 요소의 개수가 하나인 튜플을 생성할 때는 괄호의 유무와 관계없이 하나의 요소를 적고 반드시 콤마를 이용하여 끝을 맺어야 한다. 또한 파이썬에서 튜플을 출력할 때는 항상 소괄호를 포함하여 출력되며, 요소가 하나인 튜플의 출력은 콤마와 소괄호로 끝난다.

```
>>> names_tuple = ("Kim", "Lee", "Park", "Choi")
>>> names_tuple
('Kim', 'Lee', 'Park', 'Choi')
>>> week_tuple = "SUN", "MON", "TUE", "WED", "THU", "FRI", "SAT"
>>> week_tuple
('SUN', 'MON', 'TUE', 'WED', 'THU', 'FRI', 'SAT')
>>> one_tuple = ("one")
>>> one_tuple
'one'
>>> one_tuple1 = ("one",)
>>> one_tuple1
('one',)
>>> one_tuple2 = "one",
>>> one_tuple2
('one',)
```

위의 예와 같이 괄호 안에 콤마와 함께 표현되는 값은 튜플이다. 그러나 one_tuple =

("one")의 결과를 살펴보자. 실제 출력 값을 살펴보니 'one'과 같이 괄호가 없는 것을 확인할 수 있다. 따라서 one_tuple 변수에 저장된 값은 튜플이 아닌 문자열 자료이다. 반면 one_tuple1 = ("one",) 또는 one_tuple2 = "one", 문장과 같이 콤마로 끝을 맺은 경우 출력 결과 ('one',)과 같이 괄호가 포함되어 튜플인 것을 확인할 수 있다.

변수를 만들 때 한 번에 여러 변수를 콤마를 이용하여 만든다는 것을 기억하는가? 파이썬에서 이것이 가능한 이유가 바로 튜플이다. 다음의 예제를 살펴보자.

```
>>> names1, names2 = "Kim", "Lee"
>>> names1
'Kim'
>>> names2
'Lee'
```

대입 연산자(=) 왼쪽의 names1과 names2는 콤마로 구분된 변수 두 개다. 그러나 "Kim"과 "Lee"는 두 개의 요소로 이루어진 튜플 ("Kim", "Lee")이다. 이와 같이 튜플을 사용하면 한 번에 여러 개의 변수에 값을 저장할 수 있다. 정말 그렇게 되는지 실습해 보자.

```
>>> names_tuple = ("Kim", "Lee")
>>> names_tuple
('Kim', 'Lee')
>>> names1, names2 = names_tuple
>>> names1
'Kim'
>>> names2
'Lee'
```

"Kim"과 "Lee" 두 개의 요소를 갖는 names_tuple 튜플 변수를 정의한다. 그리고 names1, names2 = names_tuple 문장을 이용하여 변수에 저장하면, names1 변수와 names2 변수에 각각 'Kim'과 'Lee'가 저장된 것을 확인할 수 있다. 이와 같이 튜플을 이용하여 개별 변수에 저장하는 방법을 튜플 언패킹이라고 부른다.

튜플을 만드는 또 다른 방법은 tuple() 함수를 사용하는 것이다. tuple() 함수를 사용하면 다른 객체를 튜플로 변환할 수 있다. 이때 주로 리스트를 튜플로 변환시킨다.

```
>>> names_list = ["Kim", "Lee", "Park", "Choi"]
>>> names_list
['Kim', 'Lee', 'Park', 'Choi']
```

```
>>> names_tuple = tuple(names_list)
>>> names_tuple
('Kim', 'Lee', 'Park', 'Choi')
```

리스트에서 연속된 숫자를 생성하기 위한 range() 함수는 튜플에서도 사용할 수 있다. 다음의 예제를 살펴보자.

```
>>> value_tuple = tuple(range(0, 100, 10))
>>> value_tuple
(0, 10, 20, 30, 40, 50, 60, 70, 80, 90)
```

4.2.2. 튜플의 인덱싱과 슬라이싱

튜플은 내부 요소들의 값을 변경할 수 없다는 것만 제외하면 리스트와 사용 방법이 거의 동일하다. 따라서 인덱싱과 슬라이싱이 가능하다.

4.2.2.1. 인덱싱

튜플에서 특정 인덱스의 요소 값을 가져오기 위해서 리스트와 같이 인덱싱을 사용할 수 있다. 이때 리스트와 동일한 방법으로 튜플명[인덱스]와 같이 대괄호를 사용한다. 소괄호가 아님에 주의한다.

```
>>> names_tuple = ("Kim", "Lee", "Park", "Choi")
>>> names_tuple[0]
'Kim'
>>> names_tuple(0)
Traceback (most recent call last):
  File "<pyshell#260>", line 1, in <module>
    names_tuple(0)
TypeError: 'tuple' object is not callable
```

튜플은 내부 요소들의 값을 변경할 수 없기 때문에, 만약 다음과 같이 튜플의 요소 값을 변경하거나, 삭제하고자 한다면 오류가 발생한다.

```
>>> names_tuple = ("Kim", "Lee", "Park", "Choi")
>>> del names_tuple[0]
Traceback (most recent call last):
  File "<pyshell#261>", line 1, in <module>
```

```
    del names_tuple[0]
TypeError: 'tuple' object doesn't support item deletion
>>> names_tuple[0] = "Yoon"
Traceback (most recent call last):
  File "<pyshell#262>", line 1, in <module>
    names_tuple[0] = "Yoon"
TypeError: 'tuple' object does not support item assignment
```

4.2.2.2. 슬라이싱

튜플은 리스트와 동일한 방법으로 슬라이싱할 수 있다. 이때도 역시 소괄호가 아닌 대괄호를 사용함에 주의한다.

```
>>> value_tuple = tuple(range(0, 100, 10))
>>> value_tuple[:]
(0, 10, 20, 30, 40, 50, 60, 70, 80, 90)
>>> value_tuple[:5]
(0, 10, 20, 30, 40)
>>> value_tuple[5:]
(50, 60, 70, 80, 90)
>>> value_tuple[::2]
(0, 20, 40, 60, 80)
```

4.2.3. 튜플의 다른 작업들

4.2.3.1. 튜플의 결합과 반복

튜플은 리스트와 동일한 방법으로 + 연산자를 사용하여 두 개의 튜플을 더하거나, * 연산자를 사용하여 반복하는 튜플을 생성할 수 있다. 이 작업은 새로운 튜플 자료를 만드는 것이며, 기존에 생성되었던 튜플의 요소 값을 변경시키는 것은 아니다.

```
>>> value_tuple1 = (0, 1, 2, 3)
>>> value_tuple2 = (4, 5, 6, 7)
>>> value_tuple1 + value_tuple2
(0, 1, 2, 3, 4, 5, 6, 7)
>>> value_tuple1 * 3
(0, 1, 2, 3, 0, 1, 2, 3, 0, 1, 2, 3)
```

4.2.3.2. 튜플의 요소 개수 구하기

튜플을 구성하고 있는 요소들의 전체 개수를 구하기 위해서는 len() 함수를 사용한다. 또한 리스트의 메서드들 중에서 count() 메서드와 같이 튜플의 요소를 변경시키지 않는 메서드들은 사용이 가능하다.

```
>>> names_tuple = ("Kim", "Lee", "Park", "Choi", "Kim", "Kim", "Lee")
>>> len(names_tuple)
7
>>> names_tuple.count("Kim")
3
```

4.3. 딕셔너리

지금부터 배우게 될 딕셔너리는 리스트, 튜플과 같은 시퀀스 자료형이지만, 인덱스를 사용하지 않는 자료형이다. 딕셔너리가 우리말로 사전이라는 의미를 갖는 것과 같이 단어와 설명이 쌍으로 이루어지는 사전과 같은 방식으로 리스트나 튜플에서 사용하는 인덱스 대신 고유한 키(key)와 그에 해당하는 값(value)을 함께 저장한다. 예를 들어 학생의 점수를 관리할 수 있는 프로그램을 만든다고 가정하자. "Kim"은 90점, "Lee"는 80점과 같이 서로 대응 관계를 갖는 자료형을 필요로 한다. 그러나 이러한 자료형은 기존의 리스트나 튜플을 이용해서 만들 수는 있지만 직관적이지 않으며, "Kim"이 여러 번 사용될 수도 있고, "Kim" 대신에 "Kin"과 같이 데이터의 변동이 발생할 우려도 존재한다. 이와 비교하여 딕셔너리의 키는 변하지 않으며, 키에 해당하는 값만을 변화시킬 수 있다.

4.3.1. 딕셔너리 생성

딕셔너리는 다음과 같이 중괄호({ }) 내부에 키와 값을 콜론(:)을 이용하여 키:값의 형태로 저장한다. 키와 값이 여러 개일 경우 {키1:값1, 키2:값2}와 같이 콤마를 이용하여 각각을 구분한다.

```
>>> student = {"Kim":90, "Lee":80, "Park":95, "Choi":70}
>>> student
{'Kim': 90, 'Lee': 80, 'Park': 95, 'Choi': 70}
```

이때 키는 딕셔너리 내에서 유일해야 하며, 만약 키의 이름이 중복될 경우 마지막에 넣은 값만 사용한다. 다음의 예에서 키 "Lee"에 해당하는 값이 두 번 지정되었다. 이때는 나중에 저장한 값만 사용하며, 'Lee': 70으로 지정된 것을 확인할 수 있다.

```
>>> student = {"Kim":90, "Lee":80, "Park":95, "Choi":70, "Lee":70}
>>> student
{'Kim': 90, 'Lee': 70, 'Park': 95, 'Choi': 70}
```

딕셔너리의 키에는 정수, 실수, 문자열 등의 자료형이 가능하며, 키들이 서로 다른 자료형을 사용할 수도 있다. 시퀀스 자료형인 리스트와 딕셔너리, 그리고 다음에 배우게 될 셋은 키로 사용할 수 없으며, 튜플은 키로 사용할 수 있다. 그러나 특별한 경우가 아니면 시퀀스 자료형인 튜플은 키로 사용하지 않는다.

```
>>> dict_ex1 = {"A":10, 10:20, True:30, ("Lee", "Park"):50}
>>> dict_ex1
{'A': 10, 10: 20, True: 30, ('Lee', 'Park'): 50}
>>> dict_ex2 = {["Lee", "Park"]:10, "A":20}
Traceback (most recent call last):
  File "<pyshell#304>", line 1, in <module>
    dict_ex2 = {["Lee", "Park"]:10, "A":20}
TypeError: unhashable type: 'list'
>>> dict_ex3 = {{"Lee":10}:10, "A":20}
Traceback (most recent call last):
  File "<pyshell#306>", line 1, in <module>
    dict_ex3 = {{"Lee":10}:10, "A":20}
TypeError: unhashable type: 'dict'
```

만약 비어있는 딕셔너리를 생성하고자 한다면 중괄호만 표시하거나 dict() 함수를 사용한다.

```
>>> empty_dict1 = {}
>>> empty_dict1
{}
>>> empty_dict2 = dict()
>>> empty_dict2
{}
```

dict() 함수는 비어있는 딕셔너리 외에 키와 값으로 이루어진 딕셔너리를 만들 수 있으며, 다른 시퀀스 자료형을 딕셔너리로 변경할 수 있다. dict() 함수를 이용해서 요소들을 포함하고 있는 딕셔너리를 만들 때에는 중괄호를 이용할 때와는 다르게 다음과 같이 키=값의 형식으로 사용해야 한다. 이때 키는 딕셔너리에서 문자열로 자동으로 변경되며, 따옴표(큰따옴표, 작은따옴표)를 사용하지 않아야 한다.

```
>>> student = dict(Kim = 90, Lee = 80, Park = 95, Choi = 70)
>>> student
{'Kim': 90, 'Lee': 80, 'Park': 95, 'Choi': 70}
>>> student2 = dict("Kim" = 90, "Lee" = 80, "Park" = 95, "Choi" = 70)
SyntaxError: keyword can't be an expression
```

다음과 같이 리스트 또는 튜플 내부에 있는 요소가 [키, 값] 또는 (키, 값)의 형식으로 구성된 자료는 dict() 함수를 이용하여 딕셔너리로 변환할 수 있다. 이때 안쪽 리스트 또는 튜플의 요소가 [키, 값, 값] 또는 (키, 값, 값)과 같이 세 개 인 경우 오류를 발생한다.

```
>>> student1 = dict( [ ["Kim", 90], ["Lee", 80], ["Park", 95], ["Choi", 70] ] )
>>> student1
{'Kim': 90, 'Lee': 80, 'Park': 95, 'Choi': 70}
>>> student2 = dict( ( ("Kim", 90), ("Lee", 80), ("Park", 95), ("Choi", 70) ) )
>>> student2
{'Kim': 90, 'Lee': 80, 'Park': 95, 'Choi': 70}
>>> student3 = dict( ( ("Kim", 90, 80), ("Lee", 80), ("Park", 95), ("Choi", 70) ) )
Traceback (most recent call last):
  File "<pyshell#315>", line 1, in <module>
    student3 = dict((("Kim", 90, 80), ("Lee", 80), ("Park", 95), ("Choi", 70)))
ValueError: dictionary update sequence element #0 has length 3; 2 is required
```

다음과 같이 두 문자로 구성된 문자열을 요소로 갖는 리스트 또는 튜플은 딕셔너리로 변환할 수 있다.

```
>>> letters1 = dict( ["Aa", "Bb", "Cc", "Dd"] )
>>> letters1
{'A': 'a', 'B': 'b', 'C': 'c', 'D': 'd'}
>>> letters2 = dict( ("Aa", "Bb", "Cc", "Dd") )
>>> letters2
{'A': 'a', 'B': 'b', 'C': 'c', 'D': 'd'}
```

마지막으로 zip() 함수를 사용한 결과를 딕셔너리로 변환할 수 있다. zip() 함수는 여러 개의 시퀀스 자료형을 병렬로 순회하기 위하여 사용하는 함수이며, 자세한 것은 뒤에서 배운다. 여기서는 다음과 같이 키가 들어있는 리스트 또는 튜플과 값이 들어 있는 리스트 또는 튜플을 zip() 함수에 넣은 후 다시 dict() 함수를 이용하여 변환시킨다는 것만 기억하자.

```
>>> names = ("Kim", "Lee", "Park", "Choi")
>>> scores = (90, 80, 95, 70)
>>> student = dict(zip(names, scores))
>>> student
{'Kim': 90, 'Lee': 80, 'Park': 95, 'Choi': 70}
```

4.3.2. 딕셔너리 키를 이용한 요소 관리

4.3.2.1. 요소 가져오기

딕셔너리는 인덱스를 사용하지 않는 시퀀스 자료형이다. 따라서 딕셔너리에서 해당 요소를 가져오기 위해서는 다음과 같이 대괄호([ ])와 함께 요소의 키를 사용한다. 이때도 역시 중괄호를 사용하지 않는 것에 주의한다. 딕셔너리 역시 다른 시퀀스 자료형과 마찬가지로 키를 이용해서 자료를 가져올 때 해당 키가 딕셔너리 내에 존재하지 않는다면 다음과 같이 에러가 발생한다. 다음의 예를 살펴보자.

```
>>> student = {"Kim":90, "Lee":80, "Park":95, "Choi":70}
>>> student["Kim"]
90
>>> student["Yoon"]
Traceback (most recent call last):
  File "<pyshell#334>", line 1, in <module>
    student["Yoon"]
KeyError: 'Yoon'
```

4.3.2.2. 요소 추가/변경하기

이미 생성된 딕셔너리에 요소를 추가하거나, 이미 포함되어 있는 것을 변경하는 것은 매우 간단하다. 딕셔너리명[키] = 값과 같이 키에 의해 참조되는 값을 할당하기만 하면 된다. 해당 키가 이미 딕셔너리에 존재하는 경우 값은 새로 저장하는 값으로 대체되며, 만일 키가 존재하지 않는 경우 새로운 값이 키와 함께 추가된다.

```
>>> student = {"Kim":90, "Lee":80, "Park":95, "Choi":70}
>>> student
{'Kim': 90, 'Lee': 80, 'Park': 95, 'Choi': 70}
>>> student["Kim"] = 100
>>> student
{'Kim': 100, 'Lee': 80, 'Park': 95, 'Choi': 70}
>>> student["Yoon"] = 60
>>> student
{'Kim': 100, 'Lee': 80, 'Park': 95, 'Choi': 70, 'Yoon': 60}
```

4.3.3. 딕셔너리 연산

4.3.3.1. 키 존재 확인

앞에서 딕셔너리명[키]를 이용하여 키에 해당하는 값을 가져올 때 해당 키가 딕셔너리에 존재하지 않는다면 오류가 발생하였다. 따라서 오류를 방지하기 위해서는 딕셔너리에 해당 키가 존재하는지 알아야 할 필요가 있다. 리스트 또는 튜플과 같이 딕셔너리에 해당 키가 존재하는 지 유무는 in 연산자를 사용한다. 리스트나 튜플에서 in 연산자를 사용하면 리스트 또는 튜플에 해당 요소가 있는지 확인하지만 딕셔너리에서는 키만 확인하는 것에 주의한다.

```
>>> student = {"Kim":90, "Lee":80, "Park":95, "Choi":70}
>>> "Kim" in student
True
>>> "Lee" in student
True
>>> "Yoon" in student
False
```

4.3.3.2. 요소 삭제

리스트와 같은 방법으로 del 연산자를 이용하여 딕셔너리의 요소를 삭제할 수 있다. del 딕셔너리명[키]를 이용하면 해당 키와 함께 값이 삭제된다. 이때도 존재하지 않는 키를 삭제하려고 할 경우 에러가 발생한다.

```
>>> del student["Kim"]
>>> student
{'Lee': 80, 'Park': 95, 'Choi': 70}
>>> del student["Yoon"]
```

```
Traceback (most recent call last):
  File "<pyshell#16>", line 1, in <module>
    del student["Yoon"]
KeyError: 'Yoon'
```

4.3.3.3. 딕셔너리의 복사

딕셔너리도 리스트와 마찬가지로 대입 연산자를 이용하여 복사를 하면, 두 개의 딕셔너리가 만들어 지는 것이 아니라, 하나의 딕셔너리 공간을 두 개의 이름으로 접근하게 된다. 따라서 다음과 같이 student1 딕셔너리를 student2 딕셔너리에 복사할 경우, student1의 요소를 변경하면 student2 딕셔너리의 해당 키의 값까지 함께 변경된다.

```
>>> student1 = {"Kim":90, "Lee":80, "Park":95, "Choi":70}
>>> student2 = student1
>>> student1
{'Kim': 90, 'Lee': 80, 'Park': 95, 'Choi': 70}
>>> student2
{'Kim': 90, 'Lee': 80, 'Park': 95, 'Choi': 70}
>>> student1["Kim"] = 100
>>> student1
{'Kim': 100, 'Lee': 80, 'Park': 95, 'Choi': 70}
>>> student2
{'Kim': 100, 'Lee': 80, 'Park': 95, 'Choi': 70}
```

따라서 원래의 딕셔너리에서 키와 값을 가져와서 서로 다른 공간을 이용하는 새로운 딕셔너리를 만들고자 할 때는 리스트와 동일한 방법으로 copy() 메서드를 이용하거나, dict() 함수를 사용해야 한다.

```
>>> student1 = {"Kim":90, "Lee":80, "Park":95, "Choi":70}
>>> student2 = student1.copy()
>>> student1
{'Kim': 90, 'Lee': 80, 'Park': 95, 'Choi': 70}
>>> student2
{'Kim': 90, 'Lee': 80, 'Park': 95, 'Choi': 70}
>>> student1["Kim"] = 100
>>> student1
{'Kim': 100, 'Lee': 80, 'Park': 95, 'Choi': 70}
>>> student2
{'Kim': 90, 'Lee': 80, 'Park': 95, 'Choi': 70}
```

4.3.4. 딕셔너리 내부 메서드

4.3.4.1. update()

리스트에서는 두 개의 리스트를 합치기 위하여 + 연산자를 사용하였다. 그러나 딕셔너리는 키와 값이 쌍을 이루며, 특히 키는 딕셔너리 내에서 유일하기 때문에 + 연산자를 사용할 수 없다. 다음과 같이 딕셔너리 사이에 + 연산자를 사용할 경우 오류가 발생한다.

```
>>> student1 ={"Kim":90, "Lee":80}
>>> student2 = {"Park":95, "Choi":70}
>>> student1 + student2
Traceback (most recent call last):
  File "<pyshell#33>", line 1, in <module>
    student1 + student2
TypeError: unsupported operand type(s) for +: 'dict' and 'dict'
```

두 개의 딕셔너리를 키와 값들을 복사해서 다른 딕셔너리와 합치기 위해서는 다음과 같이 update() 메서드를 사용한다. 딕셔너리명1.update(딕셔너리명2)의 형식을 사용하면 딕셔너리1의 요소들에 딕셔너리2의 요소가 합쳐진 후 딕셔너리1에 저장된다.

```
>>> student1 ={"Kim":90, "Lee":80}
>>> student2 = {"Park":95, "Choi":70}
>>> student1.update(student2)
>>> student1
{'Kim': 90, 'Lee': 80, 'Park': 95, 'Choi': 70}
>>> student2
{'Park': 95, 'Choi': 70}
```

두 개의 딕셔너리를 합칠 때 만약 같은 키가 존재한다면 두 번째 딕셔너리에 있는 키의 값으로 대체된다.

```
>>> student1 ={"Kim":90, "Lee":80}
>>> student2 = {"Park":95, "Choi":70, "Kim":100}
>>> student1.update(student2)
>>> student1
{'Kim': 100, 'Lee': 80, 'Park': 95, 'Choi': 70}
```

4.3.4.2. keys(), values(), items()

keys() 메서드를 사용하면 딕셔너리에 포함되어 있는 모든 키를 가져올 수 있다. 반환되는 값은 순차적으로 접근 가능한 dict_keys() 객체의 형태이며 리스트 또는 튜플로 변경하여 사용한다.

키와 관계없이 딕셔너리 내의 모든 값들만을 가져오기 위해서는 values() 메서드를 사용한다. values() 메서드는 keys() 메서드와 비슷하게 dict_values() 객체 형태의 값을 반환하며, 리스트 또는 튜플로 변환하여 사용할 수 있다.

키와 값을 각각 가져오는 keys() 메서드와 values() 메서드와는 달리 items() 메서드를 사용하면 키와 값을 모두 가져올 수 있다. 이때 반환되는 값은 dict_items() 형태의 객체이며, 각 요소는 ("Kim", 90)과 같이 튜플로 구성된다.

```
>>> student = {"Kim":90, "Lee":80, "Park":95, "Choi":70}
>>> student.keys()
dict_keys(['Kim', 'Lee', 'Park', 'Choi'])
>>> list(student.keys())
['Kim', 'Lee', 'Park', 'Choi']
>>> tuple(student.keys())
('Kim', 'Lee', 'Park', 'Choi')
>>> student.values()
dict_values([90, 80, 95, 70])
>>> list(student.values())
[90, 80, 95, 70]
>>> tuple(student.values())
(90, 80, 95, 70)
>>> student.items()
dict_items([('Kim', 90), ('Lee', 80), ('Park', 95), ('Choi', 70)])
>>> list(student.items())
[('Kim', 90), ('Lee', 80), ('Park', 95), ('Choi', 70)]
>>> tuple(student.items())
(('Kim', 90), ('Lee', 80), ('Park', 95), ('Choi', 70))
```

지금 배운 keys(), values(), items() 메서드는 다음에 배우게 될 반복문 중의 for문에서 유용하게 사용되므로 반드시 기억해야 한다.

4.3.4.3. pop()

딕셔너리에서 키를 이용하여 pop() 메서드를 사용하면 키에 해당하는 값을 반환하면서,

키와 값을 삭제한다. 이때 딕셔너리에 키가 존재하지 않는 경우 에러가 발생한다. 또한 딕셔너리에서는 리스트에서 요소를 삭제하기 위하여 이용했던 remove() 메서드는 사용할 수 없다.

```
>>> student = {"Kim":90, "Lee":80, "Park":95, "Choi":70}
>>> student.pop("Kim")
90
>>> student
{'Lee': 80, 'Park': 95, 'Choi': 70}
>>> student.remove("Lee")
Traceback (most recent call last):
  File "<pyshell#68>", line 1, in <module>
    student.remove("Lee")
AttributeError: 'dict' object has no attribute 'remove'
```

4.3.4.4. clear()

리스트에서 모든 요소를 삭제할 때 clear() 메서드를 사용한 것과 같이 딕셔너리에서도 사용할 수 있다. 딕셔너리의 clear() 메서드는 딕셔너리에 포함되어 있는 모든 키와 값을 삭제한다.

```
>>> student = {"Kim":90, "Lee":80, "Park":95, "Choi":70}
>>> student
{'Kim': 90, 'Lee': 80, 'Park': 95, 'Choi': 70}
>>> student.clear()
>>> student
{}
```

4.3.5. 딕셔너리 정렬

파이썬의 딕셔너리는 기본적으로 내부 요소들을 특정 순서로 정렬하여 저장하지 않는다. 앞에서 사용했던 student 딕셔너리도 저장 순서에 따라 키와 값이 출력된 것을 알 수 있다. 또한 딕셔너리는 리스트와 다르게 sort() 메서드가 없기 때문에 강제로 정렬할 수도 없다. 리스트를 정렬하기 위해서 파이썬 내장함수인 sorted() 함수를 사용했던 것과 같이 딕셔너리를 정렬하면 다음과 같이 정렬된 키들의 리스트만을 얻을 수 있다.

```
>>> student = {"Kim":90, "Lee":80, "Park":95, "Choi":70}
>>> sorted(student)
```

```
['Choi', 'Kim', 'Lee', 'Park']
```

따라서 위와 같이 sorted(딕셔너리명)이라는 문장은 sorted(딕셔너리명.keys())를 수행한 것과 같다. 만약 딕셔너리의 값을 정렬하고 싶으면 다음과 같이 sorted(딕셔너리명.values())를 사용한다. 이때도 역시 정렬된 값들의 리스트만을 얻을 수 있다.

```
>>> student = {"Kim":90, "Lee":80, "Park":95, "Choi":70}
>>> sorted(student.values())
[70, 80, 90, 95]
```

반면 items() 메서드를 이용해서 정렬된 키와 값들을 가져올 수도 있다. 그러나 이때 반환되는 값은 딕셔너리의 형태가 아니라, (키, 값)의 튜플을 요소로 갖는 리스트 형태이고, 이것을 dict() 함수를 이용하여 딕셔너리로 변환해서 저장해야 한다.

```
>>> student = {"Kim":90, "Lee":80, "Park":95, "Choi":70}
>>> sorted(student.items())
[('Choi', 70), ('Kim', 90), ('Lee', 80), ('Park', 95)]
>>> student = dict(sorted(student.items()))
>>> student
{'Choi': 70, 'Kim': 90, 'Lee': 80, 'Park': 95}
```

4.4. 셋

셋은 집합에 관련된 것들을 쉽게 처리하기 위한 자료형으로, 값을 버리고 키만 남은 딕셔너리와 같다고 생각하면 된다. 즉, 딕셔너리의 키가 딕셔너리 내에서 중복이 불가능한 것과 같이 셋 내부의 모든 요소는 중복이 불가능하다.

4.4.1. 셋의 생성

셋을 만들 때는 딕셔너리와 같이 중괄호({ })를 이용하여 값을 저장한다. 딕셔너리의 경우 키에 대응하는 값을 콜론으로 구분하여 저장하지만, 셋의 경우 값만 저장한다. 이때 딕셔너리에서 키가 중복이 불가능한 것과 같이 셋에 저장되는 값 역시 셋 내에서 동일한 값이 존재할 수 없다. 또한 딕셔너리에서 리스트와 딕셔너리, 셋을 키로 사용할 수 없는 것과 같이 셋의 요소 역시 리스트, 딕셔너리, 셋을 사용할 수 없다. 그러나 튜플은 셋의 요소로 사용할 수 있다. 다음의 예제를 살펴보자.

```
>>> set1 = {1, 2, 3, 4, 5, 1, 2}
>>> set1
{1, 2, 3, 4, 5}
>>> set_err = {["Kim", 90], ["Lee", 80]}
Traceback (most recent call last):
  File "<pyshell#104>", line 1, in <module>
    set_err = {["Kim", 90], ["Lee", 80]}
TypeError: unhashable type: 'list'
>>> set_tuple = {("Kim", 90), ("Lee", 80)}
>>> set_tuple
{('Kim', 90), ('Lee', 80)}
```

셋을 생성할 때 {1, 2, 3, 4, 5, 1, 2}를 이용했지만 실제 셋에 저장된 값은 {1, 2, 3, 4, 5}인 것을 확인할 수 있다. 즉 중복된 1, 2는 하나만 남게 되며, 셋에 동일한 값 여러 개를 저장할 경우 하나만 저장된다.

만약 비어있는 셋을 만들고 싶을 때는 다음과 같이 set() 함수를 사용한다. 셋이 중괄호({ })로 표현되기 때문에 { }를 이용하여 비어있는 셋을 만들 수 있을 것으로 생각되지만, { }는 비어있는 딕셔너리를 생성하기 때문에 비어있는 셋은 반드시 set() 함수를 사용해야 한다. 또한 실제 비어있는 셋은 출력 시에 { }로 표현되지 않고 set()과 같이 표현된다.

```
>>> set2 = set()
>>> set2
set()
>>> type(set2)
<class 'set'>
>>> set3 = {}
>>> set3
{}
>>> type(set3)
<class 'dict'>
```

set() 함수를 사용하면 문자열, 리스트, 튜플, 딕셔너리를 사용해서 중복된 값을 버린 셋을 만들 수 있다. 이때 딕셔너리를 이용하셔 셋을 만들면 딕셔너리의 키만 사용해서 셋을 생성한다.

```
>>> set("Hello")
{'H', 'l', 'e', 'o'}
>>> set(["Kim", "Lee", "Park", "Choi", "Kim"])
{'Choi', 'Kim', 'Lee', 'Park'}
>>> set( (10, 20, 30, 40, 50, 10) )
{40, 10, 50, 20, 30}
>>> set({"Kim":90, "Lee":80, "Park":95, "Choi":70})
{'Choi', 'Kim', 'Lee', 'Park'}
```

4.4.2. 셋의 연산과 메서드

셋은 집합 연산을 쉽게 할 수 있는 자료형이다. 따라서 집합 연산을 위한 연산자 및 메서드를 제공하고 있다. 다음은 셋에서 자주 사용하는 연산자와 메서드들이다.

4.4.2.1. 요소 존재 확인

다른 시퀀스 자료형과 마찬가지로 in 연산자를 이용하여 셋 내에 포함되어 있는 요소의 존재 유무를 확인할 수 있다.

```
>>> set1 = {10, 20, 30, 40, 50}
>>> 10 in set1
True
>>> 100 in set1
False
```

4.4.2.2. 교집합

다음과 같이 & 연산자 또는 intersection() 메서드를 사용하면 교집합을 구할 수 있다. intersection() 메서드를 사용할 때는 셋1.intersection(셋2)와 같이 사용할 수 있으며, 또는 set.intersection(셋1, 셋2)와 같이 사용할 수 있다.

```
>>> set1 = {10, 20, 30, 40, 50}
>>> set2 = {40, 50, 60, 70, 80}
>>> set1 & set2
{40, 50}
>>> set1.intersection(set2)
{40, 50}
>>> set.intersection(set1, set2)
{40, 50}
```

4.4.2.3. 합집합

다음과 같이 | 연산자 또는 union() 메서드를 이용하면 셋의 합집합을 구할 수 있다.

```
>>> set1 = {10, 20, 30, 40, 50}
>>> set2 = {40, 50, 60, 70, 80}
>>> set1 | set2
{70, 40, 10, 80, 50, 20, 60, 30}
>>> set1.union(set2)
{70, 40, 10, 80, 50, 20, 60, 30}
>>> set.union(set1, set2)
{70, 40, 10, 80, 50, 20, 60, 30}
```

4.4.2.4. 차집합

\- 연산자 또는 difference() 메서드를 사용하면 차집합을 구할 수 있다.

```
>>> set1 = {10, 20, 30, 40, 50}
>>> set2 = {40, 50, 60, 70, 80}
>>> set1 - set2
{10, 20, 30}
>>> set1.difference(set2)
{10, 20, 30}
>>> set.difference(set1, set2)
{10, 20, 30}
```

4.4.2.5. 대칭차집합

^ 연산자 또는 symmetric_difference() 메서드는 대칭 차집합(합집합 - 교집합)을 구하기 위하여 사용한다.

```
>>> set1 = {10, 20, 30, 40, 50}
>>> set2 = {40, 50, 60, 70, 80}
>>> set1 ^ set2
{80, 20, 70, 10, 60, 30}
>>> set1.symmetric_difference(set2)
{80, 20, 70, 10, 60, 30}
>>> set.symmetric_difference(set1, set2)
{80, 20, 70, 10, 60, 30}
```

4.4.2.6. 부분집합

<= 연산자(또는 issubset() 메서드, 부분집합)나 < 연산자(진부분집합)를 이용하여 부분 집합 관계인지를 확인할 수 있다. 이때 < 연산자에 해당하는 메서드는 존재하지 않는다.

```
>>> set1 = {10, 20}
>>> set2 = {10, 20, 30, 40}
>>> set3 = {10, 20, 30, 40}
>>> set1 < set2
True
>>> set2 < set3
False
>>> set2 <= set3
True
```

4.4.2.7. 상위집합

>= 연산자(또는 issuperset() 메서드, 상위집합)나 > 연산자(진상위집합)을 이용하여 상위집합 관계인지를 확인할 수 있다. 역시 > 연산자에 해당하는 메서드는 존재하지 않는다.

```
>>> set1 = {10, 20}
>>> set2 = {10, 20, 30, 40}
>>> set3 = {10, 20, 30, 40}
>>> set2 > set1
True
>>> set2 > set3
False
>>> set2 >= set3
True
```

4.5. 연습문제

4-1. 다음 괄호 부분을 채우시오.

① 리스트 또는 딕셔너리와 같이 시퀀스 자료형 내부에 저장되는 각각의 값들을 (　　)라고 한다.

② (　　　) 함수를 이용하면 연속되는 숫자를 생성할 수 있다.

③ 리스트 내부에 어떤 값이 포함되어 있는지 확인하기 위해서 (　　) 연산자를 사용한다.

④ (　　　) 자료형은 내부 요소들의 값을 변경할 수 없는 자료형이다.

⑤ 키와 값이 쌍으로 이루어져 있는 자료형을 (　　　)라고 한다.

⑥ (　　　) 자료형은 내부 요소들이 동일한 값을 가질 수 없다.

4-2. [1, 3, 5, 7, 9]와 같이 10 이하의 홀수를 항목으로 갖는 리스트를 range() 함수를 이용하여 생성하시오.

4-3. [1, 2, 3, 4, 5, 6, 7, 8, 9, 10] 리스트를 슬라이싱 방법을 이용하여 [1, 2, 3, 4, 5]와 [6, 7, 8, 9, 10]을 갖는 두 개의 리스트로 변환하시오.

4-4. 다음 프로그램의 결과를 적고 그 이유를 설명하시오.

```
>>> list(set([1, 2, 3, 4, 5] + [3, 4, 5, 6, 7]))
```

4-5. "A B C D E" 문자열을 "ABCDE" 문자열로 변경하시오. 이때 문자열의 replace() 메서드를 사용하지 않고, ["A", "B", "C", "D", "E"] 리스트로 변경한 후 다시 "ABCDE"로 변경하시오.

4-6. d = {"one":1, "two":2, "three":3, "four":4} 딕셔너리에 다음과 같이 5를 추가하시오.

```
>>> d = {"one":1, "two":2, "three":3, "four":4}

>>> d
{'one': 1, 'two': 2, 'three': 3, 'four': 4, 'five': 5}
```

4-7. 다음과 같이 4-6에서 만든 딕셔너리에서 3에 해당하는 값을 추출한 후 삭제하시오.

```
>>> d
{'one': 1, 'two': 2, 'three': 3, 'four': 4, 'five': 5}
>>> 여기에 들어갈 문장을 적으시오.
3
>>> d
{'one': 1, 'two': 2, 'four': 4, 'five': 5}
```

Chapter 05

반복문과 컴프리헨션

제 5 장 반복문과 컴프리헨션

파이썬은 프로그램을 실행할 때 문장의 실행이 위에서부터 아래로 순차적으로 이루어진다. 그러나 앞에서 배웠던 if문의 경우 특정 조건에 따라 실행하는 문장을 선택함으로써 실행 순서를 건너뛸 수 있었다. 이와 같이 문장이 실행되는 순서를 강제적으로 변경시키는 것을 제어문이라고 한다. 프로그래밍 언어에서의 제어문은 if문과 같이 조건에 따라 문장을 실행하는 조건문 외에 문장을 반복적으로 수행하기 위하여 사용하는 반복문이 있다. 조건문이 조건에 따라 실행하는 문장을 선택한다면, 반복문은 한 번 실행한 문장들을 위로 올라가서 다시 실행한다.

반복문은 문장을 반복 실행하기 위하여 사용하며, 파이썬에서 사용할 수 있는 반복문은 while문과 for문 두 가지가 있다. 이 중 while문은 주로 어떤 조건이 만족되는 동안 문장을 반복하기 위하여 사용하며, for문은 정해진 횟수만큼 문장을 반복하기 위하여 사용한다.

5.1. while

while문은 파이썬에서 가장 간단히 사용할 수 있는 반복문이다. 다음의 형식과 같이 while 뒤에 식을 써 주고 콜론을 붙이기만 하면 while 이하의 문장이 식을 만족하는 동안 반복하여 실행된다. while문은 식이 참이면 문장을 실행하고, 식이 거짓이면 문장의 실행을 종료한다.

<table>
<tr><th>while문의 형식</th><th>프로그램 진행 과정</th></tr>
<tr><td>while 식:
    문장</td><td>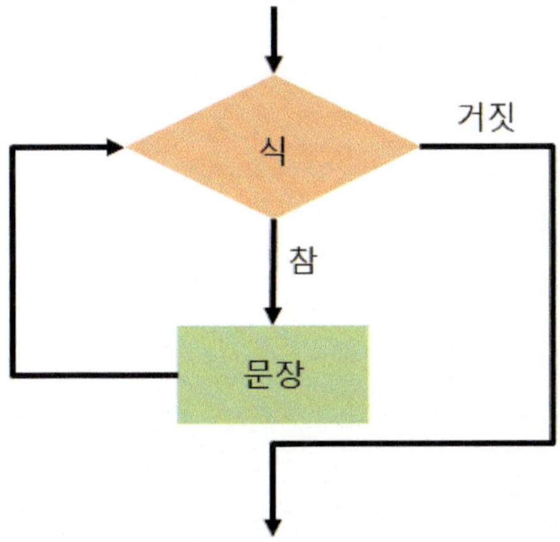
</td></tr>
</table>

while문의 식에는 보통 값의 크기를 비교하는 관계식이 사용되지만, 상수, 변수, 연산식, 함수 등 값을 나타낼 수 있는 모든 것이 가능하다. 또한 식의 결과는 if문과 마찬가지로 참과 거짓만을 판단하며, 0이 아니면 참, 0이면 거짓으로 판단한다. while문에서 실행하는 문장은 한 줄로 되어있는 단순문, 여러 줄의 복합문, 또는 다른 제어문 등 모든 문장이 가능하다. 이때 주의할 것은 if문에서의 문장들과 같이 while문에서 실행할 문장들이 while 보다 들여쓰기가 되어야 한다는 것이다. 또한 여러 줄로 구성된 문장의 경우 들여쓰기가 반드시 일치해야 한다.

조건문, 반복문과 같은 제어문은 다양한 예제를 이용해서 공부해야 이해가 쉽다. 이제 예제를 통해서 while문을 공부해보자. 다음 예제는 1부터 입력한 숫자까지 정수의 합을 구하는 프로그램이다. 코드 편집기를 이용하여 작성한 후 확인한다.

```
# 1부터 입력한 정수까지 합을 구하는 프로그램
# sum.py

value = int(input("양의 정수를 입력하세요 : "))

sum_value = 0
count = 1

while count <= value:
    sum_value += count
```

```
11        count += 1
12
13    print("1부터 %d까지의 합은 %d입니다." % (value, sum_value))
```

실행 결과

```
양의 정수를 입력하세요 : 10
1부터 10까지의 합은 55입니다.
```

예제의 4번 라인에서 value 변수를 만들고, input() 함수를 이용하여 숫자를 입력받은 후 정수로 변환하여 저장하였다. 다음 6번 라인의 sum_value = 0 문장은 합을 저장하기 위한 변수를 생성한 것이다. 다음 7번 라인의 count = 1 문장은 반복을 위한 초깃값을 설정하기 위한 문장이다. 예제가 1부터 입력한 숫자까지 정수의 합을 구하는 프로그램이기 때문에 숫자는 1로 시작해야 한다.

다음 9번 라인의 while문을 보면 count <= value가 식으로 설정되어 있다. 즉 count에 저장된 값이 키보드로부터 입력받은 value보다 작거나 같은 값이면 참(True)인 식이다. 실행 결과와 같이 10을 입력할 경우 초기 count에 저장된 값은 1이고 value의 값은 10이기 때문에 해당 식은 참이 된다. 따라서 10번과 11번 라인의 문장이 실행된다. 10번 라인의 sum_value += count 문장은 sum_value = sum_value + count 문장과 같다. 따라서 현재 sum_value 변수가 갖고 있는 0에 count가 갖고 있는 1을 더한 결과를 다시 sum_value 변수에 저장한다. 따라서 sum_value 변수에 저장되는 값은 1로 변경된다.

다음 11번 라인의 count += 1 문장은 조건의 상태를 변경시키기 위하여 사용된다. 1부터 입력한 숫자까지 하나씩 증가해가면서 더하기 작업을 수행해야하기 때문에 count에 저장된 값을 1에서 2로 변경한다. 11번 라인까지 문장을 수행하면 다시 9번 라인으로 작업이 이동한다. 9번 라인에서 count <= value를 다시 계산하고, count가 갖고 있는 값은 2, value의 값은 계속 10이다. 따라서 식이 참이 되고 10번과 11번 라인을 다시 수행한다. sum_value += count 문장에서 sum_value가 갖고 있던 1과 count가 갖고 있는 2를 더한 3의 값을 다시 sum_value에 저장하고, count의 값을 3으로 변경한다.

이와 같은 작업을 계속 수행하고 최종 결과 sum_value에는 1 + 2 + 3 + 4 + 5 + 6 + 7 + 8 + 9 + 10의 값이 저장된다. sum_value에 1부터 10까지의 합을 구한 후 count += 1 문장으로 count를 11로 만든 후 다시 9번 라인으로 이동한다. 이때 count <= value의 식은 거짓이 되며, while문을 종료하고, 13번 라인의 print() 함수를 이용한 문장으로 결과를 출력한다.

while문을 사용할 때 주의할 사항은 while문 내부의 반복 실행 문장에서 count += 1 문장과 같이 식의 상태를 변화시키기 위한 문장이 반드시 포함되어야 한다는 것이다. 위의 예에서 count += 1 문장이 없다면 반복 실행을 결정하기 위한 식 count <= value에서 count의 값과 value의 값이 모두 변경되지 않기 때문에 항상 참이 된다. 따라서 while문을 무한 반복하게 된다. 다음의 예제를 살펴보자.

```
1  # while문 내부에 식의 상태 변경을 위한 문장이 없는 경우
2  # sum_err.py
3
4  value = int(input("양의 정수를 입력하세요 : "))
5
6  sum_value = 0
7  count = 1
8
9  while count <= value:
10     sum_value += count
11
12 print("1부터 %d까지의 합은 %d입니다." % (value, sum_value))
13
```

실행 결과

```
양의 정수를 입력하세요 : 10
Traceback (most recent call last):
  File "C:/Python/sum_err.py", line 10, in <module>
    sum_value += count
KeyboardInterrupt
```

위의 프로그램에서 11번 문장이 삭제되어 있다. 따라서 count의 값이 변경되지 않으며, count <= value 식이 항상 참이다. 따라서 while문 내부의 문장이 무한 반복되어 프로그램이 종료되지 않는다. 위의 결과는 프로그램 진행 도중 ctrl + c 키를 눌러 프로그램을 강제로 종료한 것이다.

상태의 변경 부분이 while문에서 반복 실행하는 문장에 반드시 포함되어야 하지만, 항상 1씩 증가해야 하는 것은 아니다. 다음의 예제와 같이 2씩 증가하면, 홀수의 합을 구할 수 있다.

```
1  # 홀수의 합을 구하는 프로그램
2  # sum_odd.py
3
4  value = int(input("양의 정수를 입력하세요 : "))
5
6  sum_value = 0
7  count = 1
8
9  while count <= value:
10     sum_value += count
11     count += 2
12
13 print("1부터 %d까지의 홀수의 합은 %d입니다." % (value, sum_value))
```

실행 결과

```
양의 정수를 입력하세요 : 10
1부터 10까지의 홀수의 합은 25입니다.
```

11번 라인의 count += 2 문장은 count에 저장하는 값을 1, 3, 5, 7, 9와 같이 변경한다. 따라서 sum_value 변수에 저장되는 값은 1 + 3 + 5 + 7 + 9의 값이다. 9까지 sum_value 변수에 더하면서 저장한 후 count의 값은 11이 되며, count <= value 식이 거짓이되기 때문에 while문은 종료한다.

그렇다면 짝수의 합은 어떻게 구할 수 있을까? 가장 쉬운 방법은 7번 라인에서 count의 초깃값을 2로 주고 2씩 증가하도록 하는 것이다. 그러나 이러한 방법은 증가되는 양이 고정되어 있어서 여러 개의 조건이 생긴다면 풀 수 없는 문제가 된다. 더 좋은 방법은 while문과 우리가 앞에서 배웠던 if문을 함께 사용하는 것이다. while문 내부에 반복하는 문장은 제어문이 포함될 수도 있다. 다음의 예제는 while문 내부에 if문을 이용하여 짝수의 합을 구하는 프로그램이다.

```
# 짝수의 합을 구하는 프로그램
# sum_even.py

value = int(input("양의 정수를 입력하세요 : "))

sum_value = 0
```

```
7  count = 1
8
9  while count <= value:
10     if count % 2 == 0:
11         sum_value += count
12     count += 1
13
14 print("1부터 %d까지의 짝수의 합은 %d입니다." % (value, sum_value))
```

실행결과

```
양의 정수를 입력하세요 : 10
1부터 10까지의 짝수의 합은 30입니다.
```

예제의 10번 라인부터 12번 라인까지 들여쓰기에 주의하자. 특히 11번 라인은 10번 라인이 참일 경우에만 실행해야하기 때문에 if문 보다 한 단계 더 들여쓰기가 되어있다. 또한 12번 라인은 if문이 참이던 거짓이던 count의 값이 항상 증가해야하기 때문에 if와 같은 위치로 들여쓰기가 되어 있다.

while문 안에 if문이 포함될 수 있듯이 while문 안에 while문과 같은 반복문이 포함될 수 있다. 이와 같은 형태를 중첩 반복문이라고 한다. 다음의 구구단 출력 예제를 살펴보자.

```
# 구구단 출력 프로그램 (while문 사용)
# print_gugudan_while.py

count1 = 1

while count1 <= 2:

    count2 = 1
    while count2 <= 9:
        print("%d * %d = %d" % (count1, count2, count1 * count2))
        count2 += 1

    print("")
    count1 += 1
```

실행 결과	1 * 1 = 1 1 * 2 = 2 1 * 3 = 3 1 * 4 = 4 1 * 5 = 5 1 * 6 = 6 1 * 7 = 7 1 * 8 = 8 1 * 9 = 9 2 * 1 = 2 2 * 2 = 4 2 * 3 = 6 2 * 4 = 8 2 * 5 = 10 2 * 6 = 12 2 * 7 = 14 2 * 8 = 16 2 * 9 = 18

위의 예제에서 6번 라인의 while문은 외부 반복문이며 9번 라인에서 시작하는 반복문은 내부 반복문이다. 내부 반복문은 count1이 1일 때 count2가 1부터 9까지 한 번 반복을 완료하며, count1이 2일 때 count2가 1부터 9까지 한 번 반복을 완료한다. 즉 내부 반복문은 총 18번의 반복을 수행하게 된다. 반면 외부 반복문은 count1이 1부터 2까지 두 번 반복을 한다. 이때 주의할 점은 외부 반복문과 내부 반복문의 상태를 변경하기 위한 식 11번과 14번 라인에 주의해야 한다. 만일 11번 라인이 없으면 내부 반복문은 무한 반복이 되고, 14번 라인이 없으면 외부 반복은 무한 반복이 된다. 또한 8번 라인에서 count2를 1로 초기화하여, count1이 1일 때와 2일 때 모두 count2가 1부터 새로운 반복이 시작되도록 설정함에 유의한다.

5.2. for

일반적으로 프로그래밍 언어에서의 for문은 정해진 횟수만큼 문장을 반복하기 위하여 사용한다. 파이썬에서 사용하는 for문은 조금 특별한 의미로 사용되는데, 바로 시퀀스 자료형의 모든 요소를 순회하기 위하여 사용한다. 파이썬에서 사용하는 시퀀스 자료형인 문자열, 리스트, 튜플, 딕셔너리, 그리고 셋 등은 모두 여러 자료가 모여있는 형태이다. 이와 같은 시퀀스 자료형들을 값 여러개가 저장되어 있다고 하여 컨테이너라고도 부른다. 파이썬의 for문은 내부에서 이터레이터라는 것을 이용하여 시퀀스 자료 내에 있는 각 요소들을 하나씩 가져올 수 있다. 본 교재에서는 이터레이터에 대한 자세한 내용은 다루지 않으며, 다만 자료를 하나씩 순차적으로 가져오고, 모든 자료를 가져오고 나면 for문이 종료된다는 것만 기억하자. 파이썬에서 사용하는 for문의 형식은 다음과 같다.

for문의 형식	프로그램 진행 과정
for 변수(들) in 시퀀스(리스트, 튜플 등): 문장	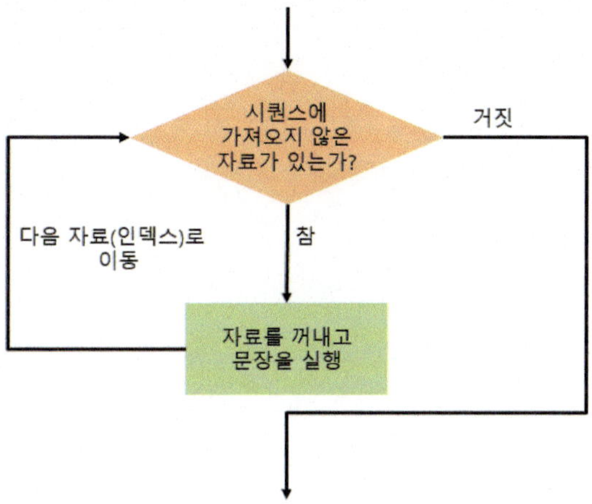

for문의 동작 과정을 살펴보면 다음과 같다. 우선 in 뒤에 있는 시퀀스 자료로부터 가져오지 않은 요소가 있으면 해당 값을 가져와서 for 뒤에 있는 변수(들)에 저장한다. 이때 모든 요소를 이미 for문을 통해서 가져왔거나, 시퀀스 자료가 비어있는 경우 변수에 자료를 복사할 수 없기 때문에 반복문이 종료된다. 시퀀스 자료에 있는 요소를 for 뒤의 변수(들)에 복사한 후 for문 아래의 문장을 실행한다. for문 아래의 문장의 실행이 끝나면 다시 시퀀스로부터 가져오지 않은 다음 요소를 가져오고 작업을 반복한다.

5.2.1. 리스트와 튜플, 문자열 순회

5.2.1.1. 리스트와 튜플 순회

다음의 예제는 while문을 이용하여 리스트의 전체 요소를 하나씩 출력한 것이다.

```
1  # 리스트의 요소 출력 (while문 사용)
2  # print_list1.py
3
4  names = ["Kim", "Lee", "Park", "Choi"]
5
6  count = 0
7
8  while count < len(names):
9      print(names[count])
10     count += 1
```

실행 결과

```
Kim
Lee
Park
Choi
```

리스트의 각 요소를 인덱스로 접근하기 위하여 count 변수를 만들로 0을 저장한다. 그 후 while문의 식 count < len(names)를 검사한다. len(names)는 names 리스트 요소의 개수가 4이고 count에 저장된 값은 0이기 때문에 해당 식은 True이므로 9번 문장이 실행된다. 따라서 9번 라인에서 print(names[count]) 문장은 print(names[0])와 같으므로, Kim이 출력된 것을 확인할 수 있다. 이후 10번 라인에서 count의 값을 1로 변경하고 8번 라인의 식을 다시 검사한다. 동일한 방법으로 names[1], names[2], names[3]의 값을 출력하고, count가 4가 되면 count < len(names)의 식이 False가 되므로 반복문을 종료한다.

그러나 이와 같이 단순히 리스트의 요소를 출력하는 프로그램은 다음과 같이 for문을 이용하는 것이 더 간단하다.

```
# 리스트의 요소 출력 (for문 사용)
# print_list2.py

names = ["Kim", "Lee", "Park", "Choi"]
```

```
5
6 for name in names:
7     print(name)
```

실행 결과

```
Kim
Lee
Park
Choi
```

6번 라인부터 프로그램의 실행 과정은 다음과 같다. names 리스트가 비어있지 않고, 아직 가져온 요소가 없기 때문에 names 리스트에 있는 요소들 중에 가장 앞에 있는 "Kim"을 name에 복사한다. 이후 7번 라인에서 print() 함수를 이용하여 name에 저장되어 있는 "Kim"을 출력한다. 7번 라인의 실행이 끝나면, 다시 6번 라인으로 이동하여 "Kim" 뒤에 있는 "Lee"를 name 변수에 복사한다. 같은 방법으로 names 리스트의 마지막 "Choi"까지 출력한다. "Choi"까지 출력한 이후, 더 이상 가져올 값이 없기 때문에 for문은 종료한다.

for문과 while문이 다른 점은 for문의 경우 for 뒤에 시퀀스 자료의 각 요소를 복사하기 때문에 시퀀스 자료 내부의 값은 변경할 수 없지만, while문은 인덱스를 이용하여 접근하기 때문에 시퀀스 자료형 내부의 값을 변경할 수 있다는 것이다. 다음의 예제를 살펴보자.

```
# 반복문을 이용한 시퀀스 요소 값 변경
# modify_sequence1.py

values = [10, 20, 30, 40, 50]

print(values)

count = 0

while count < len(values):
    values[count] += 1
    count += 1

print(values)
```

실행 결과

```
[10, 20, 30, 40, 50]
[11, 21, 31, 41, 51]
```

modify_sequence1.py 예제에서 볼 수 있듯이 while문을 이용한 시퀀스 접근은 values[0], values[1]과 같이 인덱스를 이용하여 접근하기 때문에 values 리스트에 있는 요소의 값을 변경시킬 수 있다. 반면 modify_sequence2.py 예제에서 사용한 for문은 v 변수에 values 리스트에 있는 각 요소를 복사하므로, v의 값을 아무리 변경시켜도 values 리스트의 요소에는 영향이 없다. 따라서 리스트의 요소 값을 변경하지 않는다.

튜플 역시 리스트와 같은 방법으로 for문을 이용하여 내부 요소들을 순회할 수 있다. 또한 튜플의 경우 요소의 값을 변경할 수 없기 때문에 while문을 사용하는 것 보다 for문을 사용하는 것이 훨씬 좋다. 다음의 예는 튜플에 저장되어 있는 각 요소들을 출력하는 예이다.

```
# 튜플의 요소 출력
# print_tuple.py

names = ("Kim", "Lee", "Park", "Choi")

for name in names:
    print(name, end = " ")
```

실행 결과

```
Kim Lee Park Choi
```

리스트와 마찬가지로 튜플 역시 for문을 이용하여 각 요소들을 순회하여 가져올 수 있다. 본 예제에서는 print() 함수에 end = " "를 이용하여 한 줄로 출력하였다.

리스트와 튜플에 저장된 요소들의 값을 모두 가져오기 위한 방법을 배웠으니, 이제 조금 응용해 보자. 다음의 예제는 리스트에 저장된 값들의 합과 평균을 구하는 프로그램이다.

```
# for문을 이용하여 리스트의 총합과 평균 계산
# aver_list.py

values = [90, 80, 95, 70]

sum_value = 0

for v in values:
    sum_value += v

aver_value = sum_value / len(values)

print("합계 = %.2f, 평균 = %.2f" % (sum_value, aver_value))
```

실행결과	합계 = 335.00, 평균 = 83.75

for문을 이용해서 values 리스트에 있는 모든 요소들을 순회하면서 sum_value에 더한 후 len() 함수를 이용해서 요소의 개수를 구한 다음 나누면 평균이 구해진다. 사실 위의 예제는 파이썬에서 다음과 같이 쉽게 해결할 수 있다.

```
>>> values = [90, 80, 95, 70]
>>> sum_value = sum(values)
>>> aver_value = sum_value / len(values)
>>> print("합계 = %.2f, 평균 = %.2f" %(sum_value, aver_value))
합계 = 335.00, 평균 = 83.75
```

파이썬에서는 sum() 함수를 이용하여 리스트 또는 튜플과 같이 값으로 이루어진 시퀀스 자료의 전체 요소들의 합을 구할 수 있다. 이와 같은 다양한 내장함수는 10장에서 자세히 배운다.

5.2.1.2. 문자열 순회

문자열 역시 시퀀스 자료형에 해당하며, for문을 이용하여 순회할 수 있다. 문자열을 for문을 이용하여 순회할 경우 문자열을 구성하고 있는 문자를 하나씩 가져와서 처리한다. 다음의 예제를 살펴보자.

```
# 문자열을 for문을 이용하여 순회
# print_char.py

str = "Hello World!"

for ch in str:
    print(ch)
```

실행결과

```
H
e
l
l
o
```

실행 결과

```
W
o
r
l
d
!
```

for문을 이용하여 문자열을 순회하면, 문자열 내부를 구성하고 있는 문자를 하나씩 가져와서 for 뒤의 변수에 넣는다. 위의 예제에서는 처음에 "H"를 가져와서 ch 변수에 저장한다. 이후 print() 함수를 이용하여 출력하고 줄바꿈을 한다. 그렇다면 문자열을 단어를 구분하여 출력하려면 어떻게 해야 할까? 정답은 앞에서 배웠던 split() 메서드를 이용하는 것이다. split() 메서드는 문자열을 구분자를 이용하여 분리한 후 리스트를 생성한다. 앞의 예제에서 "Hello World!" 문자열의 경우 str.split()을 이용하면 ["Hello", "World!"]와 같이 리스트로 변경되기 때문에 for문을 이용하여 순회할 수 있다. 예제로 확인해보자.

```python
# 문자열을 단어로 분리하여 순회
# print_word.py

str = "Hello World!"

for word in str.split():
    print(word)
```

실행 결과

```
Hello
World!
```

5.2.2. 딕셔너리 순회

파이썬의 for문을 사용하여 딕셔너리의 요소들을 순회하면 키를 반환한다.

```python
# 딕셔너리를 for문을 이용하여 순회
# print_dict1.py

student = {"Kim":90, "Lee":80, "Park":95, "Choi":70}

for k in student:
    print(k)
```

실행 결과	Kim Lee Park Choi

위의 예제와 같이 for문을 사용해서 딕셔너리를 순회하면 요소 전체를 가져오는 것이 아니라 딕셔너리의 키만 출력된다. 딕셔너리의 요소들을 가져오기 위하여 keys(), values(), items() 메서드를 사용한다는 것을 이미 배웠다. 즉 for k in student: 문장은 키 들을 순회하기 때문에 for k in student.keys():와 같다. 따라서 다음과 같이 items() 메서드를 사용하면 딕셔너리 요소들의 키와 값을 모두 가져올 수 있다. items() 메서드의 반환 결과는 ("Kim", 90)과 같은 튜플들로 이루어진 dict_items() 객체이기 때문에 for 뒤에 값을 복사할 변수를 콤마를 이용하여 구분한다. 예제로 확인해보자.

```
# 딕셔너리를 for문을 이용하여 순회
# print_dict2.py

student = {"Kim":90, "Lee":80, "Park":95, "Choi":70}

for k, v in student.items():
    print(k, v)
```

실행 결과	Kim 90 Lee 80 Park 95 Choi 70

만약 딕셔너리 요소의 값만을 순회하고 싶을 때는 다음과 같이 values() 메서드를 사용하면 된다.

```
# 딕셔너리를 for문을 이용하여 순회
# print_dict3.py

student = {"Kim":90, "Lee":80, "Park":95, "Choi":70}

for v in student.values():
    print(v)
```

실행결과	90 80 95 70

이제 for문을 사용해서 키와 값을 가져올 수 있으니, 학생들의 평균 점수를 구해보자.

```python
# 딕셔너리를 for문을 이용하여 값의 평균 계산
# aver_dict_value.py

student = {"Kim":90, "Lee":80, "Park":95, "Choi":70}

sum_score = 0

for v in student.values():
    sum_score += v

aver = sum_score / len(student)

print("average = %.2f" % aver)
```

실행결과	average = 83.75

리스트에서 본 것과 같이 파이썬에서는 위의 예제를 다음과 같이 간단히 해결할 수 있다.

```python
>>> student = {"Kim":90, "Lee":80, "Park":95, "Choi":70}
>>> sum(student.values()) / len(student)
83.75
```

5.2.3. range(), enumerate(), zip()

range(), enumerate(), zip()과 같은 함수는 순회 가능한 객체 즉 시퀀스 자료를 반환하는 함수이다. range() 함수는 숫자 시퀀스를 생성하기 위해 사용하며, enumerate() 함수는 시퀀스 자료형을 입력으로 받아 인덱스와 요소를 포함하는 enumerate 객체를 반환한다. 또한 zip() 함수는 시퀀스 자료형 여러 개를 병렬로 묶어서 새로운 시퀀스 자료형을 만든다. 이러한 range(), enumerate(), zip() 함수의 반환값은 모두 시퀀스 자료형이기 때문에 for

문을 이용하여 순회할 수 있다.

5.2.3.1. range() 함수를 이용한 for 순회

우리는 4장에서 연속된 숫자로 이루어진 리스트를 생성하기 위하여 range() 함수를 사용한 적이 있다. range() 함수는 리스트나 튜플 같은 자료를 생성하지 않고 특정 범위 내에서 range 자료형의 숫자 시퀀스를 반환한다. 따라서 range() 함수를 for문에서 사용하면 특정 숫자 범위만큼 문장을 반복할 수 있다. range() 함수를 사용하면 컴퓨터 메모리에 값을 저장하지 않고 아주 큰 범위의 숫자를 생성할 수 있게 한다. range() 함수의 사용 방법과 사용 예를 다시 살펴보고 자세한 설명은 4장의 리스트 부분에서 확인하자.

형식	의미	예
range(숫자)	0부터 (숫자 - 1)까지의 연속된 숫자 생성	list(range(10))
range(시작, 끝)	시작부터 (끝 - 1)까지의 연속된 숫자 생성	list(range(0, 10))
range(시작, 끝, 스텝)	시작부터 (끝 - 1)까지 스텝 만큼 변화하면서 연속된 숫자 생성	list(range(0, 10, 2)) list(range(10, 0, -1)

```
>>> type(range(10))
<class 'range'>
>>> list(range(10))
[0, 1, 2, 3, 4, 5, 6, 7, 8, 9]
>>> tuple(range(10))
(0, 1, 2, 3, 4, 5, 6, 7, 8, 9)
>>> list(range(0, 10))
[0, 1, 2, 3, 4, 5, 6, 7, 8, 9]
>>> list(range(0, 10, 2))
[0, 2, 4, 6, 8]
>>> list(range(10, 0))
[]
>>> list(range(10, 0, -1))
[10, 9, 8, 7, 6, 5, 4, 3, 2, 1]
```

range() 함수가 반환하는 값은 모두 range 자료형이다. 따라서 보통은 위의 예와 같이 리스트 또는 튜플로 변경해서 사용한다. 그러나 range 자료형은 리스트와 튜플과 같은 시퀀스 자료형이기 때문에 for문에서 직접 사용할 수 있다. 다음의 예제는 range() 함수를 사용해서 1부터 5까지의 값을 출력하는 예제이다.

```
>>> for i in range(5):
        print(i)

0
1
2
3
4
```

이제 range() 함수를 사용해서 1부터 입력한 숫자까지의 합을 구하는 프로그램을 만들어 보자.

```
1  # 1부터 입력한 숫자까지 합을 구하는 프로그램
2  # sum_range.py
3
4  value = int(input("정수를 입력하세요 : "))
5
6  sum_value = 0
7
8  for i in range(1, value + 1):
9      sum_value += i
10
11 print("1부터 %d까지의 합은 %d입니다." % (value, sum_value))
```

실행 결과

```
정수를 입력하세요 : 10
1부터 10까지의 합은 55입니다.
```

8번 라인의 for i in range(1, value + 1)은 1부터 value까지의 숫자를 생성한 후 i에 값을 차례로 대입한다. 이때 range(1, value)가 아닌 range(1, value + 1)에 주의한다. 이미 눈치 챘겠지만 위의 for문은 다음과 같이 간단히 만들 수도 있다.

```
>>> sum_value = sum(range(value + 1))
>>> print("1부터 %d까지의 합은 %d입니다." % (value, sum_value))
1부터 10까지의 합은 55입니다.
```

예를 들어 다음과 같이 어떠한 문장을 단순히 반복하여 출력하는 경우를 생각해 보자.

```
Hello
Hello
Hello
Hello
Hello
```

위와 같이 출력할 경우에는 for문 안에 변하는 값이 없게 된다. 이와 같이 for문을 만들 때 사용하는 변수가 필요 없는 경우에는 다음과 같이 변수의 자리를 비워 놓으면 오류가 발생한다. 이때는 변수 자리에 _를 사용할 수 있다.

```
>>> for in range(4):

SyntaxError: invalid syntax
>>> for _ in range(4):
        print("Hello")

Hello
Hello
Hello
Hello
```

while문에서 반복문이 중첩으로 사용될 수 있듯이 for문에서도 반복문을 중첩으로 사용할 수 있다. 다음의 예제를 이용하여 구구단을 다시 출력해보자.

```
# 구구단 출력 프로그램 (for문 사용)
# print_gugudan_for.py

for v1 in range(1, 3):
    for v2 in range(1, 10):
        print("%d * %d = %d" % (v1, v2, v1 * v2))
    print("")
```

실행 결과

```
1 * 1 = 1
1 * 2 = 2
1 * 3 = 3
1 * 4 = 4
1 * 5 = 5
1 * 6 = 6
```

실행 결과

```
1 * 7 = 7
1 * 8 = 8
1 * 9 = 9

2 * 1 = 2
2 * 2 = 4
2 * 3 = 6
2 * 4 = 8
2 * 5 = 10
2 * 6 = 12
2 * 7 = 14
2 * 8 = 16
2 * 9 = 18
```

외부 for문에서 range(1, 3)으로 v1에는 1, 2가 차례로 들어간다. v1이 1일 때 내부 for문에서 사용된 range(1, 10)으로 v2에는 1, 2, ... , 9까지의 값이 차례로 들어가고, v1이 2일 때 v2에 다시 1부터 9까지의 값이 차례로 들어간다.

다음 예제는 중첩 반복문을 이용하여 사각형을 출력하는 예제이다. 이 예제는 반복문을 익히기 위하여 여러 교재에서 사용되고 있는 것이며, 사각형, 삼각형, 마름모 등 다양한 형태로 출력해 보면서 반복문에 대한 내용을 익힐 수 있다.

```
# for문을 이용한 사각형 출력
# print_square.py

for i in range(5):

    for j in range(5):
        print("*", end = "")

    print("")
```

실행 결과

```
*****
*****
*****
*****
*****
```

4번 라인의 for문에서 i는 0부터 4까지 총 5번 변한다. 다음 6번 라인의 for문에서 j는 0부터 4까지 5번 변한다. 7번 라인은 j가 변할 때마다 실행되기 때문에 *을 다섯 번 출력하며, end = ""를 이용하여 띄어쓰기나 줄바꿈하지 않고 다섯 개의 별이 출력된다. j가 0부터 4까지 반복을 완료하면 9번 라인의 print()문을 이용해서 줄바꿈을 한다. 그리고 이와 같은 반복이 총 5번 일어나기 때문에 사각형을 출력할 수 있다.

다음 예제는 사각형 출력을 조금 변형하여 삼각형 출력으로 바꾼 것이다. 예제를 살펴보자.

```
1  # for문을 이용한 삼각형 출력
2  # print_triangle.py
3
4  for i in range(5):
5
6      for j in range(i + 1):
7          print("*", end = "")
8
9      print("")
```

실행 결과

```
*
**
***
****
*****
```

위의 예제가 사각형을 출력하는 예제에서 다른 부분은 6번 라인에서 range(i + 1) 밖에 없다. 4번 라인의 for문에서 i는 0부터 4까지 변한다. i가 0이면 j는 range(1)이 되기 때문에 0밖에 없다. 따라서 7번 라인의 print() 문장이 한 번 실행된다. 다음 i가 1이면 j는 range(2)가 되기 때문에 0과 1이 된다. 따라서 print() 문장이 두 번 실행된다. 이와 같이 외부 반복문의 변수를 이용하여 내부 반복문의 range() 함수를 만들면 내부 반복문의 반복 횟수를 다르게 조절할 수 있다.

5.2.3.2. enumerate()

enumerate는 열거하다라는 뜻을 갖고 있다. enumerate() 함수는 리스트, 튜플과 같은 시퀀스 자료형을 입력으로 받아 인덱스 값을 포함하는 enumerate 객체를 반환한다. 우선 enumerate의 결과를 살펴보자.

```
>>> names = ["Kim", "Lee", "Park", "Choi"]
>>> enumerate(names)
<enumerate object at 0x03D7B8F0>
```

enumerate 객체가 반환된 것을 확인할 수 있다. enumerate 객체는 시퀀스 자료형이기 때문에 다음과 같이 list로 변경이 가능하다. 결과를 살펴보자.

```
>>> names = ["Kim", "Lee", "Park", "Choi"]
>>> list(enumerate(names))
[(0, 'Kim'), (1, 'Lee'), (2, 'Park'), (3, 'Choi')]
```

리스트의 요소가 (0, 'Kim')과 같이 튜플 형태로 되어 있다. 즉 enumerate() 함수를 사용하면 인덱스와 값으로 이루어진 튜플을 반환한다. 만약 딕셔너리를 enumerate() 함수의 입력에 넣는다면 어떻게 될까? 다음의 결과를 살펴보자.

```
>>> student = {"Kim":90, "Lee":80, "Park":95, "Choi":70}
>>> list(enumerate(student))
[(0, 'Kim'), (1, 'Lee'), (2, 'Park'), (3, 'Choi')]
>>> list(enumerate(student.values()))
[(0, 90), (1, 80), (2, 95), (3, 70)]
>>> list(enumerate(student.items()))
[(0, ('Kim', 90)), (1, ('Lee', 80)), (2, ('Park', 95)), (3, ('Choi', 70))]
```

enumerate() 함수에 딕셔너리를 입력을 사용하면 키와 함께 해당 인덱스를 반환한다. 그러나 딕셔너리는 인덱스 즉 순서가 없기 때문에 enumerate() 함수에서 반환하는 숫자는 현재 딕셔너리를 가져올 때 키의 순서를 나타낸다.

이제 for문에서 enumerate() 함수를 사용해 보자. 우리는 앞에서 for문을 이용하여 리스트를 순회할 때는 리스트의 요소 값을 변경할 수 없다고 배웠다. 그러나 enumerate() 함수를 사용하면 리스트의 인덱스를 가져올 수 있기 때문에 리스트의 요소 값을 변경할 수 있다. 다음의 예제를 살펴보자.

```
# enumerate() 함수를 이용한 시퀀스 요소 값 변경
# modify_sequence3.py

values = [10, 20, 30, 40, 50]

```

```
 6 print(values)
 7
 8 for i, v in enumerate(values):
 9     values[i] += 1
10
11 print(values)
```

실행결과

```
[10, 20, 30, 40, 50]
[11, 21, 31, 41, 51]
```

예제의 8번 라인에서 enumerate(values)를 사용하면 (0, 10), (1, 20)과 같이 인덱스와 값으로 이루어진 튜플이 반환된다. 따라서 for문 뒤에 변수 i에는 리스트의 인덱스가 복사되고, v에는 리스트의 요소 값이 복사된다. 따라서 9번 라인의 value[i] += 1 문장은 value[0]에 저장된 값을 1만큼 증가하라는 의미가 되므로, 리스트에 저장된 값 자체를 변경할 수 있다.

enumerate() 함수를 이용하여 딕셔너리를 for문에서 순회하면, 다음과 같이 딕셔너리 요소의 순서와 함께 키와 값을 한 번에 가져올 수 있다.

```
# enumerate()를 이용한 딕셔너리 순회
# enumerate_dict.py

student = {"Kim":90, "Lee":80, "Park":95, "Choi":70}

for i, k in enumerate(student):
    print(i, ":", k, student[k])

print("")

for i, k in enumerate(student.items()):
    print(i, ":", k)
```

실행결과

```
0 : Kim 90
1 : Lee 80
2 : Park 95
3 : Choi 70

0 : ('Kim', 90)
1 : ('Lee', 80)
2 : ('Park', 95)
3 : ('Choi', 70)
```

예제의 6번 라인에서 사용된 for문은 enumerate(student)와 같이 딕셔너리명을 사용했기 때문에 i에는 인덱스, k에는 키 값이 복사된다. 따라서 순서인 i와 키, 딕셔너리명[키]를 이용하여 각각을 출력할 수 있다. 11번 라인에서 사용된 for문은 enumerate(student.items())와 같이 items() 메서드를 사용했기 때문에 k에는 (키, 값)으로 이루어진 튜플이 복사되어 순환한다. 따라서 이때는 student[k]와 같이 사용할 수 없고, 튜플의 값을 직접 출력해야 한다.

5.2.3.3. zip()

zip() 함수는 앞서 딕셔너리에서 잠깐 배우긴 했지만, 반복문을 사용하지 않고 여러 시퀀스를 병렬로 순회할 때 사용한다. zip() 함수의 반환 값은 zip 객체이며, 역시 순환할 수 있는 시퀀스 자료형이다. 다음의 예제를 살펴보자.

```
>>> names = ["Kim", "Lee", "Park", "Choi"]
>>> eng = [90, 80, 85, 70]
>>> math = [100, 90, 90, 80]
>>> student = zip(names, eng, math)
>>> list(student)
[('Kim', 90, 100), ('Lee', 80, 90), ('Park', 85, 90), ('Choi', 70, 80)]
>>> student
<zip object at 0x042233F0>
```

zip() 함수를 사용하면 각각의 시퀀스 자료형에서 동일한 인덱스의 요소를 하나로 합친 튜플로 이루어진 시퀀스 자료가 생성된다. 이때 주의 할 점은 여러 시퀀스 중 가장 짧은 시퀀스가 완료되면 zip() 함수의 동작은 멈춘다는 것이다.

```
>>> names = ["Kim", "Lee", "Park", "Choi"]
>>> eng = [90, 80, 85, 70]
>>> math = [100, 90, 90]
>>> student = zip(names, eng, math)
>>> list(student)
[('Kim', 90, 100), ('Lee', 80, 90), ('Park', 85, 90)]
```

names와 eng는 모두 4개의 요소를 갖지만, math는 3개의 요소를 갖는다. 이 세 개의 리스트를 zip() 함수를 이용하여 묶으면 위와 같이 3개의 튜플을 갖는 시퀀스 자료가 된다.

이와 같은 zip() 함수의 결과를 for문을 이용하여 순회하면, 별도의 변수를 생성하지 않고 여러 시퀀스 자료를 한 번에 순회할 수 있다.

```python
# zip() 함수를 이용한 여러 시퀀스 순회
# zip_for.py

names = ["Kim", "Lee", "Park", "Choi"]
eng = [90, 80, 85, 70]
math = [100, 90, 90, 80]

for n, e, m in zip(names, eng, math):
    print("이름 = %s, 영어 = %d, 수학 = %d" % (n, e, m))
```

실행 결과

```
이름 = Kim, 영어 = 90, 수학 = 100
이름 = Lee, 영어 = 80, 수학 = 90
이름 = Park, 영어 = 85, 수학 = 90
이름 = Choi, 영어 = 70, 수학 = 80
```

5.3. break, continue

우리는 지금까지 조건문과 반복문을 이용하여 문장을 선택해서 실행하거나, 반복 수행할 수 있는 기능을 배웠다. 조건문과 반복문을 제어문이라고 하며, 문장의 순서를 제어할 수 있는 기능을 담당한다. 지금부터 배울 break와 continue는 제어문 내에서 사용하여, 조건문과 반복문을 보조하는 기능을 수행한다. break문은 이름 그대로 반복문을 종료하기 위하여 사용하며, continue문은 반복문 내에서 문장의 수행을 건너뛰고 싶을 때 사용한다.

5.3.1. break

앞에서 배웠던 예제 중에 하나를 다시 살펴보자. 다음과 같이 while문에서 내부에 상태를 변경하는 문장이 없으면 반복을 종료하지 않고 무한히 반복되는 프로그램이 되었다.

```python
# while문 내부에 식의 상태 변경을 위한 문장이 없는 경우
# sum_err.py

value = int(input("양의 정수를 입력하세요 : "))

sum_value = 0
```

```
count = 1

while count <= value:
    sum_value += count


print("1부터 %d까지의 합은 %d입니다." % (value, sum_value))
```

실행 결과

```
양의 정수를 입력하세요 : 10
Traceback (most recent call last):
  File "C:/Python/sum_err.py", line 10, in <module>
    sum_value += count
KeyboardInterrupt
```

위와 같이 의도하지 않게 무한히 반복하는 문장 외에 프로그램을 만드는 사람의 의도에 따라 문장을 무한히 반복하는 것을 만들 수도 있다. 이를 무한 루프라고 한다. 파이썬에서는 다음과 같이 while문의 식을 강제로 참으로 만들어서 무한히 반복을 수행하기 위한 무한 루프를 만들 수 있다.

```
1  # 무한루프 프로그램
2  # infinite_loop.py
3
4  while True:
5      print("무한루프")
```

실행 결과

```
무한루프
무한루프
...
무한루프
무한루프
무한루프
Traceback (most recent call last):
  File "C:/Python/infinite_loop.py", line 5, in <module>
    print("무한루프")
KeyboardInterrupt
```

4번 라인의 while문을 보자. while True:와 같이 while문을 사용할 때 식을 True 또는 1과 같이 참에 해당하는 값으로 강제하면, while문의 식이 항상 참이 된다. 따라서 반복이 종료하지 않고 무한히 실행되는 무한 루프 반복문이 된다. 이때도 역시 ctrl + c 키를 눌러 프로그램을 강제 종료할 수 있으며, 지금부터 배우게 될 break문을 이용하여 반복문을 종료할 수도 있다.

break문은 반복을 종료하기 위하여 사용한다. 즉 컴퓨터는 반복문에서 break문을 만나면 반복을 종료한다. break문은 보통 if문과 함께 사용하여, 특정 조건이 발생했을 때 반복문을 강제 종료하도록 한다. 다음의 예제를 살펴보자.

```
1  # 입력한 숫자까지의 합을 구하는 프로그램
2  # 무한루프 사용
3  # sum_infinite_loop1.py
4
5  value = int(input("정수를 입력하세요 : "))
6
7  count = 1
8  sum_value = 0
9
10 while True:
11     sum_value += count
12     count += 1
13
14     if count == value:
15         break
16
17 print("1부터 %d까지의 합은 %d입니다." % (value, sum_value))
```

실행 결과

```
정수를 입력하세요 : 10
1부터 10까지의 합은 45입니다.
```

예제의 10번 라인에서 while True:가 사용되었기 때문에 무한 루프가 발생할 것으로 보인다. 그러나 실제 프로그램을 실행한 결과 1부터 입력한 숫자까지 합이 정상적으로 계산되고 프로그램이 종료된다. 14번 라인을 살펴보자. if count == value: 문장은 count에 저장된 값과 value에 저장되는 값이 같으면 True이다. 즉 숫자를 계속 더해가다가 입력한 숫자가 되면 True가 된다. 예를 들어 위와 같이 10을 입력하면 1 + 2 + ... + 9까지 더하고, count += 1 문장으로 count의 값이 10이 되면 count와 value가 같아지므로 15번 라인의 break 문장이 실행된다. 따라서 결과는 1부터 9까지의 합인 45가 출력된다. 이와 같이 컴퓨터는 break문을 만나면 더 이상 반복을 수행하지 않고 반복문을 종료한다.

break문은 for문 내부에서 사용할 수도 있다. 다음의 예제를 보자.

```
1  # for문에서 break 사용
2  # break_for.py
3
4  value = int(input("정수를 입력하세요 : "))
5
6  sum_value = 0
7  for i in range(1, value + 1):
8      sum_value += i
9
10     if i == 5:
11         break
12
13 print("1부터 %d까지의 합은 %d입니다." % (value, sum_value))
```

실행 결과	
실행 결과 1	정수를 입력하세요 : 10 1부터 10까지의 합은 15입니다.
실행 결과 2	정수를 입력하세요 : 100 1부터 100까지의 합은 15입니다.

위의 예제에서 10을 입력하던 100을 입력하던 모두 결과는 15가 나왔다. 이것은 10번과 11번 라인에서 사용된 if문과 break문 때문이다. for문에서 사용된 i값은 1부터 입력한 값까지 순환한다. 그러나 10번 라인에서 i가 5가 되면 break문이 동작하기 때문에 for문을 종료한다. 즉 어떤 숫자를 입력하더라도 항상 5까지의 합만 구할 수 있다.

파이썬에서는 반복문 내부에 break문이 있을 경우 반복문에 else:를 사용할 수 있다. 반복문에 else:를 이용하면 반복문 전체를 반복할 때 break문이 실행되지 않을 경우 else: 이하의 문장을 실행한다.

```
# for문에서 else를 이용한 break 사용 검사
# break_for.py

value = int(input("정수를 입력하세요 : "))
```

```
5
6  sum_value = 0
7  for i in range(1, value + 1):
8      sum_value += i
9
10     if i == 5:
11         break
12 else:
13     print("5보다 낮은 수가 입력되었습니다.")
14
15 print("1부터 %d까지의 합은 %d입니다." % (value, sum_value))
```

실행 결과 1	정수를 입력하세요 : 10 1부터 10까지의 합은 15입니다.
실행 결과 2	정수를 입력하세요 : 4 5보다 낮은 수가 입력되었습니다. 1부터 4까지의 합은 10입니다.

예제의 결과를 보면 앞의 예제와 같이 10을 입력했을 때 i가 1부터 5까지 변화하면서 합을 구하다가 5가 될 때 10번 라인과 11번 라인에 의해서 반복문이 종료되었다. 그러나 4를 입력했을 때는 i가 1부터 4까지만 변화하기 때문에 10번 라인의 i == 5 식이 항상 False가 된다. 따라서 반복문을 완전히 반복할 때 까지 11번 라인의 break 문장이 실행되지 않는다. 이와 같이 반복문에서 반복을 완료할 때 break 문장이 실행되지 않으면 else: 이하의 문장이 실행되며, 예제의 실행 결과 "5보다 낮은 수가 입력되었습니다"가 출력된 것을 확인할 수 있다.

5.3.2. continue

continue문은 반복문을 중단하지는 않지만 특별한 이유로 반복을 건너뛰고 다음 반복을 수행하고자할 때 사용한다. break문이 반복문을 종료하는 것과는 달리 continue문은 현재 실행하고 있는 반복문의 나머지 부분을 생략하고 반복문의 처음으로 돌아간다. break문과 마찬가지로 continue문 역시 주로 if문과 함께 사용한다.

```
1  # for문에서 continue 사용
2  # continue_for.py
3
4  value = int(input("정수를 입력하세요 : "))
5
6  sum_value = 0
7  for i in range(1, value + 1):
8
9      if i == 5:
10         continue
11
12     sum_value += i
13
14 print("1부터 %d까지 5를 제외한 합은 %d입니다." % (value, sum_value))
```

실행 결과
```
정수를 입력하세요 : 10
1부터 10까지의 5를 제외한 합은 50입니다.
```

예제의 9번 라인과 10번 라인에서 if문과 함께 continue문이 사용되었다. i가 5가 되면 10번 라인의 continue문이 실행되고 반복문의 나머지 문장들을 건너뛰기 때문에 12번 라인의 문장은 실행되지 않는다. 반면 i가 5가 아닐 경우 continue문은 실행되지 않으며 12번 라인의 합을 구하는 문장이 실행된다. 즉 입력한 숫자까지 5를 제외한 합이 구해지는 것이다.

continue문을 만나면 반복문의 나머지 문장들을 건너뛰기 때문에 while문에서 사용할 때는 주의할 점이 있다. while문은 반복 실행을 위한 상태를 변경하는 부분이 반복되는 문장에 포함된다. 만약 while문 내부의 continue문 아래에 상태를 변경하는 부분이 있는 경우에는 문제가 발생한다. 이런 경우 while문 내부에서 continue문을 만난다면 그 이하의 문장을 실행하지 않기 때문에 상태 변경 부분을 건너 뛸 수 있다. 다음의 예제를 살펴보자.

```
# while문에서 continue문 사용 주의
# continue_while_err.py

value = int(input("정수를 입력하세요 : "))

sum_value = 0
count = 1
```

```
8  while count <= value:
9
10     if count == 5:
11         continue
12
13     sum_value += count
14     count += 1
15
16 print("1부터 %d까지 5를 제외한 합은 %d입니다." % (value, sum_value))
```

실행 결과

```
정수를 입력하세요 : 10
Traceback (most recent call last):
  File "C:/Python/continue_while_err.py", line 11, in <module>
    continue
KeyboardInterrupt
```

10번 라인과 11번 라인에 if문과 continue문이 있고 합을 구하는 문장은 13번 라인에 있다. 즉 5를 제외한 합을 구하는 프로그램이다. while문은 count <= value 식이 False가 될 때 종료한다. count의 값이 1부터 4까지는 count <= value 식이 True이고, count == 5 식이 거짓이 되어 13번 라인과 14번 라인의 문장이 실행되어 sum_value에 합을 저장한다. 그러나 count가 5가 되면 10번 라인의 count == 5가 True가 되어 11번 라인의 continue 문장이 실행되고, 13번 라인과 14번 라인이 모두 실행되지 않는다. 따라서 count의 값은 5를 계속 유지하고, 반복문은 무한 루프에 빠지게 된다. 따라서 위의 예제는 다음과 같이 continue 위에 count += 1을 두어 continue를 만나더라도 count에 저장된 값을 변경하도록 해야 한다.

```
1  # while문에서 continue문 사용 주의
2  # continue_while.py
3
4  value = int(input("정수를 입력하세요 : "))
5
6  sum_value = 0
7  count = 1
8  while count <= value:
9
10     if count == 5:
```

```
        count += 1
        continue

    sum_value += count
    count += 1

print("1부터 %d까지 5를 제외한 합은 %d입니다." % (value, sum_value))
```

실행 결과

```
정수를 입력하세요 : 10
1부터 10까지 5를 제외한 합은 50입니다.
```

5.4. 컴프리헨션

파이썬의 리스트, 딕셔너리, 셋은 각각의 시퀀스 자료를 만들 때 for문과 if문을 사용할 수 있다. 이를 컴프리헨션(함축)이라고 하며, 반복문과 조건문을 결합하여 비교적 간단한 구문으로 시퀀스 자료형을 생성할 수 있도록 한다. 사용 형식은 다음과 같다.

자료형	형식
리스트	[표현식 for 변수 in 시퀀스 자료]
	[표현식 for 변수 in 시퀀스 자료 if 조건]
딕셔너리	{ 키_표현식 : 값_표현식 for 표현식 in 시퀀스 자료 }
	{ 키_표현식 : 값_표현식 for 표현식 in 시퀀스 자료 if 조건 }
셋	{ 표현식 for 변수 in 시퀀스 자료 }
	{ 표현식 for 변수 in 시퀀스 자료 if 조건 }

컴프리헨션은 문법이 조금은 복잡해 보이지만, 다른 프로그래밍 언어에는 없는 기능으로 초급 이상의 단계에서 파이썬을 어느 정도 알고 파이썬답게 사용하기 위하여 많은 공개 프로그램 개발자가 사용하고 있는 방법이다.

5.4.1. 리스트 컴프리헨션

[1, 2, 3, 4, 5]의 다섯 개의 요소를 갖는 리스트를 만든다고 가정하면 다음과 같은 방법이 가능하다. 우선 각 요소를 append() 메서드를 이용하여 넣을 수 있다.

```
>>> values = []
>>> values.append(1)
>>> values.append(2)
>>> values.append(3)
>>> values.append(4)
>>> values.append(5)
>>> values
[1, 2, 3, 4, 5]
```

또는 append() 메서드를 for문을 이용하여 순회하여 만들 수 있다.

```
>>> values = []
>>> for i in range(1, 6):
        values.append(i)

>>> values
[1, 2, 3, 4, 5]
```

또는 앞에서 배웠던 list() 함수와 range() 함수를 이용해서 직접 만들 수도 있다.

```
>>> values = list(range(1, 6))
>>> values
[1, 2, 3, 4, 5]
```

위와 같은 방법은 모두 동일한 결과를 만든다. 그러나 다음과 같이 리스트 컴프리헨션을 이용한 방법이 조금 파이썬 다운 방법이고, 공개 프로그램 코드에서 더 많이 사용되고 있다.

```
>>> values = [value for value in range(1, 6)]
>>> values
[1, 2, 3, 4, 5]
```

리스트 컴프리헨션의 동작 과정은 다음 그림과 같다. 우선 반복을 위한 시퀀스를 생성한다. 여기서는 range(1, 6)으로 1부터 5까지의 숫자를 생성한다. 그 다음부터 for를 이용하여 값을 반복한다. 그리고 가장 앞에 있는 value에 해당 값을 리스트 형태로 저장한다.

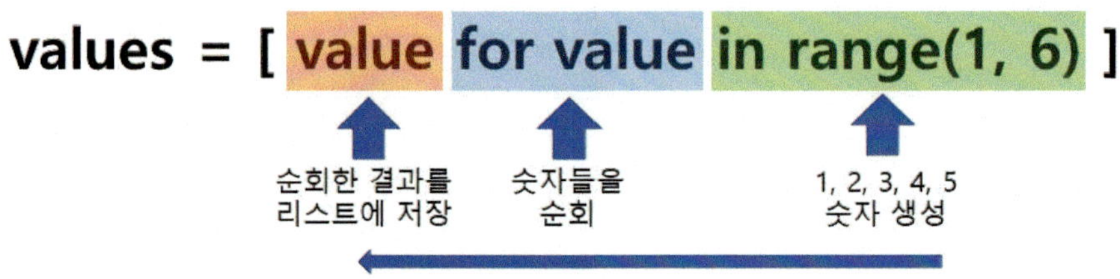

위의 예제는 다음과 같은 문장으로도 표현이 가능하다.

```
>>> values = [value + 1 for value in range(5)]
>>> values
[1, 2, 3, 4, 5]
```

위의 예제는 range(5)를 이용하여 0부터 4의 값을 생성하고, value + 1을 이용하여 각 값에 1씩 증가한 1부터 5의 값을 values 리스트에 저장한다.

컴프리헨션은 다음과 같이 조건 표현식을 포함할 수 있다.

```
>>> values = [value for value in range(10) if value % 2 == True]
>>> values
[1, 3, 5, 7, 9]
```

예제와 같이 for문 뒤에 if문을 지정하면 생성한 숫자들로부터 조건을 판단하여 특정 숫자만 뽑아낸 리스트를 만들 수 있다. 위의 예제에서는 0, 1, 2, ... , 8, 9의 숫자를 생성한 뒤에 if value % 2 == True 식을 이용하여 1, 3, 5, 7, 9를 뽑아낸 후 value 변수에 넣어서 리스트를 생성한다.

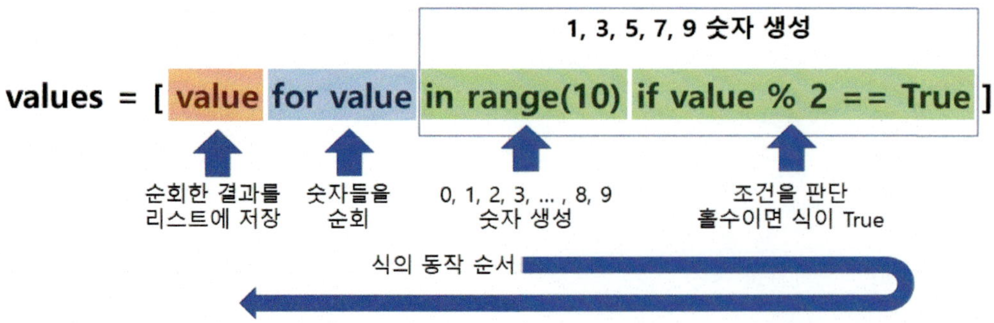

반복문이 중첩될 수 있는 것과 같이 컴프리헨션 역시 중첩이 가능하다. 다음과 같이 튜플로 이루어진 리스트를 생각해 보자.

```
>>> rows = range(1, 4)
>>> cols = range(1, 3)
>>> matrix = []
>>> for r in rows:
        for c in cols:
            matrix.append((r, c))

>>> matrix
[(1, 1), (1, 2), (2, 1), (2, 2), (3, 1), (3, 2)]
```

위와 같은 중첩 반복문은 다음과 같이 중첩 컴프리헨션으로 생성할 수 있다. 이때도 역시 식의 동작 순서는 뒤에서부터 이루어진다.

```
>>> rows = range(1, 4)
>>> cols = range(1, 3)
>>> matrix = [ (r, c) for r in rows for c in cols ]
>>> matrix
[(1, 1), (1, 2), (2, 1), (2, 2), (3, 1), (3, 2)]
```

5.4.2. 딕셔너리 컴프리헨션

리스트와 마찬가지로 딕셔너리 또한 컴프리헨션을 사용할 수 있다. 딕셔너리는 키와 값으로 이루어져있기 때문에 { 키_표현식 : 값_표현식 for 표현식 in 시퀀스 자료 }과 같이 가장 앞에 키와 값을 저장하기 위한 표현식이 필요하다.

```
>>> student = {"Kim":90, "Lee":80, "Park":95, "Choi":70}
>>> student_good = {k : v for k, v in student.items() if v > 80}
>>> student_good
{'Kim': 90, 'Park': 95}
```

student.items()를 이용하여 student 딕셔너리의 키와 값을 모두 가져온다. 그리고 리스트에서와 마찬가지로 if문을 이용하여 값이 80점보다 큰 경우만 키와 값을 k와 v에 넣어서 순회한다.

딕셔너리 컴프리헨션의 가장 앞에는 키_표현식과 값_표현식이 모두 포함되어야 하지만,

for 뒤에는 하나의 값만을 표현식으로 사용할 수도 있다. 다음의 예제를 살펴보자.

```
>>> hello = "hello"
>>> l_count = {letter : hello.count(letter) for letter in hello}
>>> l_count
{'h': 1, 'e': 1, 'l': 2, 'o': 1}
```

문자열 "hello"를 구성하고 있는 다섯 문자를 반복하여 해당 문자가 몇 번 나왔는지를 확인하는 예제이다. 우선 for letter in hello를 보면 "hello"를 문자 하나씩을 가져와서 letter 변수를 이용하여 순회한다. 키 표현식은 letter 변수가 되고 값 표현식은 hello.count(letter)이기 때문에 처음 'h'를 키로 지정하고 값은 hello.count('h')가 되기 때문에 1이 값으로 지정된다. 같은 방법으로 나머지 문자들을 카운트하여 딕셔너리를 구성한다.

5.4.3. 셋 컴프리헨션

셋 컴프리헨션은 리스트와 비슷한 모양을 하고 있지만, 셋을 구성하기 위하여 중괄호({})를 사용한다. 다음의 예제로 확인하자.

```
>>> hello = "hello"
>>> set_hello = {letter for letter in hello}
>>> set_hello
{'l', 'o', 'e', 'h'}
```

5.4.4. 제너레이터 컴프리헨션

컴프리헨션을 사용할 때 리스트에서 사용하는 대괄호([ ])나 딕셔너리, 셋에서 사용하는 중괄호({ }) 대신 소괄호(( ))를 사용할 경우 튜플 컴프리헨션이라고 생각하기 쉽다. 그러나 파이썬에서는 튜플 컴프리헨션을 사용하는 것이 아니라 제너레이터가 생성된다. 제너레이터는 시퀀스 자료의 일종이기는 하지만, 객체를 생성하는 것이 아니라 이터레이터를 이용하여 단 한번만 반복을 수행할 수 있는 특별한 자료형이다. 다음의 예제를 살펴보자.

```
>>> numbers = (number for number in range(10))
>>> numbers
<generator object <genexpr> at 0x03F63EB0>
```

실제 값을 확인한 결과 generator가 반환된다. 이 제너레이터는 for문을 이용하여 다음과 같이 순회할 수 있다.

```
>>> numbers = (number for number in range(10))
>>> for i in numbers:
        print(i, end = " ")

0 1 2 3 4 5 6 7 8 9
```

그러나 한 번 제너레이를 순회하면 다시는 내부의 값을 가져올 수 없게 된다.

```
>>> numbers = (number for number in range(10))
>>> values1 = list(numbers)
>>> values1
[0, 1, 2, 3, 4, 5, 6, 7, 8, 9]
>>> values2 = list(numbers)
>>> values2
[]
```

numbers에서 생성한 제너레이터를 values1에서 리스트로 변경했기 때문에 값을 이미 한 번 가져왔다. 따라서 values2에서 다시 사용하고자 해도 값을 가져올 수 없기 때문에 빈 리스트가 생성된 것을 확인할 수 있다.

5.5. 연습문제

5-1. 다음 괄호 부분을 채우시오.

① (　　　)문은 식이 참이면 문장을 실행하고, 식이 거짓이면 문장의 실행을 종료하는 반복문이다.

② 시퀀스 자료형의 모든 요소를 순회하기 위하여 (　　　)문을 사용한다.

③ 반복문에서 (　　　)문을 만나면 반복문이 즉시 종료된다.

④ (　　　)문은 반복문을 중단하지 않고 나머지 부분을 건너뛴 후 다음 반복을 수행하기 위하여 사용한다.

⑤ 컴프리헨션은 (　　　)와 (　　　)를 결합하여 기교적 간단한 구문으로 시퀀스 자료형을 생성할 수 있도록 한다.

5-2. 다음 프로그램의 실행 결과를 적고 설명하시오.

```
>>> values = [1, 2, 3, 4, 5]
>>> new_values = [v * 10 for v in values]
>>> print(new_values)
```

5-3. 다음 프로그램의 실행 결과를 적고 그 이유를 설명하시오.

```
# 연습문제 5-3

values = {"one":1, "two":2, "three":3}

for k in values:
    print(k)
```

5-4. 다음과 같이 1부터 N까지 K의 배수의 합을 구하는 프로그램을 작성하시오.

```
N을 입력하세요 : 10
K를 입력하세요 : 3
1부터 10까지 3의 배수의 합은 18입니다.
```

5-5. 반복문과 if문을 이용해서 임의의 숫자를 입력하면 1부터 어떤 수까지의 곱 중에서 그 수를 넘지 않는 가장 큰 수를 구하는 프로그램을 작성하시오. 예를 들어, 1000을 입력했을 때 곱의 결과 값이 1000을 넘지 않는 가장 큰 숫자는 6이다. ($1 \times 2 \times 3 \times 4 \times 5 \times 6 < 1000$)

```
숫자를 입력하세요 : 1000
곱의 결과 값이 1000을 넘지 않는 가장 큰 수는 6입니다.
```

5-6. 다음과 같이 출력되도록 반복문과 조건문을 이용하여 프로그램을 작성하시오.

```
1
12
123
1234
12345
1234
123
12
1
```

5-7. 리스트 컴프리헨션을 이용하여 다음과 같이 1부터 100까지의 숫자 중에서 3의 배수를 요소로 갖는 리스트를 생성하시오.

```
>>> values
[3, 6, 9, 12, 15, 18, 21, 24, 27, 30, 33, 36, 39, 42, 45, 48, 51, 54, 57, 60,
63, 66, 69, 72, 75, 78, 81, 84, 87, 90, 93, 96, 99]
```

5-8. 딕셔너리 컴프리헨션을 이용하여 다음과 같이 정사각형의 한 변의 길이를 키로 갖고, 정사각형의 넓이를 값으로 갖는 square 딕셔너리를 생성하시오. 이때 한 변의 길이는 1부터 10까지의 값 중에서 짝수로 지정하시오.

```
>>> square
{2: 4, 4: 16, 6: 36, 8: 64, 10: 100}
```

```
include <stdio.h>

oid main()

  int iValue1, iValue2, iResult;

  printf("WnWn ***** program start

  iValue1 = 20;
  iValue2 = 30;
  iResult = iValue1 * iValue2;

  printf(" %d + %
```

Chapter 06

거북이 그래픽

제 6 장 거북이 그래픽

거북이 그래픽(Turtle graphic)은 1960년대 Logo라는 교육용 프로그래밍 언어의 일부로 개발된 컴퓨터 그래픽 방식이다. 꼬리에 잉크가 묻은 거북이를 종이에 올려놓고 컴퓨터에 내려지는 명령에 따라 거북이를 일정 좌표로 이동시켜서 그림을 그린다. 프로그래밍 초보자를 위해 만들어졌기 때문에 배우기 쉽고, 명령어를 이용한 흐름을 즉시 눈으로 확인할 수 있기 때문에 매우 직관적이다. 앞에서 배웠던 변수, 제어문 등을 그래픽을 활용하여 응용해 보자.

6.1. turtle 모듈

거북이 그래픽은 파이썬에 이미 포함되어 있는 기본 기능이다. 그러나 이 기능을 직접 사용할 수는 없으며, 해당 기능을 제공하는 코드를 미리 불러들여야 한다. 이와 같이 다른 기능을 담고 있는 것을 파이썬에서는 모듈이라고 하며, 특별한 기능을 수행하기 위한 코드의 묶음이라고 생각하면 된다. 모듈에 대한 자세한 내용은 9장에서 알아보기로 하고, 여기서는 모듈을 가져오는 명령어만 배워보자. 파이썬 인터프리터에 다음과 같이 코드를 작성하기만 하면 해당 기능을 사용할 수 있다.

```
>>> import turtle
>>> turtle.shape()
```

여기서 import turtle 명령어는 turtle 모듈을 앞으로 사용하는 코드에 추가하라는 의미이다. 위의 명령어는 다음과 같이 모듈의 별칭을 지정하여 좀 더 쉽게 사용할 수 있다.

```
>>> import turtle as t
>>> t.shape()
```

별칭 형태의 명령어가 편리하기는 하지만, 여기서는 별칭 형태의 명령어 보다는 원래의 모듈 이름을 사용할 것이다. shape() 메소드를 실행하면 다음과 같이 화면이 열리고 화면 가운데 화살표가 보인다.

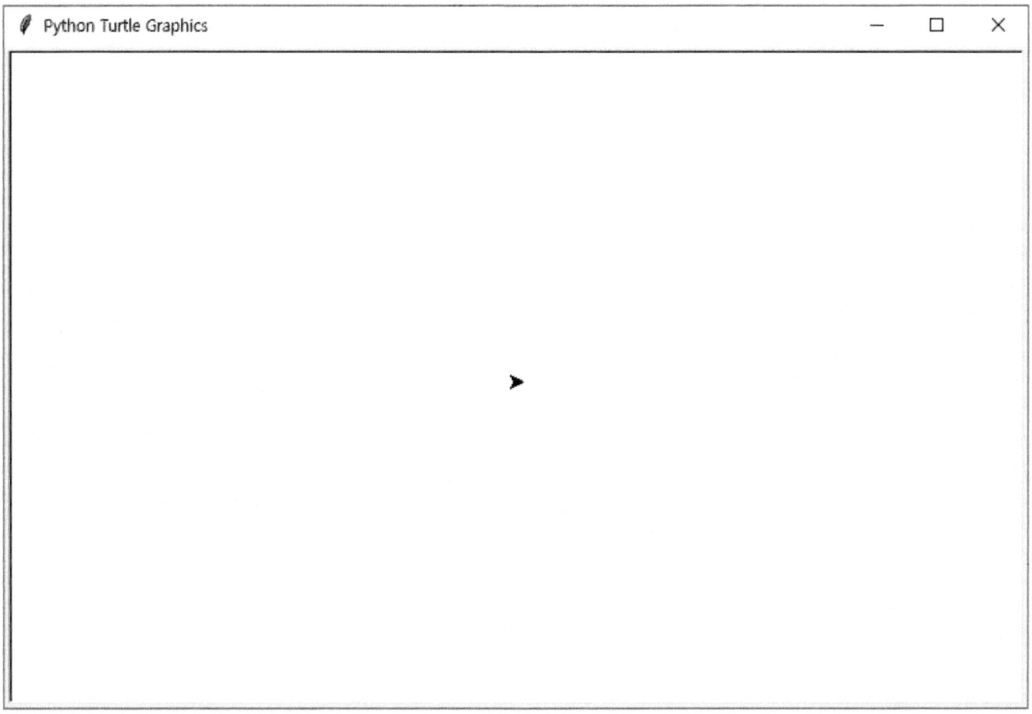

처음 화면이 열리고, 화면 가운데 보이는 화살표가 커서이다. 이 커서가 이동하면, 선이 그려지고, 그림을 그릴 수 있다. 즉 커서가 펜이 되는 것이다. 커서의 모양을 변경하고 싶으면 화면을 열 때와 같이 shape() 메서드를 사용하면 된다. 그리고 원래 Logo 프로그램에서 펜의 모양이 거북이의 형태였기 때문에 앞으로 펜(커서)을 거북이라 지칭한다.

```
>>> turtle.shape("classic")          # 기본 모양 (화살표)
>>> turtle.shape("triangle")         # 삼각형 모양
>>> turtle.shape("circle")           # 원 모양
>>> turtle.shape("square")           # 사각형 모양
>>> turtle.shape("turtle")           # 거북이 모양
```

6.2. 그리기

6.2.1. 좌표와 캔버스 크기

화면에 거북이를 띄웠으니 화면에서 거북이가 위치하고 있는 곳을 확인해 보자. 다음과 같이 position() 또는 pos() 메서드를 사용하면 거북이가 있는 곳의 좌표를 확인할 수 있다.

```
>>> turtle.position()
(0.00,0.00)
>>> turtle.pos()
(0.00,0.00)
```

거북이의 위치가 (0.00, 0.00)과 같이 튜플 형태의 값으로 나왔다. 거북이 그래픽을 구성하고 있는 화면은 400x300의 크기를 갖고 있다. 즉 가로는 400개의 점으로 구성되며 세로는 300개의 점으로 구성된다. 이때 좌표는 가운데를 0으로 하여 가로 좌표는 왼쪽 끝 지점이 -200, 오른쪽 끝 지점이 +200이며, 세로 좌표는 가장 아래 지점이 -150, 가장 위 지점이 +150이 된다. screensize() 메서드를 사용하면 현재 화면의 크기를 확인하거나, 조절할 수 있다.

```
>>> turtle.screensize()
(400, 300)
>>> turtle.screensize(640, 480)
>>> turtle.screensize()
(640, 480)
```

위와 같이 화면의 크기를 (640, 480)으로 변경하면 거북이가 떠 있는 화면에 가로로 640개의 점, 세로로 480개의 점을 찍을 수 있다.

6.2.2. 이동과 회전

이제 다음과 같이 거북이를 이동시켜 보자. forward() 또는 fd() 메서드를 사용하면 거북이가 앞으로 이동하고, 거북이가 이동한 자리에 선이 남는다.

```
>>> turtle.forward(50)
>>> turtle.pos()
(50.00,0.00)
```

```
>>> turtle.fd(50)
>>> turtle.pos()
(100.00,0.00)
```

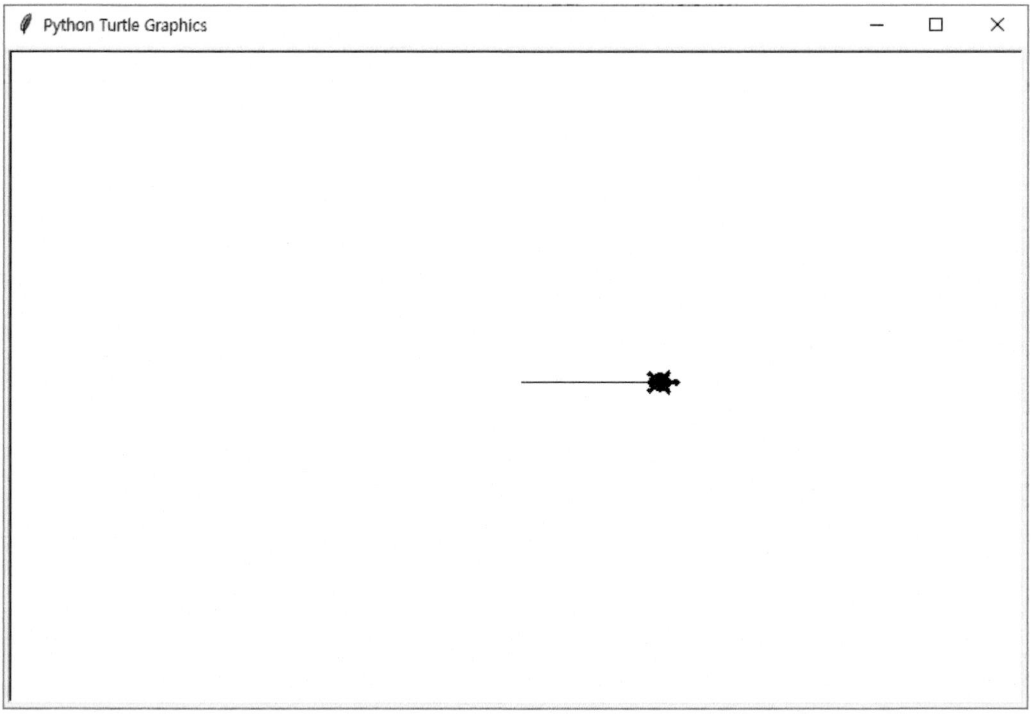

forward() 또는 fd() 메서드에 음수를 넣으면 거북이가 뒤로 이동한다. 그러나 이 방법보다는 다음과 같이 back(), bk(), 또는 backward() 메서드를 사용하는 것을 추천한다.

```
>>> turtle.fd(-50)
>>> turtle.pos()
(50.00,0.00)
>>> turtle.back(50)     # turtle.bk(50) 또는 turtle.backward(50)과 같다
>>> turtle.pos()
(0.00,0.00)
```

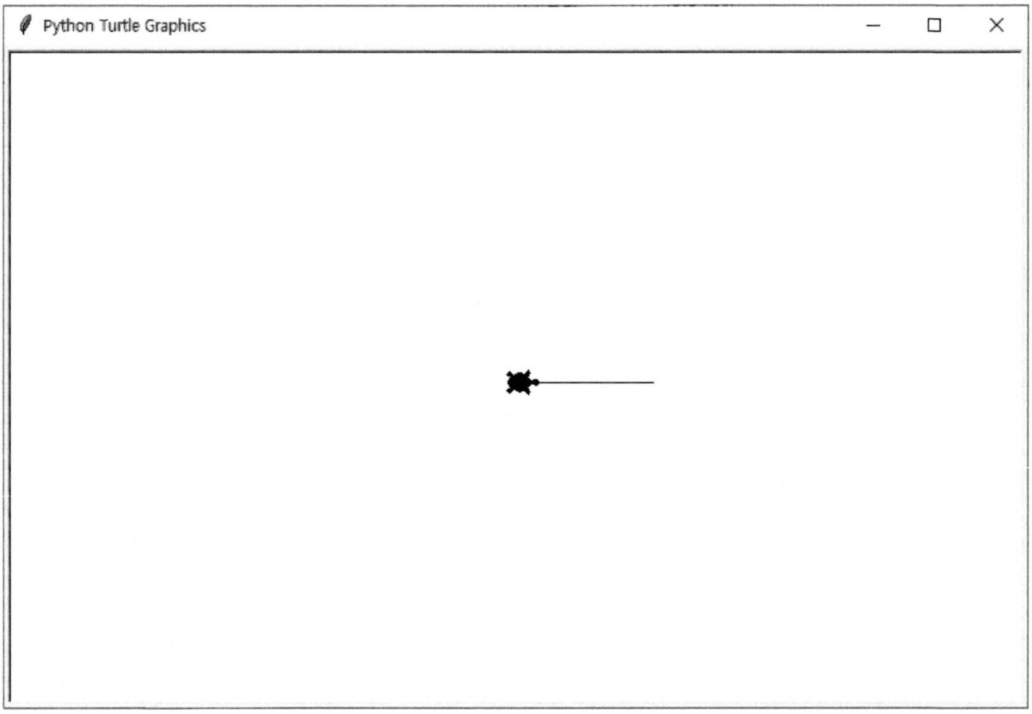

거북이를 앞, 뒤로 이동시켰으니, 이제 방향을 바꿔보자. right() 또는 rt() 메서드는 머리를 시계 방향으로 회전하며, left() 또는 lt() 메서드를 사용하면 거북이의 머리를 시계 반대 방향으로 회전시킬 수 있다.

```
>>> turtle.right(90)
```

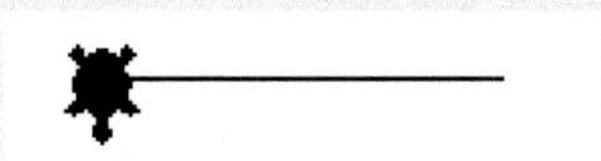

```
>>> turtle.left(90)
```

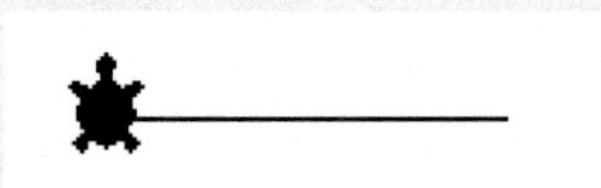

머리 각도가 변경된 상태에서 다시 forward(), backward()를 수행하면, 거북이는 위, 아래로 이동한다. 이것을 이용해서 다음의 그림과 같은 사각형을 그려보자.

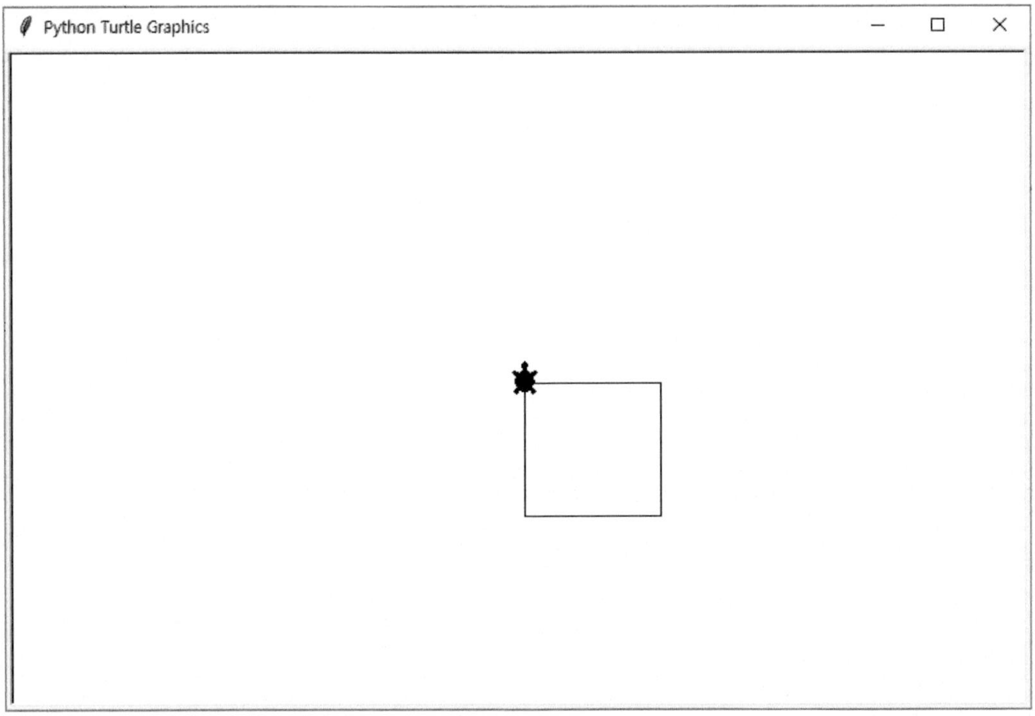

그림과 같이 사각형을 그리기 위하여 먼저 거북이를 화면의 중심으로 이동시키자. 왔던 길을 되돌아가도록 forward()나 backward() 메서드를 사용할 수도 있지만, 다음과 같이 home() 메서드를 사용하면 처음 창을 실행했을 때와 같이 거북이가 좌표의 중심으로 이동하고, 머리 방향은 오른쪽을 가리키게 된다.

```
>>> turtle.home()
>>> turtle.pos()
(0.00,0.00)
```

그 후 기존에 그렸던 선을 지워보자. 다음과 같이 clear() 메서드를 사용하면, 기존에 그렸던 모든 그림이 삭제된다.

```
>>> turtle.clear()
```

거북이를 중심에 위치시키고 그림 전체를 지우는 것은 동시에 하려면 다음과 같이 reset() 메서드를 사용할 수도 있다.

```
>>> turtle.reset()
```

이제 사각형을 그려보자.

```
>>> turtle.fd(100)
>>> turtle.right(90)
>>> turtle.fd(100)
>>> turtle.right(90)
>>> turtle.fd(100)
>>> turtle.right(90)
>>> turtle.fd(100)
```

100만큼 앞으로, 90도 오른쪽으로 방향 전환, 이것을 네 번 반복하면 쉽게 사각형을 화면에 그릴 수 있다. 위의 예제는 동일한 작업을 네 번 반복하기 때문에 다음과 같이 for문을 이용하여 반복할 수 있다.

```
>>> turtle.reset()
>>> for _ in range(4):
        turtle.fd(100)
        turtle.right(90)
```

6.2.3. 속도와 각도

명령어를 내리고 거북이가 움직이면서 그림을 그리는 것을 확인해 보았다. 만약 거북이의 속도가 너무 느리다고 생각되면 speed() 메서드를 이용하여 속도를 조절할 수 있다. 속도는 1 ~ 10까지 조절할 수 있으며, 숫자가 커질수록 빠른 속도이다. 그러나 이 범위를 벗어나는 속도를 입력할 경우 거북이의 속도는 0으로 설정되며, 10과 같은 속도이다. 속도를 입력하지 않으면 현재 속도가 반환되며, 설정을 하지 않을 경우 기본 속도는 3이다. 거북이의 속도를 변화해 가며 확인해 보자.

```
>>> turtle.speed()
3
>>> turtle.speed(1)
>>> for _ in range(4):
        turtle.fd(100)
        turtle.right(90)
```

사각형을 그릴 때 right() 메서드 등을 이용해서 거북이의 머리 각도를 변경해 보았다. 다음과 같이 heading() 메서드를 이용하면 현재 거북이가 바라보는 방향의 각도를 구할 수 있다. 이때 반환하는 값은 오른쪽 방향을 기준으로 시계 반대 방향으로 회전하는 각도가 표시된다. 즉, 거북이가 오른쪽 방향을 바라볼 때 거북이의 각도는 0도이며, turtle.left(90)을 할 경우 위쪽을 바라보기 때문에 90도가 된다. 만약 거북이의 각도가 0도일 때 turtle.right(90)을 수행하면, 거북이의 각도는 270도가 된다. 다음의 예제로 확인해 보자.

```
>>> turtle.reset()
>>> turtle.heading()
0.0
>>> turtle.right(90)
>>> turtle.heading()
270.0
>>> turtle.right(90)
>>> turtle.heading()
180.0
```

right() 또는 left() 메서드는 현재 거북이의 각도에서 얼마만큼 회전하는가 하는 상대 각도를 사용한다. 거북이의 방향을 절대 각도로 변경하고자 한다면 다음과 같이 setheading() 메서드를 사용한다. 이때도 역시 오른쪽 수평 방향이 0도이며, 시계 반대 방향으로 각도가 증가한다.

```
>>> turtle.setheading(90)
>>> turtle.heading()
90.0
```

6.2.4. 절대 좌표로 이동

거북이의 방향을 절대 각도를 이용하여 변경할 수 있듯이 거북이가 이동하는 지점 역시 절대 좌표를 이용하여 변경할 수 있다. 다음과 같이 goto() 메서드를 사용하면 해당 좌표로 이동한다. 이때 거북이의 머리 방향은 변경되지 않는다. goto() 메서드를 이용하여 마름모를 화면에 그려보자.

```
>>> turtle.reset()
>>> turtle.goto(100, 100)
>>> turtle.goto(0, 200)
>>> turtle.goto(-100, 100)
>>> turtle.goto(0, 0)
```

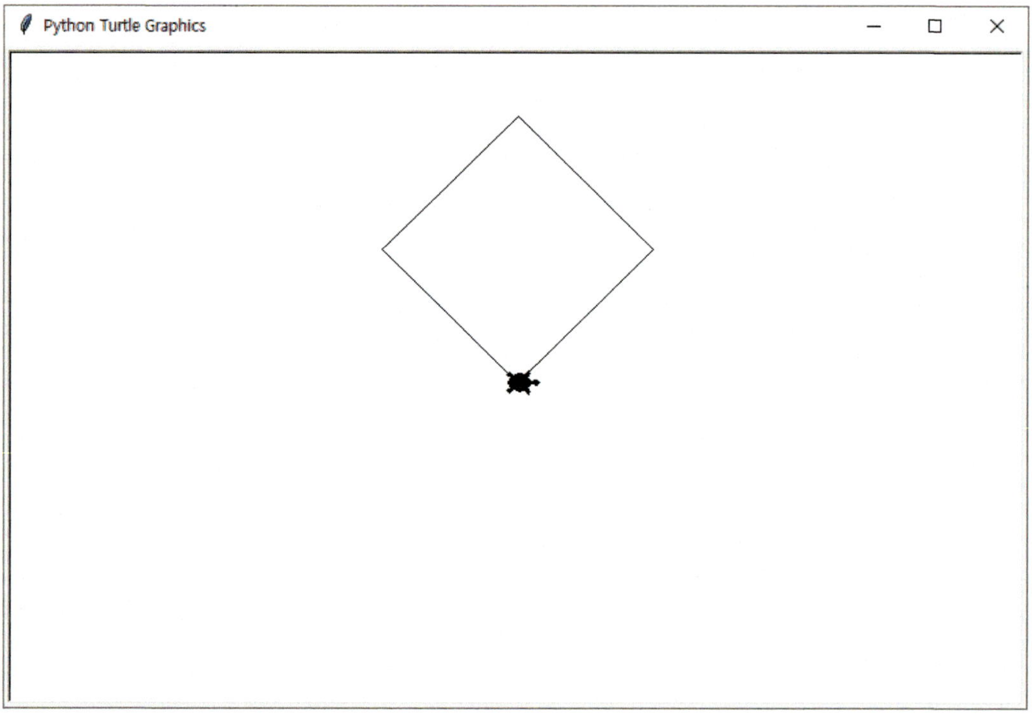

6.2.5. 원

거북이를 이용하여 선을 그리고, 사각형 또는 삼각형을 그리는 것은 각도를 지정할 수 있기 때문에 가능하다. 그러나 원은 곡선의 형태이기 때문에 지금까지의 거북이의 이동 방법으로는 그리기 어렵다. 이를 위해서 turtle 모듈에서는 circle() 메서드를 지원하며, circle(반지름, 각도) 메서드와 같이 사용하면 현재 거북이의 위치에서 원 또는 호를 그릴 수 있다.

```
>>> turtle.reset()
>>> turtle.circle(100)
>>> turtle.circle(-50, -180)
```

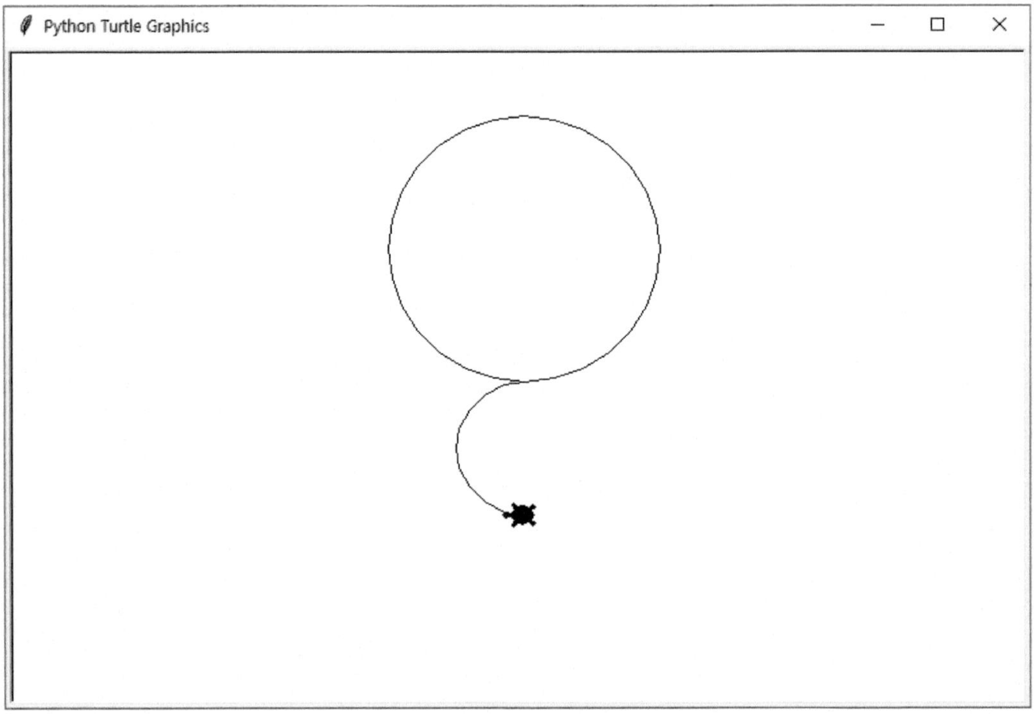

거북이를 이용해서 원을 그릴 때 반지름 값이 양수일 경우 현재 거북이 방향에서 왼쪽으로 이동하면서 원을 그리며, 음수일 경우 오른쪽로 이동하면서 원을 그린다. 또한 각도가 양수일 경우 거북이는 해당 각도만큼 전진하며 회전하며, 음수일 경우 후진하는 방향으로 회전한다. 또한 각도를 주지 않을 경우 360도 회전한다. 따라서 다음과 같이 하면 태극 마크를 그릴 수도 있다.

```
>>> turtle.reset()
>>> turtle.circle(100)
>>> turtle.circle(50, 180)
>>> turtle.circle(-50, 180)
```

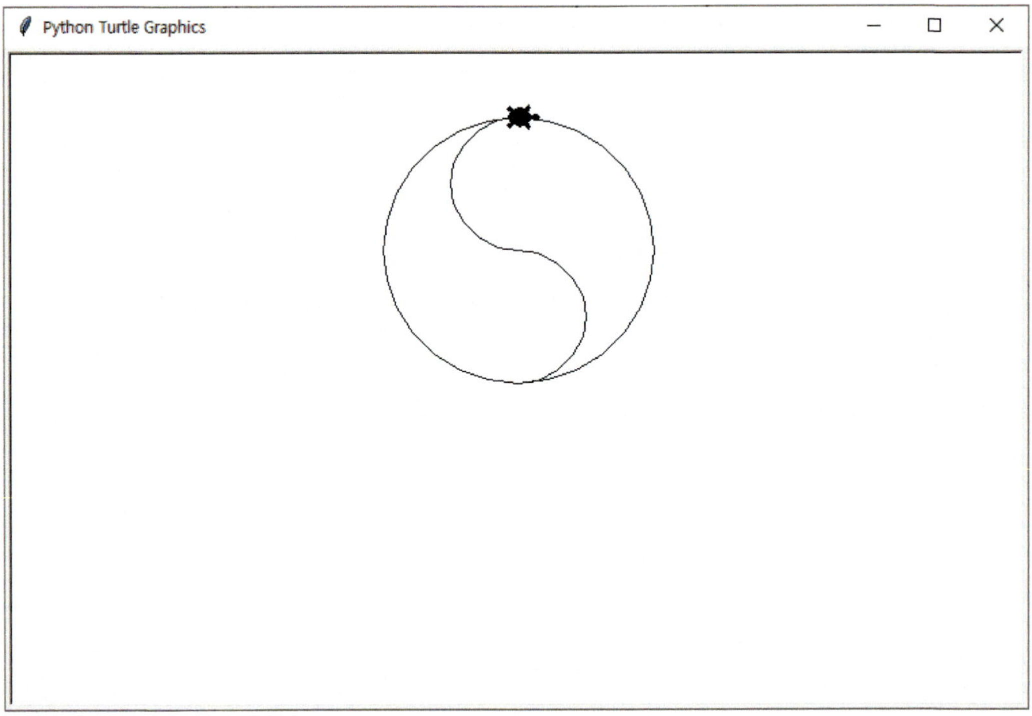

6.2.6. 거북이 보이기와 숨기기

화면에 거북이를 이용하여 그림을 그린 후에 거북이를 화면에서 없애고 그림만 보고 싶을 때가 있다. 이럴 때는 hideturtle() 메서드 또는 ht() 메서드를 호출하면 거북이가 화면에서 없어진다. 또한 없어진 거북이를 다시 보고 싶을 때는 showturtle() 메서드 또는 st() 메서드를 호출하면 된다.

```
>>> turtle.hideturtle()
>>> turtle.showturtle()
```

6.3. 선 모양, 색 지정하기

지금까지 거북이를 이동시키면서 화면에 그림을 그려보았다. 즉 거북이 자체가 펜의 기능을 하는 것이다. 지금까지의 그림은 모두 검은색의 단일 직선 형태이며, 거북이가 움직일 때 항상 선이 그려졌다. 이때 펜의 속성들을 조절하면 그림을 그리지 않고도 거북이를 움직일 수 있으며, 펜의 두께나 색깔, 배경 색 등을 변경할 수도 있다.

6.3.1. 두께

거북이가 이동할 때 그려지는 선의 두께는 다음과 같이 pensize() 메서드를 사용하여 변경할 수 있다. pensize() 메서드를 사용할 때 아무런 값도 넘겨주지 않으면 현재 선의 두께를 반환하며, 값을 넘겨주면 해당 값에 맞는 선의 두께가 결정된다. 이때 전달하는 선의 두께는 양수만 가능하다. 두께를 음수로 지정하면, 두께 자체는 음수로 저장되지만 거북이를 이동시킬 때 음수인 선을 그릴 수 없기 때문에 오류가 발생한다. 또한 두께 0은 두께 1로 간주하여 그림을 그린다.

```
>>> turtle.reset()
>>> turtle.pensize()
1
>>> turtle.fd(50)
>>> turtle.pensize(5)
>>> turtle.fd(50)
>>> turtle.pensize(0)
>>> turtle.fd(50)
>>> turtle.pensize(-1)
>>> turtle.fd(50)
Traceback (most recent call last):
  File "<pyshell#188>", line 1, in <module>
    turtle.fd(50)
  File "<string>", line 8, in fd
...
,,,
    self.tk.call(_flatten((self._w, cmd)) + self._options(cnf))
_tkinter.TclError: bad screen distance "-1"
```

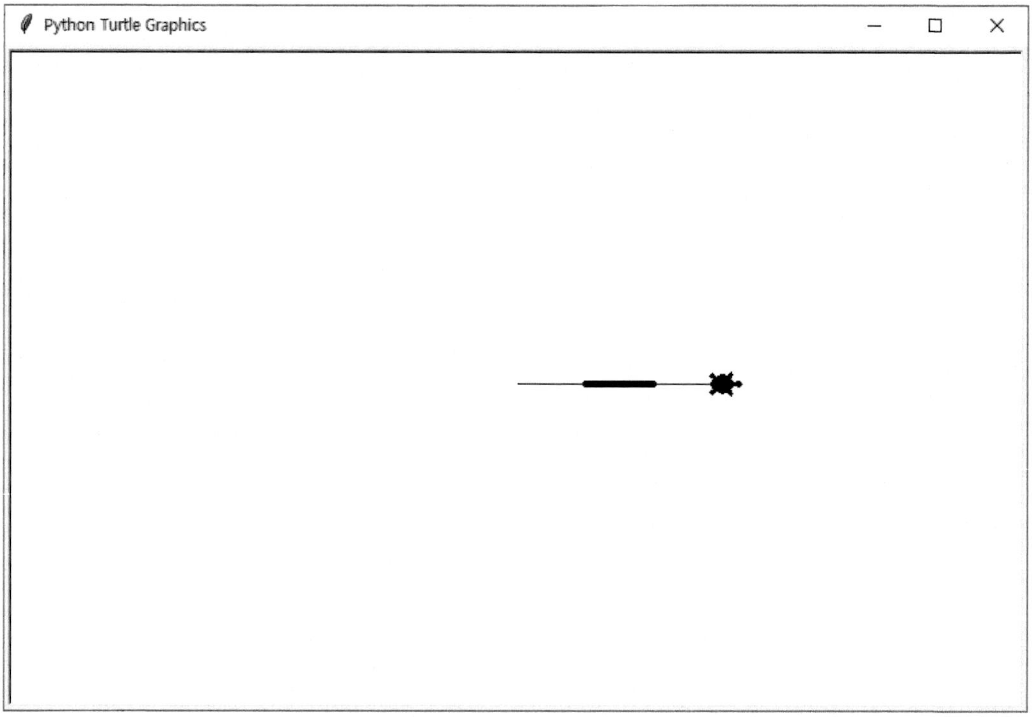

지금까지는 거북이를 움직이면 항상 지나간 길에 선이 그려졌다. 그러나 다른 지점에서 선이 새롭게 시작하려면 어떻게 해야 할까? 예를 들어 평행선과 같이 서로 맞닿지 않는 선을 그리고자 한다면, 거북이를 다른 곳으로 이동시켜야 하고 이때는 선이 그려지지 않아야 한다. 다음과 같이 penup(), pu(), 또는 up() 메서드를 사용하면 거북이가 이동할 때 선이 그려지지 않는다. 즉 penup() 메서드는 우리가 그림을 그릴 때 펜을 종이에서 떼고 손을 이동시키는 것과 같다. 반대로 pendown(), pd(), 또는 down() 메서드를 사용하면 다시 거북이를 움직일 때 그림을 그린다.

```
>>> turtle.reset()
>>> turtle.fd(100)              # 앞으로 이동 (선을 그림)
>>> turtle.penup()              # 펜을 들어 선을 그리지 않음
>>> turtle.left(90)             # 왼쪽으로 90도 회전
>>> turtle.fd(100)              # 앞으로 이동 (선을 그리지 않음)
>>> turtle.pendown()            # 펜을 내려 선을 그림
>>> turtle.left(90)             # 왼쪽으로 90도 회전
>>> turtle.fd(100)              # 앞으로 이동 (선을 그림)
```

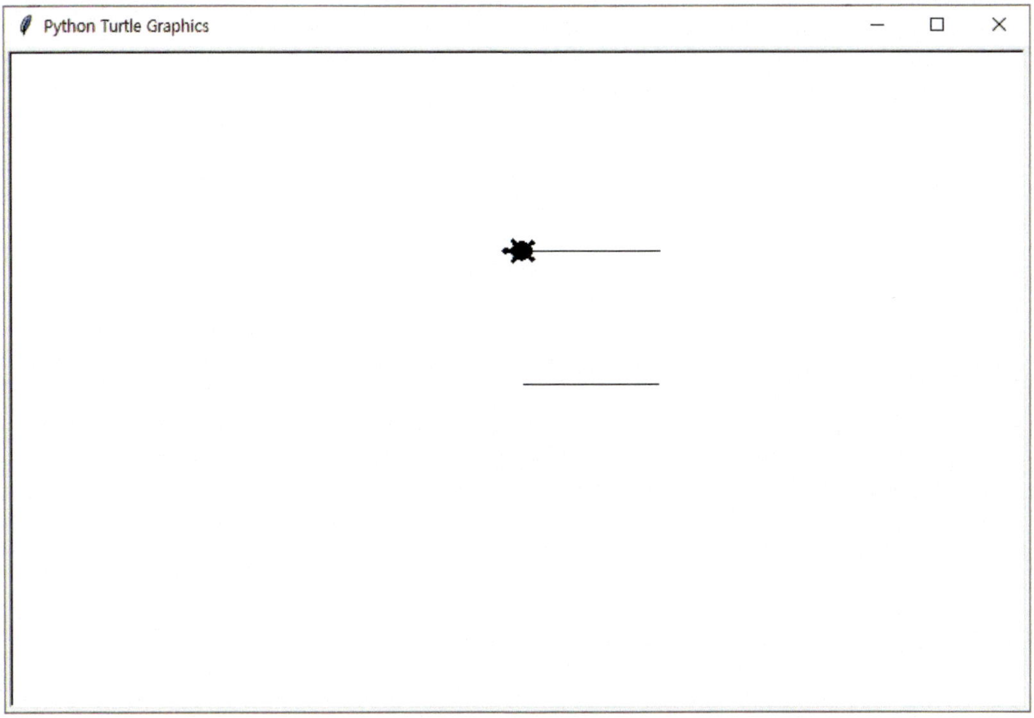

6.3.2 색

선의 굵기를 지정하는 것과 같이 pencolor() 메서드를 사용하면 색도 지정할 수 있다. pencolor() 메서드를 이용해서 선의 색상을 지정하는 방법은 크게 두 가지가 있다. 첫 번째 방법은 pencolor("red")와 같이 문자열로 지정하는 방법이다. 문자열로 지정할 때는 앞에서 본 것과 같이 색상을 직접 지정할 수 도 있으며, pencolor("#33cc8c")와 같이 RGB 코드를 문자열로 지정할 수도 있다. #33cc8c와 같이 표현할 경우 33은 Red의 색상 값 0~ 255의 16진수 표현이며, cc는 Green의 색상 값이고, 8c는 Blue의 색상 값이다.

두 번째 방법은 pencolor(50, 200, 140)과 같이 RGB 코드를 숫자로 지정하는 방법이다. 이때도 50, 200, 140은 순서대로 Red, Green, Blue의 색상 값이다. 그러나 선 색상을 숫자로 표현할 때는 반드시 screen.colormode(255)를 수행하여 거북이 화면에서 받아들이는 색상 모드를 변경해야 한다. 만약 색상 모드를 변경하지 않고 색을 숫자로 지정할 경우에는 오류가 발생한다. 또한 색상 모드를 변경하더라도 문자열을 이용한 색상 지정 방법 역시 사용이 가능하다.

```
>>> turtle.reset()
>>> turtle.pencolor("red")
```

```
>>> turtle.circle(100)
>>> turtle.pencolor("#FF0000")
>>> turtle.circle(-100)
>>> turtle.left(90)
>>> turtle.colormode(255)
>>> turtle.pencolor(255, 0, 0)
>>> turtle.circle(100)
```

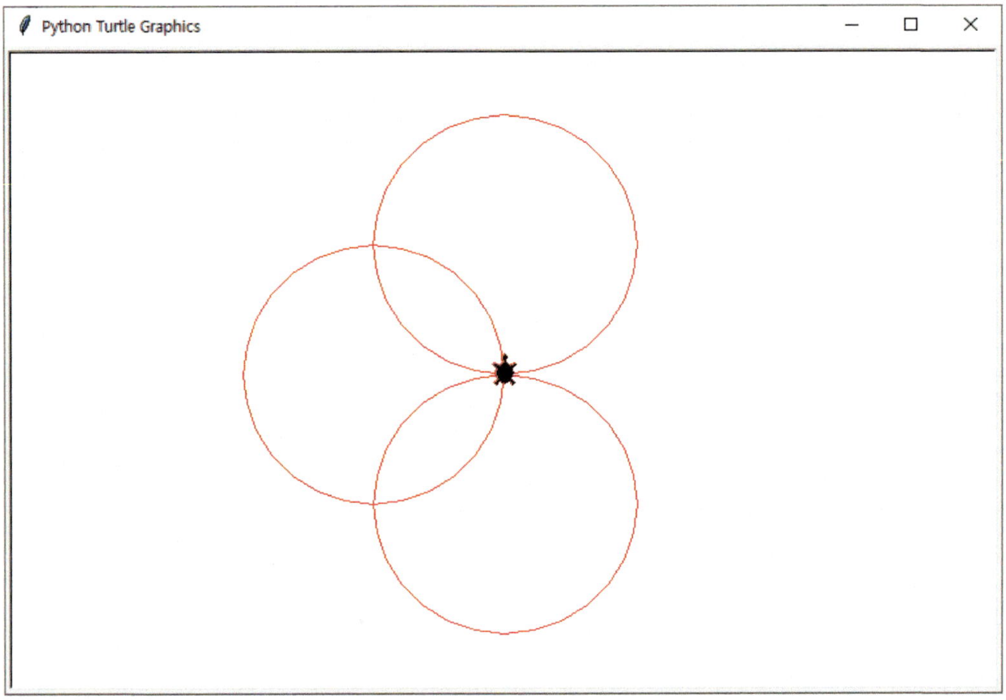

선을 그릴 때 사각형, 삼각형, 원과 같이 도형이 생긴다면 fillcolor() 메서드를 사용해서 도형 내부의 색을 결정할 수도 있다. 사용하는 방법은 선의 색과 동일하지만, 주의할 점은 다음과 같이 begin_fill() 메서드와 end_fill() 메서드를 함께 써야 한다는 점이다. 즉 도형을 그린 다음에 fillcolor() 메서드를 사용하는 것이 아니라 다음과 같이 fillcolor()를 이용하여 내부에 칠해질 색을 결정하고, begin_fill()과 end_fill() 사이에 색을 넣을 도형을 그린다. 만약 그림을 그린 후 닫힌 도형이 만들어지지 않을 경우에는 시작점부터 끝점까지 가상의 직선을 그린 후 내부의 영역이 칠해진다. 예제로 확인해 보자.

```
>>> turtle.reset()
>>> turtle.fillcolor("red")
```

```
>>> turtle.begin_fill()
>>> for _ in range(4):
        turtle.fd(100)
        turtle.right(90)

>>> turtle.end_fill()
```

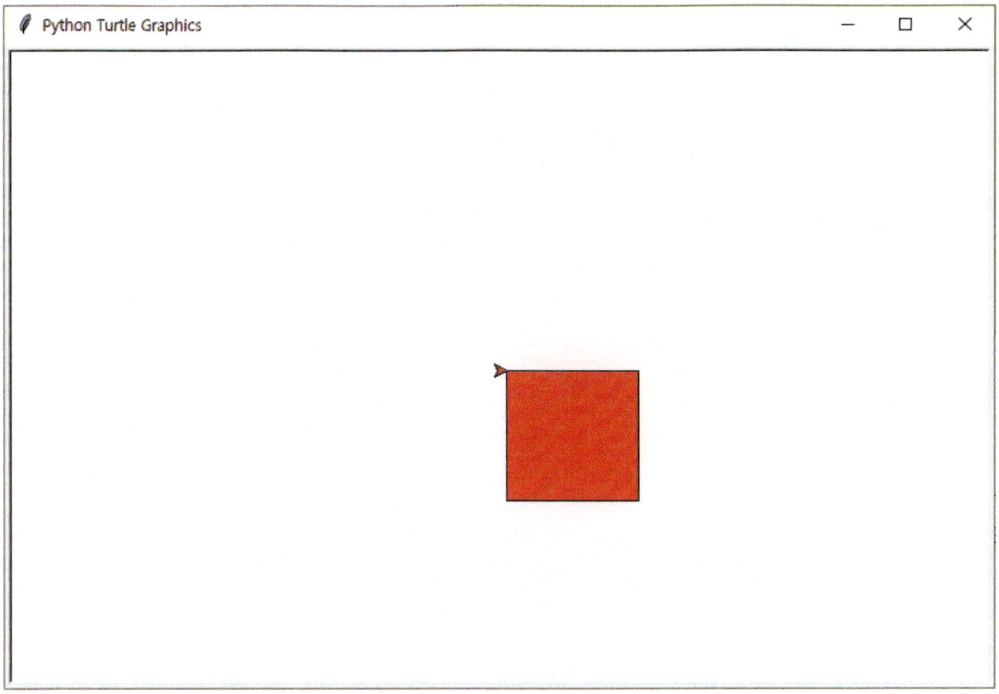

도형 내부의 색도 변경해 봤으니, 이제 마지막으로 배경 색을 변경해 보자. 즉 그림을 그리는 종이의 색을 변경하는 것과 같다. 다음과 같이 bgcolor() 메서드를 사용하면 배경 색이 변경된다.

```
>>> turtle.bgcolor("yellow")
```

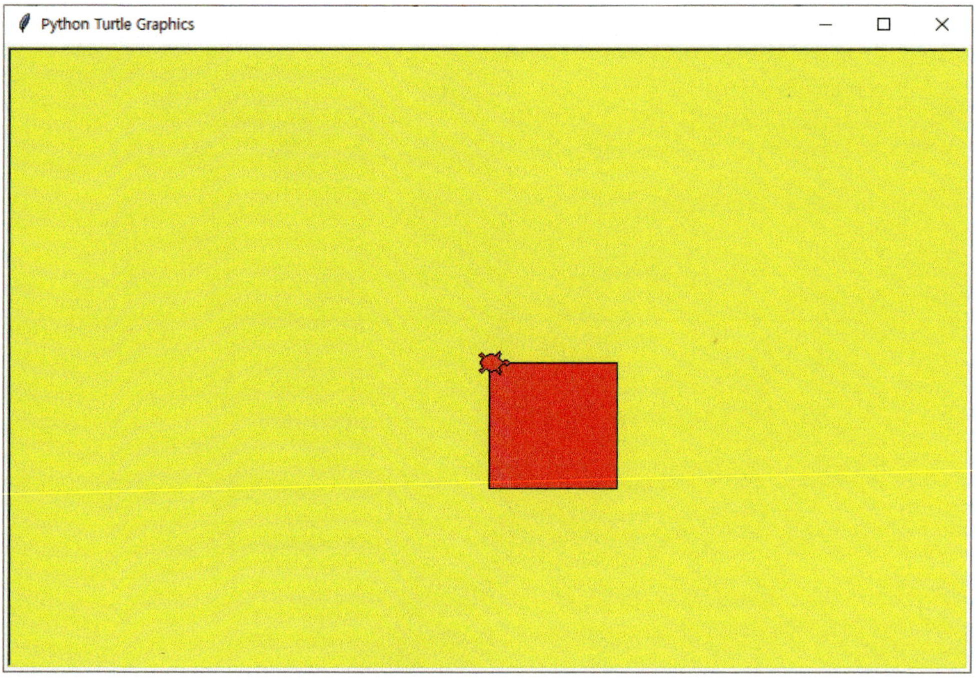

6.4. 거북이 그림 예제들

지금까지 배웠던 메서드들과 반복문을 이용하면 다양한 그림을 그릴 수 있다. 또한 본 교재에서 소개하지 않은 메서드들도 있다. 우선 이미 배웠던 메서드들과 반복문을 이용한 그림을 실습 통해 확인해 보자.

```
# turtle을 이용한 그림 그리기 1
# turtle1.py

import turtle

for i in range (20):
    turtle.forward(100)
    turtle.right(90)
    turtle.forward(100)
    turtle.right(90)
    turtle.forward(100)
```

```
    turtle.right(90)
    turtle.forward(100)
    turtle.right(72)
```

실행 결과

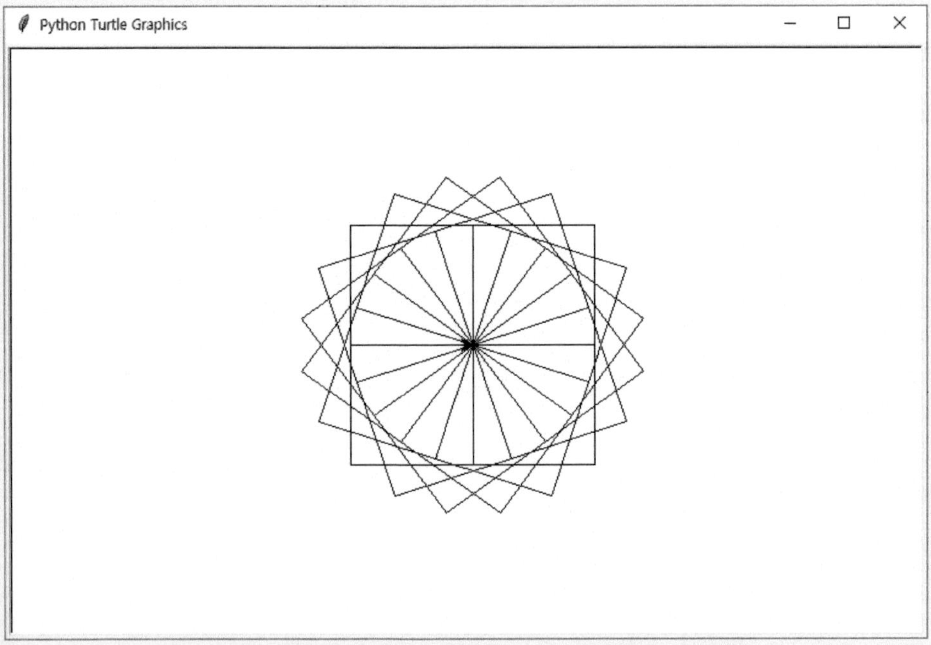


```
# turtle을 이용한 그림 그리기 2
# turtle2.py

import turtle

turtle.color('red', 'yellow')
turtle.begin_fill()
while True:
    turtle.forward(200)
    turtle.left(170)
    if abs(turtle.pos()) < 1:
        break
turtle.end_fill()
```

실행 결과

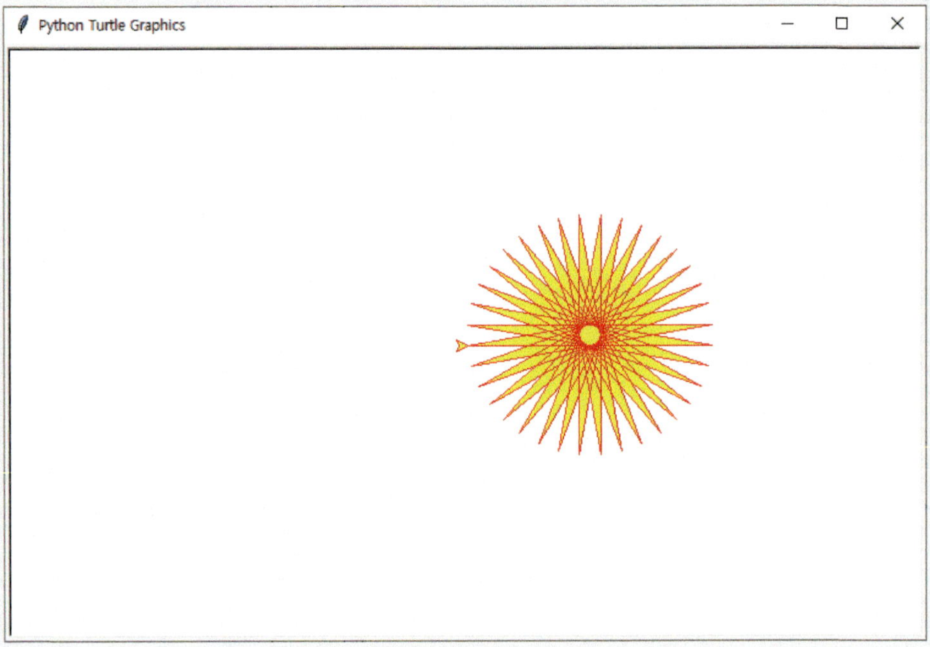

위의 예제 외에도 인터넷에는 다양한 거북이 그림 예제가 있으며, 이들을 분석해 보면 파이썬 프로그램 문법을 공부하는데 많은 도움이 된다. 또한 파이썬 쉘에도 이미 포함된 예제들이 많이 있으므로 확인해 보기 바란다. 다음과 같이 파이썬 쉘의 [Help] – [Turtle Demo]를 선택하면 거북이 그래픽 예제 창이 열리고, [Examples] 메뉴를 열어보면 다양한 이미 만들어진 그래픽 프로그램을 확인할 수 있다.

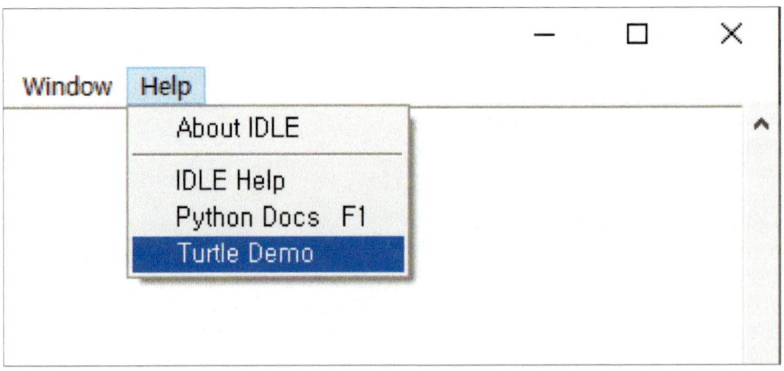

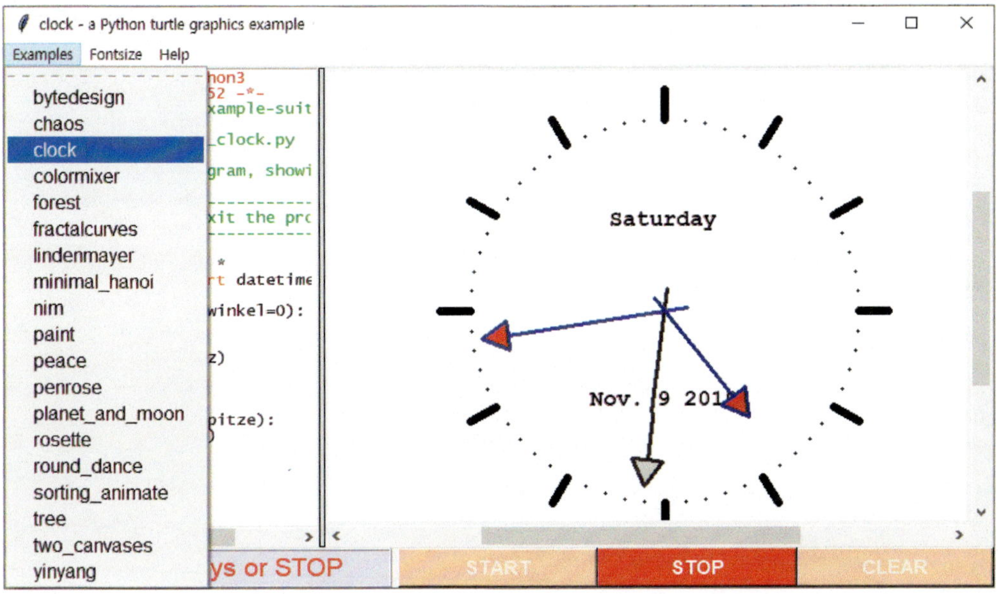

6.5. 연습문제

6-1. 다음 괄호 부분을 채우시오.

① 거북이 그래픽을 사용하기 위해서 파이썬 코드에 모듈을 포함하여야 하며 (　　　　　) 문장을 이용하여 추가한다.

② (　　　　　　　) 메서드를 사용하면 거북이가 좌표의 중심으로 이동한다.

③ (　　　　) 메서드를 사용하면 거북이가 앞으로 이동하고, 선을 그릴 수 있다.

④ (　　　　) 메서드를 이용하면 거북이의 머리 각도를 변경할 수 있다.

6-2. 다음 프로그램은 어떠한 결과를 갖는지 설명하시오.

```
>>> import turtle as t
>>> t.fd(50)
>>> t.left(90)
>>> t.back(50)
>>> t.home()
```

6-3. 다음의 그림과 같이 거북이 그래픽을 이용하여 원을 그리고, 원 내부를 회색으로 색칠하는 프로그램을 작성하시오.

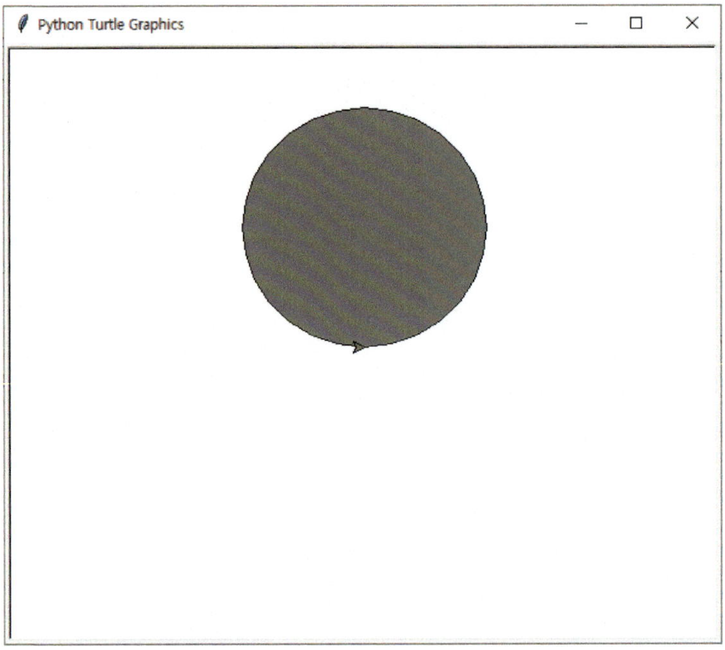

6-4. 다음의 그림과 같이 정오각형을 거북이 그래픽을 이용하여 그리시오. 이때 펜의 두께는 2로 하고, 펜의 색은 붉은색으로 하시오.

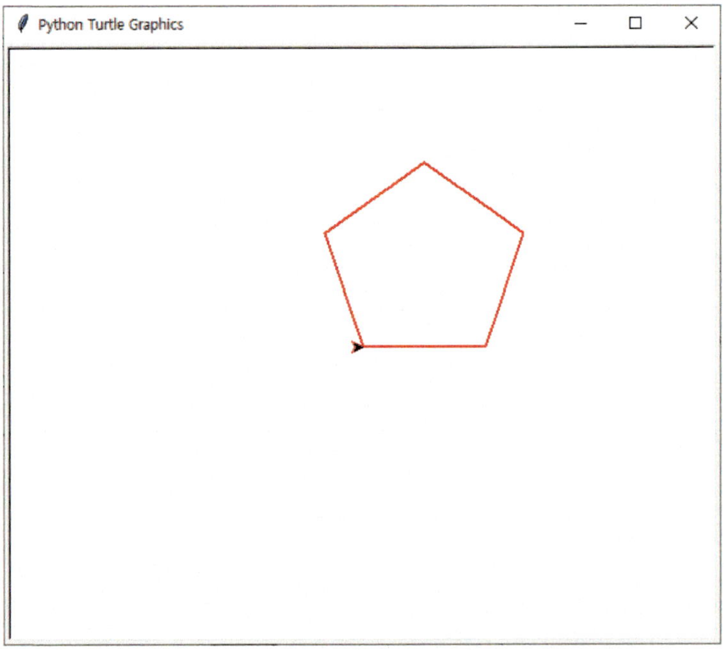

6-5. 다음의 그림과 같이 반지름이 5씩 증가하는 동심원 10개를 갖는 원을 거북이 그래픽을 이용하여 그리시오.

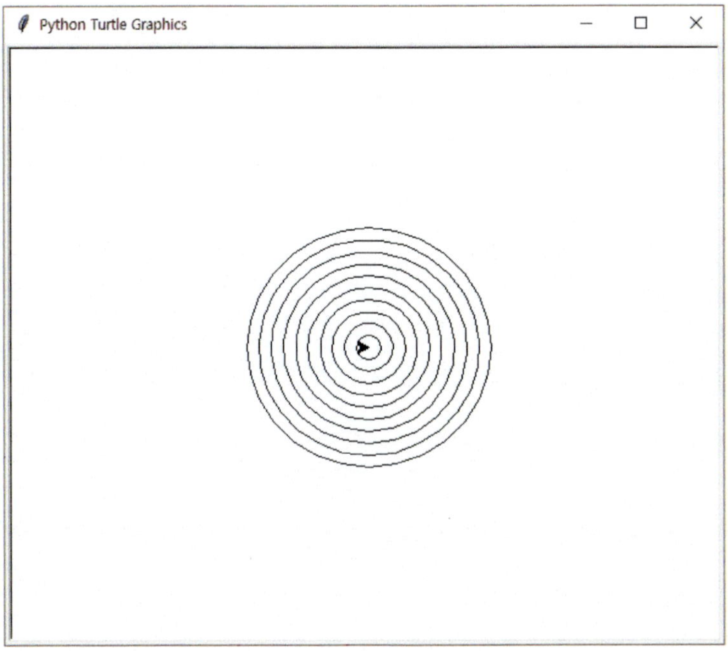

```
include <stdio.h>

oid main()

  int iValue1, iValue2, iResult;

  printf("WnWn ***** program start

  iValue1 = 20;
  iValue2 = 30;
  iResult = iValue1 * iValue2;

  printf(" %d + %
```

Chapter 07

함수

제 7 장 함수

우리는 지금까지 프로그램을 작성하면서 알지 못하는 사이에 함수를 사용해왔다. 화면에 글자를 출력하기 위하여 print() 함수를 사용했고, 키보드로부터 값을 입력받기 위하여 input()이라는 함수를 사용했다. 또한 자료형을 변경시키기 위하여 함수를 사용했다. 함수는 영어로 function이라는 단어로 번역된다. 수학시간에 배웠던 함수 $y = x^2 + 2x + 1$을 생각해보자. 포물선을 그리기 위한 2차 함수이다. 이 함수는 x가 변화하는 것에 따라 y가 변화하는 관계를 나타내는 식이다. 즉 x 입력이 변화함에 따라 y의 출력이 변화하며, 이것을 다시 $y = f(x)$ 라는 표현으로 나타낸다. 여기서 f는 함수의 이름이고 x는 함수를 수행할 때 필요로 하는 값, 그리고 y는 함수를 수행하고 난 다음의 결과이다.

프로그래밍 언어에서의 함수도 비슷한 의미를 갖는다. 어떠한 값을 주고, 결과를 얻기 위하여 사용한다. 우리가 프로그래밍을 만들다 보면 비슷한 내용을 반복해서 작성하는 경우가 많다. 이때 동일한 위치에서 어떠한 작업을 반복할 때는 반복문을 사용한다. 그러나 서로 다른 위치에서 반복할 때는 어떻게 해야 할까? 바로 함수를 사용해야 한다. 함수를 영어로 번역한 function은 함수라는 의미 외에 기능이라는 의미를 함께 갖고 있다. 즉 프로그래밍 언어에서의 함수란 프로그램 내에서 특정 작업을 처리하기 위하여 독립적으로 구성하는 기능의 의미를 갖는다.

7.1. 함수의 기본 구성

7.1.1. 함수의 의미

지금까지 우리는 print(), input()과 같은 함수를 사용해왔다. 이와 같이 이미 파이썬 내에 포함되어 있는 함수를 내장함수 또는 시스템 제공 함수라고 한다. 파이썬은 이러한 내장함수 외에 프로그램을 만드는 사람이 직접 함수를 만들 수 있도록 한다. 이를 사용자 정의 함수라고 한다. 만일 원하는 기능을 하는 작업을 파이썬에서 제공하지 않을 때는 사용자 정의 함수로 정의하여 나중에 재사용할 수도 있다.

그렇다면 함수를 사용하는 이유는 무엇일까? 함수를 이용하여 프로그램을 만들면 다음과 같은 장점이 있다. 첫째, 프로그램 내에서 반복적으로 수행되는 문장을 함수로 만들고, 해당 부분을 나중에 재사용할 수 있다. 이렇게 하면 프로그램의 길이를 줄일 수 있다. 둘째, 프로그램을 함수 단위로 구성하여 작성하면 프로그램의 코드를 이해하는데 도움을 준다. 복잡한 프로그램일수록 코드의 길이가 길어지며, 이때 특정 작업 단위로 묶으면 이해도를 높일 수 있다. 셋째, 잘 작성된 함수는 프로그램 내에서 재사용하는 것뿐만 아니라 다른 프로그램에서도 다시 사용할 수 있다. 이미 만들어 놓은 함수들을 이용하면, 프로그램을 다시 만들 때 작업하는 시간을 절약할 수 있다. 마지막으로 프로그램을 함수 단위로 디버깅할 수 있기 때문에 프로그램의 오류를 찾기 쉽고, 유지 보수하기 용이하다.

7.1.2. 함수의 기본 구성

파이썬에서 제공하는 print(), input()과 같은 함수는 그냥 사용하면 되었다. 이와 같이 함수의 이름을 직접 적어서 사용하는 방법을 함수의 호출이라고 한다. 그러나 사용자 정의 함수는 아직 만들어지지 않았기 때문에 호출할 수가 없다. 따라서 함수를 호출하기 전에 함수를 만들어야 하며, 이를 함수의 정의라고 한다. 파이썬에서 함수를 정의하는 방법은 다음과 같다.

```
def 함수이름(매개변수):
    문장
```

def는 함수를 만들기 위해 사용하는 예약어이며, 함수의 이름은 함수를 다른 변수 또는 함수와 구별하기 위한 이름으로, 만드는 사람이 임의로 지정할 수 있다. 그러나 변수 이름을 만들 때도 규칙이 있듯이, 함수의 이름을 만드는 것에도 규칙이 있으며, 이는 변수를 정의할 때 배웠던 식별자 규칙과 동일하다. 함수의 이름 뒤에 소괄호로 둘러싸여있는 변수는 함수를 호출할 때 함수에게 전달되는 값을 받을 변수이며, 매개변수, 파라미터, 인수, 인자 등 다양한 이름으로 부른다. 그러나 일반적으로 함수를 정의할 때 괄호 안의 변수를 매개변수라고 하며, 함수를 호출할 때 괄호 안의 변수를 인수라고 부른다. 이와 같은 매개변수는 값을 전달할 필요가 없을 때는 생략할 수 있으며, 전달되는 값이 여러 개일 때는 각각의 매개변수를 콤마(,)로 구분한다. 이와 같이 함수의 이름과 매개변수를 정의한 다음에는 if문이나 for문 등에서 사용한 것과 마찬가지로 콜론(:)을 넣은 후 엔터키를 누른 다음 함수에서 수행할 문장을 입력한다. 이때도 역시 들여쓰기에 주의해야 한다.

이제 함수의 정의 방법을 알았으니 다음과 같이 두 숫자를 입력받아서 합을 출력하는 함수를 정의해보자.

```
>>> def add(a, b):
        return a + b

>>>
```

위와 같이 함수를 정의하면 이제부터 add라는 이름의 함수를 사용할 수 있다. add 함수를 해석하면 "add 함수는 두 개의 값을 입력으로 받아서, 입력받은 두 숫자를 더한 결과를 함수를 호출한 곳으로 전달한다."는 의미이다. 위의 add 함수에서 return a + b 문장은 a와 b를 더한 값을 함수를 호출한 곳으로 되돌려주라는 의미이다. return에 대한 자세한 용법은 뒤에서 설명한다.

정의한 함수를 호출하는 방법은 간단하다. 바로 함수의 이름과 함께 함수가 필요로 하는 매개변수의 개수만큼 인수를 넣어서 호출하는 것이다. 우선 예제를 살펴보자.

```
>>> value1 = 10
>>> value2 = 20
>>> result = add(value1, value2)
>>> print(result)
30
>>> print(add(10, 20))
30
```

위와 같이 함수를 호출하기 위해서는 함수의 이름과 함께 각 매개변수에 해당하는 인수를 넣어주면 된다. 이때 인수로 가능한 것은 예제에서 보는 것과 같이 변수, 상수, 또는 다른 함수 등 값을 가질 수 있는 것은 모두 가능하다. result = add(value1, value2) 문장은 value1에 저장된 값과 value2에 저장된 값을 더한 결과를 result 변수에 저장한다. 함수가 반환하는 값은 다른 변수에 저장할 수도 있으며, 또는 직접 사용할 수도 있다. 따라서 위의 print(add(10, 20)) 문장과 같이 함수가 반환되는 결과 값을 가질 수 있다면, 함수 자체가 인수가 될 수도 있다. print(add(10, 20)) 문장은 add(10, 20)을 먼저 수행하여, 10과 20을 더한 결과를 print() 함수를 이용해서 출력한다.

앞에서 이야기한 것과 같이 함수를 정의할 때 매개변수가 없는 함수를 만들 수도 있다. 다음은 매개변수가 없는 함수를 정의한 것이다.

```
>>> def print_hello():
        print("Hello World!")

>>> print_hello()
Hello World!
```

예제의 print_hello() 함수는 단순히 문자열을 출력하는 기능을 한다. 따라서 별도의 매개변수가 필요 없으며, 함수를 호출할 때도 역시 인수 없이 괄호로만 표기되어 있다. 또한 이 함수는 함수를 수행하고 난 다음 결과를 반환하지 않으며, 따라서 함수 내부에 return 문장이 포함되지 않았다.

7.2. 함수의 인수

지금까지 함수를 정의하고 호출하는 방법을 알아보았다. 함수를 호출하면, 함수 내에서 지정된 작업을 처리하고 필요한 경우 그 결과를 반환한다. 또한 함수를 호출할 때 함수 내에서 값이 필요한 경우 인수를 이용하여 매개변수에 값을 전달하였으며, 이때 함수를 정의한 순서대로 값을 전달하였다. 그러나 파이썬은 이러한 방법 외에 함수의 인수를 조금 더 편리하게 사용할 수 있는 방법들을 제공한다.

7.2.1. 위치 인수와 키워드 인수

지금까지 사용한 것과 같이 함수를 호출할 때 함수에 인수를 순서대로 넣는 방식을 위치 인수라고 한다. 즉 인수의 위치가 정해져 있는 형태이다. 예를 들어 다음과 같이 학생의 이름과 점수를 입력받아 출력하는 함수를 생각해 보자.

```
>>> def print_score(name, score):
        print("Name = %s" % name)
        print("Score = %d" % score)

>>> print_score("Kim", 90)
Name = Kim
Score = 90
```

이름과 점수가 정상적으로 출력된 것을 볼 수 있다. 이와 같이 함수를 호출할 때 매개변수의 위치 순서에 맞게 인수를 넣는 경우 위치 인수를 사용하여 함수를 호출한다. 그러나 함수가 많아지면 해당 함수에 값의 순서를 어떻게 넣어야 하는지 혼동될 수 있다. 만약 다음과 같이 값의 순서가 변경되면 오류가 발생할 수도 있다.

```
>>> print_score(90, "Kim")
Name = 90
Traceback (most recent call last):
  File "<pyshell#27>", line 1, in <module>
    print_score(90, "Kim")
  File "<pyshell#25>", line 3, in print_score
    print("Score = %d" % score)
TypeError: %d format: a number is required, not str
```

print_score(90, "Kim")으로 함수를 호출하면 name 매개변수에 90이 복사되고, score 매개변수에 "Kim"이 복사된다. 그러나 "Kim"을 %d를 이용하여 정수의 형태로 출력하고자 하면 오류가 발생한다. 이와 같이 위치 인수는 각각의 인수의 용도를 확인하기 어렵다. 이럴 때 사용하는 방법이 바로 키워드 인수이다. 키워드 인수는 함수를 호출할 때 인수의 순서와 관계없이 다음과 같은 방법으로 호출할 수 있다.

```
함수이름(매개변수명 = 값)
```

즉 함수를 호출할 때 인수의 순서 대신 매개변수의 이름을 적고 값을 대입하면 키워드 인수를 이용한 호출 방법이 된다. 위에서 오류가 발생했던 프로그램을 다음과 같이 변경해 보자.

```
>>> print_score(score = 90, name = "Kim")
Name = Kim
Score = 90
```

키워드 인수를 사용하여 정상적으로 작동한 것을 확인할 수 있다. 키워드 인수를 사용하면 인수의 순서는 중요하지 않다. 그러나 다음과 같이 키워드 인수를 사용하고 난 다음에 위치 인수를 사용할 수는 없다.

```
>>> print_score(name = "Kim", 90)
SyntaxError: positional argument follows keyword argument
```

원래의 위치 인수가 name과 score 순서이기 때문에 키워드 인수로 name = "Kim"을 이용하고 다음 score는 위치 인수를 이용하려고 했지만 오류가 발생하였다. 그러나 다음과 같이 위치 인수를 사용한 다음 키워드 인수를 사용하는 것은 가능하다.

```
>>> print_score("Kim", score = 90)
Name = Kim
Score = 90
```

즉 함수의 인수가 여러 개 있을 경우 위치 인수와 키워드 인수를 함께 사용하고자 할 때는 반드시 위치 인수들을 먼저 사용하고 난 다음에 키워드 인수를 사용해야 한다는 것을 기억하자.

7.2.2. 매개변수의 기본값

지금까지는 함수를 호출할 때 인수를 이용해서 매개변수에 값을 전달했다. 그러나 종종 매개변수에 모든 인수를 전달하는 것이 불편할 때가 있다. 다음의 calc() 함수는 두 수와 연산자를 입력받아서 해당 연산의 결과를 출력하는 것이다. 예제를 살펴보자.

```
>>> def calc(v1, v2, op):
        if op == "+":
            return v1 + v2
        elif op == "-":
            return v1 - v2
        elif op == "*":
            return v1 * v2
        elif op == "/":
            if v2 != 0:
                return v1 / v2
            else:
                print("0으로 나누었습니다")
                return 0

>>> print(calc(10, 20, "+"))
30
>>> print(calc(10, 20, "-"))
-10
```

만약 위의 calc() 함수를 사용할 때 덧셈 결과를 가장 많이 사용한다면 어떻게 할까? 호출할 때 마다 calc(10, 20, "+")과 같이 항상 덧셈 연산자를 표기해야 할 것이다. 그러나 다음과 같이 매개변수의 기본값을 사용하면 calc(10, 20)과 같이 사용할 수도 있다. 매개변수의 기본값은 다음과 같이 함수를 정의할 때 지정한다.

```
def 함수이름(매개변수 = 값):
    문장
```

```
>>> def calc(v1, v2, op = "+"):
        if op == "+":
            return v1 + v2
        elif op == "-":
            return v1 - v2
        elif op == "*":
            return v1 * v2
        elif op == "/":
            if v2 != 0:
                return v1 / v2
            else:
                print("0으로 나누었습니다")
                return 0

>>> print(calc(10, 20))
30
>>> print(calc(10, 20, "-"))
-10
```

위와 같이 매개변수의 기본값을 사용하면 calc(10, 20)과 같이 해당 매개변수를 생략하고 함수를 호출하면 기본값이 자동으로 포함되어 호출된다. 즉 calc(10, 20, "+")와 같다. 그러나 기본값이 설정되어 있는 매개변수에 인수를 이용하여 호출하면 기본값은 무시되고 해당 인수가 매개변수에 전달되어 함수가 호출된다. 따라서 calc(10, 20, "-")를 이용하면 뺄셈 결과가 출력되는 것을 확인할 수 있다.

매개변수의 기본값을 사용할 때는 주의할 사항이 있다. 바로 기본값이 지정된 매개변수 다음에는 기본값이 없는 매개변수가 올 수 없다는 것이다. 다음의 예제를 살펴보자.

```
>>> def calc(op = "+", v1, v2):
        if op == "+":
```

```
        return v1 + v2
...
...

SyntaxError: non-default argument follows default argument
```

위와 같이 함수의 정의 부분에서 def calc(op = "+", v1, v2):와 같이 기본값이 있는 매개변수를 가장 앞에 넣으면 오류가 발생한다. 이러한 이유는 calc(10, 20)과 같이 함수를 호출하면 10을 op에 넣어야할지 아니면 v1에 넣어야할지 컴퓨터는 알 수 없기 때문이다. 따라서 기본값이 있는 매개변수는 항상 가장 뒤쪽에 위치해야 한다. 또한 def calc(v1 = 10, v2 = 20, op = "+"):와 같이 기본값이 여러 개 있는 매개변수도 사용할 수 있다.

7.2.3. 위치 인수 모으기와 가변 위치 인수

7.2.3.1. 위치 인수 모으기

함수의 정의에서 매개변수가 여러 개 있는 경우, 리스트나 튜플을 이용해서 여러 개의 값을 한 번에 전달할 수도 있다. 이를 위치 인수 모으기라고 하며, 리스트 또는 튜플 앞에 *(애스터리스크)를 붙여서 전달하면 된다. 다음의 예제를 살펴보자.

```
>>> def add(a, b):
        return a + b

>>> values = [10, 20]
>>> print(add(*values))
30
```

위의 예제에서 add() 함수는 a와 b 두 개의 매개변수를 갖는다. 그러나 함수를 호출할 때 add(*values)와 같이 리스트 하나만을 인수로 전달하였다. 이와 같이 튜플 또는 리스트로 되어있는 인수 앞에 *을 붙이면 해당 요소들을 차례로 인수로 전달한다. 즉 a에 values[0]가 전달되며, b에는 values[1]이 전달된다. 만약 인수로 전달되는 리스트 또는 튜플의 요소 개수가 매개변수의 개수와 다를 때는 오류가 발생한다.

```
>>> values2 = [10, 20, 30]
>>> print(add(*values2))
Traceback (most recent call last):
  File "<pyshell#6>", line 1, in <module>
```

```
    print(add(*values2))
TypeError: add() takes 2 positional arguments but 3 were given
>>> def add2(a, b, c):
        return a + b + c

>>> print(add2(*values))
Traceback (most recent call last):
  File "<pyshell#10>", line 1, in <module>
    print(add2(*values))
TypeError: add2() missing 1 required positional argument: 'c'
```

7.2.3.2. 가변 위치 인수

함수를 호출할 때 인수에 *을 이용해서 인수를 모을 수 있는 것과 같이 함수를 정의할 때 *을 이용하여 매개변수를 지정하면 인수의 개수가 정해지지 않은 가변인수를 사용하는 함수가 만들어진다. 가변인수를 사용하는 함수는 함수를 호출할 때 인수를 한 개를 넣을 수도 있고 두 개 이상의 인수를 사용할 수도 있다. 또는 인수를 사용하지 않을 수도 있다. 다음의 예제를 보자.

```
>>> def addAll(*args):
        sum = 0
        for v in args:
            sum += v
        return sum

>>> print(addAll())
0
>>> print(addAll(10))
10
>>> print(addAll(10, 20))
30
>>> values = [10, 20, 30]
>>> print(addAll(*values))
60
```

이와 같이 함수를 정의할 때 매개변수에 *을 이용하면 가변인수 함수가 생성된다. 이러한 함수를 호출할 때는 인수를 각각 콤마를 이용하여 구분해서 넣거나, 리스트 또는 튜플을 *로 모아서 전달하면 된다.

7.2.4. 키워드 인수 모으기와 가변 키워드 인수

7.2.4.1. 키워드 인수 모으기

위치 인수를 묶어서 전달하기 위하여 *(애스터리스크)를 사용한 인수 전달 방법을 살펴보았다. 키워드 인수는 키워드와 그에 해당하는 값이 쌍으로 구성되어 있기 때문에 묶어서 전달하기 위해서는 다음과 같이 두 개의 애스터리스크(**)을 사용해야 한다. 다음의 예제를 보자.

```
>>> def print_score(name, score):
        print("Name = %s" % name)
        print("Score = %d" % score)

>>> students = {"name" : "Kim", "score" : 90}
>>> print_score(**students)
Name = Kim
Score = 90
```

키워드 인수를 모아서 전달할 때는 딕셔너리를 생성하여 전달할 수 있다. 이때는 {"키워드" : 값}과 같이 딕셔너리의 키를 매개변수 이름으로 하고, 딕셔너리의 값을 매개변수에 전달할 값으로 지정한다. 이때 주의할 점은 딕셔너리의 키는 반드시 문자열 형태여야 하며, 함수의 매개변수 이름과 딕셔너리의 키 이름이 같아야 한다. 또한 매개변수의 개수와 딕셔너리에서 키의 개수가 같아야 한다. 위의 예제를 살펴보면 print_score() 함수에서 사용하는 매개변수 name에는 students['name']에 해당하는 "Kim" 문자열이 인수로 전달되며, score 매개변수에는 students['score']에 해당하는 90이 인수로 전달된다. 따라서 print_score(**students)로 호출하는 것은 print_score(name = "Kim", score = 90)과 동일한 동작이 된다.

7.2.4.2. 가변 키워드 인수

애스터리스크(*) 하나를 이용해서 가변 위치 인수를 사용하는 함수를 만들 수 있듯이, **을 사용해서 가변 키워드 인수를 사용하는 함수를 만들 수 있다. 이때도 역시 함수를 호출할 때 인수를 한 개 넣어도 되고, 그 이상 넣어도 상관없다. 다음의 예제를 살펴보자.

```
>>> def print_score(**kwargs):
        for k, v in kwargs.items():
```

```
            print(k, " = ", v)

>>> print_score(name = "Kim")
name  =  Kim
>>> print_score(name = "Kim", score = 90)
name  =  Kim
score  =  90
>>> print_score(**students)
name  :  Kim
score  :  90
```

이와 같이 함수를 정의할 때 **을 사용하면, 키워드 인수를 가변인수로 사용하는 함수를 만들 수 있다. 그리고 이러한 함수를 호출할 때는 키워드와 인수를 각각 전달하거나, 또는 딕셔너리를 이용하여 전달할 수 있다.

7.3. 함수의 반환과 함수의 호출 과정

$y = x^2 + 2x + 1$ 즉 $f(x) = x^2 + 2x + 1$ 의 함수는 $f(1)$ 즉 x가 1일 때 4의 결과를 갖는다. 파이썬에서의 함수도 함수를 실행할 때 인수를 전달하고, 함수가 종료되면 결과를 얻을 수 있다. 이때 함수의 결과를 반환하기 위해서 사용하는 문장이 return문이다. 앞에서 정의했던 add() 함수를 다시 살펴보자. add() 함수 내부에 return a + b 문장이 사용되었다.

```
>>> def add(a, b):
        return a + b
```

이와 같이 함수 안에서 return을 사용하면 값을 함수를 호출한 곳으로 반환한다. 즉 add() 함수에서는 a + b의 결과를 함수를 호출한 곳으로 반환한다. 이렇게 return문을 이용하여 반환한 값은 함수를 호출하는 곳에서 다시 재사용하며, result = add(10, 20)과 같이 다른 변수에 저장할 수 있다. 또는 print(add(10, 20))과 같이 다른 함수의 인수로 사용할 수도 있다.

add() 함수를 호출했을 때 프로그램이 실행되는 과정을 그림으로 표현하면 다음과 같다.

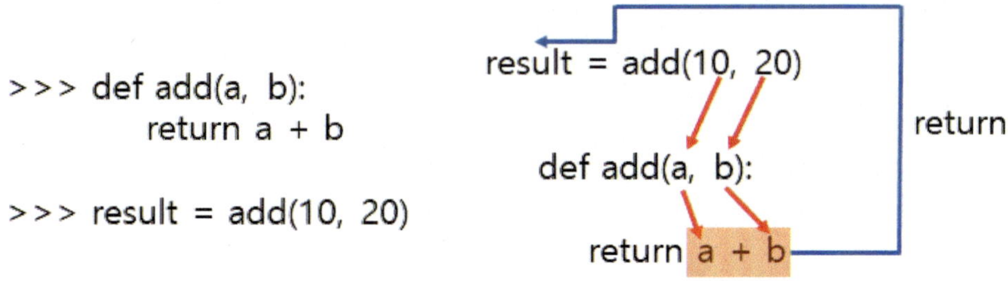

result = add(10, 20) 문장을 만나면 컴퓨터는 이미 정의된 add() 함수를 찾는다. 해당 함수의 매개변수가 호출시에 전달한 인수와 일치하면 각 매개변수에 인수를 전달한다. 인수를 전달받은 함수는 정의문 내부로 이동하고, return 문장을 만나면 연산 결과를 함수를 호출한 곳으로 반환한다. 그리고 값을 반환받은 결과 30을 result 변수에 저장한다.

return 문장을 이용해서 값을 반환할 때 한 개의 값만 반환할 수 있는 것은 아니다. return 문장에서 반환하고자 하는 값을 콤마(,)를 이용하여 구분하면 여러 개의 값을 한 번에 반환할 수 있다. 다음의 예제를 살펴보자.

```
>>> def add_sub(a, b):
        return a + b, a - b

>>> result1, result2 = add_sub(10, 20)
>>> print(result1, result2)
30 -10
```

add_sub() 함수는 두 개의 결과를 반환하며, 하나는 a + b이고 다른 하나는 a - b이다. 따라서 result1에는 a + b가, 그리고 result2에는 a - b가 저장된다. 사실 이와 같이 함수 내에서 return문을 콤마로 구분하여 값을 반환하는 것은 값 두 개를 반환하는 것이 아니다. 우리는 앞에서 시퀀스 자료형을 공부할 때 괄호 없이 콤마로 구분하는 값 여러 개가 튜플이라는 사실을 배웠다. 즉 return문에서 콤마를 이용하여 값을 여러 개를 반환하는 것은 튜플로 만들어서 반환하는 것과 같다.

지금까지 return문을 이용하여 함수의 결과를 반환하는 것을 살펴보았다. 그러나 함수가 항상 값을 반환하는 것은 아니다. 앞에서 보았던 print_score() 함수와 같이 함수가 단순히 출력만을 담당한다면 값을 반환하지 않을 수도 있다.

```
>>> def print_score(name, score):
        print("Name = %s" % name)
```

```
        print("Score = %d" % score)
```

위와 같이 return문이 없는 함수는 값을 반환하지 않으며, 다음과 같이 함수의 반환 값을 다른 변수에 넣을 경우 None이 들어간다. None은 값이 없는 자료형이다. 다음의 예제를 살펴보자.

```
>>> def print_Hello():
        print("Hello World!")

>>> x = print_Hello()
Hello World!
>>> print(x)
None
```

print_Hello() 함수에 return문이 없기 때문에 값을 반환하지 않으며, 따라서 그 결과를 변수 x에 저장했을 때 None이 저장되는 것을 확인할 수 있다.

함수 내에서 사용하는 return문은 값을 반환하는 용도로 사용하는 것 외에 다른 중요한 이유가 있다. 바로 함수를 강제로 종료하는 역할이다. 함수 내의 return문은 함수를 호출한 곳으로 결과 값을 넘겨주기 때문에 return문 이후의 문장들은 실행할 필요가 없다. 따라서 함수 내에서 return문을 만나면 함수는 무조건 종료된다. 그러면 값을 반환하지 않는 함수에서 함수를 종료하기 위해서는 어떻게 할까? 바로 return문 뒤에 반환할 값을 넣지 않고 단독으로 사용하면 된다. 다음의 예제를 살펴보자.

```
>>> def print_Hello(a):
        if a == False:
            return
        print("Hello World")

>>> print_Hello(False)
>>> print_Hello(True)
Hello World
```

위의 예에서 print_Hello() 함수에 False를 전달하면 if문의 a == False 식이 참이 되기 때문에 return문이 실행된다. 따라서 아래의 print() 함수는 실행되지 않기 때문에 문장이 출력되지 않는다. 반면 True를 전달하면 if문의 식이 거짓이 되고, return문이 실행되지 않는다. 따라서 print() 문장이 실행되고, 그 결과 문장이 출력되는 것을 확인할 수 있다.

7.4. 재귀함수

함수를 정의할 때 함수 내에서 자기 자신을 다시 호출하는 함수를 만들 수 있다. 이와 같이 자기 자신을 호출하는 함수를 재귀함수 또는 재귀호출함수라고 한다. 재귀호출은 일반적인 상황에서는 자주 사용하지는 않지만 프로그램 알고리즘 자체가 재귀적인 특성을 갖는 경우에 유용하게 사용할 수 있다. 우리가 흔히 사용하는 수학 수식에서 재귀적인 특성을 갖는 것을 예로 든다면 바로 팩토리얼 수식일 것이다. 팩토리얼 수식 n!은 $1 \times 2 \times 3 \times \ldots \times n-1 \times n$이다. 이러한 팩토리얼 수식은 다음과 같은 재귀적인 특성을 갖는다.

$$
\begin{aligned}
n! &= 1 \times 2 \times 3 \times \cdots \times (n-2) \times (n-1) \times n \\
&= n \times (n-1) \times (n-2) \times \cdots \times 3 \times 2 \times 1 \\
&= n \times (n-1)!
\end{aligned}
$$

위의 그림과 같이 n!을 구하기 위해서는 (n−1)!이 필요하고 (n−1)!을 구하기 위해서는 다시 (n−2)!이 필요하다. 이러한 특성이 재귀적 특성이며, 다음의 프로그램 코드를 이용하여 구현할 수 있다.

```
>>> def factorial(n):
        if (n <= 1):
            return 1
        else:
            return n * factorial(n-1)
```

위의 함수는 재귀함수 factorial()을 정의한 것이다. 함수의 내부를 살펴보면 return n * factorial(n−1)이 보일 것이다. 즉 factorial() 함수 내에서 factorial() 함수를 다시 호출한다. 이와 같이 함수 내부에서 자기 자신을 다시 호출하는 함수가 재귀함수이다. 앞에서 정의한 factorial() 함수를 호출하여 보자.

```
>>> result = factorial(5)
>>> print(result)
120
```

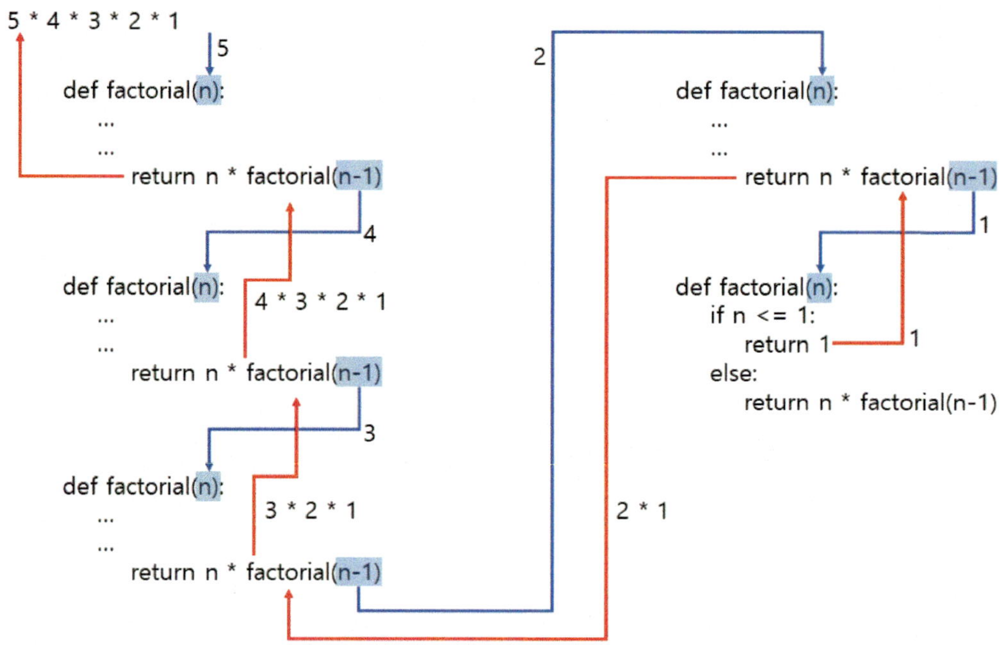

factorial() 함수의 실행 과정은 다음과 같다. 우선 result = factorial(5)와 같이 함수를 호출하면 factorial() 함수의 몸체로 이동한다. 그 후 if문에서 n <= 1의 식이 거짓이기 때문에 return n * factorial(n - 1)이 실행된다. 현재 인수로 전달한 n의 값이 5이기 때문에 5 * factorial(4)가 되는 것과 같다. 따라서 factorial(4)가 다시 호출된다. 이와 같이 n이 1이 될 때까지 함수를 계속 호출한다. 마지막으로 n이 1이 되면 n <= 1 식이 참이 되므로 return 1이 실행되고, 호출한 역순으로 식이 계산되어 최종적으로 5 * 4 * 3 * 2 * 1의 결과를 얻을 수 있다. 이와 같이 재귀함수를 사용하면 프로그램의 코드 길이가 줄어들어 간결한 프로그램의 작성이 가능하다. 그러나 계속적인 함수의 호출 때문에 메모리의 사용량이 많아지고, 프로그램의 실행 시간이 길어질 수 있다는 단점이 있다.

재귀함수에서 가장 중요한 부분은 탈출 조건을 반드시 함수 내에 명시해야 한다는 점이다. 위의 예에서는 return 1 문장이 재귀함수를 탈출하는 곳이다. 만약 return 1 없이 계속 자신의 함수를 호출하게 되면 함수가 무한히 반복하기 때문에 결과를 얻을 수 없다.

7.5. 람다함수

람다(lambda)함수는 함수를 정의할 때 def 대신 lambda를 사용하며, 하나의 줄로 표현되는 익명 함수이다. 람다함수를 만드는 방법은 다음과 같다.

```
변수 = lambda 매개변수 : 매개변수를 이용한 표현식
```

우선 다음과 같이 람다함수를 만들어 보자.

```
>>> lambda a, b : a + b
<function <lambda> at 0x00FC0FA8>
```

위의 람다함수는 두 개의 매개변수를 가지며, 두 개의 인수를 받아 서로 더한 값을 반환하는 람다함수이다. 그러나 실행 결과를 살펴보면 함수 객체가 반환되며, 이 상태에서는 함수를 호출할 수 없다. 이와 같이 람다함수는 이름이 정해지지 않은 함수이며, 이를 위해서 별도의변수에 함수의 객체를 저장한 후 호출해야 한다. 위의 람다함수를 변수에 저장한 후 호출하는 프로그램은 다음과 같다.

```
>>> add = lambda a, b : a + b
>>> print(add(10, 20))
30
```

add 변수는 람다함수의 객체를 가지고 있으며, add(10, 20)과 같이 변수를 이용하여 람다함수를 호출할 수 있다. 즉 람다함수의 객체를 갖고 있는 add 변수는 a와 b 두 개의 매개변수를 가지며, a + b의 결과를 반환받을 수 있는 함수와 동일하게 동작한다.

7.6. 연습문제

7-1. 다음 괄호 부분을 채우시오.

① 함수가 종료될 때 결과 값을 반환하기 위하여 함수 내부에서 (　　　)문을 사용한다.

② (　　　　)는 함수를 만들기 위하여 사용하는 예약어이다.

③ 파이썬에서 사용하는 함수의 인수에는 (　　　) 인수와 (　　　) 인수가 있다.
④ (　　　) 함수를 사용하면 하나의 줄로 표현되는 익명 함수를 만들 수 있다.

7-2. 재귀함수의 특징이 아닌 것을 고르고 설명하시오.

① 함수가 자신을 다시 호출한다.
② 탈출 조건을 명시하는 부분이 필요하다.
③ 간결하게 프로그램을 작성할 수 있다.
④ 실행 속도가 빨라진다.

7-3. 다음과 같이 x^n을 계산하는 프로그램을 함수를 이용하여 작성하시오.

```
밑을 입력하세요 : 3.5
지수를 입력하세요 : 7
result = 6433.9296875
```

7-4. 다음과 같이 $n! = 1 \times 2 \times 3 \times ... \times n-1 \times n$을 계산하는 프로그램을 재귀 호출을 이용하지 않는 함수를 이용하여 작성하시오.

```
숫자를 입력하세요 : 5
5! = 120
```

7-5. 1부터 50까지 3, 6, 9 게임의 결과를 출력하는 프로그램을 함수를 이용하여 작성하시오. (3, 6, 9 숫자가 한 번 들어갈 경우에는 "*"을 출력하며, 3, 6, 9 숫자가 두 번 들어갈 경우에는 ""을 출력한다. 그리고 3, 6, 9 숫자가 들어가지 않을 경우에는 숫자를 표시한다.)**

```
3 6 9 게임
 1 =  1   2 =  2   3 = *    4 =  4   5 =  5
 6 = *    7 =  7   8 =  8   9 = *   10 = 10
11 = 11  12 = 12  13 = *   14 = 14  15 = 15
16 = *   17 = 17  18 = 18  19 = *   20 = 20
21 = 21  22 = 22  23 = *   24 = 24  25 = 25
26 = *   27 = 27  28 = 28  29 = *   30 = *
```

```
31 = *   32 = *   33 = **  34 = *   35 = *
36 = **  37 = *   38 = *   39 = **  40 = 40
41 = 41  42 = 42  43 = *   44 = 44  45 = 45
46 = *   47 = 47  48 = 48  49 = *   50 = 50
```

7-6. 1부터 n까지 더하는 프로그램을 재귀함수를 이용하여 작성하시오.

```
정수를 입력하세요 100
1부터 100까지의 합은 5050입니다.
```

7-7. 7-3의 x^n을 계산하는 프로그램을 람다함수를 이용하여 작성하시오.

```
밑을 입력하세요 : 3.5
지수를 입력하세요 : 7
result = 6433.9296875
```

```
include <stdio.h>

oid main()

  int iValue1, iValue2, iResult;

  printf("WnWn ***** program start

  iValue1 = 20;
  iValue2 = 30;
  iResult = iValue1 * iValue2;

  printf(" %d + %
```

Chapter 08

변수 범위, 내부함수, 클로저, 데코레이터

제8장 변수 범위, 내부함수, 클로저, 데코레이터

지금까지 변수와 함수를 이용해서 프로그램을 만드는 것을 배웠다. 그러나 변수는 만들어지는 위치에 따라 사용할 수 있는 범위가 달라진다. 변수가 함수 또는 블록의 내부에서 정의되면 지역변수 또는 내부변수라고 하며, 변수가 함수의 외부에서 정의되면 전역변수 또는 외부변수라고 한다. 함수에서 사용하는 매개변수는 지역변수와 동일한 특성을 가진다. 일반적으로 지역변수는 함수의 내부에서만 사용 가능하며, 전역변수는 여러 함수에서 공통으로 사용할 수 있다.

8.1. 변수 범위

8.1.1. 지역변수

함수 내에서 정의된 변수는 지역변수라고 불리며, 함수 안에서만 사용할 수 있다. 이러한 지역변수는 함수가 호출될 때 만들어지며, 함수가 종료되면 소멸된다. 다음의 예제를 살펴보자.

```
>>> def print_Hello():
        hello = "Hello World!"
        print(hello)

>>> print_Hello()
Hello World!
>>> print(hello)
Traceback (most recent call last):
  File "<pyshell#83>", line 1, in <module>
    print(hello)
```

```
NameError: name 'hello' is not defined
```

print_Hello() 함수를 정의할 때 hello 변수를 만들고 "Hello World!" 문자열을 저장하였다. 그 후에 함수를 호출하니 정상적으로 문자열이 출력된 것을 확인할 수 있다. 그러나 함수 밖에서 print() 함수를 이용하여 hello 변수에 저장된 문자열을 출력하고자 하면 오류가 발생되었다. 즉 함수 안에서 정의된 hello 변수는 함수 밖에서 사용할 수 없는 것이다. 이와 같이 함수 안에서 정의된 변수는 함수 내에서만 사용할 수 있으며 이를 지역변수라고 한다.

8.1.2. 전역변수

지역변수와는 다르게 함수의 외부에서 정의된 변수를 전역변수라고 한다. 전역변수는 함수의 외부에서 정의되었기 때문에 모든 함수에서 사용할 수 있다. 다음의 예를 살펴보자.

```
>>> def print_Hello():
        print(hello)

>>> hello = "Hello World!"
>>> print_Hello()
Hello World!
>>> print(hello)
Hello World!
```

print_Hello() 함수 내에는 print(hello) 문장만 포함되어 있다. 즉 hello 변수에 저장된 값을 출력하는 것이다. 그러나 hello 변수는 정의되지 않았다. 함수를 호출하기 전에 hello = "Hello World!"를 이용하여 변수를 정의한다. 그 후 print_Hello() 함수를 호출하면 정상적으로 문자열이 출력된 것을 확인할 수 있다. 또는 함수 밖에서 print(hello) 문장을 이용하여 문자열을 출력할 수도 있다. 즉 함수의 내부에서나 함수의 외부에서 모두 hello 변수를 사용할 수 있는 것이다. 이것을 전역변수라고 한다.

전역변수와 지역변수를 혼용해서 사용할 때는 주의해야 한다. 다음의 예제를 살펴보자.

```
>>> def print_Hello():
        hello = "Hello"
        print(hello)
```

```
>>> hello = "Hello World!"
>>> print_Hello()
Hello
>>> print(hello)
Hello World!
```

print_Hello() 함수 내부에 hello 변수가 정의되어 있고, 함수의 외부에도 hello 변수가 있다. print_Hello() 함수를 호출하면, 함수 내부에서 hello 변수가 만들어진다. 그리고 출력한 결과 "Hello"가 출력된 것을 볼 수 있다. 그러나 print_Hello() 함수 종료 후 print(hello)를 출력했을 때 함수 외부에서 hello 변수를 만들면서 저장한 "Hello World!"가 출력된 것을 볼 수 있다. 함수 내부에서 정의된 hello 변수와 함수 외부에서 정의된 hello 변수가 서로 다른 값을 저장하고 있는 것이다. 즉 함수의 내부에서 변수에 값을 저장하면 파이썬은 지역변수를 새롭게 정의하며, 외부의 전역변수는 무시하고, 이름이 같더라도 서로 다른 변수로 인식한다. 다음의 예제를 살펴보자.

```
>>> def print_Hello():
        print(hello)
        hello = "Hello"
        print(hello)

>>> hello = "Hello World!"
>>> print_Hello()
Traceback (most recent call last):
  File "<pyshell#20>", line 1, in <module>
    print_Hello()
  File "<pyshell#18>", line 2, in print_Hello
    print(hello)
UnboundLocalError: local variable 'hello' referenced before assignment
```

print_Hello() 함수 내에서 오류가 발생하였다. print_Hello() 함수 안에 있는 첫 번째 print(hello) 함수 호출에서는 아직 hello 변수가 정의되어 있지 않았기 때문에 전역변수를 사용하겠다는 의미가 된다. 그 후에 hello = "Hello" 문장을 이용하여 변수의 값을 변경하고자 시도하였다. 그러나 파이썬에서는 이러한 경우에 전역변수의 값을 변경하는 것이 아니라 지역변수를 새롭게 정의하는 것과 같이 취급한다. 따라서 동일한 이름의 변수를 같은 영역에서 전역변수로도 사용하고 지역변수로도 사용하겠다는 의미가 되기 때문에 오류가 발생한다. 만약 함수 내에서 전역변수의 값을 변경하고자 한다면 다음과 같이 global 예약어를 사용해야 한다.

```
>>> def print_Hello():
        global hello
        print(hello)
        hello = "Hello"
        print(hello)

>>> hello = "Hello World!"
>>> print_Hello()
Hello World!
Hello
>>> print(hello)
Hello
```

global 예약어를 사용하면 현재 함수 내에서 사용하는 변수가 이미 전역변수로 있기 때문에 그것을 그대로 가져다 쓴다는 의미가 된다. 즉 전역변수 hello의 값을 출력하고, 저장된 값을 변경할 수 있다. 이러한 경우 함수 외부에서 print(hello)를 사용하여 출력했을 때도 함수 내에서 변경한 값이 출력되는 것을 확인할 수 있다.

8.1.3. 함수의 매개변수

함수를 호출할 때 함수에게 값을 전달하기 위하여 사용하는 매개변수 역시 변수(객체)이며, 파이썬에서는 이러한 매개변수가 함수의 지역변수처럼 사용된다. 그러나 이때는 전달하는 값의 종류에 따라 다른 작업을 수행한다. 만약 전달하는 값이 일반적인 숫자(정수 또는 실수), 문자열, 튜플일 경우 함수 내에서 인수의 값을 변경하더라도 함수 외부의 변수에 영향을 미치지 않는다. 이러한 방식을 값에 의한 전달 방식이라고 하며, 단지 인수의 값이 매개변수로 복사되어 전달되는 형태이다. 다음의 예제를 살펴보자.

```
>>> def call_by_value(val):
        val = 10
        print(val)

>>> val = 1
>>> call_by_value(val)
10
```

```
>>> print(val)
1
```

위에서 정의한 call_by_value() 함수에 val을 매개변수로하여 값을 전달하였다. 그 후 함수 내에서 val 변수의 값을 10으로 변경한 후 출력한다. 함수가 종료되고 난 다음 함수 외부의 val 변수에 저장된 값을 출력하면, 원래 저장되어있던 1이 변경없이 출력되는 것을 확인할 수 있다. 이와 같이 함수의 인수로 전달된 값은 함수 내부에서 변경되더라도 함수 외부에는 영향을 미치지 않는다.

그러나 다음과 같이 함수의 인수로 리스트, 딕셔너리, 셋이 전달될 때는 상황이 달라진다. 우선 예제를 통해 살펴보자.

```
>>> def call_by_ref(ref):
        ref[0] = 10
        print(ref)

>>> ref = [1]
>>> call_by_ref(ref)
[10]
>>> print(ref)
[10]
```

ref 객체에 하나의 요소 1을 갖는 리스트를 저장한 후 call_by_ref() 함수로 전달하였다. 그리고 함수 내에서 ref[0] = 10으로 값을 변경하였다. 이와 같이 값을 변경하고 난 다음 함수 밖에서 다시 ref 객체에 저장된 값을 출력하니, 함수 내에서 변경한 값이 적용된 것을 확인할 수 있다. 우리는 5장에서 리스트를 대입 연산자를 이용하여 값을 복사하면 실제 값이 복사되는 것이 아니라 동일한 공간에 새로운 이름을 부여한다는 사실을 배웠다. 즉 함수 밖의 ref 객체와 함수의 매개변수 ref가 동일한 공간을 가리키게 되는 것이다. 이와 같은 방식을 참조에 의한 전달 방식이라고 한다.

정리하면 파이썬의 리스트, 딕셔너리, 셋은 함수의 인수로 전달할 때 함수 내에서 값을 변경하면 함수 외부의 객체의 값이 함께 변경된다. 이러한 자료형을 변경 가능한 객체(mutable object)라고 한다. 반면 정수, 실수, 문자열, 튜플과 같은 객체는 함수 내에서 값을 변경하더라도 함수 외부에는 영향을 미치지 않으며, 이러한 자료형을 변경 불가능한 객체(immutable object)라고 한다.

8.2. 내부함수

8.2.1. 내부함수

파이썬은 함수 안에서 또 다른 함수를 정의할 수 있다. 이와 같이 함수 안에 함수를 만드는 방법을 내부함수라고 한다. 내부함수는 반복이나 코드의 중복을 피하기 위해 복잡한 작업을 다시 한 번 함수로 감싸기 위하여 사용한다. 다음의 예제를 살펴보자.

```
>>> def print_add(a, b):
        def add(v1, v2):
            return v1 + v2
        print("Sum = %d" % add(a, b))


>>> print_add(10, 20)
Sum = 30
```

print_add() 함수 내부에 다시 add() 함수가 정의되어 있다. 즉 add() 함수에서 계산한 합의 결과를 print_add() 함수에서 출력한다. 이와 같이 함수 내부에서 정의된 내부함수는 함수 외부에서 사용할 수 없으며, 호출 시 오류가 발생한다.

```
>>> add(10, 20)
Traceback (most recent call last):
  File "<pyshell#50>", line 1, in <module>
    add(10, 20)
NameError: name 'add' is not defined
```

8.2.2. nonlocal과 global 변수

앞에서 전역변수에 접근하기 위해서 global 예약어를 사용한다는 것을 배웠다. 그렇다면 바깥쪽 함수의 지역변수를 안쪽 함수에서 사용하려면 어떻게 해야 할까? 다음의 예제를 살펴보자.

```
>>> x = 0
>>> def outer():
        x = 1
        def inner():
```

```
            x = 2
            print("inner : ", x)
        inner()
        print("outer: ", x)

>>> outer()
inner :  2
outer:  1
>>> print("global : ", x)
global :  0
```

변수 x가 전역, outer() 함수 내부, inner() 함수 내부, 세 곳에서 정의되어 있다. 이 세 변수는 모두 이름만 같고 서로 다른 변수이다. 따라서 출력 결과 inner() 함수에서는 2, outer() 함수에서는 1, 전역에서는 0의 값이 출력된 것을 확인할 수 있다. 만약 global 예약어를 사용한다면, 전역의 x에 접근이 가능할 것이다. 그렇다면 inner() 함수에서 outer() 함수에 있는 x의 값을 변경하려면 어떻게 해야 할까? 정답은 nonlocal 예약어이다. 다음의 예제를 살펴보자.

```
>>> x = 0
>>> def outer():
        x = 1
        def inner():
            nonlocal x
            x = 2
            print("inner : ", x)
        inner()
        print("outer: ", x)

>>> outer()
inner :  2
outer:  2
>>> print("global : ", x)
global :  0
```

nonlocal 예약어를 사용하면 지역변수가 아닌 변수가 만들어지며, 이 변수는 사용된 함수 바로 윗 단계 바깥쪽에 위치한 변수에 접근 가능하도록 해 준다. 만약 내부함수가 여러 겹 중첩되어 있는 경우에는 윗 단계로 이동하면서 해당 변수가 존재할 때까지 지역변수를 찾는다. 예제의 실행 결과 inner() 함수와 outer() 함수에 정의된 x가 같은 값을 저장하고 있다. 즉 inner() 함수에서 x를 정의할 때 사용한 nonlocal 예약어 때문에 inner() 함수의 x는 자신의 지역 inner() 함수에 있는 변수가 아니고, outer() 함수의 지역변수임을 나타낸다.

nonlocal 예약어는 함수가 중첩되어 있는 경우에만 사용이 가능하다. 만약 중첩되지 않은 함수에서 전역변수를 가리킬 때 nonlocal을 사용하면 오류가 발생한다. 다음의 예제를 살펴보자.

```
>>> def print_Hello():
        nonlocal hello

SyntaxError: no binding for nonlocal 'hello' found
```

함수가 중첩되어 있는 내부함수일 때 nonlocal 예약어 대신 global 예약어를 사용하면 전역변수를 가리킨다. 다음의 예제로 확인하자.

```
>>> x = 0
>>> def outer():
        x = 1
        def inner():
            global x
            x = 2
            print("inner : ", x)
        inner()
        print("outer : ", x)

>>> outer()
inner :  2
outer :  1
>>> print("global : ", x)
global :  2
```

inner() 함수에서 global로 선언된 x는 전역변수 x를 의미한다. inner() 함수에서 x의 값을 2로 변경하면, 전역변수 x의 값이 2로 변경된다. 따라서 print("global : ", x)의 결과 x가 2가 출력된 것을 확인할 수 있다.

8.3. 클로저

파이썬은 모든 것을 객체로 처리한다. 이 말은 숫자, 문자열, 튜플, 리스트, 딕셔너리 뿐만 아니라 함수까지 객체로 처리한다는 의미이다. 즉 함수를 변수에 할당할 수 있고, 다른 함수에서 인수로 사용할 수 있으며, 함수에서 반환값으로 사용할 수도 있다. 다음의 예제를 살펴보자.

```
>>> def add(a, b):
        return a + b

>>> x = add
>>> x(10, 20)
30
```

add() 함수를 정의한 후 x 변수에 add를 저장한다. 이때 add(10, 20)과 같이 인수를 이용하여 호출한 값을 저장한 것이 아니라, 함수의 이름 add 자체를 저장하였다. 그리고 변수 x를 사용해서 add(10, 20)과 같이 호출하듯이 x(10, 20)을 이용하여 함수를 호출하였다. 이와 같이 파이썬은 객체 즉 변수에 함수 자체를 저장할 수도 있다. 앞에서 우리는 내부 함수는 외부에서 호출할 수 없다고 배웠다. 그렇다면 다음과 같이 외부 함수에서 내부 함수를 반환하는 것은 어떨까? 다음의 예제를 살펴보자.

```
>>> def print_Hello(name):
        name = name
        def print_msg():
            print("Hello", name)
        return print_msg

>>> print_Hello("Kim")
<function print_Hello.<locals>.print_msg at 0x03F5EC48>
```

여기서 print_Hello() 함수는 print_msg() 함수를 호출하는 것이 아니라 함수 자체를 반환한다. 따라서 위의 결과를 살펴보면 함수의 수행 결과가 나오는 것이 아니라 함수가 컴퓨터에 어디 위치하고 있는지를 나타낸다. 함수 내부에 있는 print_msg() 함수는 인수를 취하지 않고 외부의 함수 즉 print_Hello() 함수의 지역변수를 직접 사용한다. 따라서 print_Hello() 함수가 전달받은 인수 name을 알고 있다. 다음과 같이 변수에 print_

Hello() 함수를 저장해 보자.

```
>>> p = print_Hello("Kim")
>>> p
<function print_Hello.<locals>.print_msg at 0x03F5EF60>
>>> p()
Hello Kim
```

p = print_Hello("Kim")으로 p 객체에 print_Hello() 함수를 저장하면, print_msg() 함수가 저장된다. 즉 외부에서 print_msg() 함수를 접근할 수 있게 되는 것과 같다. 이때 내부에 있는 print_msg() 함수는 print_Hello() 함수에 전달되어 사용된 name을 기억하게 된다. 이제 print_Hello() 함수를 del 예약어를 이용해서 지워보자.

```
>>> del print_Hello
>>> print_Hello("Kim")
Traceback (most recent call last):
  File "<pyshell#129>", line 1, in <module>
    print_Hello("Kim")
NameError: name 'print_Hello' is not defined
```

del을 이용해서 print_Hello() 함수를 지우면 더 이상 함수를 호출할 수가 없다. 그러나 앞에서 p에 저장했던 것은 다시 호출할 수 있다.

```
>>> p()
Hello Kim
```

즉 print_Hello()의 내부함수 print_msg()는 print_Hello()에서 사용하는 변수들을 저장하고 있으며, 원래의 외부함수가 삭제되더라도 그 내용을 다시 사용할 수 있다. 이와 같이 어떤 함수 내부에서 정의된 함수는 바깥 함수로부터 생성된 변수값을 변경 또는 저장할 수 있으며, 이를 클로저라고 한다. 파이썬에서 클로저를 사용하기 위한 조건은 다음과 같다. 첫째 함수가 중첩되어 있는 형태여야 한다. 둘째 내부 함수는 자신을 감싸고 있는 외부 함수의 변수를 참조하고 있어야 한다. 마지막으로 외부 함수는 내부 함수 자체를 반환해야 한다. 이러한 클로저는 전역변수를 사용하지 않고, 내부 데이터를 숨기는 용도로 사용할 수 있다.

8.4. 데코레이터

8.4.1. 데코레이터의 정의

종종 함수의 코드를 변경하지 않고 사용하고 있는 함수에 부가적인 기능을 추가하고 싶은 경우가 있다. 즉 메인 기능이 있고 여기에 부가적인 구문을 추가하는 경우, 또는 부가적인 구문을 반복해서 사용하는 경우 지금까지는 함수를 재작성해야만 했다. 다음의 예제를 살펴보자.

```
>>> def print_Hello():
        print("=" * 30)
        print("Hello")
        print("=" * 30)

>>> def print_World():
        print("=" * 30)
        print("World!")
        print("=" * 30)

>>> print_Hello()
==============================
Hello
==============================
>>> print_World()
==============================
World!
==============================
```

이와 같이 위와 아래에 특정한 문구를 출력하기 위해서 함수의 시작과 끝에 print() 함수를 이용하여 출력문을 넣을 수 있다. 그러나 이러한 방법은 함수가 많아지게 되면 번거로운 작업이 된다. 이럴 경우 데코레이터를 사용할 수 있다. 데코레이터는 하나의 함수를 취해서 또 다른 함수를 반환하는 함수이다. 데코레이터를 작성하는 기본 구조는 다음과 같다.

```
def 데코레이터명(func):
    def 내부함수명(*args, **kwargs):
        기존 함수에 추가할 명령
        return func(*args, **kwargs)
```

```
    return 내부함수명
```

위의 구조에서 내부함수에 사용되는 매개변수는 생략할 수 있다. 앞에서 봤던 문자열 출력 함수를 데코레이터를 이용하여 재작성한 것은 다음과 같다.

```
>>> def print_bar(func):
        def bars():
            print("=" * 30)
            func()
            print("=" * 30)
        return bars

>>> def print_Hello():
        print("Hello")

>>> def print_World():
        print("World!")

>>> hello = print_bar(print_Hello)
>>> hello()
==============================
Hello
==============================
>>> world = print_bar(print_World)
>>> world()
==============================
World!
==============================
```

"Hello"와 "World!"를 출력할 때 위, 아래로 =가 결합되어 출력된 것을 볼 수 있다. 데코레이터 print_bar()는 호출할 함수를 매개변수로 받는다. 그 후 bar() 내부함수에서 인수로 전달받은 함수 위에 print("=" * 30)을 이용하여 줄을 출력하고, print_bar() 데코레이터에서 인수로 전달받은 함수를 실행한다. 그 후 print("=" * 30)를 이용하여 아래에 줄을 출력한다. 즉 데코레이터는 함수 내에서 함수를 다시 만들고 반환하는 클로저이다. 데코레이터를 사용할 때는 함수를 호출하는 것과 같이 객체 = 데코레이터이름(전달할 함수명)을 사용하여 객체에 저장하고, 객체명()를 이용하여 함수를 호출하면 된다.

8.4.2. @ 데코레이터

데코레이터는 @을 이용해서 더 편리하게 사용할 수 있다. 다음과 같이 함수를 정의할 때 @ 데코레이터 형식으로 지정하기만 하면 된다.

```
@데코레이터
def 함수이름():
    문장
```

예제를 통해서 확인해 보자.

```
>>> def print_bar(func):
        def bars():
            print("=" * 30)
            func()
            print("=" * 30)
        return bars

>>> @print_bar
def hello_print():
        print("Hello")

>>> @print_bar
def world_print():
    print("World!")

>>> hello_print()
==============================
Hello
==============================
>>> world_print()
==============================
World!
==============================
```

@을 이용한 데코레이터는 여러 개를 한 번에 지정할 수 있다. 다음과 같이 함수 위에 데코레이터를 여러 줄로 지정해 주기만 하면 된다. 이때 데코레이터가 실행되는 순서는 위에서 아래로 차례로 실행된다.

```
>>> def up_bar(func):
        def bars():
            print("=" * 30)
            func()
        return bars

>>> def down_bar(func):
        def bars():
            func()
            print("=" * 30)
        return bars

>>> @up_bar
@down_bar
def hello_world():
    print("Hello World!")

>>> hello_world()
==============================
Hello World!
==============================
```

8.5. 연습문제

8-1. 다음 괄호 부분을 채우시오.

① 함수 내에서 정의된 변수는 (　　)라고 불리며, 함수 안에서만 사용할 수 있다.

② 함수의 외부에서 정의된 변수를 (　　　)라고 하며, 함수 내에서 외부에서 정의된 변수를 사용하기 위해서 (　　　) 예약어를 이용한다.

③ 함수의 매개변수는 함수 내에서 (　　　)와 같은 방식으로 사용된다.

④ (　　　)를 사용하면 함수의 코드를 변경하지 않고 사용하고 있는 함수에 부가적인 기능을 추가할 수 있다.

⑤ 어떤 함수의 내부에서 정의된 함수는 바깥 함수로부터 생성된 변수의 값을 변경할 수 있으며, 이를 (　　　)라고 한다.

8-2. 다음 프로그램의 실행 결과를 적고 그 이유를 설명하시오.

```
# 연습문제 8-2

def func():
    val1 = 10
    global val2
    val2 = 20
    print("val1 = %d, val2 = %d" % (val1, val2))

val1 = 1
val2 = 2
print("val1 = %d, val2 = %d" % (val1, val2))
func()
print("val1 = %d, val2 = %d" % (val1, val2))
```

8-3. 다음과 같이 어떤 함수가 호출되면 "======== start ========"를 출력하는 startFunc() 데코레이터와, 함수가 끝나면 "======== end ========"를 출력하는 endFunc() 데코레이터를 정의하시오.

```
>>> @startFunc
@endFunc
def hello_world():
    print("Hello World")


>>> hello_world()
======= start =======
Hello World
======= end =======
```

Chapter 09

모듈, 패키지, 프로그램

제 9 장 모듈, 패키지, 프로그램

지금까지 만들었던 파이썬 프로그램은 거의 대부분 print()와 같은 내장함수를 주로 사용하였다. 그러나 파이썬의 가장 큰 장점은 내장함수 뿐만 아니라 다른 사람들이 특정한 목적을 위하여 만들어 놓은 외부 기능들이 많다는 것이다. 따라서 이러한 외부 기능들을 불러와서 사용한다면 조금 더 복잡한 프로그램을 쉽게 만들 수 있다.

우리는 이미 앞에서 외부 기능을 불러와 사용한 적이 있다. 바로 거북이 그래픽에서 import turtle을 이용하여 프로그램을 만든 것을 기억할 것이다. turtle과 같이 외부 기능을 담고 있는 것을 모듈이라고 한다. 모듈은 각종 변수, 함수, 그리고 뒤에서 배우게 될 클래스를 담고 있는 파일이며, .py의 확장자를 가진 파이썬 스크립트 파일이다. 그리고 이러한 모듈 여러 개를 특정 기능과 관련하여 묶어 놓은 것을 패키지라고 한다.

9.1. 프로그램에 모듈 추가하기

거북이 그래픽에서 사용해 봤던 import turtle과 같이 import문을 이용하면 쉽게 모듈을 프로그램에 포함시킬 수 있다. 그러나 모듈을 단순히 import문을 이용해서 사용하는 것 외에 여러 가지 방법들이 있으니 용도에 맞게 적절히 선택하여 사용할 수 있다.

9.1.1. import를 이용한 모듈 추가

모듈을 프로그램에 포함시키는 가장 간단한 방법은 단순히 import 뒤에 모듈 이름을 이용하는 것이다. 이렇게 추가한 모듈은 모듈 이름을 이용하여 모듈 내에 있는 변수 또는 함수 등을 사용할 수 있다. 다음은 파이썬에서 수학 계산을 위한 모듈 math를 추가하여 사용한 예이다.

```
>>> import math
```

```
>>> math.sqrt(4)
2.0
```

import math 문장을 이용하여 math 모듈을 현재의 프로그램에 추가하고, math.sqrt(4)와 같이 모듈이름.함수() 또는 모듈이름.변수와 같은 형식을 사용하면 모듈 내에 포함되어 있는 함수 또는 변수들을 직접 사용할 수 있다. 여기서 sqrt() 함수는 제곱근을 계산하기 위한 함수이다. math 모듈에 포함되어 있는 다른 함수 또는 변수들에 대한 내용은 10장에서 자세히 설명한다.

만약 사용해야 하는 모듈이 많다면 한 번에 여러 개의 모듈을 추가할 수도 있다. 다음과 같이 import 뒤에 추가하고자 하는 모듈을 콤마(,)를 이용하여 나열하면 해당 모듈이 모두 추가된다.

```
>>> import math, statistics
>>> math.sqrt(4)
2.0
>>> statistics.mean([1, 2, 3, 4, 5])
3
```

statistics 모듈은 통계 계산을 위하여 사용할 수 있는 모듈이며, mean() 함수는 시퀀스 자료형의 평균을 계산하는 용도로 사용한다.

import문을 이용하여 모듈을 추가할 때 주의할 사항은 추가하고자 하는 모듈이 반드시 현재 실행되고 있는 파이썬 스크립트 파일의 위치와 동일한 위치에 있거나, 또는 파이썬 환경 설정에서 path 설정이 되어있어야 한다는 것이다. 파이썬 환경 설정에서 path 설정과 관련된 정보를 확인하는 방법은 import sys를 이용하여 sys 모듈을 추가하고, sys.path를 이용하여 path를 확인하면 된다. 아래의 예에서 UserName과 폴더 위치는 시스템 환경 및 설치 위치에 따라 바뀔 수 있다.

```
>>> import sys
>>> sys.path
[' ', 'C:\\python',
'C:\\Users\\UserName\\AppData\\Local\\Programs\\Python\\Python37-32 \\Lib\\idlelib',
'C:\\Users\\UserName\\AppData\\Local\\Programs\\Python\\Python37-32 \\python37.zip',
'C:\\Users\\UserName\\AppData\\Local\\Programs\\Python\\Python37-32 \\DLLs',
'C:\\Users\\UserName\\AppData\\Local\\Programs\\Python\\Python37-32
\\lib', 'C:\\Users\\UserName\\AppData\\Local\\Programs\\Python\\Python37-32',
'C:\\Users\\UserName\\AppData\\Roaming\\Python\\Python37\\site-packages',
```

```
'C:\\Users\\UserName\\AppData\\Local\\Programs\\Python\\Python37-32\\lib\\site-packag
es']
```

9.1.2. import ~ as ~를 이용한 모듈 이름 지정

거북이 그래픽을 배울 때 import turtle as t를 기억할 것이다. 만약 모듈이 긴 이름을 갖는다면 모듈의 이름을 매번 입력하는 수고를 덜어주기 위하여 as 뒤에 모듈의 새로운 이름을 지정할 수 있다. 위에서 제곱근을 계산하는 프로그램을 모듈의 이름을 지정하여 다음과 같이 다시 만들어보자.

```
>>> import math as ma
>>> ma.sqrt(4)
2.0
>>> math.sqrt(4)
Traceback (most recent call last):
  File "<pyshell#14>", line 1, in <module>
    math.sqrt(4)
NameError: name 'math' is not defined
```

import math as ma라는 문장은 math 모듈을 ma로 사용하겠다는 의미이다. 따라서 위와 같이 모듈을 프로그램에 추가하면 math.sqrt(4)가 아니라 ma.sqrt(4)와 같이 사용해야 한다. 만약 math라는 이름을 사용할 경우 위와 같이 오류가 발생한다.

9.1.3. from ~ import ~를 이용하여 모듈의 일부만 사용

모듈을 추가할 때 해당 모듈에는 많은 수의 함수가 포함된다. 그러나 모듈 내에서 사용할 함수가 정해져 있다면 import문을 이용해서 모듈 전체를 추가하는 것은 컴퓨터 자원에 낭비가 발생할 수 있다. 이때 from ~ import ~문을 이용해서 모듈 내의 일부만 추가할 수도 있다. 다음의 예제를 살펴보자.

```
>>> from math import sqrt
>>> sqrt(4)
2.0
```

from math import sqrt 문장은 math 모듈에서 sqrt() 함수를 가져온다. 함수를 가져온 이후에는 sqrt(4)와 같이 math를 붙이지 않고 직접 함수 이름을 이용하여 호출할 수 있다. 자주 사용하지는 않지만 모듈 내의 모든 함수, 변수, 클래스를 한 번에 가져올 수 있는 방법도 있다. 다음과 같이 from 모듈명 import *을 사용하면 모듈 내의 모든 함수, 변수, 클래스를 가져온다.

```
>>> from math import *
>>> sqrt(4)
2.0
>>> floor(0.7)
0
>>> pi
3.141592653589793
```

위의 예에서 floor() 함수는 소숫점 이하의 숫자를 버릴 때 사용하는 함수이다. 위와 같이 from math import * 와 같이 사용하면 모듈의 이름을 사용하지 않고 모듈 내의 모든 함수, 변수 등에 접근할 수 있다. 이때 import math와 from math import *의 차이점은 다음과 같다. import math의 경우 math 모듈 내의 모든 함수, 변수, 클래스에 접근할 수 있지만 반드시 모듈 이름 math를 사용해서 math.sqrt(4) 또는 math.pi와 같이 사용해야 한다. 반면 from math import *을 이용한 모듈 추가는 모듈의 이름을 사용하지 않고 sqrt(4), pi와 같이 단독으로 사용할 수 있다. 그러나 from 모듈명 import * 구문을 이용하여 모듈 내의 함수 또는 변수를 사용하는 것이 편리하더라도 모듈 전체를 추가할 때는 import 모듈명을 이용하는 것이 좋다. from ~ import *과 같이 모듈 내의 모든 함수, 변수 등을 추가하는 구문은 프로그램 내에 추가하는 모듈이 많아질 경우 함수 또는 변수의 이름이 서로 다른 모듈에서 중복될 수 있기 때문에 가급적 사용을 자제하는 것이 좋으며, *을 사용하지 않고 모듈 내의 특정 함수 또는 변수만 추가할 때 사용하는 것을 추천한다.

9.1.4. from ~ import ~ as ~ 를 이용하여 일부를 가져온 모듈에 이름 지정

from ~ import ~를 이용하여 가져온 모듈에도 as를 이용하여 이름을 지정할 수 있다. 만약 모듈 내에 여러 개의 함수 또는 변수 등을 가져올 때는 from 모듈명 import 함수1 as 이름1, 함수2 as 이름2와 같이 콤마를 이용하여 이름을 지정하면 된다.

```
>>> from math import sqrt as sq
>>> sq(4)
2.0
```

9.1.5. 가져온 모듈 해제

모듈을 가져온 후 사용이 끝나면 모듈을 해제하여 더 이상 사용할 수 없도록 만들 수 있다. del 연산자를 이용하면 변수를 삭제하는 것과 같이 가져온 모듈을 해제한다. 만약 해제한 모듈을 사용하려고 하면 다음과 같이 오류가 발생하기 때문에 주의해야 한다.

```
>>> import math
>>> math.sqrt(4)
2.0
>>> del math
>>> math.sqrt(4)
Traceback (most recent call last):
  File "<pyshell#15>", line 1, in <module>
    math.sqrt(4)
NameError: name 'math' is not defined
```

9.2. 모듈 만들기

지금까지 프로그램에 모듈을 추가하여 외부 기능을 사용하는 방법을 배웠다. 그러나 이러한 외부 기능들뿐만 아니라 자신만의 모듈을 작성하여 프로그램에 추가할 수도 있다. 파이썬을 이용하여 프로그램을 만들다 보면 비슷한 함수를 자주 사용하는 경우가 있다. 이때마다 함수를 새로 작성하면 프로그램의 길이도 길어지고, 작업이 중복되어 효율이 떨어진다. 이럴 때는 자주 사용하는 기능을 모듈 또는 패키지로 만들어서 나중에 다시 재사용할 수 있다.

앞에서 설명한 것과 같이 모듈은 변수, 함수, 클래스를 모아 놓은 파이썬 스크립트 파일이다. 그리고 패키지는 이러한 모듈 여러 개를 하나로 묶어 놓은 것이다. 일반적으로 모듈은 간단한 기능을 담을 때 유용하며, 패키지는 프로그램의 규모가 큰 작업과 복잡한 작업에 사용한다. 이제 모듈을 만들어 보자.

9.2.1. 모듈 생성

파이썬에서 모듈을 만드는 방법은 어렵지 않다. 바로 .py 확장자를 갖는 파이썬 스크립트 파일을 생성하기만 하면 모듈이 완성된다. 이때 파일의 이름이 모듈의 이름이 되며, import 문장을 이용하여 모듈을 추가하면 파일 내에 정의되어 있는 함수 또는 변수 등을 사용할 수 있다. 다음과 같이 두 수의 합을 구하는 프로그램을 만들고 op1.py라는 이름으로 저장하자.

```
# 합을 구하는 프로그램
# op1.py

def add(a, b):
    return a + b
```

파일을 저장했으면 모듈이 완성된 것이다. 이때 저장한 폴더의 위치를 잘 기억해야 한다. 앞에서 설명한 것과 같이 파이썬 모듈은 현재 파이썬이 실행중인 위치와 path가 지정된 곳에 있는 것만 추가할 수 있다. 만약 파이썬 스크립트 파일을 만들어서 모듈을 import할 경우에는 동일한 폴더에 위치하기만 하면 되지만, 파이썬 쉘에서 직접 실행시킬 경우에는 현재 위치를 모듈을 저장한 위치로 변경해야 한다. 만약 시작메뉴를 통하여 파이썬 쉘을 실행시켰으면 일반적으로 파이썬이 설치된 폴더에서 파이썬이 실행되며, 파이썬 쉘이 실행되고 있는 위치를 확인하는 방법은 다음과 같다.

```
>>> import os
>>> os.getcwd()
'C:\\Users\\UserName\\AppData\\Local\\Programs\\Python\\Python37-32'
```

본 교재에서는 op1.py 파일을 "C:₩Python" 폴더에 저장하였다. 해당 위치로 쉘의 실행 지점을 변경하는 방법은 다음과 같다.

```
>>> os.chdir("C:/Python")
>>> os.getcwd()
'C:\\Python'
```

파이썬 모듈을 저장한 위치와 현재 쉘의 실행 위치가 같기 때문에 모듈을 추가한 후 사용할 수 있다.

```
>>> import op1
>>> op1.add(10, 20)
30
```

만약 모듈이 저장된 폴더와 현재 실행중인 폴더의 위치가 동일하지 않다면 다음과 같이 오류가 발생한다.

```
>>> import os
>>> os.getcwd()
'C:\\Users\\UserName\\AppData\\Local\\Programs\\Python\\Python37-32'
>>> import op1
Traceback (most recent call last):
  File "<pyshell#2>", line 1, in <module>
    import op1
ModuleNotFoundError: No module named 'op1'
```

9.2.2. if __name__ == "__main__"

파이썬 모듈은 단순히 파이썬 스크립트 파일이다. 따라서 기존에 작성한 프로그램도 모듈로 활용할 수 있다. 앞에서 작성한 op1.py를 다음과 같이 변경한 후 op2.py로 새롭게 저장해 보자.

```
1  # 합을 구하는 프로그램
2  # op2.py
3
4  def add(a, b):
5      return a + b
6
7  result = add(10, 20)
8  print(result)
```

실행 결과

```
30
```

위의 프로그램은 함수 정의 부분과 함수 호출 부분이 모두 포함되어 있는 완전한 프로그램이다. 따라서 7번과 8번 라인 때문에 실행 결과 30을 출력한다. 위의 프로그램을 import 문을 이용하여 모듈로 추가해보자.

```
>>> import op2
30
>>> op2.add(100, 200)
300
```

```
>>> print(result)
30
```

모듈은 import문을 실행하면 내부의 파이썬 스크립트 전체를 가져와서 사용할 수 있다. op2.py에는 add() 함수를 정의하는 문장뿐만 아니라 result 변수와 add() 함수의 호출, 그리고 print() 함수를 이용한 출력문이 모두 포함되어 있다. 따라서 import op2 문장을 실행하면 op2.py 파일 내의 8번 라인까지 함께 가져오기 때문에 10 + 20의 결과까지 함께 출력된다. 그리고 별도로 result 변수를 정의하지 않고도 result 변수가 만들어지며, 출력까지 가능하다. 즉 모듈을 추가할 때 원하지 않는 변수가 정의될 수 있으며, 함수 또한 호출될 수 있다. 프로그램 내에서 다음과 같이 if __name__ == '__main__':을 지정하면 모듈을 프로그램에 추가할 때 자동으로 실행되는 코드를 방지할 수 있다. op2.py 프로그램을 다음과 같이 변경한 후 op3.py로 새롭게 저장해 보자.

```
# 합을 구하는 프로그램
# op3.py

def add(a, b):
    return a + b

if __name__ == '__main__':
    result = add(10, 20)
    print(result)
```

실행 결과

```
30
```

파이썬 쉘의 [Run] – [Run Module] 메뉴를 선택하면 프로그램이 정상적으로 실행되고 결과도 출력되는 것을 확인할 수 있다. 그렇다면 이렇게 작성한 모듈을 import문을 이용하여 추가해 보자.

```
>>> import op3
>>> op3.add(100, 200)
300
```

op3 모듈을 import할 때 모듈 내의 print() 함수가 실행되지 않은 것을 알 수 있다. 또한 op3 모듈에 포함되어 있는 add() 함수도 호출할 수 있다. 이와 같이 모듈 사용을 위해서 파이썬 스크립트 파일을 만들 때 코드 내에 if __name__ == '__main__':을 사용하면 파일을 직접 실행했을 때 if문 내부의 문장이 실행되고, 모듈을 불러서 사용했을 때는 if문 내부의 문장이 실행되지 않는다.

9.3. 패키지 만들기

파이썬 스크립트 파일에 포함되어 있는 함수, 변수 등은 모듈로써 다른 프로그램에 추가할 수 있다. 만약 폴더에 여러 개의 스크립트 파일이 존재한다면 이 모든 모듈은 패키지로 관리할 수 있다. 즉 파이썬 패키지는 폴더(디렉터리)로 구성되어 있는 여러 개의 스크립트 파일이라고 생각하면 된다. 예를 들어 다음과 같이 C:₩Python 폴더 내에 calc 폴더가 있고, calc 폴더 내부에 __init__.py와 add_sub.py 그리고 mult_div.py와 같이 세 개의 파일을 만들 것이다.

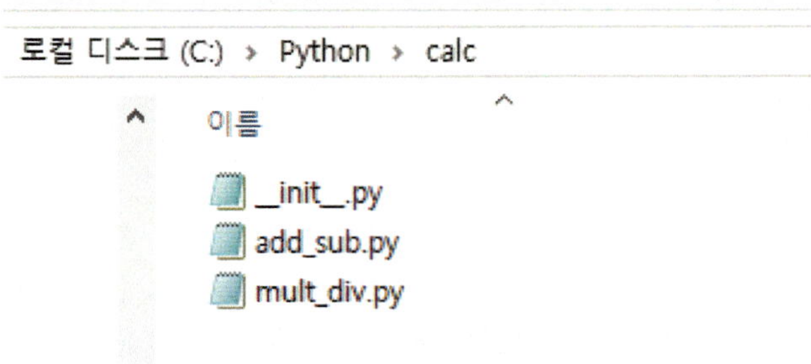

세 개의 파이썬 스크립트 파일 중에서 __init__.py의 내용은 다음과 같다.

```
# 이 파일은 해당 폴더가 패키지의 일부임을 알립니다.
# __init__.py

__all__ = ["add_sub", "mult_div"]
```

__init__.py 파일은 파일이 위치하고 있는 폴더가 파이썬 패키지의 일부임을 나타내기 위하여 사용되는 파일이며, 내부는 비워둘 수 있다. 만약 폴더에 __init__.py 파일이 없다면 파이썬 3.3 이전 버전에서는 해당 폴더를 패키지로 인식하지 않는다. 다만 현재 우리가 사

용하고 있는 파이썬 버전이 3.10.x이기 때문에 해당 파일은 없어도 되지만 하위 버전에도 호환되도록 포함시키는 것을 권장한다.

__init__.py 파일의 주 용도가 패키지의 일부임을 나타내기 위함이기는 하지만, 특별한 용도가 있다. 바로 4번 라인의 __all__ = ["add_sub", "mult_div"]이다. 패키지를 파이썬 프로그램에 추가하는 방법은 모듈을 추가하는 방법과 비슷하다. 즉 import 패키지명.모듈명을 이용하여 패키지 내의 모듈을 추가할 수 있다. 또한 모듈을 추가할 때 from ~ import ~를 이용하여 모듈의 일부만 추가할 수도 있듯이 패키지도 일부만 추가할 수 있다. __all__는 패키지를 from 패키지명 import *를 이용하여 추가할 때 import되는 모듈을 나타낸다. 즉, __all__ = ["add_sub", "mult_div"]은 from calc import *을 이용하여 모듈을 추가할 때 add_sub 모듈과 mult_div 모듈을 추가하겠다는 의미이다. 만약 4번 라인의 문장이 없다면 from calc import *를 이용하여 모듈을 추가할 경우 어떠한 모듈도 추가되지 않는다.

덧셈과 뺄셈을 구하기 위한 모듈 add_sub.py와 곱셈과 나눗셈을 구하기 위한 모듈 mult_div.py 스크립트 파일의 내용은 다음과 같다.

```
# 덧셈과 곱셈을 구하기 위한 모듈
# add_sub.py

def add(a, b):
    return a + b

def sub(a, b):
    return a - b
```

```
# 곱셈과 나눗셈을 구하기 위한 모듈
# mult_div.py

def mult(a, b):
    return a * b

def div(a, b):
    if b != 0:
        return a / b
    else:
        print("0으로 나눌 수 없습니다")
        return
```

이제 패키지가 완성되었다. 파이썬의 패키지는 특별한 것이 아니라 파이썬 스크립트 파일들을 모아놓은 폴더라는 것을 기억하자. 이제 완성된 패키지를 프로그램에 추가한 후 사용할 수 있다. 패키지는 모듈을 모아놓은 것이고, 실제 프로그램에서 사용하는 것은 모듈이다. 따라서 앞에서 설명한 것과 같이 import 패키지명.모듈명 문장을 이용해서 모듈을 추가해야 한다. 또한 모듈 내의 함수 또는 변수를 호출할 때는 패키지명.모듈명.함수명()과 같은 형태로 호출해야 한다. 다음의 예제를 살펴보자.

```
>>> import calc.add_sub
>>> calc.add_sub.add(10, 20)
30
```

만약 패키지명 자체를 import를 이용하여 추가하면, 어떠한 모듈도 사용할 수 없으니 주의해야 한다.

```
>>> import calc
>>> calc.add_sum.add(10, 20)
Traceback (most recent call last):
  File "<pyshell#1>", line 1, in <module>
    calc.add_sum.add(10, 20)
AttributeError: module 'calc' has no attribute 'add_sum'
```

패키지명.모듈명.함수명()과 같이 사용하는 방식은 함수 하나를 호출하기 위해서 키보드를 많이 쳐야 하기 때문에 매우 불편하다. 따라서 일반적으로 패키지를 사용할 때는 from 패키지명 import 모듈명을 더 많이 사용한다.

```
>>> from calc import add_sub
>>> add_sub.add(10, 20)
30
```

또는 from 패키지명.모듈명 import 함수(또는 변수)와 같은 형식을 사용할 수도 있다.

```
>>> from calc.add_sub import add
>>> add(10, 20)
30
```

9.4. 외부 모듈 및 패키지 추가하기

지금까지 모듈과 패키지를 만들고 이용하는 방법에 대하여 배웠다. 자주 사용하는 기능을 모듈과 패키지로 만들어서 사용하면 프로그램을 만드는 시간을 줄일 수 있다. 또한 프로그램을 구조적으로 분리할 수 있기 때문에 유지보수가 쉽고 작업 능률이 향상시킬 수 있다. 그리고 파이썬의 모듈과 패키지는 단순히 파이썬 스크립트 파일로 구성되어있기 때문에 배포하기도 편리하다.

파이썬의 가장 큰 장점으로 알려진 것이 바로 다른 사람들이 이미 제작해서 배포하고 있는 모듈과 패키지가 많다는 것이다. 특히 콘솔(윈도우즈의 경우 명령 프롬프트)에서 간단한 명령만 입력하면 현재 컴퓨터에 설치되어 있는 모듈과 패키지를 편리하게 확인할 수 있으며, 파이썬 패키지 인덱스(Python Package Index, PyPI)를 통하여 새로운 것들을 쉽게 다운로드할 수가 있다.

9.4.1. pip를 이용한 패키지 설치

pip는 파이썬 패키지 인덱스의 패키지 관리를 위한 프로그램이며, 파이썬을 설치할 때 자동으로 설치된다. 그러나 파이썬 3.4 이전 버전은 별도의 설치 과정을 거쳐야 한다. pip를 이용하면 패키지를 설치하고, 이미 설치된 패키지를 업데이트하거나 삭제할 수 있다. pip는 콘솔 환경에서 실행되기 때문에 반드시 명령 프롬프트 창을 이용하여 실행해야 한다. 다음과 같이 명령 프롬프트를 실행한다. 이때 몇몇 컴퓨터에서는 권한 문제로 파이썬 패키지가 실행되지 않을 수가 있다. 이때는 마우스 오른쪽 버튼을 누른 후 관리자 권한으로 명령 프롬프트를 실행하면 해결할 수 있다.

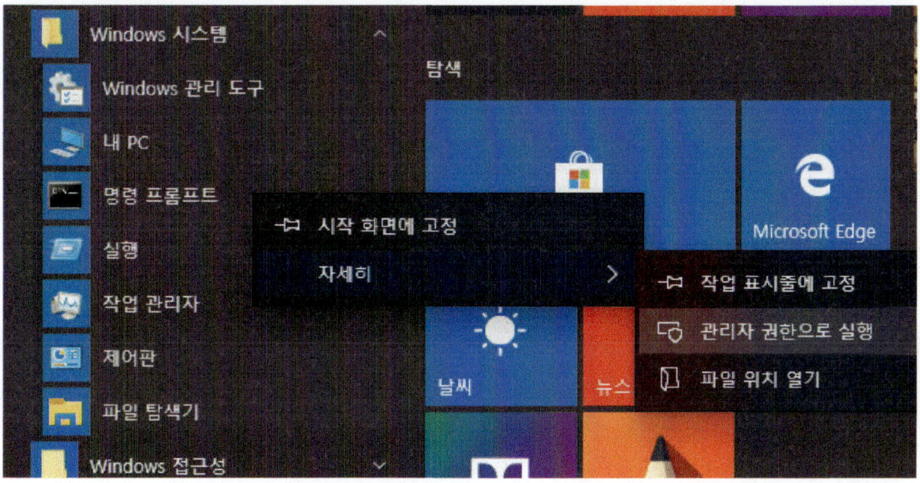

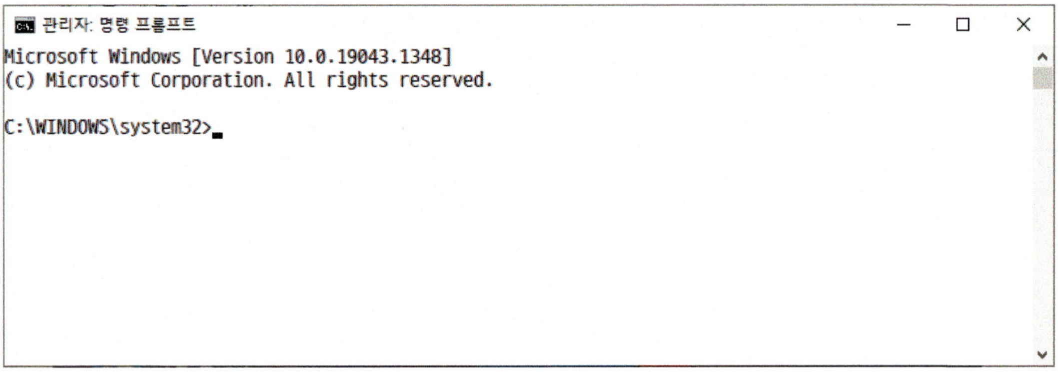

다음은 pip를 이용하여 패키지를 관리할 때 자주 사용하는 명령어이다.

용도	사용법
패키지 검색	pip search 패키지명
패키지 설치	pip install 패키지명
패키지 삭제	pip uninstall 패키지명
패키지 업데이트	pip install --upgrade 패키지명
설치된 패키지 확인	pip show 패키지명
설치된 전체 패키지 확인	pip list

pip search를 이용하면 파이썬 패키지 인덱스에서 배포하고 있는 패키지를 패키지 이름으로 검색할 수 있다. 만약 설치된 패키지일 경우 installed와 함께 현재 설치된 버전이 함께 표시된다. pip install을 이용하면 패키지를 설치할 수 있다. 만약 설치하고자 하는 패키지가 다른 패키지를 필요로 한다면 함께 설치된다. 그리고 pip install --upgrade를 이용하면 설치된 패키지를 최신 버전으로 업데이트 할 수 있다. pip uninstall은 설치된 패키지를 삭제한다. 현재 설치된 패키지를 패키지 이름으로 확인하고자 할 때는 pip show 명령어를 사용한다. 그리고 설치된 전체 패키지를 확인하고자 할 때는 pip list를 사용하면 설치된 패키지와 함께 버전 정보를 확인할 수 있다.

이제 pip 사용 방법을 배웠으니 패키지를 설치해보자. 지금 설치할 패키지는 pyinstaller라는 패키지로, 다음 절에서 배우게 될 파이썬 스크립트 파일을 실행파일로 만들 때 사용하는 패키지이다. 다음과 같이 명령 프롬프트에서 pip install pyinstaller를 실행하자.

```
관리자: 명령 프롬프트
Microsoft Windows [Version 10.0.18362.356]
(c) 2019 Microsoft Corporation. All rights reserved.

C:\WINDOWS\system32>pip install pyinstaller
```

명령어를 입력하고 엔터를 치면 pip가 실행되며, 다음 그림과 같이 패키지가 설치된다.

```
명령 프롬프트
Microsoft Windows [Version 10.0.19043.1288]
(c) Microsoft Corporation. All rights reserved.

c:\Python>pip install pyinstaller
Collecting pyinstaller
  Downloading pyinstaller-4.7-py3-none-win_amd64.whl (2.0 MB)
     |████████████████████████████████| 2.0 MB 6.4 MB/s
Requirement already satisfied: pywin32-ctypes>=0.2.0 in c:\users\eye4eye\appdata\local\programs\python\python31
0\lib\site-packages (from pyinstaller) (0.2.0)
Requirement already satisfied: pefile>=2017.8.1 in c:\users\eye4eye\appdata\local\programs\python\python310\lib
\site-packages (from pyinstaller) (2021.9.3)
Requirement already satisfied: pyinstaller-hooks-contrib>=2020.6 in c:\users\eye4eye\appdata\local\programs\pyt
hon\python310\lib\site-packages (from pyinstaller) (2021.3)
Requirement already satisfied: altgraph in c:\users\eye4eye\appdata\local\programs\python\python310\lib\site-pa
ckages (from pyinstaller) (0.17.2)
Requirement already satisfied: setuptools in c:\users\eye4eye\appdata\local\programs\python\python310\lib\site-
packages (from pyinstaller) (57.4.0)
Requirement already satisfied: future in c:\users\eye4eye\appdata\local\programs\python\python310\lib\site-pack
ages (from pefile>=2017.8.1->pyinstaller) (0.18.2)
Installing collected packages: pyinstaller
Successfully installed pyinstaller-4.7

c:\Python>
```

pip show pyinstaller 명령어를 입력하면 설치된 pyinstaller 패키지 정보를 확인할 수 있다.

```
명령 프롬프트
Microsoft Windows [Version 10.0.19043.1288]
(c) Microsoft Corporation. All rights reserved.

c:\Python>pip show pyinstaller
Name: pyinstaller
Version: 4.7
Summary: PyInstaller bundles a Python application and all its dependencies into a single package.
Home-page: http://www.pyinstaller.org/
Author: Hartmut Goebel, Giovanni Bajo, David Vierra, David Cortesi, Martin Zibricky
Author-email:
License: GPLv2-or-later with a special exception which allows to use PyInstaller to build and distri
bute non-free programs (including commercial ones)
Location: c:\users\eye4eye\appdata\local\programs\python\python310\lib\site-packages
Requires: setuptools, altgraph, pywin32-ctypes, pefile, pyinstaller-hooks-contrib
Required-by:

c:\Python>
```

pip uninstall pyinstaller 명령어를 입력하면 설치된 pyinstaller 패키지를 삭제할 수 있다. 이때는 설치 삭제 확인 메시지가 나오며, y 또는 Y 키를 입력하면 삭제가 진행되고, n 또는 N 키를 입력하면 삭제가 취소된다.

```
명령 프롬프트
c:\Python>pip uninstall pyinstaller
Found existing installation: pyinstaller 4.7
Uninstalling pyinstaller-4.7:
  Would remove:
    c:\users\eye4eye\appdata\local\programs\python\python310\lib\site-packages\pyinstaller-4.7.dist-i
nfo\*
    c:\users\eye4eye\appdata\local\programs\python\python310\lib\site-packages\pyinstaller\*
    c:\users\eye4eye\appdata\local\programs\python\python310\scripts\pyi-archive_viewer.exe
    c:\users\eye4eye\appdata\local\programs\python\python310\scripts\pyi-bindepend.exe
    c:\users\eye4eye\appdata\local\programs\python\python310\scripts\pyi-grab_version.exe
    c:\users\eye4eye\appdata\local\programs\python\python310\scripts\pyi-makespec.exe
    c:\users\eye4eye\appdata\local\programs\python\python310\scripts\pyi-set_version.exe
    c:\users\eye4eye\appdata\local\programs\python\python310\scripts\pyinstaller.exe
Proceed (Y/n)?
  Successfully uninstalled pyinstaller-4.7

c:\Python>B
```

지금까지 pip를 사용해서 파이썬의 모듈과 패키지를 설치하고 관리하는 방법에 대하여 살펴보았다. 파이썬의 가장 큰 장점 중에 하나는 이미 만들어져 배포되고 있는 모듈이 매우 많다는 것이다. 파이썬 패키지 인덱스 사이트(https://pypi.org/)에 방문해 보면 현재 20만개 이상의 프로젝트가 열려 있으며, 이는 모듈과 패키지 수가 그만큼 많다는 의미가 된다. 이들은 대부분분 앞에서 배운 import문을 이용하여 프로그램을 만들 때 추가해서 사용하지만, 지금 설치한 pyinstaller와 같이 실행프로그램인 경우도 있다. 현재 자주 사용하는 파이썬 패키지에 대한 몇 가지는 15장에서 소개하고 있으며, 이 외에도 매우 많은 파이썬 패키지가 있으니 인터넷 검색을 통하여 찾아서 사용해보기 바란다.

9.5. 실행파일 만들기

파이썬의 가장 큰 단점 중의 하나가 스크립트 파일 형태로 되어 있어서 실행 시에 반드시 파이썬이 필요하다는 것이다. 따라서 현재 작성한 프로그램을 다른 사람에게 배포할 때 파이썬을 설치하고, 스크립트 파일을 전달한 후 파이썬을 이용한 실행 방법까지 알려줘야 한다. 또한 파이썬 스크립트 파일은 단순한 텍스트 파일이기 때문에 그 내용을 직접 살펴볼 수 있어 보안이 필요한 부분에는 적합하지 않을 수 있다. 이럴 때 하나의 실행파일로 변경해서 전달할 수 있다면 이러한 문제가 해결된다. 앞에서 pip를 이용하여 설치한 pyinstaller 패키지는 파이썬으로 만든 스크립트 파일을 실행 프로그램(.exe)으로 만들어준다. 다음의 프로그램은 앞에서 작성했던 거북이 그래픽을 이용한 그림 그리기 프로그램이다.

```
# turtle을 이용한 그림 그리기 1
# turtle1.py

import turtle

for i in range (20):
    turtle.forward(100)
    turtle.right(90)
    turtle.forward(100)
    turtle.right(90)
    turtle.forward(100)
    turtle.right(90)
    turtle.forward(100)
    turtle.right(72)
```

위의 프로그램을 실행하기 위해서는 파이썬 쉘을 이용할 수도 있지만 1장에서 배운 것과 같이 python 명령어를 사용해서 실행할 수도 있다.

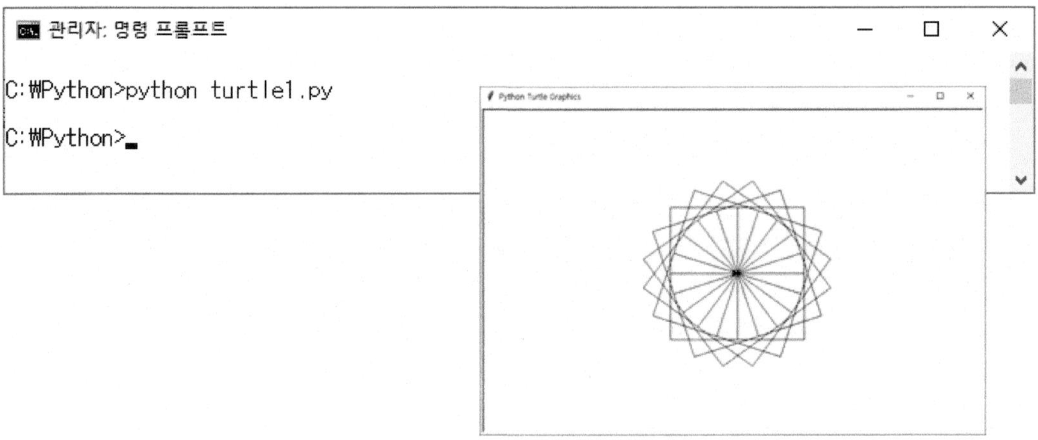

이제 turtle1.py 파일을 실행파일로 만들어보자. 다음의 그림과 같이 명령 프롬프트에서 pyinstaller를 이용하면 파이썬 스크립트 파일을 실행파일로 변환할 수 있다.

```
명령 프롬프트

c:\Python>pyinstaller turtle1.py
128 INFO: PyInstaller: 4.7
128 INFO: Python: 3.10.0
154 INFO: Platform: Windows-10-10.0.19043-SP0
156 INFO: wrote c:\Python\turtle1.spec
168 INFO: UPX is not available.
171 INFO: Extending PYTHONPATH with paths
['c:\\Python']
504 INFO: checking Analysis
515 INFO: Building because C:\Users\eye4eye\AppData\Local\Programs\Python\Python310\Lib\site-packages\PyInstall
er\hooks\rthooks\pyi_rth_inspect.py changed
516 INFO: Initializing module dependency graph...
521 INFO: Caching module graph hooks...
542 INFO: Analyzing base_library.zip ...
4406 INFO: Processing pre-find module path hook distutils from 'C:\\Users\\eye4eye\\AppData\\Local\\Programs\\P
ython\\Python310\\lib\\site-packages\\PyInstaller\\hooks\\pre_find_module_path\\hook-distutils.py'.
4408 INFO: distutils: retargeting to non-venv dir 'C:\\Users\\eye4eye\\AppData\\Local\\Programs\\Python\\Python
310\\lib'
5613 INFO: Caching module dependency graph...
5926 INFO: running Analysis Analysis-00.toc
5930 INFO: Adding Microsoft.Windows.Common-Controls to dependent assemblies of final executable
  required by C:\Users\eye4eye\AppData\Local\Programs\Python\Python310\python.exe
6277 INFO: Analyzing c:\Python\turtle1.py
```

그림과 같이 명령 프롬프트에서 pyinstaller turtle1.py를 입력하면 파이썬 실행파일이 만들어진다. 이때 turtle1.py는 명령어를 입력하고 있는 폴더에 위치해야 한다. 명령어를 입력하면 turtle1.spec 파일과 함께 하위 폴더로 build와 dist 폴더가 생성된다. spec 파일은 실행파일을 만들면서 사용하는 설정 등이 담겨있는 파일이며 사용하지 않는다. build 폴더에는 실행파일을 만들면서 생성되는 로그와 같은 임시 파일들이 담겨있다. 따라서 spec 파일과 build 폴더는 실행파일 생성 후 지워도 된다. dist 폴더 아래에는 파이썬 스크립트 파일과 이름이 같은 turtle1 폴더가 있으며, 해당 폴더에는 실행 가능한 turtle1.exe 파일이 위치하고 있다. 이제 turtle1.exe 파일을 마우스로 더블클릭하면 파일을 실행할 수 있다.

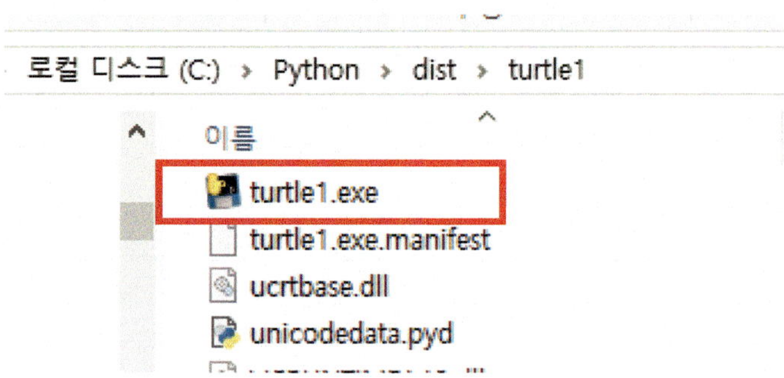

이와 같이 pyinstaller를 이용하면 실행파일을 만들 수 있다. 그러나 실제 프로그램을 실행해 보면 다음의 그림과 같이 명령 프롬프트 창과 함께 프로그램이 실행되는 것을 볼 수 있다.

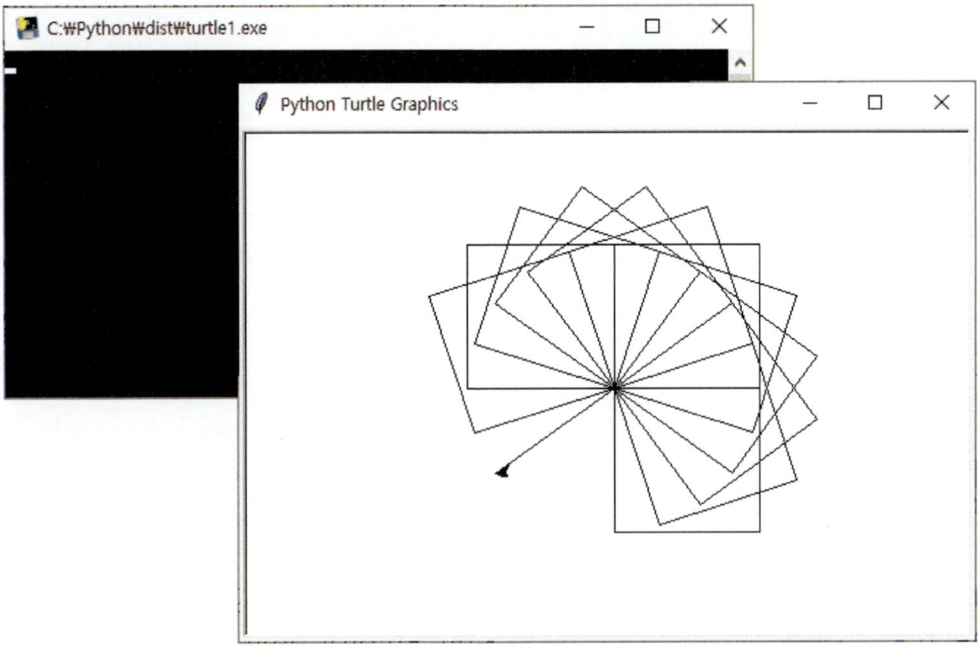

이와 같이 파이썬으로 만든 프로그램을 실행할 때 콘솔 창이 열리는 것을 방지하기 위해서 --windowed 옵션을 사용할 수 있다. 그리고 실행파일이 생성된 폴더에는 실행파일 외에 필요한 파일들이 많이 포함되어 있다. 따라서 파이썬이 설치되어 있지 않은 사람에게 프로그램을 배포할 때는 해당 폴더에 있는 파일 모두를 전달해야 한다. --onefile 옵션을 함께 입력하면 하나의 실행파일로 프로그램을 생성할 수도 있다. 다음과 같이 실행파일을 만들 때 --windowed 옵션과 함께 --onefile 옵션을 함께 입력하여 프로그램을 만들어 보자.

```
명령 프롬프트

c:\Python>pyinstaller --windowed --onefile turtle1.py
147 INFO: PyInstaller: 4.7
147 INFO: Python: 3.10.0
178 INFO: Platform: Windows-10-10.0.19043-SP0
180 INFO: wrote c:\Python\turtle1.spec
192 INFO: UPX is not available.
197 INFO: Extending PYTHONPATH with paths
['c:\\Python']
532 INFO: checking Analysis
729 INFO: checking PYZ
764 INFO: checking PKG
887 INFO: Bootloader C:\Users\eye4eye\AppData\Local\Programs\Python\Python310\lib\site-packages\PyInstaller\boo
tloader\Windows-64bit\runw.exe
887 INFO: checking EXE
889 INFO: Rebuilding EXE-00.toc because turtle1.exe missing
889 INFO: Building EXE from EXE-00.toc
890 INFO: Copying bootloader EXE to c:\Python\dist\turtle1.exe
920 INFO: Copying icon to EXE
921 INFO: Copying icons from ['C:\\Users\\eye4eye\\AppData\\Local\\Programs\\Python\\Python310\\lib\\site-packa
ges\\PyInstaller\\bootloader\\images\\icon-windowed.ico']
```

--onefile 옵션을 이용하여 실행파일을 만들면 dist 폴더 아래에 실행파일 한 개만 생성된 것을 확인할 수 있다. 이렇게 생성한 실행파일은 --onefile 옵션을 사용하지 않은 경우보다 실행파일의 용량이 크다는 단점이 있지만 하나의 파일만 전달하면 되기 때문에 편리한 장점이 있다. 이외에도 필요에 따라 여러 가지 옵션을 이용하여 실행파일을 생성할 수 있다.

9.6. 연습문제

9-1. 다음 괄호 부분을 채우시오.

① 모듈을 프로그램에 포함시키는 가장 간단한 방법은 단순히 (   ) 뒤에 모듈 이름을 적는 것이다.

② 가져온 모듈을 해제하기 위해서 (   ) 연산자를 사용한다.

③ 파이썬 모듈은 (   ) 확장자를 갖는 파이썬 스크립트 파일이다.

④ 콘솔 윈도우에서 (   ) 명령어를 이용하여 외부 모듈을 추가할 수 있다.

9-2. 다음과 같이 $n! = 1 \times 2 \times 3 \times \ldots \times n-1 \times n$을 계산하는 프로그램을 만들기 위하여 factorial() 함수를 포함하는 factorial 모듈을 만드시오.

```
>>> import factorial
>>> print("10! =", factorial.factorial(10))
10! = 3628800
```

Chapter 10

내장함수와 표준모듈

제10장 내장함수와 표준모듈

파이썬의 가장 큰 장점은 사용 방법이 쉽다는 것 외에 다른 사람들이 만들어 놓은 모듈 및 패키지의 다양성에 있다. 그러나 파이썬 자체에도 별도의 설치를 할 필요 없이 사용할 수 있는 여러 가지 함수와 모듈이 존재한다. 예를 들어 명령 프롬프트 화면에서 키보드를 통하여 입력받기 위하여 input() 함수를 사용하며, 화면에 출력하기 위하여 print() 함수를 사용한다. 또한 앞에서 배웠던 거북이 그래픽을 위하여 사용한 turtle 모듈은 파이썬 설치 시에 이미 자동으로 설치된 모듈이다. 이와 같이 어떠한 모듈 추가도 없이 사용할 수 있는 함수를 파이썬 내장함수라고 하며, pip 등을 이용하여 외부 모듈 추가 없이 사용할 수 있는 모듈을 파이썬 표준모듈이라고 한다. 지금부터 자주 사용하는 내장함수와 표준모듈에 대하여 알아보자.

10.1. 내장함수

파이썬 인터프리터에는 별도의 모듈 또는 패키지를 추가하지 않고 사용할 수 있는 함수가 이미 내장되어 있다. 다음은 내장함수들을 나열한 것이다.

파이썬 내장함수				
abs()	all()	any()	ascii()	bin()
bool()	berakpoint()	bytearray()	bytes()	callable()
chr()	classmethod()	compile()	complex()	delattr()
dict()	dir()	divmod()	enumerate()	eval()
exec()	filter()	float()	format()	frozenset()
getattr()	globals()	hasattr()	hash()	help()

hex()	id()	input()	int()	isinstance()
issubclass()	iter()	len()	list()	locals()
map()	max()	memoryview()	min()	next()
object()	oct()	open()	ord()	pow()
print()	property()	range()	repr()	reversed()
round()	set()	setattr()	slice()	sorted()
staticmethod()	str()	sum()	super()	tuple()
type()	vars()	zip()	__import__()	

위와 같이 파이썬에는 다양한 내장함수를 포함하고 있다. 그러나 이러한 함수를 모두 자주 사용하는 것은 아니며, 모두 기억할 필요는 없다. 여기서는 print(), input(), range()와 같이 이미 설명했던 함수를 포함하여 자주 사용하는 함수에 대하여 간단히 설명한다.

10.1.1. abs(), divmod(), max(), min(), pow(), round(), sum()

abs(), divmod(), max(), min(), pow(), round(), sum() 함수는 수학 관련 계산에 도움을 주는 함수이다.

10.1.1.1. abs()

abs() 함수는 숫자를 입력받았을 때, 해당 숫자의 절댓값을 반환한다. 만약 입력한 숫자가 복수일 경우 그 크기가 반환된다. 파이썬에서의 복소수는 본 교재에서 깊이 있게 다루지는 않지만, 1 + 2j와 같이 j를 이용하여 복소수의 허수부를 표현하고 변수에 저장할 수 있다.

```
>>> abs(10)
10
>>> abs(-10)
10
>>> abs(3+4j)
5.0
```

10.1.1.2. divmod()

두 개의 숫자를 인수로 사용하여 정수 나누기를 사용할 때의 몫과 나머지로 구성된 한 쌍의 튜플 값을 반환한다. 따라서 divmod(a, b)의 결과는 (a // b, a % b)이다.

```
>>> divmod(13, 3)
(4, 1)
```

10.1.1.3. max(), min(), sum()

max(), min(), sum() 함수는 모두 시퀀스 자료를 인수로 사용하며, max()는 최댓값, min()은 최솟값, sum()은 총합을 반환한다.

```
>>> values = [4, 5, 3, 1, 2]
>>> max(values)
5
>>> min(values)
1
>>> sum(values)
15
```

10.1.1.5. pow()

pow() 함수는 **연산자와 같이 거듭제곱을 구하기 위하여 사용하는 함수이다. pow(10, 2)의 형태로 호출하면, 10^2의 결과를 구할 수 있다.

```
>>> pow(10, 2)
100
```

10.1.1.6. round()

round() 함수는 소수점 이하를 반올림하기 위하여 사용한다. round(a)의 형태로 인수가 하나일 때는 소수점 이하의 자릿수를 모두 반올림하며, round(a, b)의 형태로 인수가 두 개일때는 소수점 이하 b자리까지만 반올림하여 표시한다.

```
>>> round(3.141592)
3
>>> round(3.141592, 2)
3.14
```

10.1.2. all(), any()

all()과 any() 함수는 시퀀스 자료형을 인수로 사용하여, 인수를 구성하고 있는 요소들의 논리 값을 계산하여 결과를 반환한다.

10.1.2.1. all()

all() 함수는 시퀀스 자료형을 인수로 받아서, 내부를 구성하고 있는 요소들이 모두 참이면 True, 거짓이 하나라도 포함되어 있으면 False 값을 반환한다.

```
>>> all([1, 2, 3, 4, 5])
True
>>> all([1, 2, 0, 4, 5])
False
```

10.1.2.2. any()

any() 함수는 시퀀스 자료형을 인수로 받아서, 내부를 구성하고 있는 요소들 중에서 하나라도 참이 있으면 True, 모두 거짓이면 False 값을 반환한다.

```
>>> any([1, 2, 0, 4, 'abc'])
True
>>> any(["", 0])
False
```

10.1.3 bin(), chr(), hex(), oct(), ord()

bin(), chr(), hex(), oct(), ord() 함수는 숫자와 문자열 사이의 변환 관계에 사용할 수 있는 함수들이다.

10.1.3.1. bin()

bin() 함수는 정수를 "0b"가 앞에 붙은 이진 문자열로 변환한다. 이때 변환되는 이진 값은 실제 컴퓨터에 저장되는 이진수 형태가 아닌 부호-비트 표현의 형식으로 반환된다.

```
>>> bin(7)
'0b111'
>>> bin(-7)
'-0b111'
```

10.1.3.2. chr()

chr() 함수는 정수를 입력받아서 해당 정수의 유니코드에 맞는 문자열을 돌려준다. 예를 들어 chr(65)는 대문자 'A' 문자열을 반환한다.

```
>>> chr(65)
'A'
>>> chr(97)
'a'
```

10.1.3.3. hex()

hex() 함수는 정수를 "0x" 접두사가 붙은 16진수 문자열로 변환한다. hex() 함수 역시 16진수 표현 시 부호-크기 표현 방법을 이용한다.

```
>>> hex(255)
'0xff'
>>> hex(-255)
'-0xff'
```

10.1.3.4. oct()

oct() 함수는 정수를 "0o"로 시작하는 8진수 문자열로 변환한다. oct() 함수 역시 음수 변환 시에 부호-크기 표현 방법을 이용한다.

```
>>> oct(10)
'0o12'
>>> oct(-10)
'-0o12'
```

10.1.3.5. ord()

ord() 함수는 chr() 함수와는 반대로 하나의 문자를 나타내는 문자열이 주어지면 해당 문자의 유니코드 코드 값을 반환한다.

```
>>> ord('A')
65
>>> ord('a')
97
```

10.1.4. bool(), dict(), float(), int(), list(), set(), str(), tuple()

bool(), dict(), float(), int(), list(), set(), str(), tuple() 함수는 각 자료형에 해당하는 객체를 생성하거나 변경하기 위해 사용한다. 자세한 사항은 해당 자료형 부분을 참고한다.

10.1.5. id(), type(), isinstance()

id(), type(), isinstance() 함수는 객체 정보를 확인하기 위한 함수이다.

10.1.5.1. id()

id() 함수는 객체를 입력받아 객체의 고유 주소를 돌려주는 함수이다. 객체의 고유 주소는 객체가 프로그램 내에서 존재하는 동안 유일하며, 바뀌지 않는 정수이다. 또한 수명이 겹치지 않는 두 개의 객체는 동일한 id() 값을 가질 수 있다.

```
>>> value = 10
>>> id(value)
1621124416
>>> id(10)
1621124416
```

예제를 수행한 결과 value 변수와 상수 10이 모두 고유 주소 값이 1621124416인 것을 확인할 수 있다. 따라서 변수 value와 상수 10이 모두 동일한 객체를 가리키고 있는 것을 알 수 있다. 이와 같이 파이썬에서는 상수 자체도 객체로 취급하여 고유 주소를 가지며, 변수에 값을 대입할 경우 값이 저장되는 것이 아니라 상수의 고유 주소가 변수에 저장된다.

10.1.5.2. type()

type() 함수는 이미 배운 바와 같이 입력 객체가 어떠한 자료형인지를 알려주는 함수이다.

```
>>> value = 10
>>> type(value)
<class 'int'>
>>> value = "abc"
>>> type(value)
<class 'str'>
```

```
>>> value = [1, 2, 3]
>>> type(value)
<class 'list'>
```

10.1.5.3. isinstance()

isinstance() 함수는 두 개의 인수를 가지며, 첫 번째 인수로 클래스의 인스턴스, 두 번째 인수로 클래스의 이름을 받는다. 여기서 인스턴스란 클래스를 이용하여 만든 객체라고 이해하면 되며, 자세한 내용은 11장 클래스에서 배운다. isinstance() 함수는 첫 번째 인수로 입력받은 객체가 두 번째 인수로 입력받은 클래스의 인스턴스인지를 판단하며, 참이면 True, 거짓이면 False 값을 반환한다.

```
>>> class Book:
        pass

>>> book1 = Book()
>>> isinstance(book1, Book)
True
>>> value = "abc"
>>> isinstance(value, Book)
False
```

10.1.6. dir()

dir() 함수는 객체가 갖고 있는 변수 또는 함수(메서드)를 보여준다. 다음 예는 우리가 앞에서 배웠던 turtle 모듈 내부에 있는 변수와 함수(메서드)를 확인한 것이다.

```
>>> import turtle as t
>>> dir(t)
['Canvas', 'Pen', 'RawPen', 'RawTurtle', 'Screen', 'ScrolledCanvas', 'Shape', 'TK', 'TNavigator', 'TPen',
'Tbuffer', 'Terminator', 'Turtle', 'TurtleGraphicsError', 'TurtleScreen', 'Turtle ScreenBase',
'Vec2D', '_CFG', '_LANGUAGE', '_Root', '_Screen', '_TurtleImage', '__all__', '__builtins__',
'__cached__', '__doc__', '__file__', '__forwardmethods', '__func_body', '__loader__', '__methodDict',
'__methods', '__name__', '__package__', '__spec__', '__stringBody', '_alias_list', '_make_
global_funcs', '_screen_docrevise', '_tg_classes', '_tg_screen_functions', '_tg_turtle_
functions', '_tg_utilities', '_turtle_docrevise', '_ver', 'addshape', 'back', 'backward',
'begin_fill', 'begin_poly', 'bgcolor', 'bgpic', 'bk', 'bye', 'circle', 'clear', 'clearscreen',
'clearstamp', 'clearstamps', 'clone', 'color', 'colormode', 'config_dict', 'deepcopy',
'degrees', 'delay', 'distance', 'done', 'dot', 'down', 'end_fill', 'end_poly', 'exitonclick',
```

```
'fd', 'fillcolor', 'filling', 'forward', 'get_poly', 'get_shapepoly', 'getcanvas', 'getmethparlist',
'getpen', 'getscreen', 'getshapes', 'getturtle', 'goto', 'heading', 'hideturtle', 'home',
'ht', 'inspect', 'isdown', 'isfile', 'isvisible', 'join', 'left', 'listen', 'lt', 'mainloop',
'math', 'mode', 'numinput', 'onclick', 'ondrag', 'onkey', 'onkeypress', 'onkeyrelease',
'onrelease', 'onscreenclick', 'ontimer', 'pd', 'pen', 'pencolor', 'pendown', 'pensize',
'penup', 'pos', 'position', 'pu', 'radians', 'read_docstrings', 'readconfig', 'register_
shape', 'reset', 'resetscreen', 'resizemode', 'right', 'rt', 'screensize', 'seth', 'setheading',
'setpos', 'setposition', 'settiltangle', 'setundobuffer', 'setup', 'setworldcoor dinates',
'setx', 'sety', 'shape', 'shapesize', 'shapetransform', 'shearfactor', 'showturtle', 'simpledialog',
'speed', 'split', 'st', 'stamp', 'sys', 'textinput', 'tilt', 'tiltangle', 'time', 'title',
'towards', 'tracer', 'turtles', 'turtlesize', 'types', 'undo', 'undobufferentries', 'up', 'update',
'width', 'window_height', 'window_width', 'write', 'write_docstringdict', 'xcor', 'ycor']
```

10.1.7. enumerate()

enumerate() 함수는 5장에서 배운 것과 같이 리스트, 튜플, 문자열과 같은 시퀀스 자료형을 입력으로 받아 인덱스를 포함하는 enumerate 객체를 반환한다. enumerate() 함수는 다음의 예와 같이 단독으로 사용 시 enumerate 객체를 반환하기 때문에 일반적으로 for문과 함께 사용한다.

```
>>> enumerate(["Kim", "Lee", "Park"])
<enumerate object at 0x0369E350>
>>> for i, v in enumerate(["Kim", "Lee", "Park"]):
    print(i, v)

0 Kim
1 Lee
2 Park
```

10.1.8. eval()

eval() 함수는 "1 + 2"와 같이 실행 가능한 문자열을 입력으로 받아 파이썬 코드로 변환하여 실행한 후 결과 값을 돌려주는 함수이다.

```
>>> eval("1 + 2")
3
>>> value = 10
>>> eval("pow(value, 2)")
100
```

10.1.9. help()

help() 함수는 파이썬에 내장된 도움말 시스템을 호출한다. 이 함수는 일반적으로 파이썬의 인터프리터 모드에서 함수 또는 객체에 대한 설명을 구할 때 사용한다. help() 함수를 호출할 때 인수가 제공되지 않을 경우 인터프리터 콘솔에서 대화형 도움말이 시작된다.

```
>>> help()

Welcome to Python 3.10's help utility!

If this is your first time using Python, you should definitely check out
the tutorial on the internet at https://docs.python.org/3.10/tutorial/.

Enter the name of any module, keyword, or topic to get help on writing
Python programs and using Python modules.  To quit this help utility and
return to the interpreter, just type "quit".

To get a list of available modules, keywords, symbols, or topics, type
"modules", "keywords", "symbols", or "topics".  Each module also comes
with a one-line summary of what it does; to list the modules whose name
or summary contain a given string such as "spam", type "modules spam".

help> abs
Help on built-in function abs in module builtins:

abs(x, /)
    Return the absolute value of the argument.

help>
```

위와 같이 도움말 시스템이 실행되면, 사용법을 알고자 하는 함수 또는 객체 등의 이름을 입력하면 도움말이 출력된다. 이때 abs(x, /)와 같이 함수의 매개변수 목록에 슬래시(/)가 표시되면, 슬래시 이전의 매개변수는 위치 전용 매개변수임을 의미한다. 이와 같이 실행된 도움말 시스템은 ctrl + c 키를 입력하여 종료할 수 있다.

help() 함수는 인수 없이 사용하면 도움말 시스템이 실행되지만, 인수를 직접 지정하여 해당 함수, 객체, 키워드 등의 설명을 직접 호출할 수도 있다. 이때 인수는 문자열로 전달하며, 해당 문자열과 이름이 같은 함수 등에 대한 설명이 출력된다.

```
>>> help(abs)
Help on built-in function abs in module builtins:

abs(x, /)
    Return the absolute value of the argument.
```

10.1.10. input(), print()

input()과 print() 함수는 이미 배운 것과 같이 파이썬에서 키보드 입력과 문자열 출력을 위해서 사용하는 함수이다. 자세한 내용은 2장의 입력과 출력 부분을 참고하기 바란다.

10.1.11. len()

len() 함수는 이미 배운 것과 같이 문자열의 길이 또는 시퀀스 자료형의 요소 개수를 반환하는 함수이다.

10.1.12. map()

map() 함수는 다른 함수의 이름과 시퀀스 객체를 인수를 사용하여 map() 함수의 인수로 전달받은 함수에 인수로 전달한 시퀀스 객체의 각 요소를 함수의 인수로 적용한 후 그 결과를 반환한다. 이때 반환되는 값은 map 객체의 형태이며, 리스트 또는 튜플과 같은 시퀀스 자료형으로 변환할 수 있다. 다음의 예제를 살펴보자.

```
>>> def func(x):
    return x * 2

>>> map(func, [1, 2, 3, 4])
<map object at 0x00ECB450>
>>> list(map(func, [1, 2, 3, 4]))
[2, 4, 6, 8]
```

다음과 같이 map() 함수를 응용하면 여러 개의 숫자 값을 한 번에 입력받아서 정수로 변환할 수도 있다.

```
>>> value1, value2 = map(int, input("숫자 두 개를 입력하세요 : ").split())
숫자 두 개를 입력하세요 : 10 20
>>> print(value1 + value2)
30
```

10.1.13. open()

open() 함수는 컴퓨터에 저장되어 있는 파일을 읽어서, 해당 파일의 객체를 반환하는 함수이다. open(filename, [mode])의 형식으로 사용하며, 자세한 내용은 13장 파일처리 부분에서 설명한다.

10.1.14. range()

range() 함수는 5장에서 배운 것과 같이 입력받은 숫자에 해당하는 범위 값을 반복 가능한 시퀀스 객체로 만들어준다. range() 함수 역시 단독으로 사용할 경우 range() 객체를 반환하며, 리스트, 튜플 등의 시퀀스 자료형으로 변경할 수 있다.

```
>>> range(10)
range(0, 10)
>>> list(range(10))
[0, 1, 2, 3, 4, 5, 6, 7, 8, 9]
```

10.1.15. sorted()

sorted() 함수는 입력값을 정렬한 후 그 결과를 리스트로 반환하는 함수이다. 리스트 자료형에도 sort() 메서드가 있긴 하지만 sort() 메서드는 리스트 객체 자체를 정렬하며, 결과를 반환하지는 않는다. 반면 sorted() 함수는 리스트를 정렬하여 결과를 반환하지만 리스트 객체 자체를 정렬하지는 않는다. 다음 예제를 살펴보자.

```
>>> values = [3, 7, 9, 2, 1]
>>> sorted(values)
[1, 2, 3, 7, 9]
>>> values
[3, 7, 9, 2, 1]
>>> values.sort()
>>> values
[1, 2, 3, 7, 9]
```

10.1.16. zip()

zip() 함수는 5장에서 배운 것과 같이 반복문을 사용하지 않고 여러 시퀀스를 병렬로 순회할 때 사용한다. zip() 함수의 반환 값은 zip 객체이며, 역시 순환할 수 있는 시퀀스 자료형이다. 또한 zip 객체의 각 요소는 튜플로 구성되어 있다. zip() 함수를 이용하여 여러 시퀀스를 묶을 때 가장 짧은 시퀀스가 완료되면 함수의 동작이 멈추기 때문에 주의해서 사용해야 한다.

```
>>> names = ["Kim", "Lee", "Park", "Choi"]
>>> eng = [90, 80, 85, 70]
>>> math = [100, 90, 90]
>>> student = zip(names, eng, math)
>>> list(student)
[('Kim', 90, 100), ('Lee', 80, 90), ('Park', 85, 90)]
```

10.2. math

파이썬에는 기본적으로 math 모듈이 포함되어 있어 많은 수학 관련 함수들을 제공하고 있다. 또한 원주율 π와 자연상수 e도 math 모듈 내부에 포함되어 있다. math 모듈을 프로그램에 포함하기 위해서는 다음과 같이 import문을 이용한다.

```
>>> import math
```

다음은 math 모듈 내에 있는 함수와 상수 중 자주 사용하는 것들이다.

구분	함수/상수	의미
표현함수	ceil(x)	올림
	floor(x)	내림
	trunc(x)	절사
삼각함수	cos(x)	코사인
	sin(x)	사인
	tan(x)	탄젠트
	acos(x)	역코사인
	asin(x)	역사인
	atan(x)	역탄젠트

하이퍼볼릭 함수	cosh(x)	하이퍼볼릭 코사인
	sinh(x)	하이퍼볼릭 사인
	tanh(x)	하이퍼볼릭 탄젠트
	acosh(x)	하이퍼볼릭 역코사인
	asinh(x)	하이퍼볼릭 역사인
	atanh(x)	하이퍼볼릭 역탄젠트
각도 변환	degrees(x)	각도를 라디안에서 도로 변환
	radians(x)	각도를 도에서 라디안으로 변환
로그함수	log(x, y)	밑이 y인 x로그
	log10(x, y)	밑이 10인 x로그
	log1p(x)	밑이 e인 x로그
	log2(x)	밑이 2인 x로그
계산함수	pow(x, y)	x의 y승
	sqrt(x)	제곱근
상수	e	자연상수 e, 2.718281828459045
	pi	원주율 π, 3.141592653589793
	tau	τ, 6.283185307179586
	inf	∞

표에서 볼 수 있는 것과 같이 math 모듈에는 많은 수학 관련 함수 및 상수가 정의되어 있다. 더 자세한 사항을 확인하기 위해서는 앞에서 배운 것과 같이 dir() 함수를 이용하면 math 모듈 내부에 포함되어 있는 함수, 상수 등을 확인할 수 있다.

```
>>> import math
>>> dir(math)
['__doc__', '__loader__', '__name__', '__package__', '__spec__', 'acos', 'acosh',
'asin', 'asinh', 'atan', 'atan2', 'atanh', 'ceil', 'copysign', 'cos', 'cosh',
'degrees', 'e', 'erf', 'erfc', 'exp', 'expm1', 'fabs', 'factorial', 'floor', 'fmod',
'frexp', 'fsum', 'gamma', 'gcd', 'hypot', 'inf', 'isclose', 'isfinite', 'isinf',
'isnan', 'ldexp', 'lgamma', 'log', 'log10', 'log1p', 'log2', 'modf', 'nan', 'pi',
'pow', 'radians', 'remainder', 'sin', 'sinh', 'sqrt', 'tan', 'tanh', 'tau', 'trunc']
```

혼동하기 쉬운 것이 반올림을 위한 함수 round()가 math 모듈 내부에 있는 것이 아니라 파이썬 기본 내장 함수라는 것이다. 반면 올림을 위한 ceil() 함수와 내림을 위한 floor(), trunc() 함수는 math 모듈 내에 있다. 이때 주의할 것은 ceil() 함수의 경우 항상 해당 인수 값 보다 큰 정수가 나오며, trunc()함수는 내림을 할 때 0으로 향하는 반면 floor() 함수는 무조건 아래만 향해 내림하기 때문에 항상 해당 인수 보다 작거나 같은 정수 값이 나온다. 다음의 예제를 통해서 확인해 보자.

```
>>> import math
>>> math.ceil(3.14)
4
>>> math.ceil(-3.14)
-3
>>> math.floor(3.14)
3
>>> math.floor(-3.14)
-4
>>> math.trunc(3.14)
3
>>> math.trunc(-3.14)
-3
```

10.3. random

random 모듈은 이름에서 알 수 있듯이 난수를 발생시킬 때 사용하는 모듈이다. 난수는 프로그램을 만들 때 자주 사용하는 알고리즘으로 예를 들어 게임에서 동전 던지기를 하거나, 로또 번호 발생기를 만들거나, 또는 시뮬레이션 환경을 만드는 등 다양한 용도로 이용된다. 다음은 random 모듈에서 자주 사용하는 함수들이다.

함수명	의미
random()	0에서 1 사이의 난수를 반환한다.
randint(start, stop)	정수 범위의 난수를 생성한다.
choice(seq)	주어진 시퀀스 항목을 랜덤하게 반환한다.

sample(seq, k)	시퀀스 자료에서 임의의 항목을 필요한 개수만큼 반환한다.
shuffle()	리스트의 항목을 랜덤하게 섞는다.
randrange(start, stop, step)	start, stop, step 구간으로부터 랜덤하게 항목을 반환한다.
seed()	난수를 발생시키기 위한 기준 값을 설정한다.

random() 함수는 0에서 1 사이의 난수를 반환한다. 만약 더 큰 수를 원한다면 원하는 범위를 곱하면 된다. 다음의 예제를 살펴보자.

```
>>> import random
>>> for i in range(5):
        random.random()

0.8392005787882669
0.005298307405684932
0.902101358157094
0.609075998502314
0.14858821585108273
```

randint() 함수는 정수 범위의 난수를 생성한다. 이때 randint(1, 10)과 같이 정수 구간을 인수로 사용한다.

```
>>> for i in range(5):
        random.randint(1, 10)


6
10
8
4
4
```

choice(seq) 함수는 주어진 시퀀스 항목 중에서 하나의 항목을 랜덤하게 반환한다.

```
>>> random.choice([1,2,3,4,5])
3
>>> random.choice([1,2,3,4,5])
```

```
2
```

sample(seq, k) 함수는 주어진 시퀀스 항목 중에서 k개의 항목을 랜덤하게 반환한다.

```
>>> random.sample([1, 2, 3, 4, 5], 3)
[5, 3, 2]
>>> random.sample([1, 2, 3, 4, 5], 3)
[3, 4, 1]
```

shuffle() 함수는 주어진 리스트의 항목 순서를 랜덤하게 섞는다.

```
>>> values = [1, 2, 3, 4, 5]
>>> random.shuffle(values)
>>> values
[4, 1, 5, 2, 3]
```

randrange(start, stop, step) 함수는 start, stop, step 구간으로부터 랜덤하게 항목을 반환한다. 즉, randrange(start, stop, step) 함수는 random.choice(range(start, stop, step)) 함수와 동일한 동작을 수행한다.

```
>>> random.randrange(1, 10, 2)
1
>>> random.randrange(1, 10, 2)
9
```

난수를 발생할 때 시뮬레이션이나 디버깅 등 필요에 따라 동일한 순서로 난수를 발생시켜야 할 경우가 있다. 이때 난수를 발생시키기 전에 기준 값을 지정하며, 이를 시드(seed)라고 한다. 만약 난수를 발생시킬 때 시드가 같다면 동일한 순서로 난수가 발생된다. 다음의 예제를 살펴보자.

```
>>> random.seed(100)
>>> random.random()
0.1456692551041303
>>> random.random()
0.45492700451402135
>>> random.seed(10)
>>> random.random()
```

```
0.5714025946899135
>>> random.random()
0.4288890546751146
>>> random.seed(100)
>>> random.random()
0.1456692551041303
>>> random.random()
0.45492700451402135
>>> random.seed(10)
>>> random.random()
0.5714025946899135
>>> random.random()
0.4288890546751146
```

random.seed(100)을 이용하여 시드를 100으로 지정한 후 난수를 발생시키면 0.1456692551041303, 0.45492700451402135의 순서로 난수가 발생되는 것을 확인할 수 있다. 또한 random.seed(10)을 이용하여 시드를 10으로 지정한 후 난수를 발생시키면 0.5714025946899135, 0.4288890546751146의 순서로 난수가 발생되는 것을 볼 수 있다. 그 이후 다시 random.seed(100)을 이용하여 난수를 발생시키면 이전에 시드를 100으로 지정시킨 것과 동일한 순서로 난수가 발생된 것을 확인할 수 있다.

이와 같이 시드를 지정하면 난수를 일정한 순서에 의하여 발생시킬 수 있다. 만약 현재 지정되어 있는 시드를 초기화하고 싶을 경우에는 다음과 같이 seed() 함수를 인수 없이 호출하면 된다. random.seed()를 이용해서 seed() 함수를 호출하면 파이썬은 내부적으로 현재 시간으로 시드를 설정하며, 시간은 유일한 값이기 때문에 시드가 초기화된다.

```
>>> random.seed()
>>> random.random()
0.034886793538373095
```

10.4. time과 datetime

프로그램을 만들다 보면 날짜와 시간 처리를 해야 하는 경우가 자주 생긴다. 파이썬에서는 이를 위해서 time과 datetime 모듈을 제공하고 있다. time 모듈은 컴퓨터가 제공하는 다양한 시간 기능을 위한 모듈이며, datetime 모듈은 시간을 날짜와 시각으로 표현하는 방법을 제공하여 시간을 사람이 사용하기 쉬운 형태로 변경해준다.

10.4.1. time 모듈

time 모듈은 컴퓨터의 시간을 표현하는 모듈이다. time 모듈의 time() 함수를 호출하면 1970년 1월 1일 0시 0분 0초 이후 경과한 시간을 초 단위로 반환한다. 이때 시간대는 UTC(Universal Time Coordinated, 협정 세계시)를 사용한다.

```
>>> import time
>>> time.time()
1575191358.5440187
```

time 모듈의 localtime() 함수를 사용하면 time() 함수로부터 가져온 초 단위의 시간 값을 날짜와 시간의 형태로 변환할 수 있다. 이때 localtime이라는 이름에서 알 수 있듯이 현재 지역의 시간대를 사용한다. 즉, 우리나라에서는 KST(Korea Standard Time, 한국 표준시)를 사용하게 된다.

```
>>> time.localtime(time.time())
time.struct_time(tm_year=2019, tm_mon=12, tm_mday=1, tm_hour=18, tm_min=9, tm_sec=45,
tm_wday=6, tm_yday=335, tm_isdst=0)
```

위의 예에서 확인할 수 있듯이 localtime() 함수를 이용하여 변환한 현재 시각의 날짜와 시간은 struct_time 자료형이다. struct_time 자료형은 내부에 tm_year, tm_mon, tm_mday와 같은 변수를 갖고 있으며, 각각 연도, 월, 일 등을 의미한다.

```
>>> now = time.localtime(time.time())
>>> now.tm_year
2019
>>> now.tm_mon
12
>>> now.tm_mday
1
```

10.4.2. datetime 모듈

datetime 모듈은 time 모듈과는 다르게 인간의 관점에서 날짜와 시간을 사용할 수 있게 한다. datetime 모듈은 다음과 같이 date, time, datetime, timedelta 네 개의 클래스로 구성되어 있다.

클래스	내용
datetime.date	일반적으로 사용되는 그레고리안 달력의 년, 월, 일
datetime.time	시간을 시, 분, 초, 마이크로초, 시간대로 표현
datetime.datetime	date 클래스와 time 클래스의 조합으로 년, 월, 일, 시, 분, 초, 마이크로 초, 시간대 정보 표현
datetime.timedelta	두 날짜 혹은 시간 사이의 기간 표현

10.4.2.1. datetime 클래스

datetime 클래스를 이용하면 시간 및 날짜를 모두 표현할 수 있기 때문에 본 교재에서는 datetime 클래스와 timedelta 클래스에 관한 내용만 간단히 소개한다. datetime 클래스를 이용하기 위해서는 datetime 모듈에서 datetime 클래스를 import 해야 한다. 만약 import datetime을 이용하여 datetime 모듈 전체를 import하면 date, time, datetime, timedelta 클래스가 모두 추가되기 때문에 일반적으로 다음과 같이 from ~ import ~ 구문을 사용한다.

```
>>> from datetime import datetime
```

datetime 클래스는 date 클래스와 time 클래스의 조합으로 이루어져 있다. 숫자로 인수를 받아서 datetime 객체를 생성하며, 년, 월, 일은 생략이 불가능하다. 명시적으로 인수를 지정하여 입력할 수 있으며, 생략 가능한 시, 분, 초는 인수를 지정하지 않을 경우 0으로 초기화된다.

```
>>> datetime(2019, 1, 1)
datetime.datetime(2019, 1, 1, 0, 0)
>>> datetime(2019, 12, 1, hour = 15, minute = 30, second = 50)
datetime.datetime(2019, 12, 1, 15, 30, 50)
```

일반적으로 현재 날짜와 시각을 알기 위해서는 다음과 같이 now() 메서드를 사용한다.

```
>>> datetime.now()
datetime.datetime(2021, 11, 16, 16, 29, 4, 289137)
```

datetime 클래스에서 자주 사용하는 메서드는 다음과 같다.

메서드	내용
datetime.today()	현재 날짜의 datetime() 객체를 생성
datetime.now()	현재 날짜와 시각의 datetime() 객체를 생성
datetime.utcnow()	UTC 기준의 datetime 객체를 생성
datetime.combine(date, time)	date 객체와 time 객체를 입력받아서 datetime 객체를 생성
datetime.strptime(str, format)	시간을 표현한 문자열을 이용하여 datetime 객체를 생성
datetime.strftime()	datetime 객체를 문자열로 변환

다음은 메서드들의 사용 예이다.

```
>>> from datetime import datetime
>>> datetime.now()
datetime.datetime(2021, 11, 16, 16, 29, 59, 602638)
>>> datetime.now()
datetime.datetime(2021, 11, 16, 16, 30, 14, 154713)
>>> datetime.today()
datetime.datetime(2021, 11, 16, 16, 30, 23, 247447)
>>> datetime.utcnow()
datetime.datetime(2021, 11, 16, 7, 30, 28, 952952)
>>> now = datetime.now()
>>> now.year, now.month, now.day, now.hour, now.minute, now.second
(2021, 11, 16, 16, 30, 41)
>>> now.strftime("%Y-%m-%d")
'2021-11-16'
>>> yesterday = datetime.strptime("2021-11-15", "%Y-%m-%d")
>>> yesterday
datetime.datetime(2021, 11, 15, 0, 0)
```

strftime() 메서드와 strptime() 메서드는 문자열과 datetime 객체 사이를 변환하기 위하여 사용하는 함수이다. 이때는 특별한 방법의 포맷 코드를 이용하며, 자주 사용하는 코드는 다음과 같다.

코드	설명	예
%a	요일 줄임말	Sun, Mon, ... , Sat
%A	요일	Sunday, Monday, ... , Saturday
%w	요일을 숫자로 표시	0, 1, ... , 6
%d	일	01, 02, ... , 31
%b	월 줄임말	Jan, Feb, ... , Dec
%B	월	January, February, ... , December
%m	숫자 월	01, 02, ... , 12
%y	두 자릿수 연도	01, 02, ... , 99
%Y	네 자릿수 연도	2001, 2002, ... , 9999
%H	시간, 24시간 표현	00, 01, ... , 23
%I	시간, 12시간 표현	01, 02, ..., 12
%p	오전, 오후	AM, PM
%M	분	00, 01, ... , 59
%S	초	00, 01, ... , 59
%x	날짜, 현재 시간대 기준	01/30/19
%X	시간, 현재 시간대 기준	'06:48:50'

10.4.2.2. timedelta 클래스

timedelta 클래스는 두 날짜와 시간 사이의 차이를 계산하기 위하여 사용하는 클래스이다. 예제를 우선 살펴보자.

```
>>> from datetime import datetime, timedelta
>>> now = datetime.now()
>>> oneday = datetime(2021, 1, 1)
>>> delta = now - oneday
>>> print(delta)
319 days, 16:33:10.678547
```

```
>>> td = timedelta(days = 2, hours = 10)
>>> now + td
datetime.datetime(2021, 11, 19, 2, 33, 10, 678547)
```

일반적으로 datetime 객체 사이에 뺄셈 연산을 하면 두 날짜와 시각 사이의 차이를 구할 수 있다. 또한 timedelta 객체를 만든 후에 datetime 객체와 연산을 수행하면, 해당 날짜 이후 또는 이전이 언제인지를 구할 수 있다.

10.5. pprint

pprint 모듈은 Pretty Print의 약자로 리스트, 딕셔너리와 같이 복잡한 자료의 내용을 조금 더 알기 쉽게 출력하고자 할 때 사용하는 모듈이다. 다음의 예제에서는 간단한 딕셔너리의 내용을 print() 함수를 이용하여 출력하는 예이다.

```
>>> scores = {"Kim":95, "Lee":80, "Park":85}
>>> print(scores)
{'Kim': 95, 'Lee': 80, 'Park': 85}
```

위와 같은 단순한 딕셔너리 구조는 print() 함수를 사용해서 출력하더라도 알아보기 그리 어렵지 않다. 그러나 다음과 같이 딕셔너리가 중첩되어 있을 경우 그 내용을 확인하기 어렵다.

```
>>> scores = {"Kim":{"Eng":90, "Math":80}, "Lee":{"Eng":80, "Math":75}, "Park":{"Eng":85, "Math":90}}
>>> print(scores)
{'Kim': {'Eng': 90, 'Math': 80}, 'Lee': {'Eng': 80, 'Math': 75}, 'Park': {'Eng': 85, 'Math': 90}}
```

다음과 같이 pprint 모듈을 이용하면 딕셔너리의 각 항목을 하나의 라인으로 자동으로 표기하기 때문에 출력 내용을 확인하기 쉬워진다.

```
>>> from pprint import pprint
>>> pprint(scores)
{'Kim': {'Eng': 90, 'Math': 80},
```

```
'Lee': {'Eng': 80, 'Math': 75},
'Park': {'Eng': 85, 'Math': 90}}
```

10.6. 연습문제

10-1. 다음 괄호 부분을 채우시오.

① (　　　) 함수를 사용하면 실행 가능한 문자열을 입력받아 파이썬 코드로 변환하여 실행할 수 있다.

② (　　　) 모듈을 사용하면 프로그램 내에서 sin(), cos()과 같은 수학 관련 함수들을 사용할 수 있다.

③ 임의의 정수를 발생시키기 위해서 (　　　) 모듈의 (　　　) 함수를 사용한다.

④ (　　　) 모듈을 사용하면 print() 함수보다 출력 내용을 확인하기 편리하다.

⑤ (　　　) 함수는 정수를 유니코드에 맞는 문자열로 변경할 때 사용하는 함수이다.

⑥ (　　　) 함수를 사용하면 정수를 16진수 문자열로 변환할 수 있다.

⑦ 객체가 어떠한 자료형인 지를 확인하고 싶을 때 (　　　) 함수를 사용한다.

10-2. 다음 프로그램의 실행 결과를 적고, 이유를 설명하시오..

```
>>> values = [1, 2, 3, 4, 5]
>>> new_values = list(map(lambda x: x*10, values))
>>> print(new_values)
```

10-3. 다음 프로그램은 로또 번호를 자동을 생성하기 위하여 random 모듈의 sample 함수를 사용한 것이다. sampe() 함수를 사용하지 않고 로또 번호를 자동으로 만들어주는 프로그램을 작성하시오.

```
>>> import random
>>> lotto = random.sample(range(1, 46))
>>> lotto.sort()
>>> print(lotto)
[18, 25, 30, 33, 37, 39]
```

10-4. 다음과 같이 알파벳 대문자의 유니코드 값을 출력하는 프로그램을 작성하시오.

```
A : 65   B : 66   C : 67   D : 68
E : 69   F : 70   G : 71   H : 72
I : 73   J : 74   K : 75   L : 76
M : 77   N : 78   O : 79   P : 80
Q : 81   R : 82   S : 83   T : 84
U : 85   V : 86   W : 87   X : 88
Y : 89   Z : 90
```

10-5. 다음의 그림과 같이 문자열로 두 수의 사칙연산을 입력받아 계산하는 프로그램을 작성하시오.

```
연산식을 입력하세요 : 2+3*4
14
```

10-6. 다음과 같이 콤마(,)로 구분된 정수를 입력받아 최댓값과 최솟값을 구하는 프로그램을 만드시오.

```
콤마로 구분된 숫자를 입력하세요 : 4, 3, 5, 6, 8, 10, 2, 1
최댓값 = 10
최솟값 = 1
```

```
include 〈stdio.h〉

oid main()

  int iValue1, iValue2, iResult;

  printf("WnWn ***** program start

  iValue1 = 20;
  iValue2 = 30;
  iResult = iValue1 * iValue2;

  printf(" %d + %
```

Chapter 11

객체와 클래스

제 11 장 객체와 클래스

11.1. 객체, 클래스, 인스턴스

지금까지 리스트, 튜플, 딕셔너리와 같은 자료형, 함수, 모듈과 같은 코드 구조에 대한 내용을 배웠다. 파이썬은 이러한 자료, 함수, 모듈 등을 모두 객체로 저장하고 관리한다. 이와 같이 컴퓨터 프로그래밍에서 작업의 단위를 객체로 관리하는 것을 객체 지향 프로그래밍(OOP, Object-Oriented Programming)이라고 하며, 컴퓨터 프로그래밍의 패러다임 중 하나이다. 현대의 프로그래밍 언어는 대부분 객체 지향 프로그래밍을 지원한다.

객체 지향 프로그래밍이 기존의 프로그래밍 기법과 다른 점은 프로그램이 명령어를 순차적으로 해석하여 실행하는 것에서 벗어나, 독립된 데이터 단위로 프로그램을 동작시킬 수 있게 하는 것이다. 예를 들어 자동차를 생각해 보자. 자동차는 수많은 부품으로 구성되어 있지만, 크게 차체와 함께 핸들, 엔진, 바퀴, 가속페달, 브레이크 등으로 구성되어 있다. 자동차에서 가속페달을 밟으면 엔진으로부터 발생한 동력을 바퀴로 전달하여 앞으로 전진한다. 그리고 자동차에서 핸들을 움직이면 조향장치를 통하여 바퀴의 각도를 조절하여 방향을 전환시키며, 브레이크를 밟으면 자동차는 정지한다. 이와 같이 자동차 내부의 구성요소와 자동차의 동작은 밀접한 관계가 있다. 따라서 컴퓨터 프로그램에서도 이러한 구성 요소와 동작을 하나로 묶어서 관리하면 우리가 살고 있는 실제 세계를 그대로 반영할 수 있다. 객체 지향 프로그래밍은 이러한 구성 요소와 동작을 하나의 객체로 관리할 수 있게 한다.

11.1.1. 객체

컴퓨터 프로그램의 기본 목적은 인간이 컴퓨터를 이용하여 작업을 수행하기 위함이다. 작업을 수행할 때는 데이터를 필요로 하며, 데이터를 가공하여 결과를 얻는다. 그러나 데이터의 양이 많아지면 이에 대한 처리 과정이 복잡해진다. 만약 데이터와 처리 과정을 하나로 묶어서 관리한다면 복잡한 데이터를 효율적으로 사용할 수 있게 되며, 이를 위하여 객체라는 개념이 도입되었다.

객체는 그 이름에서 알 수 있듯이 객체 지향 프로그래밍에서 핵심 개념이다. 특히 파이썬에서는 숫자, 문자열, 리스트, 심지어 함수까지 모든 것이 객체로 구현된다. 객체는 데이터와 처리 과정 즉 동작이 결합되어 있으며, 객체 내의 데이터를 속성이라고 하고 객체의 상태를 저장한다. 또한 객체 내에 포함되어 있는 처리 과정, 즉 동작을 나타내는 부분을 메서드라고 한다. 그리고 이와 같은 속성과 메서드를 합쳐서 클래스 또는 객체의 멤버라고 한다. 일반적으로 객체 내의 속성은 변수와 같은 개념이며, 객체 내의 메서드는 함수와 같은 개념으로 이해하면 된다. 자동차를 예로 들자면, 핸들, 브레이크, 엔진, 바퀴, 가속페달 등이 속성이 되며, 전진, 후진, 좌회전, 우회전이 메서드가 될 것이다.

파이썬에서 제공하는 모든 것은 객체로 구현된다. 객체는 속성과 메서드로 구성되어있다. 우리가 이전에 사용했던 문자열 역시 객체이며, 문자열에 있는 다양한 메서드를 이용함으로써 문자열의 내용을 변경할 수 있었다. 다음의 예제를 살펴보자.

```
>>> "Hello World!".upper()
'HELLO WORLD!'
>>> "Hello World!".lower()
'hello world!'
```

문자열의 upper() 메서드와 lower() 메서드는 문자열을 구성하고 있는 모든 문자를 대문자 또는 소문자로 변환하는 메서드이다. 여기서 "Hello World!"라는 문자들은 문자열이 갖고 있는 속성들 중 하나이며, 이러한 속성을 upper() 또는 lower() 메서드를 이용하여 상태를 변경할 수 있다. 이와 같이 객체를 갖고 작업할 때는 객체가 내부적으로 속성을 어떻게 저장하고 관리하는지, 그리고 메서드가 어떻게 동작하는 지 알 필요가 없다. 단지 저장되는 값과 메서드를 호출하고 난 이후 결과가 어떤지만 알고 있으면 된다. 이와 같이 내부 동작 방식을 감추고 속성과 메서드만을 이용하여 데이터와 동작을 하나로 묶는 방식을 캡슐화라고 한다.

11.1.2. 클래스

파이썬에서 제공하는 모든 것은 객체로 구현된다는 사실을 알았다. 그러나 동일한 객체가 하나만 있는 것은 아니다. 자동차를 예로 들면 H 자동차 회사에도 여러 모델들이 있고, 모델별로 똑같은 기능을 하는 수 만대의 차량이 거리를 운행하고 있다. 그렇다면 이러한 자동차는 어떻게 만들 수 있을까? 바로 공장에서 설계도를 이용하여 똑같은 차량을 생산한다. 파이썬에서 사용하는 객체도 동일한 방법으로 생성할 수 있으며, 객체의 설계도가 바로 클래스이다. 다음의 예를 살펴보자.

```
>>> type(10)
<class 'int'>
>>> type("abc")
<class 'str'>
>>> type([1, 2, 3, 4, 5])
<class 'list'>
>>> names = list()
>>> type(names)
<class 'list'>
>>> def add(a, b):
        return a + b

>>> type(add)
<class 'function'>
```

type(10)의 결과로 〈class 'int'〉가 출력되었다. 즉 10이라는 객체는 int 클래스 자료형, 즉 정수 자료형이라는 것을 의미한다. 또한 "abc"라는 객체는 str 즉 문자열 자료형이라는 것을 알 수 있다. 이와 같이 각 자료형을 구성하는 것을 클래스라고 하며, 심지어 add() 함수까지 function이라는 클래스 자료형인 것을 알 수 있다.

객체 지향에서는 프로그램의 기본 단위가 클래스가 된다. 즉 프로그램을 만든다는 것은 클래스를 하나씩 추가해서 사용하는 것과 같다. 지금까지는 파이썬 내부에서 제공하는 클래스를 사용했지만, 프로그램을 만드는 사람이 직접 클래스를 만들어서 사용할 수 있다.

11.1.3. 인스턴스

파이썬에서 사용하는 모든 것은 객체이다. 이러한 객체가 어떤 클래스에 속할 때, 그 객체를 해당 클래스의 인스턴스라고 한다. 인스턴스(instance)는 우리말로 "사례“라는 뜻이며, "어떤 일이 실제로 일어난 예"라는 의미를 갖는다. 즉, 객체는 프로그램에서 구현할 대상이며, 클래스는 객체를 만들어 내기 위한 설계도이고, 이 설계도를 바탕으로 프로그램에서 실체화된 것이 인스턴트이다. 이러한 인스턴스는 실체화된 이후에 컴퓨터의 메모리에 할당된다. 따라서 10, 20과 같은 숫자는 int 클래스의 인스턴스이며, "abc"와 같은 문자열은 str 클래스의 인스턴스다. 앞에서 보았던 type() 함수는 해당 객체가 어느 클래스의 인스턴스인지를 확인할 때 사용하며, isinstance() 함수를 사용하면 객체가 해당 클래스에 속하는지 검사할 수 있다. 다음의 예제로 확인해 보자.

```
>>> type(10)
<class 'int'>
>>> isinstance(10, int)
True
>>> isinstance(10, float)
False
>>> names = ["Kim", "Lee", "Park"]
>>> isinstance(names, list)
True
>>> isinstance(names, str)
False
```

11.2. 클래스 정의와 인스턴스 생성

이제 int, float, list와 같은 내장된 클래스 자료형 외에 새로운 데이터 유형을 클래스로 만들어보자. 클래스를 이용하여 새로운 자료형을 만드는 것을 클래스 정의라고 한다. 그리고 정의한 클래스 자료형을 이용하여 인스턴스를 만들어 볼 것이다.

11.2.1. 클래스 정의

클래스를 정의하기 위해서는 class 예약어를 이용하여 새로운 자료형을 생성해야 한다. 클래스를 정의하는 방법은 다음과 같다.

```
class 클래스이름:
    속성
    메서드
```

클래스를 정의할 때는 class 예약어 뒤에 클래스의 이름, 그리고 콜론을 이용한다. 그리고 클래스 내부에서 속성과 메서드를 지정하여, 클래스를 이용해서 생성하는 인스턴스의 상태와 동작을 기술할 수 있다. 클래스에 속성과 메서드를 추가할 때는 제어문 또는 함수에서 수행해야 하는 문장을 기술하는 것과 같이 들여쓰기를 이용하여 해당 클래스에 속하는 부분임을 표기한다. 속성과 메서드를 추가하는 자세한 방법은 뒤에서 설명한다. 우선은 다음의 예와 같이 속성과 메서드를 포함하지 않고, Car 클래스를 정의해 보자.

```
>>> class Car:
        pass
```

위의 예에서는 pass문을 이용해서 클래스 내부에 속성과 메서드를 포함하지 않는 클래스 자료형을 만든 것이다. 클래스의 이름은 예에서 보는 것과 같이 일반적으로 대문자로 시작하며, 여러 단어를 조합하여 클래스 이름을 지정할 때는 각 단어의 시작을 대문자로 표기한다.

11.2.2. 인스턴스 생성

클래스를 정의한 후에는 해당 클래스를 이용하여 인스턴스를 생성할 수 있다. 인스턴스를 생성하기 위해서는 다음과 같이 클래스 이름 뒤에 괄호를 붙이고 변수에 할당하면 된다.

```
인스턴스 = 클래스이름()
```

이제 앞에서 정의한 Car 클래스를 이용하여 인스턴스를 만들어 본 후, 해당 인스턴스를 type() 함수와 isinstance() 함수를 이용하여 확인해 보자.

```
>>> myCar = Car()
>>> type(myCar)
<class '__main__.Car'>
>>> isinstance(myCar, Car)
True
```

myCar = Car() 문장을 이용해서 Car 클래스의 객체인 myCar 인스턴스를 생성했다. type() 함수를 이용하여 myCar 인스턴스를 확인해 본 결과 Car 클래스 자료형인 것을 알 수 있다. 여기서 __main__은 Car 클래스가 정의된 모듈을 의미하며, 현재 파이썬 인터프리터에 의해서 직접 실행되고 있기 때문에 __main__으로 표기되었다.

11.3. 메서드

11.3.1. 메서드 정의와 호출

앞에서 만들었던 Car 클래스는 속성과 메서드가 없기 때문에 어떠한 자료도 저장할 수 없으며, 동작도 실행할 수 없다. 이제 메서드를 만들어서 동작하도록 Car 클래스를 변경해 보자. 클래스에 메서드를 추가하는 방법은 함수 추가하는 방법과 동일하며, 다음의 형식을 따른다.

```
class 클래스이름:
    def 메서드이름(self, 매개변수):
        문장
```

메서드를 추가할 때는 함수를 추가할 때와 같이 def와 함께 메서드 이름을 지정한 후 매개변수를 지정한다. 이때 반드시 첫 번째 매개변수는 self로 지정되어야 한다. self는 클래스를 이용하여 인스턴스를 만들었을 때 해당 인스턴스 자신을 의미한다. 우선 다음 예제와 같이 클래스를 정의한 후 인스턴스를 생성한 다음 메서드를 호출해 보자.

```
>>> class Car:
        def start(self):
            print("Hello, Where are you going?")

>>> myCar = Car()
>>> myCar.start()
Hello, Where are you going?
```

메서드를 호출할 때는 클래스 이름이 아니라 인스턴스를 이용해서 호출한다. 인스턴스 이름 뒤에 점(.)을 붙이고 메서드 이름을 적으면 메서드가 호출된다. 이때 매개변수로 지정되어 있는 self에는 파이썬 내부에서 자동으로 메서드를 호출하고 있는 인스턴스 정보를 주기 때문에 별도로 값을 넣을 필요가 없다. 만약 메서드를 정의할 때 self를 생략할 경우 다음과 같이 오류가 발생한다.

```
>>> class Car:
        def start():
            print("Hello, Where are you going?")
```

```
>>> myCar = Car()
>>> myCar.start()
Traceback (most recent call last):
  File "<pyshell#12>", line 1, in <module>
    myCar.start()
TypeError: start() takes 0 positional arguments but 1 was given
```

Car 클래스에 정의된 start() 메서드에 self를 생략하면 오류가 발생한다. 오류 코드를 살펴보면 "start() takes 0 positional arguments but 1 was given"로 표기되어 있다. 즉 start() 메서드는 def start():를 이용하여 0개의 위치 인수를 갖도록 정의되어 있는데 1개의 인수가 전달되었다는 의미이다. 이러한 이유는 myCar.start()를 이용해서 메서드를 호출하면 myCar 인스턴스의 정보가 start() 메서드를 호출할 때 자동으로 전달되기 때문이다. 이와 같이 인스턴스를 이용하여 호출하는 메서드를 인스턴스 메서드라고 한다. 따라서 인스턴스 메서드를 정의할 때는 def start(self):와 같이 반드시 첫 번째 매개변수에 self를 지정해야 한다.

11.3.2. 정적 메서드

앞에서 인스턴스를 이용해서 호출되는 메서드를 살펴보았다. 그러나 클래스에는 이러한 인스턴스 메서드 외에 클래스 이름을 이용하여 호출할 수 있는 메서드를 추가할 수 있다. 클래스 이름을 이용하여 바로 호출할 수 있는 메서드를 정적 메서드라고 하며, 인스턴스를 생성하지 않고 메서드를 호출할 수 있다. 정적 메서드를 만들기 위해서는 다음과 같이 메서드 정의문 위에 @staticmethod 데코레이터를 추가하며, self 매개변수는 사용하지 않는다.

```
class 클래스이름:
    @staticmethod
    def 클래스메서드이름(매개변수):
        문장
```

정적 메서드는 인스턴스를 생성하지 않고 바로 호출할 수 있기 때문에 인스턴스의 정보를 넘겨줄 필요가 없다. 따라서 메서드를 정의할 때 self 매개변수는 사용하지 않는다. 다음의 예제를 통해서 정적 메서드를 만들어 보고, 클래스 이름을 이용하여 호출해 보자.

```
>>> class Car:
        @staticmethod
```

```
        def isCar():
            print("I am a Car, I have 4 wheels")

        def start(self):
            print("Hello, Where are you going?")

>>> Car.isCar()
I am a car, I have 4 wheels
>>> Car.start()
Traceback (most recent call last):
  File "<pyshell#19>", line 1, in <module>
    Car.start()
TypeError: start() missing 1 required positional argument: 'self'
>>> myCar = Car()
>>> myCar.isCar()
I am a Car, I have 4 wheels
>>> myCar.start()
Hello, Where are you going?
```

예제에서 정적 메서드로 정의된 isCar() 메서드는 인스턴스를 생성하지 않고 Car 클래스를 이용하여 Car.isCar() 문장으로 메서드를 호출할 수 있다. 그러나 인스턴스 메서드로 정의된 start() 메서드는 클래스를 이용하여 호출할 수 없으며 Car.start()와 같이 호출할 경우 self를 이용하여 인스턴스 정보를 전달할 수 없기 때문에 오류가 발생한다. 또한 myCar 인스턴스를 생성한 후에는 myCar.isCar()와 같이 인스턴스를 이용하여 정적 메서드를 호출할 수도 있다. 이때 정적 메서드로 정의된 메서드는 인스턴스 이름과 함께 호출 시 self를 전달하지 않고 호출된다. 즉 정적 메서드는 일반 함수와 동일하게 동작하며, 단지 클래스 이름 또는 인스턴스 이름을 앞에 붙이는 함수와 같다.

11.4. 속성

클래스의 메서드가 어떻게 동작하는지 보았으니, 이제 속성을 통해서 데이터를 저장하는 방법을 살펴보자. 클래스의 속성은 클래스 내에 데이터를 저장할 수 있는 저장 공간이며, 변수처럼 동작한다. 클래스의 속성에는 메서드 내에서 만들어지는 인스턴스 속성이 있으며, 메서드와 관계없이 외부에서 사용가능한 클래스 속성이 있다.

11.4.1. 인스턴스 속성

클래스에 정의되는 속성 중에 우선 인스턴스 속성을 추가해보자. 인스턴스 속성은 메서드 내에서 만들어지며, 클래스를 이용해서 인스턴스를 생성한 후에 사용할 수 있다. 따라서 메서드 내에서 추가하는 인스턴스 속성은 다음과 같이 self.속성이름 = 값을 이용하여 추가해야 한다.

```
class 클래스이름:
    def 메서드이름(매개변수):
        self.속성이름 = 값
```

인스턴스 속성을 만드는 방법을 배웠으니, 앞에서 만들었던 Car 클래스에 속성을 추가해 보자.

```
>>> class Car:
        def setName(self, name):
            self.carName = name
        def start(self):
            print("Hello, I'm %s" % self.carName)
            print("Where are you going?")

>>> myCar = Car()
>>> myCar.setName("K.I.T.T.")
>>> myCar.start()
Hello, I'm K.I.T.T.
Where are you going?
```

Car 클래스를 정의할 때 setName() 메서드와 start() 메서드를 추가하였다. 메서드를 추가할 때 setName() 메서드와 start() 메서드의 첫 번째 매개변수가 self임에 주의한다. 그리고 setName() 메서드는 이름을 설정하기 위한 메서드이기 때문에 self 외에 name 매개변수를 추가한다. setName() 메서드 내에 self.carName = name 문장이 들어가 있다. 이 문장은 클래스 내에 carName 속성을 추가하고, 매개변수로 전달받은 name을 carName 속성에 저장한다. 따라서 myCar.setName("K.I.T.T")를 이용하여 메서드를 추가하면 myCar 인스턴스의 carName 속성에 "K.I.T.T" 문자열이 저장된다. 이후 myCar.start() 메서드를 호출하면 메서드 내부의 print() 함수를 통해서 myCar 인스턴스에 저장되어 있는 carName 속성을 출력할 수 있다.

이렇게 추가된 속성은 이제 인스턴스의 외부에서 사용할 수 있다. 이때는 다음과 같이 인스턴스이름.속성이름을 통해서 접근이 가능하다.

```
>>> print(myCar.carName)
K.I.T.T
```

이때 주의할 점은 반드시 속성이 정의되는 메서드를 호출한 다음에만 해당 속성을 사용할 수 있다는 것이다. 다음과 같이 setName() 메서드를 호출하지 않고 start() 메서드를 호출할 경우 carName 속성이 정의되지 않았다는 오류를 발생시킨다.

```
>>> mySecondCar = Car()
>>> print(mySecondCar.carName)
Traceback (most recent call last):
  File "<pyshell#53>", line 1, in <module>
    print(mySecondCar.carName)
AttributeError: 'Car' object has no attribute 'carName'
>>> mySecondCar.start()
Traceback (most recent call last):
  File "<pyshell#43>", line 1, in <module>
    mySecondCar.start()
  File "<pyshell#38>", line 5, in start
    print("Hello, I'm %s" % self.carName)
AttributeError: 'Car' object has no attribute 'carName'
```

인스턴스 속성은 일반적으로 클래스의 메서드를 이용해서 추가하지만, 인스턴스를 생성한 후 외부에서 추가할 수도 있다. 다음과 같이 인스턴스이름.속성이름 = 값을 이용하면 해당 인스턴스에 속성이 추가된다.

```
>>> mySecondCar = Car()
>>> mySecondCar.carName = "Rider"
>>> mySecondCar.start()
Hello, I'm Rider
Where are you going?
```

예제에서 setName() 메서드를 호출하지 않더라도 mySecondCar.carName을 이용하여 carName 속성을 추가한 후 start() 메서드를 호출할 경우 정상적으로 출력이 되는 것을 확인할 수 있다.

이와 같이 인스턴스를 생성하고 난 다음에는 해당 인스턴스에 속성을 자유롭게 추가할 수 있다. 그러나 외부에서 인스턴스를 추가하는 추가하는 것은 여러 인스턴스들 사이에 포함되어 있는 속성이 달라지기 때문에 권장하지 않는다. 예를 들어 myCar 인스턴스에는 carNum 속성을 추가하고, mySecondCar에는 carId 속성을 추가할 수도 있다. 이렇게 되면 myCar와 mySecondCar가 갖고 있는 인스턴스들이 달라지기 때문에 프로그램에 오류가 발생할 확률이 높아진다. 만약 서로 다른 인스턴스를 갖는 것을 방지하고자 한다면 __slots__를 이용하여 객체에 추가할 수 있는 인스턴스 속성을 지정할 수 있다. 다음과 같이 클래스를 정의할 때 __slots__에 허용할 속성 이름을 문자열 요소를 갖는 리스트로 해당 속성 이름을 지정하면 추가하는 속성을 제한한다.

```
>>> class Car:
        def setName(self, name):
            self.carName = name
        def start(self):
            print("Hello, I'm %s" % self.carName)
            print("Where are you going?")
        __slots__ = ["carName"]

>>> myCar = Car()
>>> myCar.carName = "K.I.T.T."
>>> myCar.start()
Hello, I'm K.I.T.T.
Where are you going?
>>> myCar.carId = "12A1234"
Traceback (most recent call last):
  File "<pyshell#68>", line 1, in <module>
    myCar.carId = "12A1234"
AttributeError: 'Car' object has no attribute 'carId'
```

__slots__ = ["carName"]를 이용해서 Car 클래스에는 carName 속성만 추가할 수 있다. 따라서 myCar.carName = "K.I.T.T."를 이용하여 carName 속성을 추가했지만, carId 속성은 추가할 경우 오류가 발생한다. 이때 주의할 점은 __slots__에서 지정한 속성들은 클래스의 메서드에도 동일하게 적용된다는 것이다. 다음과 같이 __slots__에 어떠한 요소도 포함하지 않는 빈 리스트를 지정할 경우 메서드에서 속성을 추가하는 것도 오류가 발생한다.

```
>>> class Car:
        def setName(self, name):
            self.carName = name
        def start(self):
            print("Hello, I'm %s" % self.carName)
            print("Where are you going?")
        __slots__ = []

>>> myCar = Car()
>>> myCar.setName("K.I.T.T.")
Traceback (most recent call last):
  File "<pyshell#72>", line 1, in <module>
    myCar.setName("K.I.T.T.")
  File "<pyshell#70>", line 3, in setName
    self.carName = name
AttributeError: 'Car' object has no attribute 'carName'
```

11.4.2. 초기화(생성자) 메서드

앞에서 클래스에 추가한 속성들은 클래스를 이용하여 인스턴스를 생성한 후에 메서드를 따로 실행하거나, 인스턴스.속성이름 = 값의 문장을 이용하여 속성을 추가하였다. 그러나 이러한 방법은 해당 메서드가 호출되지 않는다면 클래스 내에서 속성이 생성되지 않을 수 있기 때문에 프로그램에 오류의 위험이 따르고 불편하다. 이러한 불편함을 해결하고자 파이썬에서는 다음과 같이 속성을 추가하기 위한 초기화 메서드인 __init__() 메서드를 제공한다. __init()__() 메서드는 인스턴스를 추가할 때 자동으로 실행되기 때문에 초기화 메서드 또는 생성자 메서드라고 부르며, __init__() 메서드를 이용하면 클래스 인스턴스를 생성함과 동시에 속성을 자동으로 추가할 수 있다. __init__() 메서드는 인스턴스 속성을 추가하기 위한 메서드이기 때문에 다음과 같이 첫 번째 매개변수는 self로 지정해야 하며, 생성하고자 하는 속성을 매개변수로 추가할 수 있다.

```
class 클래스이름:
    def __init__(self, 매개변수):
        self.속성이름 = 매개변수
```

이제 앞에서 작성한 Car 클래스에 __init__() 메서드를 추가하여 속성을 초기화할 수 있도록 Car 클래스를 다시 만들어보자.

```
>>> class Car:
        __slots__ = ["carName", "carId"]
        def __init__(self, name, num):
            self.carName = name
            self.carId = num
        def setName(self, name):
            self.carName = name
        def start(self):
            print("Hello, I'm %s" % self.carName)
            print("Where are you going?")
```

이제 다시 만든 Car 클래스를 이용하여 인스턴스를 생성해 보자. __init__() 메서드를 포함하고 있는 클래스의 인스턴스를 생성할 때는 다음과 같이 인스턴스이름 = 클래스이름(인수)를 이용하여 만들어야 한다.

```
>>> myCar = Car("K.I.T.T.", "12AB3456")
>>> myCar.start()
Hello, I'm K.I.T.T.
Where are you going?
>>> myCar.carId
'12AB3456'
```

myCar = Car("K.I.T.T.", "12AB3456") 문장을 이용하여 myCar 인스턴스를 생성하였다. 파이썬은 클래스 내에 __init__() 메서드가 정의되어 있으면 인스턴스를 만들 때 __init__() 메서드를 자동으로 호출한다. 즉 인스턴스를 생성하면 __init__() 메서드에 의해서 self.carName 속성 즉 myCar 인스턴스의 carName 속성에 name 매개변수로 전달받은 "K.I.T.T." 문자열이 저장되고, 같은 방법으로 carId 속성에 "12AB3456" 문자열이 저장된다.

그러나 만약 __init__() 메서드를 이용하지 않고 클래스를 만들었을 때와 같이 인수를 사용하지 않고 myCar = Car() 문장을 이용하여 인스턴스를 생성한다면 다음과 같이 오류가 발생한다.

```
>>> myCar = Car()
Traceback (most recent call last):
  File "<pyshell#21>", line 1, in <module>
    myCar = Car()
TypeError: __init__() missing 2 required positional arguments: 'name' and 'num'
```

이와 같이 인스턴스를 생성할 때 오류가 발생하는 것은 프로그램을 만드는 사람의 입장에서는 바람직하지 않다. 항상 같은 사람이 모든 프로그램을 작성할 수는 없으며, 인수 없이 인스턴스를 생성할 수도 있기 때문이다. 이러한 오류를 방지하기 위해서는 다음과 같이 가변인수를 사용해서 해결할 수 있다. 이때도 일반적인 함수에서와 마찬가지로 가변 위치 인수와 키워드 위치 인수를 모두 사용할 수 있다. 여기서는 가변 위치 인수를 이용한 예제를 소개한다.

```
>>> class Car:
        __slots__ = ["carName", "carId"]
        def __init__(self, *args):
            if not args:
                return
            self.carName = args[0]
            self.carId = args[1]
        def setName(self, name):
            self.carName = name
        def start(self):
            print("Hello, I'm %s" % self.carName)
            print("Where are you going?")

>>> myCar = Car("K.I.T.T.", "12AB3456")
>>> myCar.start()
Hello, I'm K.I.T.T.
Where are you going?
>>> myCar.carId
'12AB3456'
>>> mySecondCar = Car()
```

Car 클래스의 __init__() 메서드 내부를 살펴보자. 메서드의 첫 번째 문장이 if not args:로 되어 있다. 이 문장은 매개변수로 전달 받은 args가 비어있으면 True이다. 즉 mySecondCar = Car()와 같이 호출된 경우를 의미한다. 이때 바로 아래 문장 return이 실행되며 메서드는 종료된다. 따라서 아직 carName과 carId 속성이 만들어지지 않았다. 반면 myCar = Car("K.I.T.T.", "12AB3456")와 같이 인스턴스를 생성한 경우에는 if not args:에서 식이 False이기 때문에 아래의 return 문장이 실행되지 않는다. 따라서 self.carName = arg[0] 문장이 실행되며, carName 속성이 만들어지고, 첫 번째로 전달한 "K.I.T.T."이 저장된다.

11.4.3. 클래스 속성과 클래스 메서드

지금까지 클래스를 만들고 사용하는 방법에 대하여 살펴보았다. 그리고 자동차를 표현하는 간단한 클래스를 만들어 보았다. 클래스는 속성과 메서드로 구성되며, 이 중에서 속성은 클래스 내에서 값을 저장하는 변수와 같은 역할을 담당한다. 반면 클래스의 메서드는 행동 및 작업을 위한 함수와 같은 역할을 담당한다. 이제 앞에서 배운 속성과 메서드의 또 다른 형태에 대하여 살펴보자.

11.4.3.1. 클래스 속성

클래스를 이용하여 인스턴스를 생성하면, 해당 클래스 내의 속성은 서로 다른 값이 저장된다. 그러나 자동차를 예로 들면, 각 자동차마다 이름이 다르거나, 또는 차번호가 다른 것 외에 공통되는 특징 들이 있다. 예를 들면 자동차를 만드는 회사 즉 브랜드, 또는 제조 국가 등은 모든 자동차가 공통적인 특성을 갖는다. 클래스에는 이와 같이 모든 인스턴스가 공통으로 사용하는 속성을 추가할 수 있으며, 이를 클래스 속성이라고 한다.

클래스에서 사용하는 속성에는 인스턴스 속성과 함께 클래스 속성이 있다. 인스턴스 속성은 인스턴스 내부에서 사용하는 메서드들이 자료를 공유하기 위하여 사용하는 속성이며, 클래스 속성은 모든 인스턴스가 공유하는 속성이다. 클래스 속성은 다음과 같이 클래스를 정의할 때 클래스 내에 직접 변수를 만드는 것과 같은 방법으로 추가할 수 있다.

```
class 클래스이름:
    클래스속성이름 = 값
```

이제 앞에서 만들었던 Car 클래스에 클래스 속성을 추가해 보자.

```
>>> class Car:
        __slots__ = ["carName", "carId"]
        numOfCar = 0
        def __init__(self, *args):
            Car.numOfCar += 1
            if not args:
                return
            self.carName = args[0]
            self.carId = args[1]
        def setName(self, name):
            self.carName = name
        def start(self):
```

```
        print("Hello, I'm %s" % self.carName)
        print("Where are you going?")
```

클래스 속성은 메서드 내에서 추가하는 것이 아닌 클래스 내부의 메서드 밖에서 추가한다. 위의 예에서는 numOfCar = 0 문장을 이용하여 클래스 속성을 추가하였다. 따라서 해당 속성은 클래스 내에 모든 메서드에서 접근할 수 있다. 다음으로 __slots__에 클래스 속성은 추가되지 않았다. __slots__는 사용할 수 있는 인스턴스 속성 지정하기 위하여 쓰이는 것이며, 클래스 속성은 여기에 해당하지 않는다.

클래스 내에 있는 __init__() 메서드에서 클래스 속성 numOfCar의 사용 방법을 보면 인스턴스 속성과는 다르게 Car.numOfCar += 1과 같이 클래스 속성 앞에 클래스의 이름 Car를 이용하였다. 이러한 이유는 클래스 속성은 모든 인스턴스에서 공유하는 것이기 때문에 인스턴스의 정보 self를 사용하지 않고 클래스의 이름을 사용한다. 그러나 self.numOfCar += 1 문장을 이용해도 정상적으로 동작하며, 이는 self가 인스턴스이고, 여기서는 Car 클래스로 생성한 인스턴스인 self가 Car 내부에 있는 numOfCar를 가지고 있기 때문에 self를 이용해서 클래스 속성에 접근할 수 있는 것이다. 그러나 일반적으로 클래스 속성은 self 대신 클래스의 이름을 사용한다.

이제 클래스 속성에 값이 제대로 저장되는지 확인해 보자. 다음과 같이 두 개의 인스턴스를 생성하면서 클래스 속성에 저장된 값을 출력해 보자.

```
>>> myCar = Car()
>>> print("I have %d car(s)." % myCar.numOfCar)
I have 1 car(s).
>>> mySecondCar = Car()
>>> print("I have %d car(s)." % Car.numOfCar)
I have 2 car(s).
```

myCar와 mySecondCar 두 개의 인스턴스를 생성하면서, 인스턴스를 하나씩 생성할 때마다 numOfCar 속성의 값을 출력해보았다. 처음 myCar 인스턴스 생성 후 numOfCar의 값을 출력할 때 1이 저장되어 있는 것을 확인할 수 있으며, 두 번째 mySecondCar 인스턴스 생성 후 numOfCar의 값을 출력할 때 2가 저장되어 있는 것을 알 수 있다. 이때 클래스 속성에 접근하는 방법은 정적 메서드를 호출할 때 인스턴스 이름이나 클래스 이름 모두 가능한 것과 마찬가지로 myCar.numOfCar 또는 Car.numOfCar와 같이 인스턴스 이름이나 클래스 이름 모두 사용할 수 있다.

11.4.3.2. 클래스 메서드

클래스 메서드는 정적 메서드와 마찬가지로 인스턴스를 생성하지 않고 호출할 수 있는 메서드이다. 그러나 클래스 메서드가 정적 메서드와 다른 점은 @classmethod 데코레이터를 사용하며, 첫 번째 매개변수로 반드시 cls를 지정해야 한다는 것이다. 일반적으로 클래스 메서드와 정적 메서드는 비슷한 동작을 하지만, 메서드가 클래스 내의 다른 속성 또는 메서드에 접근하는 경우 클래스 메서드를 사용해야 한다. 반면 메서드가 클래스의 다른 부분을 건드리지 않을 경우 정적 메서드를 사용할 수도 있다. 뒤에서 배우겠지만 정적 메서드는 상속을 통해 메서드의 정의를 변경할 수 없으나, 클래스 메서드는 상속을 통해 메서드의 내용을 변경할 수 있다.

클래스 메서드를 클래스에 추가하는 방법은 다음과 같이 메서드 위에 @classmethod 데코레이터를 추가하면 된다. 이때 클래스 메서드의 첫 번째 매개변수는 반드시 cls를 지정해야 한다.

```
class 클래스이름:
    @classmethod
    def 클래스메서드이름(cls, 매개변수):
        문장
```

이제 앞에서 정의한 Car 클래스에 클래스 속성 numOfCar를 출력하는 클래스 메서드를 추가하고 사용해 보자.

```
>>> class Car:
        __slots__ = ["carName", "carId"]
        numOfCar = 0
        def __init__(self, *args):
            Car.numOfCar += 1
            if not args:
                return
            self.carName = args[0]
            self.carId = args[1]
        def setName(self, name):
            self.carName = name
        def start(self):
            print("Hello, I'm %s" % self.carName)
            print("Where are you going?")
        @classmethod
```

```
        def printCar(cls):
            print("I have %d car(s)." % Car.numOfCar)

>>> myCar = Car()
>>> myCar.printCar()
I have 1 car(s).
>>> mySecondCar = Car()
>>> Car.printCar()
I have 2 car(s).
```

클래스 메서드 printCar() 메서드를 정의할 때 printCar(cls)와 같이 첫 번째 매개변수가 반드시 cls가 되어야 하는 것에 주의하자. 또한 클래스 메서드를 호출할 때는 정적 메서드나 클래스 속성을 사용할 때와 마찬가지로 myCar.printCar() 또는 Car.printCar()와 같이 인스턴스 이름과 클래스 명 모두 사용할 수 있다. 이와 같이 클래스 속성, 클래스 메서드, 정적 메서드는 모두 클래스 이름과 인스턴스 이름으로 접근할 수 있지만, 일반적으로 클래스 이름을 이용한 호출 방법이 더 많이 사용된다.

11.4.4. 소멸자 메서드

우선 앞에서 Car 클래스를 이용하여 생성한 인스턴스를 del 연산자를 이용해서 삭제해 보자. 그리고 printCar() 메서드를 다시 호출해 보자.

```
>>> del myCar
>>> Car.printCar()
I have 2 car(s).
```

del 연산자를 이용해서 myCar 인스턴스를 삭제한 후 printCar() 메서드를 호출하면, Car 클래스 내부에 있는 클래스 속성 numOfCar의 값이 변경되지 않는다. __init__() 메서드가 인스턴스를 생성할 때 자동으로 실행되는 것과 같이 클래스로 생성한 인스턴스를 삭제할 때 자동으로 실행되는 메서드가 있다면 인스턴스를 지울 때 Car 클래스의 numOfCar 속성 값을 변경할 수 있을 것이다.

파이썬에서는 __del__() 메서드를 이용해서 인스턴스가 삭제될 때 자동으로 실행되는 메서드를 만들 수 있다. __del__() 메서드는 클래스 객체가 삭제될 때 자동으로 호출되며, 이를 소멸자 메서드라고 한다. 즉 파이썬의 클래스 인스턴스는 인스턴스를 생성할 때 __init__() 메서드를 호출하며, 인스턴스를 삭제할 때 __del__() 메서드를 호출한다.

__del__() 메서드 역시 인스턴스를 삭제할 때 자동으로 호출되기 때문에 self를 첫 번째 매개변수로 가져야 하며, 이 인스턴스는 del 인스턴스이름의 형식으로 호출되기 때문에 다른 매개변수를 가질 수 없이 self만 단독으로 사용해야 한다. 다음은 소멸자 메서드의 사용 형식이다.

```
class 클래스이름:
    def __del__(self):
        문장
```

이제 소멸자 메서드를 배웠으니 Car 클래스에 다음과 같이 적용해 보자.

```
>>> class Car:
        __slots__ = ["carName", "carId"]
        numOfCar = 0

        def __init__(self, *args):
            Car.numOfCar += 1
            if not args:
                return
            self.carName = args[0]
            self.carId = args[1]
        def setName(self, name):
            self.carName = name
        def start(self):
            print("Hello, I'm %s" % self.carName)
            print("Where are you going?")
        @classmethod
        def printCar(cls):
            print("I have %d car(s)." % Car.numOfCar)
        def __del__(self):
            if Car.numOfCar > 0:
                Car.numOfCar -= 1

>>> myCar = Car()
>>> Car.printCar()
I have 1 car(s).
>>> mySecondCar = Car()
>>> Car.printCar()
I have 2 car(s).
```

```
>>> del myCar
>>> Car.printCar()
I have 1 car(s).
>>> del mySecondCar
>>> Car.printCar()
I have 0 car(s).
```

Car 클래스를 이용해서 인스턴스를 생성하면 Car 클래스의 __init__() 메서드가 자동으로 호출되어 클래스 속성 numOfCar가 1씩 증가하고, 인스턴스를 삭제하면 __del__() 메서드가 자동으로 호출되어 클래스 속성 numOfCar가 1씩 감소하는 것을 확인할 수 있다.

11.5. 비공개 속성과 비공개 메서드

지금까지 사용했던 모든 속성과 메서드는 클래스 내부에서 접근하기도 하고 또는 클래스 밖에서 인스턴스 이름 또는 클래스 이름을 이용해서 외부에서 접근할 수 있었다. 그러나 클래스에는 이와 같이 외부에서 접근 가능한 속성 및 메서드 외에 클래스 내부에서만 사용할 수 있는 속성 및 메서드가 있다. 이와 같이 클래스 외부에서 사용할 수 없는 멤버를 비공개 멤버 또는 private 멤버라고 한다. 클래스 내에 외부에 공개하지 않는 비공개 멤버를 만드는 방법은 __와 같이 밑줄 두 개로 시작하는 속성 또는 메서드를 만들면 된다. 단, 이때 __속성__과 같이 밑줄 두 개가 이름 양 옆에 있을 때는 비공개 멤버가 되지 않기 때문에 주의해야 한다. __init__()와 같이 클래스 내에서 사용하는 특수한 속성 또는 메서드는 이름 양 옆에 __를 이용하여 표기하기 때문에 비공개 멤버가 되지 않는다. 또한 클래스 속성, 클래스 메서드, 정적 메서드의 경우 클래스 이름을 이용하여 접근할 수 있어야 하기 때문에 비공개 속성 및 메서드로 지정할 수 없다. 다음은 Car 클래스에서 비공개 속성과 메서드를 추가한 예이다.

```
>>> class Car:
        __slots__ = ["carName", "carId", "__oilValue"]
        numOfCar = 0

        def __init__(self, *args):
            Car.numOfCar += 1
            if not args:
```

```
            return
        self.carName = args[0]
        self.carId = args[1]
        self.__oilValue = 100
    def setName(self, name):
        self.carName = name
    def start(self):
        print("Hello, I'm %s" % self.carName)
        print("Where are you going?")
        self.__printOilValue()
    @classmethod
    def printCar(cls):
        print("I have %d car(s)." % Car.numOfCar)
    def __del__(self):
        if Car.numOfCar > 0:
            Car.numOfCar -= 1
    def __printOilValue(self):
        print("Oil Value is %d" % self.__oilValue)

>>> myCar = Car("K.I.T.T.", "12AB3456")
>>> myCar.start()
Hello, I'm K.I.T.T.
Where are you going?
Oil Value is 100
```

예제를 살펴보면 __init__() 메서드에 self.__oilValue = 100 문장을 이용하여 자동차의 기름 저장 용량을 위한 속성을 추가하였다. 그리고 __oilValue 속성에 저장된 기름 용량을 출력하기 위한 메서드 __printOilValue()를 추가한다. 이와 같이 __로 시작되는 속성과 메서드는 클래스 내에서만 사용할 수 있다. 따라서 start() 메서드에서 __printOilValue() 메서드를 호출하여 __oilValue 속성의 값을 출력할 수 있다. 그러나 다음과 같이 클래스 외부에서 해당 멤버에 직접 접근하고자 한다면 오류가 발생한다.

```
>>> print(myCar.__oilValue)
Traceback (most recent call last):
  File "<pyshell#120>", line 1, in <module>
    print(myCar.__oilValue)
AttributeError: 'Car' object has no attribute '__oilValue'
>>> myCar.__printOilValue()
Traceback (most recent call last):
```

```
  File "<pyshell#121>", line 1, in <module>
    myCar.__printOilValue()
AttributeError: 'Car' object has no attribute '__printOilValue'
```

이와 같이 비공개 멤버는 클래스 외부에서 사용할 수 없기 때문에 밖으로 해당 값이나 메서드를 공개하고 싶지 않을 때 사용한다. 비공개 속성을 변경하는 것은 클래스 메서드 내에서만 가능하다. 또한 비공개 메서드는 클래스 내부의 메서드에서만 호출할 수 있으며, 일반적으로 내부에서만 호출되는 메서드는 비공개 메서드로 정의한다.

11.6. 상속

우리가 실생활에서 접하는 대부분의 것들은 공통적인 특징에 따라 분류해 놓은 것들이 많다. 예를 들어 자연은 동물계와 식물계로 나뉘고, 다시 동물은 척추동물, 연체동물, 절지동물 등으로 나뉜다. 이러한 것들을 프로그램화하고자 한다면, 공통적인 특성들을 모든 클래스에 각각 넣어줘야 한다. 모든 클래스에 코드를 각각 넣음으로써 생기는 단점은 우선 프로그래밍하기 불편하며, 코드의 길이가 길어지고 이에 따라 오류가 생길 확률이 높아진다는 것이다. 따라서 이러한 단점들을 방지하기 위하여 대부분의 객체 지향 프로그래밍 언어에서는 클래스 상속 기능을 제공한다. 클래스 상속을 이용하면 여러 개의 하위 클래스가 상위 클래스가 갖고 있던 속성과 메서드를 공유할 수 있으며, 자신만의 기능을 개별적으로 추가하여 사용할 수 있다.

11.6.1. 클래스의 상속

어떤 것을 물려준다는 의미의 상속은 이미 만들어진 클래스의 기능을 유지한 상태에서 새로운 기능을 추가할 때 사용한다. 이때 공통적인 기능을 가지며, 기능을 물려주는 클래스를 부모 클래스 또는 베이스 클래스라고 하며, 상속을 받아서 새로운 기능을 추가하는 클래스를 자식 클래스 또는 파생 클래스라고 한다. 파이썬에서 클래스를 상속받기 위해서는 자식 클래스를 정의할 때 클래스 이름 뒤에 괄호를 이용하여 부모 클래스의 이름을 넣어주면 된다.

```
class 부모클래스이름:
    속성
```

```
    메서드

class 자식클래스이름(부모클래스이름):
    속성
    메서드
```

이제 앞에서 만들었던 Car 클래스를 상속받는 Sedan 클래스를 만들어볼 것이다. 프로그램의 코드가 길어지기 때문에 앞에서 만들었던 Car 클래스를 모듈로 저장하여 사용한다. 다음과 같이 Car 클래스를 작성하여 car.py 파일로 저장하자.

```
# Car class (Base Class)
# car.py

class Car:
    __slots__ = ["carName", "carId", "__oilValue"]
    numOfCar = 0

    def __init__(self, *args):
        Car.numOfCar += 1
        if not args:
            return
        self.carName = args[0]
        self.carId = args[1]
        self.__oilValue = 100

    def __del__(self):
        if Car.numOfCar > 0:
            Car.numOfCar -= 1

    def setName(self, name):
        self.carName = name

    def start(self):
        print("Hello, I'm %s" % self.carName)
        print("Where are you going?")
        self.__printOilValue()

    @staticmethod
```

```
    def isCar():
        print("I am a Car, I have 4 wheels.")

    @classmethod
    def printCar(cls):
        print("I have %d car(s)." % Car.numOfCar)

    def __printOilValue(self):
        print("Oil Value is %d" % self.__oilValue)
```

car.py 파일을 저장해서 모듈을 만든 후에는 Car 클래스를 이용하여 자식 클래스를 생성할 수 있다. 우선 다음과 같이 car.py 모듈에 있는 Car 클래스를 import문을 이용해서 추가한 후에, 다음과 같이 Sedan 클래스를 생성해 보자. 여기서 부터는 파이썬 인터프리터 모드에서 작업을 진행한다.

```
>>> from car import Car
>>> class Sedan(Car):
        pass

>>> mySedan = Sedan()
>>> mySedan.isCar()
I am a Car, I have 4 wheels.
>>> mySedan.printCar()
I have 1 car(s).
>>> isinstance(mySedan, Car)
True
>>> isinstance(mySedan, Sedan)
True
```

car.py 모듈 내에 있는 Car 클래스를 가져오기 위하여 from car import Car 구문을 이용하였다. 이후 가져온 Car 클래스를 이용하여 자식 클래스인 Sedan 클래스를 정의하였다. 그리고 Sedan 클래스에는 pass문을 이용하여 속성과 메서드를 하나도 추가하지 않았다. 그러나 mySedan.isCar()와 같이 Car 클래스 내에 있는 정적 메서드를 호출하여 mySedan 인스턴스가 Car 클래스의 메서드를 사용할 수 있는 것을 알 수 있다. 또한 mySedan.printCar() 메서드를 호출하면, Car 클래스 내에 있는 numOfCar 클래스 속성도 사용할 수 있는 것을 알 수 있다. 실제로 isinstance() 함수를 이용해서 확인한 결과 mySedan 인스턴스는 Car 클래스의 인스턴스이면서 Sedan 클래스의 인스턴스이다. 즉 상속 받은 자식 클래스는 부모 클래스의 모든 것을 물려받는다.

11.6.2. super()

이제 자식 클래스인 Sedan 클래스에 속성을 추가해보자.

```
>>> from car import Car
>>> class Sedan(Car):
        def __init__(self):
            self.doors = 4

>>> mySedan = Sedan()
>>> print(mySedan.doors)
4
>>> mySedan.printCar()
I have 0 car(s).
>>> mySecondSedan = Sedan()
>>> Car.printCar()
I have 0 car(s).
```

Sedan 클래스에 속성을 추가하기 위하여 __init__() 메서드를 만든 후 doors 속성을 추가한다. 그리고 mySedan.doors를 출력한 결과 정상적으로 저장한 4가 출력되었다. 그러나 생성된 인스턴스의 숫자를 알기 위해서 사용하는 printCar() 메서드를 호출한 결과 numOfCar의 값이 변경되지 않았다. 자식 클래스에 __init__() 메서드를 추가하기 전에는 인스턴스를 추가할 때마다 변경되던 값이 왜 변경되지 않을까? 그 이유는 Car 클래스의 __init__() 메서드가 자동으로 호출되지 않았기 때문이다. 파이썬에서는 자식 클래스에 __init()__() 메서드가 정의되어 있지 않을 경우 인스턴스를 생성할 때 부모 클래스에 정의되어 있는 __init()__ 메서드를 호출한다. 그러나 자식 클래스에 __init__() 메서드를 정의하면 더 이상 부모 클래스의 __init__() 메서드를 호출하지 않는다. 따라서 자식 클래스에서 __init__() 메서드를 정의할 경우 부모 클래스의 __init__() 메서드를 별도로 호출해야 하며, 이때 super() 함수를 사용한다.

super() 함수는 자식 클래스에서 부모 클래스의 메서드에 접근할 수 있게 도와주는 함수이다. 다음과 같이 super() 뒤에 점(.)을 붙여서 부모 클래스의 메서드를 호출할 수도 있다. 예제를 통해 확인하자.

```
>>> from car import Car
>>> class Sedan(Car):
        def __init__(self):
            super().__init__()
            self.doors = 4

>>> mySedan = Sedan()
>>> Car.printCar()
I have 1 car(s).
```

Sedan 클래스의 __init__() 메서드에서 super().__init__() 문장을 이용하여 Car 클래스의 초기화 함수를 호출했기 때문에 numOfCar의 값이 정상적으로 증가되는 것을 확인할 수 있다. 이와 같이 super() 함수를 이용하면 부모 클래스의 메서드를 호출할 수 있으며, 다음과 같이 __init__() 함수를 호출하여 부모 클래스가 갖고 있는 속성의 값도 상속 받으면서 초기화가 가능하다.

```
>>> from car import Car
>>> class Sedan(Car):
        def __init__(self, *args):
            super().__init__(*args)
            self.doors = 4

>>> mySedan = Sedan("K.I.T.T.", "12AB3456")
>>> mySedan.start()
Hello, I'm K.I.T.T.
Where are you going?
Oil Value is 100
```

11.6.3. 메서드와 오버라이딩

11.6.3.1. 메서드 추가

속성을 추가한 것과 마찬가지로 자식 클래스에는 부모 클래스와 관계없이 자신만의 메서드를 추가할 수 있다. 다음과 같이 playAudio() 메서드를 추가해 보자.

```
>>> from car import Car
>>> class Sedan(Car):
        def __init__(self, *args):
            super().__init__(*args)
```

```
            self.doors = 4
        def playAudio(self):
            print("Turn on the music.")

>>> mySedan = Sedan()
>>> mySedan.playAudio()
Turn on the music.
```

이렇게 자식 클래스에서 추가한 메서드는 자식 클래스를 이용하여 생성한 인스턴스에서만 사용 가능하다. 만약 부모 클래스를 이용해서 추가한 인스턴스에서 사용하고자 한다면 다음과 같이 오류가 발생한다.

```
>>> myCar = Car()
>>> myCar.playAudio()
Traceback (most recent call last):
  File "<pyshell#29>", line 1, in <module>
    myCar.playAudio()
AttributeError: 'Car' object has no attribute 'playAudio'
```

11.6.3.1. 메서드 오버라이딩

자식 클래스에서 부모 클래스의 메서드에 없는 새로운 메서드를 추가할 수 있지만, 이미 있는 메서드를 바꿔야 할 필요도 있다. 이때 부모 클래스의 메서드와 동일한 이름의 메서드를 정의하면 자식 클래스의 메서드는 부모 클래스에 있는 메서드를 실행하는 것이 아니라 자식 클래스에 새롭게 정의된 메서드를 실행한다. 이를 메서드 오버라이딩이라고 한다. 예를 들어 부모 클래스의 메서드에 있는 start() 메서드와 자식 클래스의 start() 메서드가 서로 다른 동작을 수행해야 할 때, 새로운 메서드를 만드는 것은 메서드의 숫자가 많아지기 때문에 관리에 불편함이 따른다. 다음의 예제를 살펴보자.

```
>>> from car import Car
>>> class Sedan(Car):
        def __init__(self, *args):
            super().__init__(*args)
            self.doors = 4
        def playAudio(self):
            print("Turn on the music.")
        def start(self):
            super().start()
```

```
            self.playAudio()

>>> mySedan = Sedan("K.I.T.T.", "12AB3456")
>>> mySedan.start()
Hello, I'm K.I.T.T.
Where are you going?
Oil Value is 100
Turn on the music.
```

mySedan.start() 메서드를 실행한 결과 출력된 문장의 4번째 라인에 부모 클래스에서는 출력되지 않은 "Turn on the music" 문장이 출력된 것을 볼 수 있다. 즉 Sedan 클래스에서 다시 정의한 메서드가 실행되었으며, 이때도 역시 super()를 이용해서 부모 클래스의 start() 메서드의 내용을 먼저 실행한 후 자신만의 내용을 추가하였다.

11.6.4. 다중 상속

우리가 부모로부터 태어난 것과 같이 클래스 상속도 자식 클래스가 여러 개의 클래스로부터 상속 받을 수 있다. 이때는 다음과 같이 클래스를 만들 때 괄호 안에 상속받고자 하는 클래스들의 이름을 콤마(,)을 이용해서 구분하여 지정하면 된다.

```
class 부모클래스이름1:
    속성
    메서드

class 부모클래스이름2:
    속성
    메서드

class 자식클래스이름(부모클래스이름1, 부모클래스이름2):
    속성
    메서드
```

또한 앞의 Sedan 클래스와 같이 다른 클래스로부터 상속받은 클래스가 다시 다른 클래스의 부모 클래스가 될 수 있다. 여기서는 다음의 예제와 같이 Car 클래스를 상속받은 SalesCar 클래스와, Sedan 클래스를 상속받는 Taxi 클래스를 만들어 보자.

```
>>> from car import Car
>>> class Sedan(Car):
```

```
        def __init__(self, *args):
            super().__init__(*args)
            self.doors = 4
        def playAudio(self):
            print("Turn on the music.")
        def start(self):
            super().start()
            self.playAudio()

>>> class SalesCar(Car):
        def __init__(self, *args):
            super().__init__(*args)
            self.carIdBackColor = "Yellow"

>>> class Taxi(Sedan, SalesCar):
        def __init__(self, *args):
            super().__init__(*args)
            self.taxiFare = 3000

>>> newTaxi = Taxi("SeoulTaxi", "98AB7654")
>>> print(newTaxi.taxiFare)
3000
>>> print(newTaxi.carIdBackColor)
Yellow
>>> print(newTaxi.doors)
4
>>> newTaxi.start()
Hello, I'm SeoulTaxi
Where are you going?
Oil Value is 100
Turn on the music.
```

Sedan 클래스와 SalesCar 클래스는 모두 Car 클래스를 상속받았으며, Taxi 클래스는 Sedan 클래스와 SalesCar 클래스를 상속받았다. 따라서 Taxi 클래스를 사용해서 생성한 newTaxi 인스턴스는 Car 클래스, Sedan 클래스, 그리고 SalesCar 클래스의 속성과 메서드를 모두 사용할 수 있다.

11.7. 연습문제

11-1. 다음 괄호 부분을 채우시오.

① 파이썬에서는 숫자, 문자열, 리스트, 함수 등 모든 것이 (   )로 구현된다.

② 클래스를 정의하기 위해서 (   ) 예약어를 사용한다.

③ (   )는 클래스 내에서 동작을 담당한다.

④ (   ) 메서드는 인스턴스를 추가할 때 자동으로 실행되며, 객체의 초기화를 담당한다.

⑤ (   ) 메서드는 객체가 삭제될 때 자동으로 실행된다.

⑥ 부모 클래스의 메서드와 동일한 이름의 메서드를 자식 클래스에서 정의하는 것을 (   )라고 한다.

11-2. 다음은 add() 메서드를 호출하면, value 속성에 값이 계속 누적되어 저장되는 클래스이다. 클래스 정의문을 이용하여 객체를 생성하면 오류가 발생한다. 오류가 발생하는 곳을 수정하시오.

```
>>> class Add:
        def __init__():
            self.value = 0
        def add(v):
            self.value += v
        def printValue():
            print(self.value)
```

11-3. 다음의 속성을 갖는 클래스를 정의하시오.

① 책의 제목, 저자, 가격으로 이루어진 클래스를 정의하시오.

② 밑변과 높이로 이루어진 삼각형 클래스를 정의하시오.

11-4. 11-3의 ②번 문제에서 정의한 삼각형 클래스에 밑변과 높이를 저장하기 위한 setWidth(), setHeight() 메서드를 정의하시오. 마지막으로 삼각형의 넓이를 구하여 출력하는 printArea() 메서드를 정의하시오. 그리고 다음과 같이 해당 클래스를 이용하여 삼각형의 넓이를 구하는 프로그램을 작성하시오.

```
삼각형의 밑변의 길이를 입력하세요 : 10
삼각형의 높이를 입력하세요 : 10
삼각형의 넓이는 50.000000입니다.
```

11-5. 다음은 동물을 저장하기 위한 Animal 클래스이다. Animal 클래스에는 name 속성을 가지고 있으며, 사는 장소를 출력하기 위하여 where() 메서드가 있다. Animal 클래스로부터 포유류를 위한 Mammal 클래스, 그리고 물고기를 위한 Fish 클래스를 정의하시오. 각 클래스는 다음과 같이 사는 곳이 호출되도록 where() 메서드를 오버라이딩하고, 다음과 같이 출력되도록 프로그램을 완성하시오.

```python
# 연습문제 11-5

class Animal:
    def __init__(self, name):
        self.name = name
    def where(self):
        pass

class Mammal(Animal):





class Fish(Animal):






if __name__ == "__main__":
    human = Mammal("인간")
    human.where()
    tuna = Fish("참치")
    tuna.where()
```

실행 결과

```
인간는(은) 땅에 삽니다.
참치는(은) 물에 삽니다.
```

Chapter 12

그래픽 사용자 인터페이스

제 12 장 그래픽 사용자 인터페이스

지금까지 우리가 만들었던 프로그램은 모두 콘솔이라고 부르는 명령 프롬프트 내에서 텍스트를 기반으로 동작하는 프로그램이다. 그러나 우리의 현재 컴퓨터 사용 환경은 글자만 출력되는 텍스트 화면 보다는 마우스를 이용하여 버튼을 클릭하는 등 그래픽을 기반으로 상호 작용이 가능한 환경인 그래픽 사용자 인터페이스(GUI, Graphic User Interface)가 주를 이루고 있다. 이러한 그래픽 사용자 인터페이스를 지원하는 프로그램을 만들기 위하여 파이썬에는 다양한 모듈을 사용할 수 있다. 본 교재에서는 파이썬에 기본적으로 내장되어 있는 Tkinter 모듈을 사용하여 그래픽 사용자 인터페이스를 지원하는 프로그램을 만드는 방법에 대하여 설명한다. 파이썬에서 사용가능한 GUI 관련 모듈은 본 교재에서 설명하는 Tkinter 외에 PyQt와 PySide, PyGTK 등이 있으며, Tkinter를 제외한 모듈들은 앞에서 배운 pip를 이용하여 외부 패키지를 설치한 후 사용해야 한다.

12.1. Tkinter

Tkinter는 파이썬에서 그래픽 사용자 인터페이스를 지원하는 프로그램을 개발하기 위하여 사용하는 모듈이다. Tkinter는 과거 유닉스 계열에서 GUI 지원을 위하여 사용되던 Tcl/Tk를 파이썬에서 사용할 수 있도록 한 GUI 모듈이다. TkInter는 "Tk Interface"의 약자이며, Tk는 크로스 플랫폼에 사용되는 일종의 GUI 툴킷으로 Tcl 스크립트 언어를 위한 GUI 확장으로 개발되었다. Tkinter가 파이썬에서 사용할 수 있는 유일한 GUI 모듈은 아니지만 파이썬을 설치하면 기본적으로 내장되어 있는 모듈이기 때문에 현재 가장 많이 사용되고 있는 GUI 모듈이다. Tkinter를 사용하면 컴퓨터에서 윈도우를 생성하고 버튼, 레이블과 같은 위젯을 화면에 표시하여 사용자와 상호 작용할 수 있는 프로그램을 작성할 수 있다.

12.1.1. Tkinter를 이용한 프로그램의 기본 구조

Tkinter를 이용하여 간단한 윈도우 화면을 먼저 컴퓨터에 띄워보자. 다음의 예제를 실행하면 컴퓨터에 윈도우 화면이 생성될 것이다.

```
>>> from tkinter import *
>>> window = Tk()
>>> window.mainloop()
... 대기 상태
```

Tkinter를 사용하기 위해서는 tkinter 모듈을 프로그램에 추가해야 한다. import tkinter 문장을 이용해서 추가할 수도 있지만, tkinter 내에는 매우 많은 클래스와 함수를 갖고 있기 때문에 항상 tkinter.함수()와 같이 사용하는 것은 불편하다. 따라서 from tkinter import * 구문을 이용하였다.

우선 window = Tk() 문장을 살펴보자. 해당 문장은 윈도우를 생성하는 문장이다. tkinter 모듈 내에 있는 Tk 클래스가 윈도우에 해당하는 클래스이며, 클래스 인스턴스를 생성함으로써 윈도우를 만들 수 있다. 인스턴스가 생성되면, 윈도우가 만들어지고 화면에 다음 그림과 같이 윈도우 창이 보일 것이다.

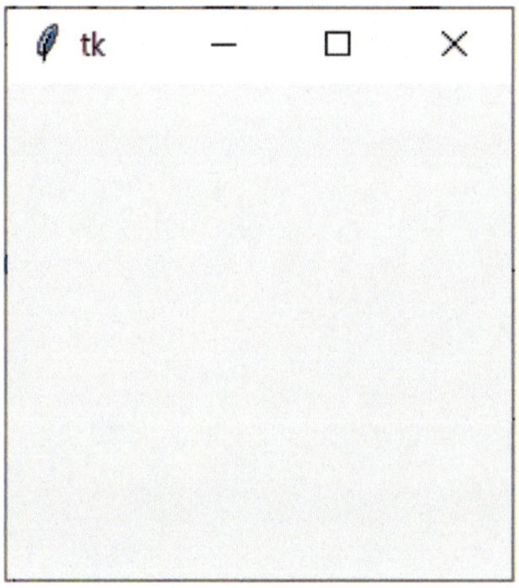

이 윈도우 내부에는 뒤에서 배울 여러 가지 위젯을 추가할 수 있으며, 위젯이란 버튼, 레이블, 텍스트 상자와 같이 GUI 기반 프로그램에서 사용하는 각종 시각적인 요소들을 의미한다. 예를 들어 이 윈도우에 버튼 위젯이 있다고 가정하자. 일반적으로 윈도우에서 버튼은 마우스 클릭 시에 특정 동작을 실행한다. 이와 같이 버튼이 눌렸을 때와 같이 특정 상황이 발생하고, 이를 실행하는 것을 이벤트라고 한다. 따라서 지금 생성한 윈도우는 이러한 이벤트를 프로그램이 실행되는 동안 계속 감지해야 하며, 이를 위한 문장이 mainloop() 메서드이다. mainloop() 메서드는 윈도우 내에서 이벤트를 처리하기 때문에 이벤트 루프라고 부르며, 사용자로부터 입력되는 키보드, 마우스 이벤트뿐만 아니라 컴퓨터 내에서 자체적으로 발생하는 이벤트를 모두 처리한다. 이벤트 루프는 프로그램이 실행되는 동안 계속 이벤트를 감지하고 있어야 하며, 따라서 window.mainloop()와 같이 윈도우이름.mainloop()의 형태로 메서드를 호출하면 프로그램을 종료하기 전까지 해당 루프 내에서 대기하게 된다. 따라서 파이썬 인터프리터에 더 이상 추가 명령어를 입력할 수 없게 된다.

12.1.2. 윈도우 설정

12.1.2.1. 윈도우 제목 변경

앞에서 실행한 프로그램은 윈도우의 제목이 tk로 되어 있으며, 초기 실행 시 크기는 작지만 모양도 변경 가능한 형태이다. 다음과 같이 window.title() 메서드를 이용하면 창의 제목을 변경할 수 있다.

```
>>> from tkinter import *
>>> window = Tk()
>>> window.title("GUI Program")
''
>>> window.mainloop()
... 대기 상태
```

프로그램을 실행하면 다음과 같이 윈도우가 생성된 후 제목이 변경되는 것을 확인할 수 있을 것이다.

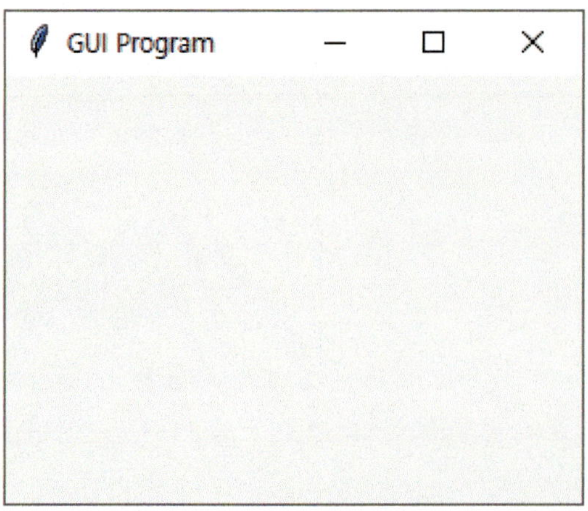

12.1.2.2. 윈도우 크기 설정

컴퓨터에서 실행되는 윈도우는 일반적으로 창의 크기를 사용자가 마우스로 드래그하여 변경할 수 있다. 그러나 계산기와 같은 특정 프로그램과 같이 창의 크기를 변경할 필요가 없는 프로그램도 있다. Tkinter에서는 geometry() 메서드를 이용해서 창의 너비와 높이를 지정하고, resizable() 메서드를 이용해서 창의 크기 조절 가능 여부를 설정할 수 있다. 다음의 예제로 확인하자.

```
>>> from tkinter import *
>>> window = Tk()
>>> window.title("GUI Program")
''
>>> window.geometry("640x480")
''
>>> window.resizable(False, False)
''
>>> window.mainloop()
... 대기 상태
```

예제에서 확인할 수 있는 것과 같이 window.geometry("640x480") 문장은 실행되는 창의 크기를 가로 640픽셀, 세로 480픽셀로 설정하라는 의미이다. 따라서 초기 실행 시에 큰 화면의 윈도우가 실행된다. 또한 window.resizable(False, False) 문장은 첫 번째 매개변수가 가로의 크기 고정 여부, 두 번째 매개변수가 세로의 크기 고정 여부를 나타낸다. 두 매개변수 모두 False 인수를 전달했기 때문에 창의 크기를 조절할 수 없게 된다.

12.2. Tkinter 위젯과 이벤트

Tkinter를 이용하여 윈도우를 생성하면 위젯과 이벤트로 작업을 수행할 수 있다. 위젯의 역할은 사용자에게 정보를 표시하고, 사용자로부터 입력을 수신하는 기능을 한다. 이벤트는 버튼을 마우스로 클릭하면 어떤 동작을 수행하는 것과 같이 컴퓨터 내부에서 처리해야 하는 특정한 상황이 발생했음을 의미한다. 이러한 이벤트는 윈도우 내에 포함되어 있는 위젯에서 주로 발생하지만 컴퓨터 내부에서 자체적으로 발생시키기도 한다. 파이썬의 Tkinter를 이용한 윈도우는 윈도우 인스턴스의 mainloop() 메서드에서 이러한 이벤트를 감지한 후 함수 또는 메서드를 실행시킨다.

12.2.1. 위젯을 포함하는 윈도우

이제 간단한 버튼 위젯을 포함하는 윈도우를 만들어 보자. 버튼 위젯은 tkinter 모듈에 포함되어 있는 Button 클래스를 이용하여 생성할 수 있다. 위젯을 위한 인스턴스는 다음의 예제와 같이 윈도우 인스턴스를 생성하는 부분과 mainloop() 메서드를 호출하는 부분 사이에 포함되어야 한다.

```
>>> from tkinter import *
>>> window = Tk()
>>> window.title("Button Program")
''
>>> window.geometry("320x240")
''
>>> button = Button(window, text = "This is Button")
>>> button.pack()
>>> window.mainloop()
... 대기 상태
```

위의 프로그램을 실행하면 다음과 같이 버튼이 포함되어 있는 윈도우가 생성된다.

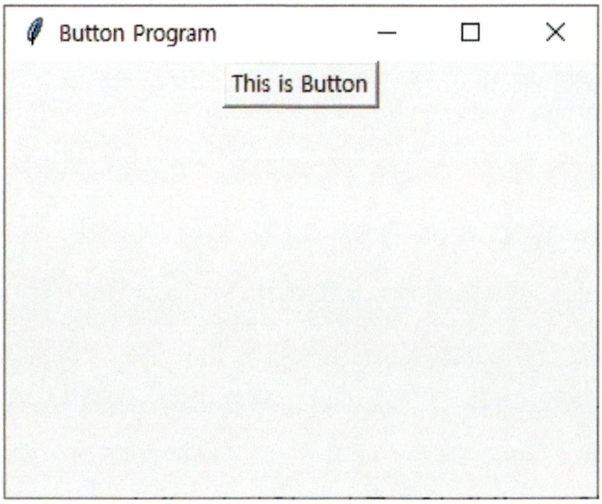

생성되는 윈도우의 제목과 크기 설정 부분은 앞에서 살펴보았으니, 버튼 생성 및 배치 부분만 살펴보자. 다음은 예제에서 버튼 생성과 배치와 관련된 내용이다.

```
>>> button = Button(window, text = "This is Button")
>>> button.pack()
```

button = Button(window, text = "This is Button") 문장은 버튼 인스턴스를 생성하기 위한 문장이다. 버튼 인스턴스는 tkinter 모듈의 버튼 클래스를 이용하여 생성하며, 반드시 첫 번째 인수는 윈도우의 인스턴스여야 한다. 위젯은 윈도우 위에 위치하기 때문에 해당 위젯을 위치시킬 윈도우 인스턴스를 첫 번째 인수로 전달한다. 버튼을 포함한 위젯의 다양한 사용 방법에 대해서는 뒤에서 자세히 설명한다.

button.pack() 문장은 윈도우에서 위젯을 어떤 방식으로 배치할 것인지를 지정한다. 위젯의 배치 방법은 pack(), grid(), place() 세 가지 종류가 있으며, 뒤에서 자세히 설명한다. 여기서 pack() 메서드는 위젯의 크기를 텍스트를 표시할 정도만 남겨두고 축소하여 배치한다는 의미이다. 실제 코드를 실행해 보면 알겠지만 pack() 메서드를 호출하고 난 뒤에 버튼이 화면에 배치되는 것을 확인할 수 있다.

12.2.2. 이벤트

Tkinter를 포함하여 GUI 환경에서 동작하는 프로그램은 대부분 이벤트를 이용하여 프로그램의 동작을 처리한다. 이벤트는 위젯뿐만 아니라 다양한 곳에서 발생할 수 있으며, 예를 들어 시계의 타이머와 같이 일정 시간이 지난 후 발생시키는 이벤트도 가능하다. 여기서는 위젯과 관련된 이벤트를 소개한다. Tkinter 위젯에서 이벤트를 처리할 수 있는 방법은 크게 두 가지가 있다. 첫 번째는 위젯 클래스를 이용하여 위젯 인스턴스를 생성할 때 "command = " 인수를 이용하여 이벤트를 지정해 주는 방법이고, 두 번째는 위젯의 bind() 메서드를 이용하여 이벤트 처리 함수를 연결해 주는 방법이다.

12.2.2.1. 이벤트 핸들러

Tkinter에서 사용하는 위젯들은 대부분 마우스 클릭과 같은 기본적인 이벤트를 처리하기 위한 속성을 제공하고 있다. 예를 들어 버튼 위젯에서 마우스 클릭을 때 특정한 동작을 수행하고 싶을 경우, 동작을 위한 함수를 만들고 버튼 위젯 인스턴스를 생성할 때 "command = 함수"를 이용하여 해당 함수를 호출할 수 있다. 이와 같이 이벤트가 발생하였을 때 호출되는 함수를 이벤트 핸들러 또는 콜백 함수라고 한다. 다음의 예제를 살펴보자.

```
>>> from tkinter import *
>>> from tkinter import messagebox
>>>
>>> def onClick():
        messagebox.showinfo("MessageBox", "Button Clicked")

>>> window = Tk()
>>> window.title("Button Program")
''
>>> window.geometry("320x240")
''
>>> button = Button(window, text = "Button Click", command = onClick)
>>> button.pack()
>>> window.mainloop()
... 대기 상태
```

위의 프로그램을 실행하면 다음의 그림과 같이 버튼이 포함된 윈도우가 실행되며, 해당 버튼을 클릭하면 메시지 창이 하나 열리고 Button Clicked라는 문자열이 출력되는 것을 확인할 수 있다. 우선 버튼 위젯 인스턴스를 생성하는 문장을 살펴보자. button = Button(window, text = "Button Click", command = onClick)와 같이 window, text, command 세 개의 인수를 사용한다. 앞에서 설명한 것과 같이 첫 번째 인수인 window는 버튼이 생성되는 윈도우이며, 두 번째 인수인 text는 버튼에 출력되는 문자열이다. 따라서 그림과 같이 윈도우 내에 위치하고 있는 버튼에 "Button Click"이라는 문자열을 확인할 수 있다. 그러나 세 번째 인수인 command = onClick은 앞에서는 사용하지 않은 인수이다. 이것은 버튼을 클릭했을 때 실행해야 하는 함수, 즉 이벤트를 의미한다. 따라서 버튼을 클릭할 경우 onClick() 함수가 실행되며, 이 함수는 프로그램의 위에 별도로 정의되어 있다.

onClick() 함수의 내부에는 messagebox.showinfo("MessageBox", "Button Clicked") 문장이 포함되어 있다. messagebox는 메시지 상자를 띄우기 위한 클래스를 의미하며, 형태가 정해져 있는 알림 상자이다. messagebox.showinfo() 메서드를 호출하면 메시지 상자가 화면에 생성되며 문구를 출력한다. 이때 첫 번째 인수 "MessageBox"는 생성되는 메시지 상자의 제목 표시줄에 출력되는 문자열이며, 두 번째 인수 "Button Clicked"는 메시지 상자 내부 창에 출력되는 문자열이다. 또한 messagebox 클래스를 사용하기 위하여 from tkinter import messagebox가 추가된 것을 확인하자.

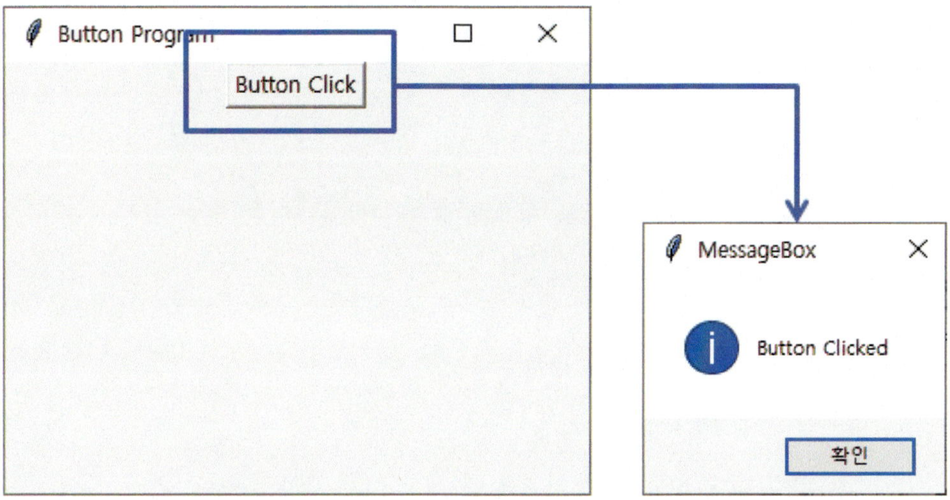

12.2.2.2. 이벤트 바인딩

Tkinter에서 이벤트를 처리하는 방법 중 앞에서 설명한 위젯 클래스 내부의 이벤트 핸들링은 기본적인 클릭 이벤트를 위하여 사용된다. 그러나 이러한 이벤트 외에도 마우스의 오른쪽 버튼을 누르거나, 또는 마우스를 움직일 때도 이벤트가 발생할 수 있으며, 이러한 이벤트는 위젯 클래스 내부에서서 처리하기 힘들다. 따라서 위젯에서 보다 다양한 이벤트를 처리할 수 있는 기능이 필요하며, Tkinter의 위젯에서는 bind() 메서드를 이용하여 처리한다. bind() 메서드는 이벤트와 이벤트 핸들러를 연결하기 위하여 사용하며, 그 형식은 다음과 같다.

```
위젯이름.bind(이벤트 타입, 이벤트 처리 함수)
```

위젯 이름을 이용하여 bind() 메서드를 호출하면 해당 위젯과 이벤트 처리 함수가 쌍으로 연결된 이벤트 핸들러가 실행된다. 우선 앞에서 수행했던 예제를 bind() 메서드를 이용한 프로그램으로 변경해 보자.

```
>>> from tkinter import *
>>> from tkinter import messagebox
>>>
>>> def onClick(event):
    messagebox.showinfo("MessageBox", "Button Clicked")

>>> window = Tk()
>>> window.title("Button Program")
''
>>> window.geometry("320x240")
''
>>> button = Button(window, text = "Button Click")
>>> button.bind("<Button-1>", onClick)
'52854872onClick'
>>> button.pack()
>>> window.mainloop()
... 대기 상태
```

bind() 메서드를 이용하여 이벤트 처리를 할 때 주의할 사항은 def onClick(event):와 같이 이벤트 처리 함수에 매개변수를 지정해야 한다는 것이다. bind()는 클릭 이벤트뿐만 아니라 여러 이벤트를 처리할 수 있기 때문에, 이벤트 처리 함수 내에서 해당 이벤트가 어떠한 종류인지를 알 수 있어야 하며, 이를 매개변수를 이용하여 전달한다. 예제에서는 위젯 인스턴스를 만들 때 button = Button(window, text = "Button Click")와 같이 이벤트를 처리하기 위한 command 인수가 없는 것을 볼 수 있다. 따라서 button.bind("〈Button-1〉", onClick)와 같이 bind() 메서드를 이용하여 이벤트와 이벤트 처리 함수를 연결하였다. 여기서 "〈Button-1〉"은 연결하기 위한 이벤트 타입을 나타내며, 각괄호(〈〉)로 구성되어 있는 문자열을 인수로 전달한다. 그리고 onClick은 해당 이벤트가 발생했을 때 실행되는 이벤트 처리 함수 이름이다. 〈Button-1〉 외에 자주 사용하는 이벤트 타입은 다음과 같다.

구분	이름	의미
Button	〈Button–1〉	마우스 왼쪽 버튼을 누를 때
	〈Button–2〉	마우스 휠 버튼을 누를 때
	〈Button–3〉	마우스 오른쪽 버튼을 누를 때
	〈Button–4〉	스크롤 업
	〈Button–5〉	스크롤 다운
Motion	〈Motion〉	마우스가 움직일 때
	〈B1–Motion〉	마우스 왼쪽 버튼을 누르면서 움직일 때
	〈B2–Motion〉	마우스 휠 버튼을 누르면서 움직일 때
	〈B3–Motion〉	마우스 오른쪽 버튼을 누르면서 움직일 때
Release	〈ButtonRelease–1〉	마우스 왼쪽 버튼을 뗄 때
	〈ButtonRelease–2〉	마우스 휠 버튼을 뗄 때
	〈ButtonRelease–3〉	마우스 오른쪽 버튼을 뗄 때
Double Click	〈Double–Button–1〉	마우스 왼쪽 버튼을 더블 클릭할 때
	〈Double–Button–2〉	마우스 휠 버튼을 더블 클릭할 때
	〈Double–Button–3〉	마우스 오른쪽 버튼을 더블 클릭할 때
Widget	〈Enter〉	위젯 안으로 마우스 포인터가 들어왔을 때
	〈Leave〉	위젯 밖으로 마우스 포인터가 나갔을 때
	〈FocusIn〉	위젯 안으로 Tab 키를 이용하여 들어왔을 때
	〈FocusOut〉	위젯 밖으로 Tab 키를 이용하여 나갔을 때
Key	〈Key〉	특정 키가 입력되었을 때
	〈Return〉	Enter 키가 입력되었을 때
	〈Cancel〉	Break 키가 입력되었을 때
	〈Pause〉	Pause 키가 입력되었을 때
	〈Backspace〉	Backspace 키가 입력되었을 때
	〈Caps_Lock〉	Caps Lock 키가 입력되었을 때
	〈Escape〉	ESC 키가 입력되었을 때
	〈Home〉	Home 키가 입력되었을 때

Key	〈End〉	End 키가 입력되었을 때
	〈Print〉	Print 키가 입력되었을 때
	〈Insert〉	Ins 키가 입력되었을 때
	〈Delete〉	Del 키가 입력되었을 때
	〈Up〉	위쪽 방향키가 입력되었을 때
	〈Down〉	아래쪽 방향키가 입력되었을 때
	〈Right〉	오른쪽 방향키가 입력되었을 때
	〈Left〉	왼쪽 방향키가 입력되었을 때

앞에서 설명한 것과 같이 bind() 메서드를 이용하여 연결하는 이벤트 처리 함수는 하나의 매개변수를 갖는다. 이 매개변수는 이벤트 처리 함수에서 다음과 같은 속성을 통하여 해당 이벤트의 값을 확인할 수 있다.

속성	의미
char	키보드 이벤트에서 발생하는 문자
keysym	키보드 이벤트에서 발생하는 키의 심볼(ASCII 코드)
num	마우스 이벤트의 버튼 번호
x, y	위젯의 좌상단으로부터의 상대적 마우스 위치 좌표
x_root, y_root	화면 좌상단으로부터의 상대적 마우스 위치 좌표
Key	이벤트가 발생한 위젯

이제 매개변수를 이용해서 마우스가 어디에서 클릭되었는지 확인하는 예제를 만들어 보자. 여기서는 앞에서 사용한 버튼 위젯이 아닌 프레임 위젯을 사용할 것이다.

```
>>> from tkinter import *
>>> from tkinter import messagebox
>>>
>>> def onClick(event):
    msg = "Button is clicked in (%d, %d)" % (event.x, event.y)
    messagebox.showinfo("MessageBox", msg)
```

```
>>> window = Tk()
>>> window.title("Click Frame")
''
>>> window.geometry("320x240")
''
>>> frame = Frame(window, width = 300, height = 200)
>>> frame.bind("<Button-1>", onClick)
'10517480onClick'
>>> frame.pack()
>>> window.mainloop()
... 대기 상태
```

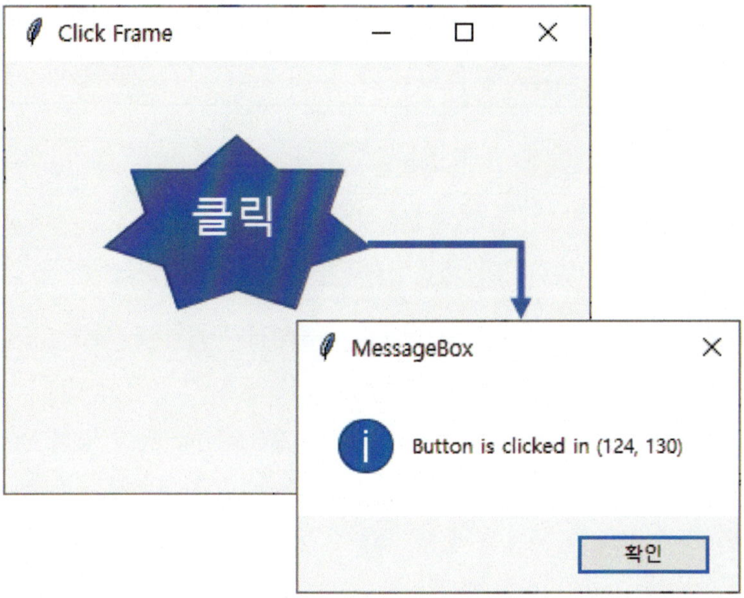

프로그램을 실행하면, 아무런 위젯도 보이지 않는 빈 윈도우가 실행되는 것처럼 보일 것이다. 그러나 보이지는 않지만 윈도우 내부에는 프레임 위젯이 존재하며, 프레임 위젯은 여러 위젯들을 그룹으로 묶을 때 주로 사용한다. 즉 윈도우를 구역으로 나누기 위하여 사용하는 것이 프레임 위젯이다. frame.bind("〈Button-1〉", onClick) 문장을 이용하여 프레임 위젯에서 마우스 클릭을 수행하면 onClick() 함수가 실행되도록 설정한다. 마우스 클릭 이벤트가 발생하면, onClick() 함수 내에서 event.x와 event.y를 이용하여 마우스가 클릭된 x좌표와 y좌표를 알아낼 수 있다. 이와 같이 bind() 메서드를 이용하여 이벤트를 처리할 때는 전달하는 이벤트 매개변수에 포함되어 있는 속성을 이용하여 해당 이벤트에 대한 세부적인 정보를 가져올 수 있다.

12.2.3. 자주 사용하는 위젯

지금까지 위젯과 함께 위젯을 통하여 작업을 수행하기 위한 이벤트를 살펴보았다. Tkinter에는 다양한 위젯이 있으며 다음과 같다.

위젯명	용도
버튼(Button)	간단한 버튼으로 명령을 수행할 때 사용
레이블(Label)	텍스트 또는 이미지를 표시
체크버튼(Checkbutton)	2가지의 구별되는 값을 갖는 변수 표현
라디오버튼(Radiobutton)	여러 값을 가질 수 있는 변수 표현
엔트리(Entry)	한 줄의 텍스트를 입력 및 표현
텍스트(Text)	형식을 갖는 텍스트 표시
리스트박스(Listbox)	선택 사항을 표시
스케일(Scale)	슬라이더를 끌어서 수치값 입력
스크롤바(Scrollbar)	위젯들을 위한 스크롤바 제공
프레임(Frame)	다른 위젯들을 그룹화하기 위하여 사용

위에서 소개한 위젯들 외에도 캔버스(Canvas), 메뉴(Menu) 등 다양한 위젯들이 있으며, 한 번에 모든 위젯에 대한 내용을 이해하기란 어렵다. 본 교재에서는 위의 위젯들 중에서 자주 사용하는 것들에 대한 내용을 설명한다.

12.3. 버튼 위젯

버튼 위젯은 GUI 환경을 지원하는 프로그램에서 가장 많이 사용하는 위젯이며, 주로 프로그램을 사용하는 사람의 명령을 입력받는 용도로 사용된다. 버튼 위젯은 주로 마우스 클릭을 통한 입력을 목적으로 사용하며, tkinter 모듈의 Button 클래스를 이용하여 위젯을 위한 인스턴스를 생성할 수 있다. 버튼 위젯에서 사용하는 주요 속성은 다음과 같다.

속성	의미	기본값
text	버튼에 표시할 문자열	–
textvariable	버튼에 표시할 문자열을 가져올 변수	–
width	버튼의 너비	0
height	버튼의 높이	0
relief	버튼의 테두리 모양	flat
overrelief	버튼에 마우스를 올렸을 때 테두리 모양	raised
foreground 또는 fg	버튼의 문자열 색상	SystemButtonFace
background 또는 bg	버튼의 배경 색상	SystemButtonFace
font	버튼의 문자열 글꼴	TkDefaultFont
state	버튼의 상태	normal

이제 버튼 위젯을 이용해서 간단한 프로그램을 만들어 보자. 다음 프로그램은 버튼을 클릭하면 버튼에 표시되어 있는 숫자가 1씩 증가한다.

```
# 버튼 프로그램
# tkinter_button.py

from tkinter import *

window = Tk()
window.title("Button Program")
window.geometry("320x240")
window.resizable(False, False)

def onButtonClick():
    count = int(button["text"])
    count +=1
    # button["text"] = str(count)
    button.config(text = str(count))

button = Button(window, text = "0", width=15, command = onButtonClick)
button.pack()

window.mainloop()
```

실행 결과	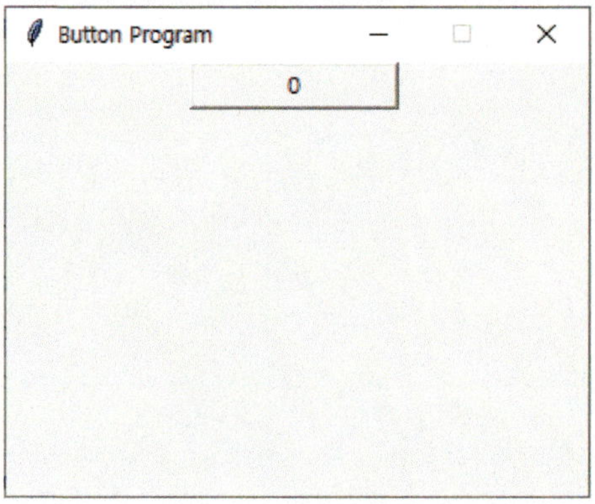 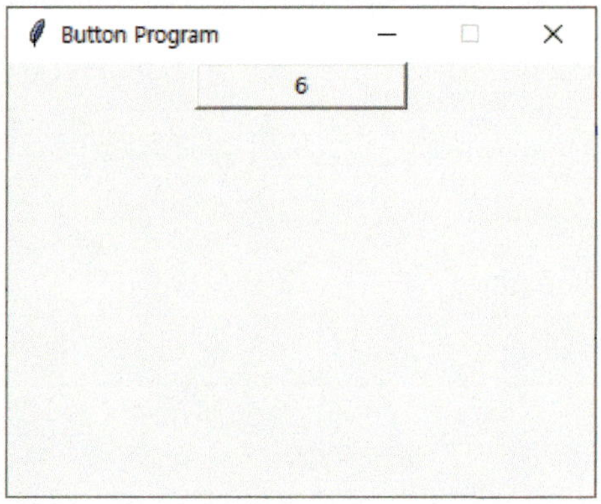

프로그램을 실행하면 버튼이 포함된 윈도우 창이 열린다. 버튼 인스턴스를 button = Button(window, text = "0", width=15, command = onButtonClick) 문장으로 생성했기 때문에, 버튼 내부에는 "0" 문자열이 표기되어 있으며, 버튼의 폭은 15픽셀이다. 또한 command 매개변수를 이용하여 버튼을 클릭할 때 onButtonClick() 함수가 실행되도록 한다.

onButtonClick() 함수 내부를 살펴보면, int(button["text"]) 문장을 이용하여 버튼에서 text 속성의 값을 가져온 후 정수형으로 변환한다. 이와 같이 위젯의 속성들은 일반적인 클래스의 속성과는 달리 딕셔너리와 비슷한 방법인 인스턴스["속성키"]의 형식으로 각 속성을 가져올 수 있다. 처음 실행했을 때 버튼의 text 속성이 "0"이었기 때문에 1로 변경시킨 후 다시 문자열 형식으로 버튼의 text 속성을 변화시킨다. 이때 속성을 변경하는 방법은 14번 라인과 같이 인스턴스이름["속성키"]의 형식을 사용할 수 있으며, 또는 15번 라인과 같이 config() 메서드를 이용하여 설정할 수 있다.

12.4. 레이블 위젯

레이블 위젯은 사용자가 편집할 수 없는 문자열, 숫자 또는 이미지를 표현하는데 사용하는 위젯이다. 일반적으로 다른 위젯의 제목을 출력하거나 프로그램의 수행 도중 프로그램의 상태 정보와 같은 특정 정보를 출력하기 위하여 주로 사용한다. 레이블 위젯 인스턴스를 생성하기 위해서는 Label 클래스를 이용하며, 다음은 레이블 위젯에서 자주 사용하는 속성들이다.

속성	의미	기본값
text	레이블에 표시할 문자열	–
textvariable	레이블에 표시할 문자열을 가져올 변수	–
width	레이블의 너비	0
height	레이블의 높이	0
relief	레이블의 테두리 모양	flat
borderwidth 또는 bd	레이블의 테두리 두께	2
foreground 또는 fg	레이블의 문자열 색상	SystemButtonFace
background 또는 bg	레이블의 배경 색상	SystemButtonFace
font	레이블의 문자열 글꼴	TkDefaultFont
state	레이블의 상태	normal
bitmap	레이블에 포함할 기본 이미지	–
image	레이블에 포함할 임의의 이미지	–

이제 레이블 위젯을 확인하기 위하여 버튼을 클릭할 때 마다 숫자가 증가하는 프로그램에 레이블을 추가해 보자. 앞에서는 버튼의 숫자가 증가했지만, 본 예제에서는 버튼을 하나 더 추가하여 레이블에 표시되는 숫자를 증가 및 감소시킬 수 있다.

```
# 레이블 프로그램
# tkinter_label.py

from tkinter import *

window = Tk()
window.title("Label Program")
window.geometry("320x240")
window.resizable(False, False)

def onPlusButtonClick():
```

```
12      count = int(label["text"])
13      count +=1
14      # label["text"] = str(count)
15      label.config(text = str(count))
16
17  def onMinusButtonClick():
18      count = int(label["text"])
19      count -=1
20      # label["text"] = str(count)
21      label.config(text = str(count))
22
23  label = Label(window, text = "0", width = 15, height = 5)
24  label.pack()
25
26  button_plus = Button(window, text = "+", width=15, command = onPlusButtonClick)
27  button_plus.pack()
28
29  button_minus = Button(window, text = "-", width = 15, command =
30  onMinusButtonClick)
31  button_minus.pack()
32
33  window.mainloop()
```

실행 결과

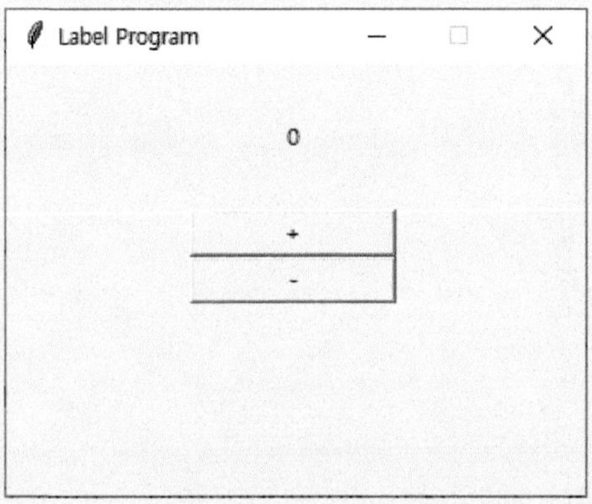

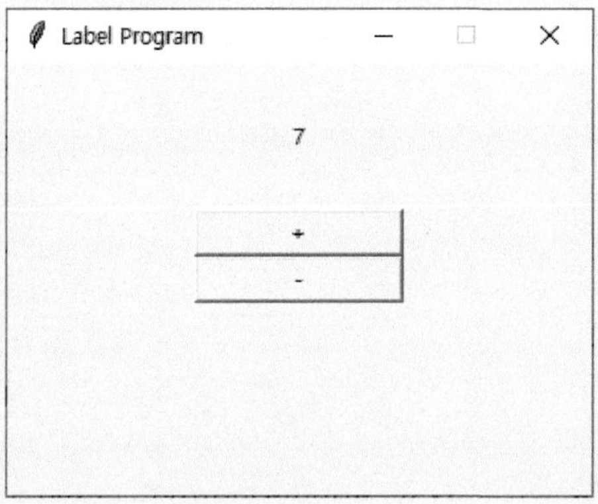

앞의 버튼 예제와 크게 다른 부분은 없다. 프로그램의 23번째 라인을 보면 레이블을 만들기 위하여 Label 클래스를 이용하여 label 인스턴스를 생성한다. 이때 text는 "0"으로 지정하고, 너비는 15, 높이는 5로 지정한다. 높이를 별도로 지정했기 때문에 실행 결과 레이블과 버튼 사이가 떨어져 있는 것을 확인할 수 있다. 또한 버튼을 두 개를 추가했으며, 하나는 레이블의 값을 증가시키기 위한 button_plus 인스턴스이고 화면에서 "+"로 표기된다, 그리고 다른 하나는 값을 감소시키기 위한 button_minus 인스턴스이며, 화면에서는 "-"로 표기된다. 두 개의 버튼이 실행하는 기능이 다르기 때문에 button_plus 인스턴스에는 onPlusButtonClick() 함수가 연결되어 있으며, button_minus 인스턴스에는 onMinusButtonClick() 함수가 연결되어 있다. 따라서 화면에서 "+" 버튼을 클릭할 경우 레이블의 숫자가 증가하며, "-" 버튼을 클릭할 경우 레이블의 숫자가 감소한다.

Tkinter에서의 모든 위젯은 기본적으로 font 속성을 갖고 있기 때문에 레이블이나 버튼과 같이 위젯에 텍스트를 표시할 때, 폰트를 지정할 수 있다. 다음의 예제는 레이블에 출력되는 글자의 크기를 조절할 수 있는 프로그램이다.

```
# 레이블 프로그램 - 글자 크기 조절
# tkinter_font.py

from tkinter import *
from tkinter.font import Font

window = Tk()
window.title("Font Program")
window.geometry("320x240")
window.resizable(False, False)

def onPlusButtonClick():
    fontSize = myFont['size']
    fontSize += 1

    if fontSize > 20:
        fontSize = 20

    myFont.config(size = fontSize)
    label_text = "Font Size : %d" % myFont["size"]
    label['text'] = label_text

def onMinusButtonClick():
    fontSize = myFont['size']
    fontSize -= 1

    if fontSize < 5:
        fontSize = 5

```

```
    myFont.config(size = fontSize)
    label_text = "Font Size : %d" % myFont["size"]
    label['text'] = label_text

myFont = Font(family = "Gulim", size = 10)
label_text = "Font Size : %d" % myFont["size"]

button_plus = Button(window, text = "+", width=15, command=onPlusButtonClick)
button_plus.pack()

button_minus = Button(window, text = "-", width=15, command=onMinusButtonClick)
button_minus.pack()

label = Label(window, text = label_text, width = 30, height = 5, font = myFont)
label.pack()

window.mainloop()
```

실행 결과

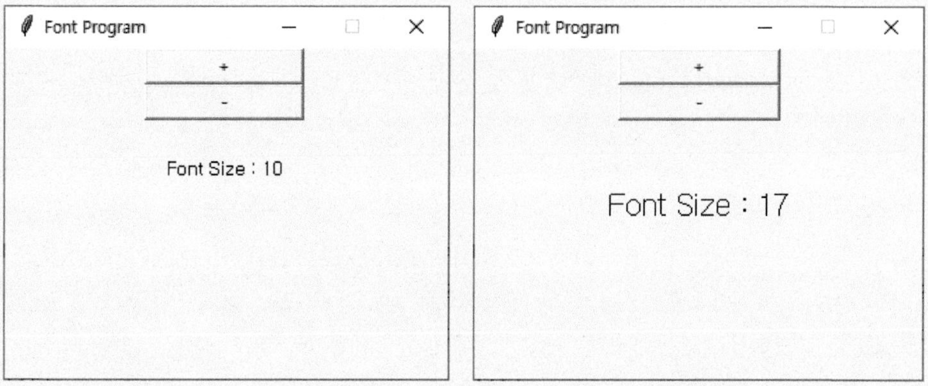

글꼴을 지정하기 위하여 tkinter 모듈의 font 클래스를 from tkinter.font import Font를 이용하여 추가하며, 이제부터 tkinter.font 대신에 Font를 이용하여 글꼴을 위한 인스턴스를 생성할 수 있다. 글꼴을 위한 인스턴스는 myFont = Font(family = "Gulim", size = 10)와 같이 글꼴 이름과 함께 글꼴의 크기를 지정하여 생성이 가능하다. 글꼴의 크기는 다른 tkinter 인스턴스의 속성을 변경하는 것과 동일하게 myFont.config(size = fontSize)의 형식으로 config() 메서드를 이용하여 변경할 수 있다.

12.5. 체크버튼 위젯과 라디오버튼 위젯

체크버튼 위젯과 라디오 버튼 위젯은 사용자의 클릭을 통해 선택을 한다는 점에서 유사한 위젯들이다. 체크버튼 위젯은 사용자가 클릭하여 체크된 상태와 체크되지 않은 상태 중 하나의 값을 가져오기 위한 위젯이며, 일반적으로 여러 개의 항목 들을 다중 선택하기 위하여 사용한다. 반면 라디오버튼 위젯은 여러 개의 라디오버튼 중에 단일한 선택을 할 때 사용한다. 우선 체크버튼 위젯부터 살펴보자.

12.5.1. 체크버튼 위젯

체크버튼 위젯은 일반적으로 사용자로 하여금 선택과 비선택 중 하나의 값을 결정하도록 하는데 사용한다. 체크버튼은 특별한 설정을 주지 않을 경우 화면에 체크 가능한 사각형 상자와 함께 해당 항목의 내용이 표시되는 형태를 갖는다. 체크버튼 위젯을 위한 인스턴스는 Checkbutton 클래스를 사용하여 생성할 수 있다. 체크버튼 위젯에서 자주 사용하는 속성은 다음과 같다.

속성	의미	기본값
text	체크버튼에 표시할 문자열	–
textvariable	체크버튼에 표시할 문자열을 가져올 변수	–
width	체크버튼의 너비	0
height	체크버튼의 높이	0
relief	체크버튼의 테두리 모양	flat
foreground 또는 fg	체크버튼의 문자열 색상	SystemButtonFace
background 또는 bg	체크버튼의 배경 색상	SystemButtonFace
font	체크버튼의 문자열 글꼴	TkDefaultFont
state	체크버튼의 상태	normal
variable	체크버튼의 선택 값을 저장할 변수	– (tkinter.IntVar() 자료형)

체크버튼 위젯은 체크를 설정하고 해제하는 동작이 필요하기 때문에 다음의 메서드를 별도로 갖는다.

메서드	의미
select()	체크 상태로 변경
deselect()	체크 해제 상태로 변경
toggle()	체크 상태 토글
flash()	체크 배경 깜빡임
invoke()	체크 버튼을 마우스로 클릭했을 때와 동일한 실행

이제 체크버튼 위젯을 이용하여 프로그램을 작성해 보자. 본 예제는 체크버튼 위젯이 체크 상태가 되면 레이블이 "Check1 checked"와 같이 변경되며, 체크버튼 위젯을 체크 해제 상태가 되면 레이블이 "Check1 unchecked"와 같이 변경된다. 또한 체크버튼의 특성 확인을 위하여 두 개의 체크버튼 위젯이 사용되었다.

```
# 체크버튼 프로그램
# tkinter_checkbutton.py

from tkinter import *

window = Tk()
window.title("CheckButton Program")
window.geometry("320x240")
window.resizable(False, False)

def onCheck1():
    if check1_value.get() == True:
        label1.config(text = "Check1 checked")
    else:
        label1.config(text = "Check1 unchecked")

def onCheck2():
    if check2_value.get() == True:
        label2.config(text = "Check2 checked")
    else:
        label2.config(text = "Check2 unchecked")

check1_value = IntVar()
check2_value = IntVar()
```

```
25
26 checkbutton1 = Checkbutton(window, text = "Check1", variable = check1_value,
   command = onCheck1)
27 checkbutton1.pack()
28
29 label1 = Label(window, text = "Check1 unchecked")
30 label1.pack()
31
32 checkbutton2 = Checkbutton(window, text = "Check2", variable = check2_value,
   command = onCheck2)
33 checkbutton2.pack()
34
35 label2 = Label(window, text = "Check2 unchecked")
36 label2.pack()
37
38 window.mainloop()
```

실행 결과

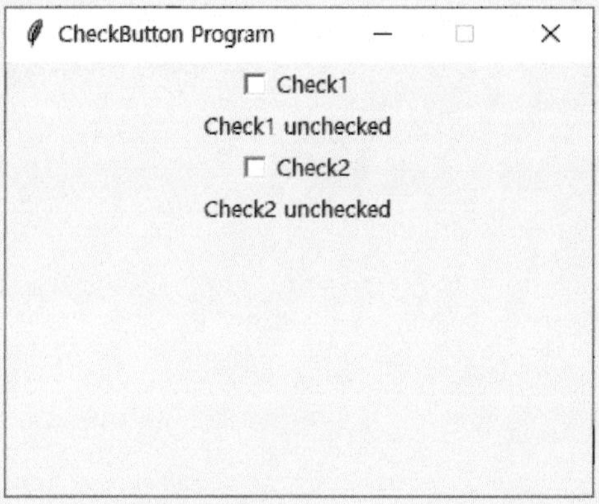

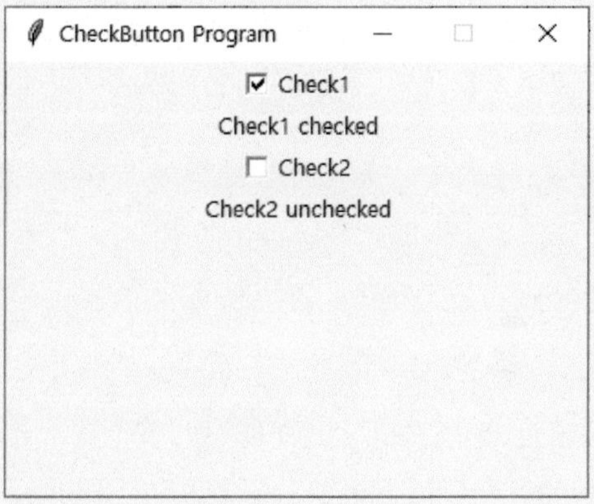

예제의 26번 라인과 32번 라인은 지면 관계상 하나의 라인이 두 개의 줄로 표기되었다. 한 줄에 이어서 코드를 입력하자. 우선 예제의 23번 라인을 살펴보자. check1_value = IntVar() 문장은 체크버튼이 현재 체크가 되어 있는지 아니면 체크가 되어 있지 않은 지를 저장하기 위한 변수를 생성한 것이다. IntVar() 함수는 tkinter 모듈에 포함되어 있는 함수이며, from tkinter import * 문장에 의해서 tkinter.IntVar()와 같이 사용하지 않고 IntVar() 함수를 직접 사용하였다. 이 변수는 26번 라인에서 체크버튼 인스턴스를 생성할 때 checkbutton1 = Checkbutton(window, text = "Check1", variable = check1_value, command = onCheck1)과 같이 variable 매개변수를 이용하여 전달하였다. 이제 checkbutton1 위젯에서 체크 상태를 변경하면 check1_value에 저장된 값이 변경된다. check1_value에 저장된 체크 상태

값은 12번 라인의 if check1_value.get() == True:와 같이 get() 메서드를 이용해서 가져올 수 있다. 따라서 checkbutton1이 체크 상태일 경우 check1_value.get()이 True가 되기 때문에 label1의 text가 "Check1 checked"가 되며, 체크 해제 상태가 될 경우 label1의 text는 "Check1 unchecked"가 된다.

12.5.2. 라디오버튼 위젯

앞의 체크버튼 위젯 예제에서 체크를 변경할 때 각각의 체크버튼을 모두 해제하거나 모두 체크하거나 할 수 있다. 그러나 지금 소개하는 라디오버튼 위젯은 윈도우에 포함되어 있는 라디오버튼 하나만 선택 상태로 변경할 수 있다. 즉 여러 개 중에서 단일 선택이 필요할 때 라디오버튼 위젯을 사용한다. 라디오버튼 위젯을 위한 인스턴스는 Radiobutton 클래스를 이용하여 생성하며, 자주 사용하는 속성은 다음과 같다.

속성	의미	기본값
text	라디오버튼에 표시할 문자열	–
textvariable	라디오버튼에 표시할 문자열을 가져올 변수	–
width	라디오버튼의 너비	0
height	라디오버튼의 높이	0
relief	라디오버튼의 테두리 모양	flat
foreground 또는 fg	라디오버튼의 문자열 색상	SystemButtonFace
background 또는 bg	라디오버튼의 배경 색상	SystemButtonFace
font	라디오버튼의 문자열 글꼴	TkDefaultFont
state	라디오버튼의 상태	normal
variable	라디오버튼의 선택 값을 저장할 변수	– (tkinter.IntVar() 자료형) (tkinter.StringVar() 자료형)
value	라디오버튼이 가지고 있는 값	– (variable의 속성)

라디오버튼 위젯 역시 버튼을 체크하고 해제하는 동작이 필요하기 때문에 다음의 메서드를 사용할 수 있다. 다만, 라디오버튼의 경우 toggle() 메서드는 사용할 수 없다.

메서드	의미
select()	체크 상태로 변경
deselect()	체크 해제 상태로 변경
flash()	체크 배경 깜빡임
invoke()	체크 버튼을 마우스로 클릭했을 때와 동일한 실행

다음은 라디오버튼 위젯을 사용하는 예제이다. 앞에서 봤던 체크버튼 위젯을 라디오버튼으로 변경한다. 그러나 라디오버튼의 경우 여러 개의 라디오버튼 중에 하나만 선택이 가능하기 때문에 레이블 위젯은 하나만 사용하였다.

```
# 라디오버튼 프로그램
# tkinter_radiobutton.py

from tkinter import *

window = Tk()
window.title("RadioButton Program")
window.geometry("320x240")
window.resizable(False, False)

def onSelectRadio():
    if radio_value.get() == 1:
        label.config(text = "Radio1 selected")
    else:
        label.config(text = "Radio2 selected")

radio_value = IntVar()

radiobutton1 = Radiobutton(window, text = "Radio1", value = 1, variable = radio_value, command = onSelectRadio)
radiobutton1.pack()

radiobutton2 = Radiobutton(window, text = "Radio2", value = 2, variable = radio_value, command = onSelectRadio)
radiobutton2.pack()

```

```
25  label = Label(window, text = "None")
26  label.pack()
27
28  window.mainloop()
```

실행 결과

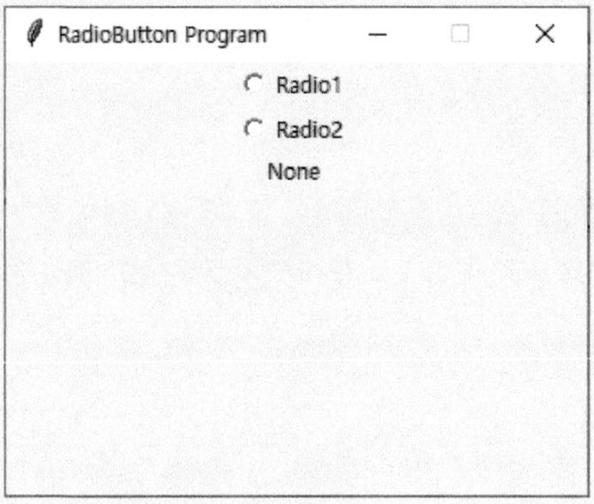

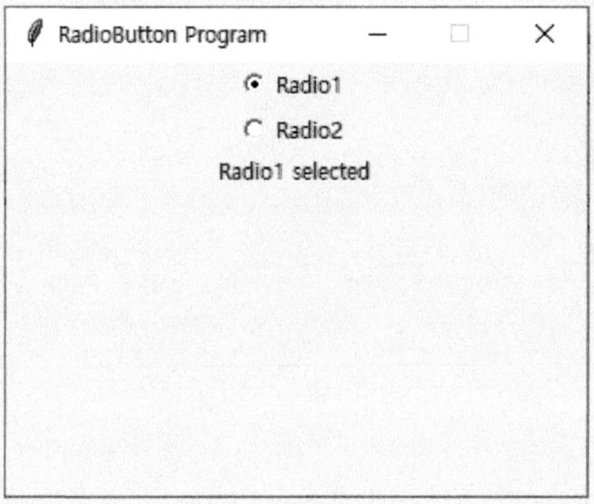

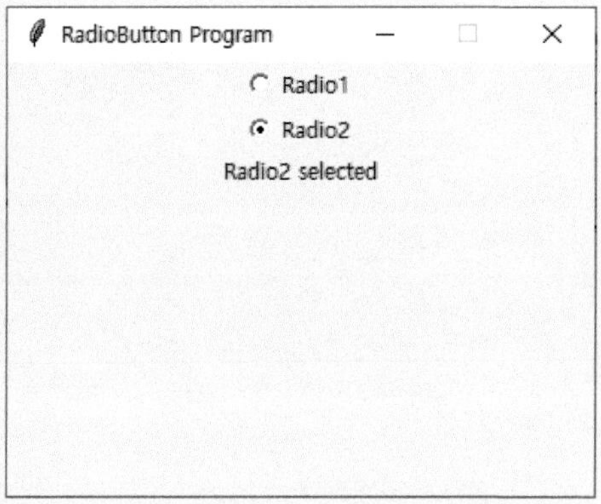

본 예제의 19번 라인과 22번 라인 역시 한 라인이 두 줄로 표현되었다. 코드를 입력할 때 한 줄로 입력하자. 17번 라인에서 선언된 radio_value 변수에 라디오버튼 위젯의 상태값이 저장된다. 우선 19번 라인의 radiobutton1 인스턴스를 살펴보면, value = 1로 되어 있고, variable = radio_value로 지정되어 있다. 즉 radiobutton1이 선택 상태일 때 radio_value에 1이 저장된다는 의미이다. 또한 radiobutton2는 value = 2, variable = radio_value로 되어 있다. 따라서 radiobutton2가 선택 상태일 때 radio_value에 2가 저장된다. 따라서 radio_value에 저장된 값을 이용하여, 라디오버튼 위젯 중 어떤 것이 선택되었는지를 확인할 수 있다. 실제 radiobutton1과 radiobutton2 위젯 모두, command = onSelectRadio를 이용하여 클릭 시에 모두 onSelectRadio() 함수를 실행하는 것을 알 수 있다. 또한 결과를 살펴보면 실행 시에는 선택된 라디오버튼이 없지만, 한 번 선택하고 나면 선택을 변경할 때 마다 기존에 선택되어 있는 라디오버튼의 선택이 풀리고 반드시 하나만 선택이 되게 된다. 이것이 라디오버튼 위젯과 체크버튼 위젯의 차이점이며, 라디오버튼은 여러 개 중에서 하나만 선택하고, 체크버튼은 여러 개를 모두 선택할 수 있다.

12.6. 엔트리 위젯과 텍스트 위젯

엔트리 위젯과 텍스트 위젯은 Tkinter를 이용한 GUI 기반 프로그램에서 문자열을 입력받거나 또는 출력을 하기 위한 위젯이다. 엔트리 위젯의 경우 단 한 줄의 문자열을 입력받거나 출력할 때 사용하며, 텍스트 위젯의 경우에는 여러 줄의 문자열을 사용할 수 있다.

12.6.1. 엔트리 위젯

엔트리 위젯은 프로그램에서 사용자에게 문자열을 입력받거나, 입력한 문자열을 화면에 출력하기 위해서 사용한다. 엔트리 위젯을 사용하면 한 줄의 문자열을 입력할 수 있으며, 위젯의 크기 보다 더 긴 문자열을 입력할 경우, 문자열이 좌우로 스크롤된다. 레이블 위젯과 엔트리 위젯의 다른 점은 레이블의 경우 문자열을 입력받을 수가 없으나, 이미지는 출력이 가능하다. 그러나 엔트리 위젯은 문자열은 입력 받을 수 있으나, 이미지 출력이 불가능하다. 엔트리 위젯을 사용하기 위해서는 Entry 클래스를 이용하여 인스턴스를 생성하며, 엔트리 위젯에서 주로 사용하는 속성은 다음과 같다.

속성	의미	기본값
show	입력창에 표시되는 문자	-
textvariable	입력창에 표시할 문자열을 가져올 변수	-
width	입력창의 너비	0
relief	입력창의 테두리 모양	flat
borderwidth 또는 bd	입력창의 테두리 두께	2
background 또는 bg	입력창의 배경 색상	SystemButtonFace
foreground 또는 fg	입척창의 문자열 색상	SystemButtonFace
font	입력창의 문자열 글꼴	TkDefaultFont
state	상태 설정	normal

엔트리 위젯에 문자열을 입력하거나 출력할 때 자주 사용하는 메서드는 다음과 같다.

메서드	의미
insert(index, "문자열")	index 위치에 문자열 추가
delete(start, end)	start부터 end까지의 문자열 삭제
get()	입력창의 텍스트를 문자열로 변환

이제 엔트리 위젯을 이용하여 문자열을 입력받는 프로그램을 만들어 보자. 다음 예제는 엔트리 위젯을 이용하여 문자열을 입력하고, 해당 문자열을 메시지박스를 이용하여 출력하는 프로그램이다.

```
# 엔트리 위젯 프로그램
# tkinter_entry.py

from tkinter import *
from tkinter import messagebox

window = Tk()
window.title("Entry Program")
window.geometry("320x240")
window.resizable(False, False)

def showMessage():
    messagebox.showinfo("MessageBox", entry.get())
    entry.delete(0, len(entry.get()))

entry = Entry(window)
entry.pack()

button = Button(window, text = "show message", command = showMessage)
button.pack()

window.mainloop()
```

실행 결과	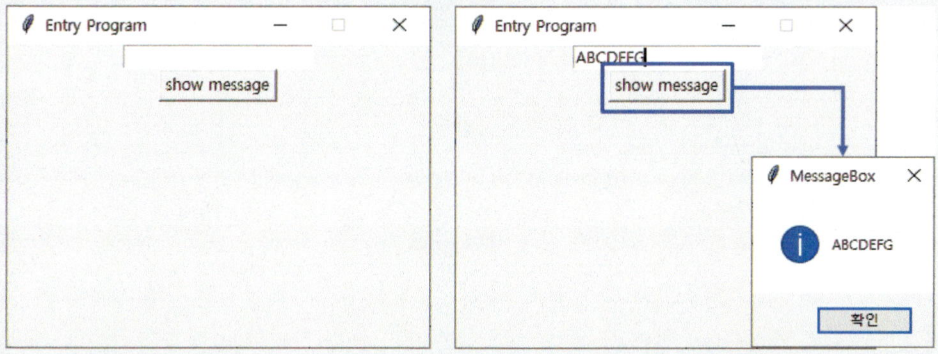

우선 예제의 16번 라인에서 Entry 클래스를 이용하여 entry 인스턴스를 생성하였다. 인스턴스 생성 시 entry = Entry(window) 문장은 별다른 속성을 사용하지 않고 기본 속성만을 사용한다. 19번 라인에서 생성한 버튼 위젯은 마우스 클릭 이벤트로 showMessage() 함수와 연결되어 있다. 따라서 버튼을 클릭하면 showMessage() 함수가 실행되며, 13번 라인에 의해서 메시지 박스를 이용하여 엔트리 위젯에 입력한 문자열이 출력되는 것을 확인할 수 있다. 이후 열려있는 메시지 박스의 "확인" 버튼을 클릭하면 14번 라인의 문장이 실행된다. 14번 라인의 entry.delete() 메서드는 텍스트 위젯에 입력되어 있는 문자열을 삭제하며, 0부터 문자열의 길이만큼의 문자열을 삭제하기 때문에 입력창의 문자열 전체가 삭제된다.

12.6.2. 텍스트 위젯

텍스트 위젯은 엔트리 위젯과는 달리 여러 줄의 문장을 입력 또는 출력할 수 있는 위젯이다. 텍스트 위젯을 사용하면 간단한 문서 편집기와 같은 용도로도 사용가능하다. 텍스트 위젯은 tkinter 모듈의 Text 클래스를 이용하여 인스턴스를 생성하며, 자주 사용하는 속성은 다음과 같다.

속성	의미	기본값
wrap	자동 줄 내림 설정 방법	char (none, char, word)
tabs	텍스트의 Tab 간격	56
width	텍스트 위젯의 너비	80
height	텍스트 위젯의 높이	24
relief	텍스트 위젯의 테두리 모양	flat

borderwidth	텍스트 위젯의 테두리 두께	1
background	텍스트 위젯의 배경 색상	SystemButtonFace
foreground	텍스트 위젯의 문자열 색상	SystemButtonFace
padx	텍스트 위젯의 테두리와 내용의 가로 여백	1
paxy	텍스트 위젯의 테두리와 내용의 세로 여백	1
font	텍스트의 문자열 글꼴	TkDefaultFont
state	상태 설정	normal

텍스트 위젯은 주로 여러 줄의 문자열을 입력하기 위하여 사용하며, 주로 다음의 메서드를 이용한다.

메서드	의미
insert(index, "문자열")	index 위치에 문자열 추가
delete(start, end)	start부터 end까지의 문자열 삭제
get()	입력창의 텍스트를 문자열로 변환

텍스트 위젯에 문자열을 입력할 때 사용하는 insert 메서드는 첫 번째 매개변수로 입력받는 위치를 전달한다. 이때는 다음의 마크를 이용하여 어느 부분에 문자열을 입력할 지를 결정할 수 있으며, 마크 중 y.x를 제외하고 다른 나머지는 앞에서 배웠던 엔트리 위젯에서도 사용할 수 있다.

마크	의미
y.x	y번째 줄 x번째 문자
tkinter.INSERT	현재 커서의 위치
tkinter.CURRENT	현재 마우스 포인터에서 가장 가까운 문자의 위치
tkinter.END	텍스트의 마지막 문자 위치
tkinter.SEL_FIRST	블록 처리되었을 때의 앞 부분
tkinter.SEL_LAST	블록 처리되었을 때의 뒷 부분

다음은 텍스트 위젯을 이용하여 여러 라인의 문자열을 추가한 프로그램이다.

```
# 텍스트 위젯 프로그램
# tkinter_text.py

from tkinter import *

window = Tk()
window.title("Text Program")
window.geometry("640x240")
window.resizable(False, False)

text = Text(window, height = 10, width = 80)
text.pack()

text.insert(END, "Hello World!\n")
text.insert(END, "텍스트 위젯은\n")
text.insert(END, "여러 줄의 텍스트를\n")
text.insert(END, "입력할 수 있습니다.\n")

window.mainloop()
```

실행 결과

텍스트 위젯에 문자열을 추가하기 위해서는 insert() 메서드를 주로 사용하며, 메서드에서 매개변수로 전달한 END는 tkinter.END로 텍스트 위젯에 저장되어 있는 문자열의 끝에 추가시키라는 의미이다. 또한 텍스트 위젯에서 줄바꿈을 위하여 "₩n" 탈출문자가 사용되었다는 것에 주의하자.

12.7. 리스트박스 위젯

리스트박스 위젯은 여러 개의 항목들을 리스트 형태로 나열하고 선택하기 위하여 사용하는 위젯이다. 리스트박스 위젯을 사용하면 항목의 추가, 삭제, 그리고 선택이 가능하다. 일반적으로 항목들의 개수가 적을 경우 라디오버튼 위젯이나 체크버튼 위젯을 사용하며, 선택할 항목이 많을 경우 리스트박스 위젯을 사용한다. 리스트박스 위젯은 tkinter 모듈의 Listbox 클래스를 이용하여 인스턴스를 생성하며, 자주 사용하는 속성은 다음과 같다.

속성	의미	기본값
listvariable	리스트박스에서 표시할 문자열을 가져올 변수	–
width	리스트박스의 너비	20
height	리스트박스의 높이	10
relief	리스트박스의 테두리 모양	flat
borderwidth 또는 bd	리스트박스의 테두리 두께	2
background 또는 bg	리스트박스의 배경 색상	SystemButtonFace
foreground 또는 fg	리스트박스의 문자열 색상	SystemButtonFace
font	리스트박스의 문자열 글꼴	TkDefaultFont
xscrollcommand	리스트박스의 가로 스크롤 위젯 적용	–
yscrollcommand	리스트박스의 세로 스크롤 위젯 적용	–
state	상태 설정	normal
selectmode	리스트박스의 항목 선택 방법	browse
activestyle	리스트박스의 선택된 항목 표시 형태	underline

위의 속성 중에서 selectmode 속성의 경우 browse, single, multiple, extended가 가능하다. browse는 항목을 하나만 선택 가능하며, 방향키 이동 시 선택이 변경된다. 또한 single의 경우 역시 하나만 선택이 가능하지만, 방향키 이동 후 스페이스바를 눌러야 선택이 변경된다. multiple의 경우 다중 선택이 가능하며, 마우스 클릭이나 방향키 이동 후 스페이스바를 눌러서 여러 항목을 선택할 수 있다. 마지막으로 extended의 경우 다중 선택이

가능하며, 마우스 드래그 또는 shift키와 방향키를 누르고 이동하면 다중 선택이 된다.

리스트 박스 위젯의 주 용도는 항목들을 리스트 형태로 나열하고 선택하는 것이기 때문에 다음의 메서드를 사용할 수 있다.

메서드	의미
insert(index, "항목")	index 위치에 항목 추가
delete(start, end)	start부터 end까지의 항목 삭제
size()	항목의 개수 반환
activate(index)	index 위치에 항목 선택
curselection()	선택된 항목을 튜플로 반환
get(start, end)	start부터 end까지의 항목을 튜플로 반환
index(index)	index에 대응하는 위치 획득

다음은 리스트박스를 이용하여 항목들을 표시하고, 항목을 선택할 경우 메시지박스를 열어 선택한 항목을 표시하는 프로그램이다.

```
# 리스트박스 위젯 프로그램
# tkinter_listbox.py

from tkinter import *
from tkinter import messagebox

window = Tk()
window.title("Listbox Program")
window.geometry("320x240")
window.resizable(False, False)

def showSelected(event):
    widget = event.widget
    idx = int(widget.curselection()[0])
    value = widget.get(idx)
    messagebox.showinfo("Selected Item", value)

listbox = Listbox(window, height = 4)
listbox.bind("<<ListboxSelect>>", showSelected)
```

```
listbox.pack()

listbox.insert(END, "Kim")
listbox.insert(END, "Lee")
listbox.insert(END, "Park")
listbox.insert(END, "Choi")

window.mainloop()
```

실행 결과

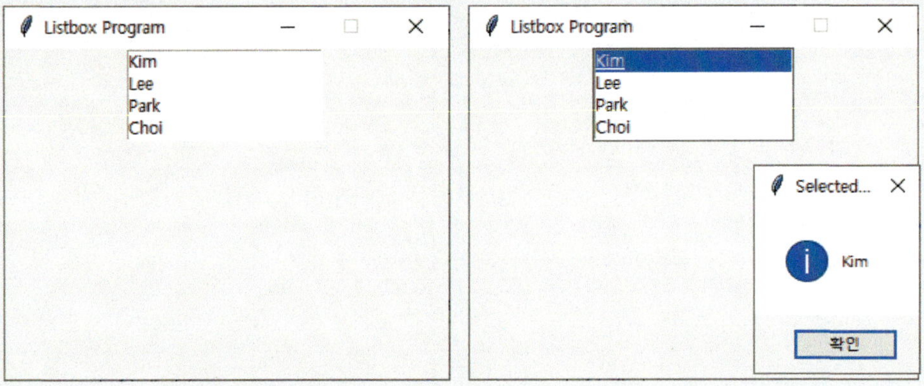

리스트박스의 항목을 클릭할 때 발생되는 이벤트는 어떠한 항목이 선택되었는지를 전달해야 하기 때문에 listbox.bind("<<ListboxSelect>>", showSelected)와 같이 별도의 bind() 메서드를 이용하여 이벤트 함수를 호출한다. 여기서 <<ListboxSelect>> 이벤트는 리스트박스에서 항목이 선택되었을 때 발생하는 이벤트이며, showSelected() 함수와 연결하였다. 리스트박스의 insert() 메서드를 이용하여 "Kim", "Lee", "Park", "Choi" 문자열을 항목으로 추가하였으며, 이때도 역시 텍스트 위젯과 같은 방법으로 END 마커를 사용하여, 항목의 가장 끝에 새로운 항목들을 추가한다. 다만 리스트박스 위젯의 경우 항목별로 분류가 되기 때문에 "₩n"은 추가되지 않았다.

리스트박스에서 항목이 선택되면 showSelect() 함수가 호출된다. 함수 내부에서는 선택된 리스트박스 항목을 가져올 필요가 있기 때문에 widget = event.widget 문장을 통하여 위젯을 가져오고, idx = int(widget.curselection()[0]) 문장을 이용하여 해당 위젯에서 몇 번째 항목이 선택되었는지를 확인한다. 그리고 value = widget.get(idx) 문장을 이용하여 가져온 항목 위치를 이용하여 해당 항목의 값을 value에 저장한 후 messagebox에 출력한다.

12.8. 위젯 배치

지금까지 자주 사용하는 위젯들을 살펴보았다. 지금까지의 위젯은 대부분 단일 위젯을 화면에 배치하였으며, 여러 개의 위젯을 사용한다고 하더라도 윈도우의 위에서부터 아래로 위젯들을 나열하여 배치한 형태였다. 그러나 이러한 배치 형태는 사용자에게 정보를 전달하거나 사용자가 원하는 작업을 효율적으로 하기에는 힘든 구조였다. Tkinter에서는 이를 위해 위젯을 배치하기 위한 별도의 방법을 제공한다. Tkinter에서 위젯을 배치하는 방법에는 앞에서 사용했던 pack() 메서드를 이용하는 방법 외에 grid() 메서드를 이용하여 격자 형태로 배치하는 방법과, place() 메서드를 이용하여 윈도우의 절대 위치로 배치하는 방법이 있다.

12.8.1. pack() 메서드를 이용한 상대 위치 배치

pack() 메서드를 이용한 위젯 배치는 다른 위젯과 상대적인 위치를 이용하여 윈도우에 위젯들을 배치하며, 위젯을 최대한 붙여서 배치하기 때문에 압축 배치 관리자(pack geometry manager)라고 부른다. pack()은 위젯들을 세로의 형태로 차례대로 배치하는 데 사용하며, 가장 간단한 배치 관리자이다. pack() 메서드를 이용하여 위젯을 배치할 때 사용할 수 있는 매개변수는 다음과 같다.

매개변수	의미	기본값	선택 가능한 값
side	특정 위치로 공간 할당	top	top, bottom, left, right
anchor	할당된 공간 내에서 위치 지정	center	center, n, e, s, w, ne, nw, se, sw
fill	할당된 공간에 대한 크기 채우기	none	none, x, y, both
expand	미사용 공간 확보	False	True, False
ipadx	위젯의 x방향 내부 여백	0	상수
ipady	위젯의 y방향 내부 여백	0	상수
padx	위젯의 x방향 외부 여백	0	상수
pady	위젯의 y방향 외부 여백	0	상수

이제 pack() 메서드를 이용하여 버튼 위젯들을 배치해 보자.

```
# pack()을 이용한 위젯 배치
# tkinter_pack.py

from tkinter import *

window = Tk()
window.title("Pack manager")
window.geometry("320x240")

button1 = Button(window, text = "Button1")
button1.pack(side = "top")

button2 = Button(window, text = "Button2")
button2.pack(side = "top")

button3 = Button(window, text = "Button3")
button3.pack(side = "left", fill = "y")

button4 = Button(window, text = "Button4")
button4.pack(side = "top", fill = "x")

window.mainloop()
```

실행 결과

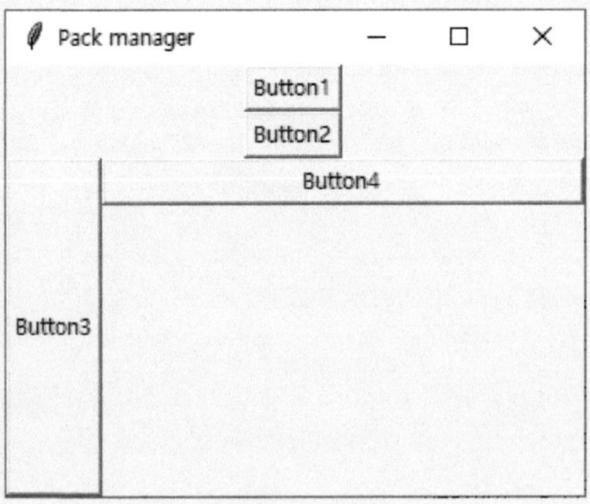

pack() 메서드를 이용하여 위젯들을 배치할 때 우선순위는 가장 처음 호출하는 pack() 메서드에 해당하는 위젯이 갖는다. 즉 예제에서 button1.pack(side = "top")을 가장 먼저 호출했기 때문에 윈도우의 전체 공간 중 가장 윗부분에 button1 위젯이 위치하며, 다음 버튼을 top을 이용하여 배치할 경우 해당 위젯은 button2와 같이 button1 아래에 위치하게

된다. 또한 button3의 경우 button3.pack(side = "left", fill = "y")를 이용하여 윈도우의 왼쪽에 위치하며, fill = "y" 때문에 세로로 긴 형태가 된다. 이때 button1과 button2가 위에 위치하고 있기 때문에 해당 영역은 침범하지 않는다. 또한 button4의 경우 top을 이용하여 위쪽에 배치하게 되며, 이때도 역시 button2와 button3의 영역은 침범하지 않는다.

12.8.2. grid() 메서드를 이용한 격자 배치

grid() 메서드를 이용하여 위젯을 배치할 경우, 위젯은 테이블 형태로 배치된다. 따라서 grid() 메서드를 이용한 위젯 배치를 격자 배치라고 부른다. grid() 메서드를 이용하면 부모 윈도우는 행 및 열로 분할되고, 각 위젯은 분할된 셀에 배치된다. grid()를 이용하면 위젯 배치 시 얼마나 많은 행과 열이 실제로 필요한지를 추적하며, 각 행과 열은 해당 행 또는 열에서 가장 큰 위젯을 배치할 수 있어야 한다. 모든 행과 열이 같은 높이 또는 폭을 가질 필요가 없다. 또한 grid()를 이용하여 배치할 때는 pack()을 이용한 배치 방법을 사용할 수 없다. grid() 메서드를 이용하여 위젯을 배치할 때 사용할 수 있는 매개변수는 다음과 같다.

매개변수	의미	기본값	선택 가능한 값
row	행 번호	0	상수
column	열 번호	0	상수
rowspan	셀이 차지하는 크기를 변경하여 행의 위치 조정	1	상수
columnspan	셀이 차지하는 크기를 변경하여 열의 위치 조정	1	상수
sticky	할당된 공간 내에서의 위치 조정	–	n, e, s, w, nw, ne, sw, se
ipadx	위젯의 x 방향 내부 여백	0	상수
ipady	위젯의 y 방향 내부 여백	0	상수
padx	위젯의 x 방향 외부 여백	0	상수
pady	위젯의 y 방향 외부 여백	0	상수

이제 grid() 메서드를 이용하여 버튼 위젯을 배치해 보자.

```
# grid()를 이용한 위젯 배치
# tkinter_grid.py

from tkinter import *

window = Tk()
window.title("Grid manager")
window.geometry("320x240")

button1 = Button(window, text = "Button1")
button1.grid(row = 0, column = 0)

button2 = Button(window, text = "Button2")
button2.grid(row = 0, column = 1)

button3 = Button(window, text = "Button3")
button3.grid(row = 1, column = 1)

button4 = Button(window, text = "Button4")
button4.grid(row = 2, column = 0, columnspan = 2)

window.mainloop()
```

실행 결과

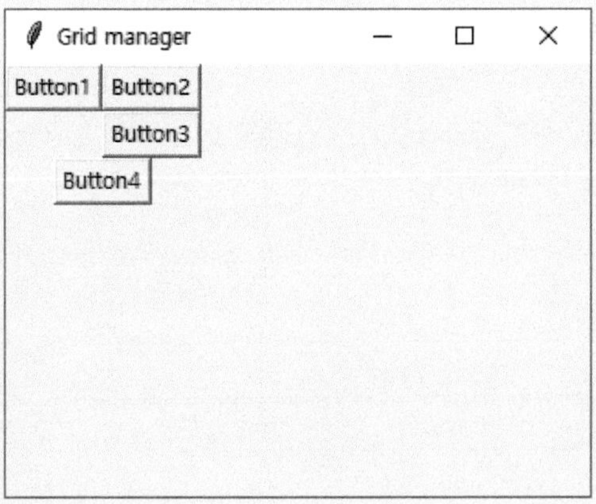

grid() 메서드를 이용하여 위젯을 배치할 때 역시 우선순위는 가장 처음 grid() 메서드를 호출한 위젯부터 배치된다. button4.grid(row = 2, column = 0, columnspan = 2) 문장과 같이 columnspan을 이용하면 해당 위젯은 2개의 컬럼에 걸쳐서 생성되기 때문에 0번 컬럼이 안쪽으로 조금 들어간 것을 확인할 수 있다.

12.8.3. place() 메서드를 이용한 절대 위치 배치

place() 메서드를 이용하여 위젯을 배치하면, 위젯을 배치할 좌표를 픽셀 단위로 지정하여 위젯을 윈도우에 위치시킬 수 있다. 따라서 place()를 이용한 위젯 배치 방법을 절대 좌표 배치 방법이라고 한다. grid()와 pack()은 서로 동시에 사용할 수 없는 반면에 place() 메서드를 이용한 배치 방법은 grid() 또는 pack() 방식과 함께 사용할 수 있다. 만약 여러 개의 위젯이 겹치게 되는 경우에는 나중에 호출한 위젯이 윈도우의 위에 위치하게 된다. place() 메서드를 이용하여 위젯을 배치할 때 사용할 수 있는 매개변수는 다음과 같다.

매개변수	의미	기본값	선택 가능한 값
x	x좌표	0	상수
y	y좌표	0	상수
relx	x좌표 배치 비율	0	0~1
rely	y좌표 배치 비율	0	0~1
width	위젯의 너비	0	상수
height	위젯의 높이	0	상수
relwidth	위젯의 너비 비율	0	0~1
relheight	위젯의 높이 비율	0	0~1
anchor	위젯의 기준 위치	nw	n, e, w, s, ne, nw, se, sw

매개변수 중에서 relx와 rely는 해당 구역으로 위젯을 이동시킬 때 사용한다. 만약 relx가 0.5이면 윈도우의 절반 좌표를 기준으로 x 좌표가 0이 된다. 또한 relwidth와 relheight는 위젯의 크기를 변경시킨다. 만약 relwidth가 0.5이면 위젯의 가로 크기는 윈도우의 절반만큼의 크기를 갖는다. 다음의 예제를 통하여 확인해 보자.

```
# place()를 이용한 위젯 배치
# tkinter_place.py

from tkinter import *

window = Tk()
window.title("Place manager")
```

```
window.geometry("320x240")

button1 = Button(window, text = "Button1")
button1.place(x = 0, y = 0)

button2 = Button(window, text = "Button2")
button2.place(x = 0, y = 50)

button3 = Button(window, text = "Button3")
button3.place(x = 0, y = 100, relx = 0.5)

button4 = Button(window, text = "Button4")
button4.place(x = 0, y = 150, relwidth = 0.5)

window.mainloop()
```

실행 결과

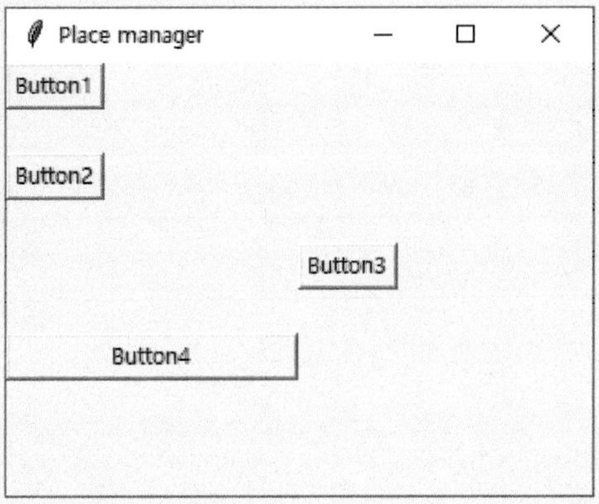

12.9. 계산기 예제

이제 지금까지 배운 내용을 바탕으로 파이썬을 이용하여 간단한 계산기를 만들어 보자. 만들고자 하는 계산기의 형태는 다음과 같다.

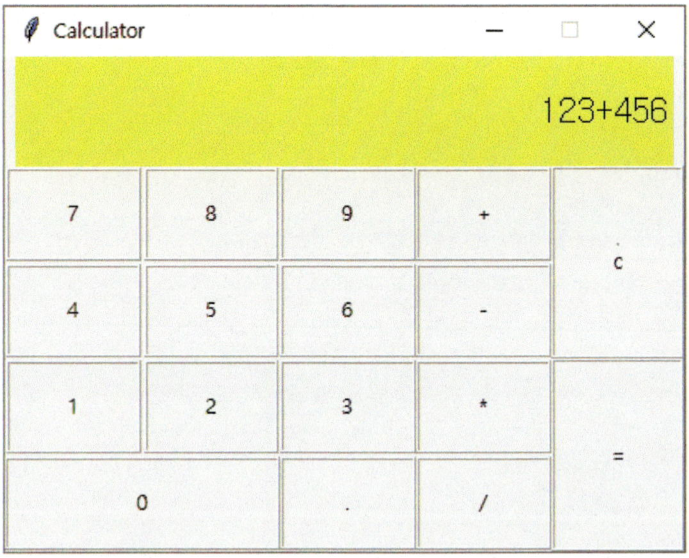

윈도우에 포함되는 위젯의 개수가 많기 때문에 grid() 메서드를 이용한 위젯 배치가 효율적이다. 전체 프로그램 코드는 다음과 같다.

```
# 계산기 프로그램
# tkinter_calc.py

from tkinter import *
from tkinter.font import Font

def onClick(num):
    label['text'] += num

def onCalc():
    result = eval(label['text'])
    label['text'] = ''
    label['text'] = str(result)

```

```
def onClear():
    label['text'] = ''

window = Tk()
window.title("Calculator")
window.resizable(False, False)

font = Font(family = 'TkDefaultFont', size = 15)
label = Label(window, width = 35, height = 3, anchor = 'e', bg = 'yellow', font = font)
label.grid(row = 0, column = 0, columnspan = 5)

buttons = ['7', '8', '9', '+','c',
           '4', '5', '6', '-', ' ',
           '1', '2', '3', '*','=',
           '0', ' ', '.', '/', ' ']

i = 0
for btn in buttons:
    cmd = (lambda x = btn: onClick(x))
    if btn == 'c':
        button = Button(window, text = btn, width = 10, height = 7, relief = 'ridge', command = onClear)
        button.grid(row = i//5 + 1, column = i % 5, rowspan = 2, sticky = 'n')
    elif btn == '=':
        button = Button(window, text = btn, width = 10, height = 7, relief = 'ridge', command = onCalc)
        button.grid(row = i//5 + 1, column = i % 5, rowspan = 2, sticky = 'n')
    elif btn == '0':
        button = Button(window, text = btn, width = 22, height = 3, relief = 'ridge', command = cmd)
        button.grid(row = i//5 + 1, column = i % 5, columnspan = 2)
    elif btn != ' ':
        button = Button(window, text = btn, width = 10, height = 3, relief = 'ridge', command = cmd)
        button.grid(row = i//5 + 1, column = i % 5)
    i += 1
```

위젯 배치 시 'c'와 '='의 경우 세로로 긴 형태의 위젯을 만들기 위하여 rowspan = 2를 지정하였다. 또한 '0'의 경우 가로로 긴 형태의 위젯을 만들기 위하여 columnspan = 2를 지정하였다. 나머지 위젯들은 모두 폭 10, 높이 3으로 지정한 것을 확인할 수 있다. 숫자와 연산자를 이한 버튼들은 모두 onClick() 함수를 이벤트로 사용하며, lambda 함수를 이용하여 해당 버튼의 값을 전달한 후 레이블에 해당 값을 문자열로 추가한다. '=' 버튼의 경우 실제 계산 작업을 수행하게 되며, eval() 함수를 이용하여 문자열 자체를 식으로 변경하여 계산한다. 계산이 끝나면 레이블에 저장되어있는 문자열을 삭제한 후 계산 결과를 다시 레이블에 저장한다. 'c' 버튼의 경우 onClear() 함수와 연결되어 있으며, 레이블에 저장되어 있는 문자열을 삭제한다. 프로그램의 코드가 긴 관계로 코드의 중간에 두 줄로 이루어진 문장이 있음에 주의한 다.

12.10. 연습문제

12-1. 다음 괄호 부분을 채우시오.

① Tkinter에서 (   )은 사용자에게 정보를 표시하고 사용자로부터 입력을 수신하는 역할을 한다.

② (   )는 윈도우 내에서 컴퓨터 내부에서 처리해야 하는 특정한 상황이 발생했음을 의미한다.

③ Tkinter에서 이벤트를 처리할 수 있는 방법은 위젯 인스턴스를 생성할 때 (   ) 인수를 이용하는 방법과, (   ) 메서드를 이용하여 이벤트 처리 함수를 연결하는 방법이 있다.

④ (   )은 사용자가 편집할 수 없는 문자열, 숫자 또는 이미지를 표현하기 위하여 사용한다.

⑤ (   )은 여러 개의 항목들을 다중 선택할 때 사용하며, (   )는 단일 선택에 이용된다.

⑥ 위젯을 윈도우에 배치할 때 배치할 좌표를 픽셀 단위로 지정하기 위하여 (   ) 메서드를 사용한다.

12-2. 다음과 같이 버튼을 클릭할 때마다 버튼에 출력되는 숫자가 감소하는 프로그램을 작성하시오. 이때 버튼에 출력되는 숫자의 초깃값은 100이며, 숫자가 0이 되면 더 이상 감소하지 않는다.

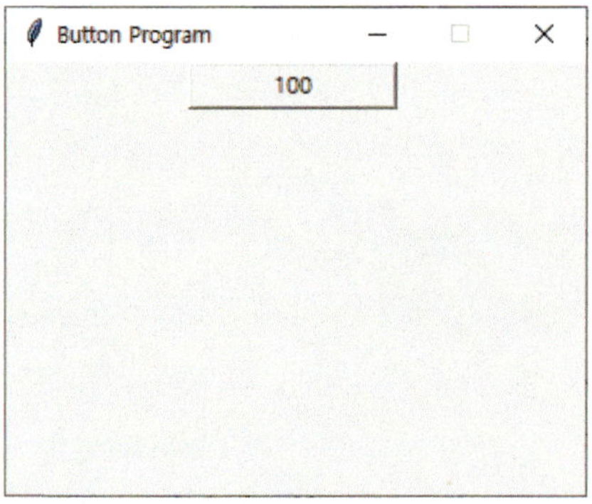

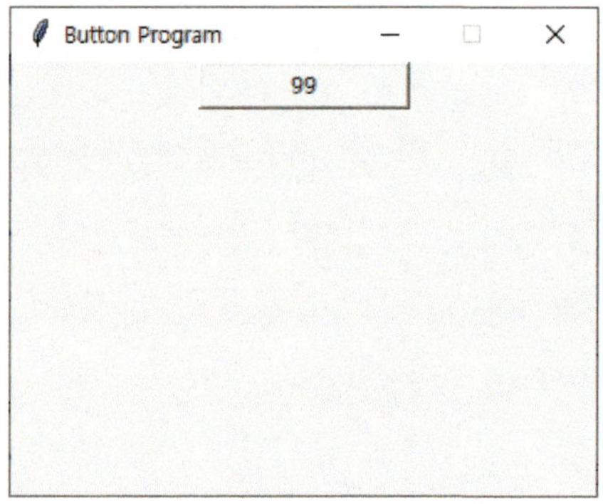

12-3. 다음의 그림과 같이 구구단 프로그램을 작성하시오. 이때 왼쪽의 단 표시는 리스트박스 위젯이며, 오른쪽의 구구단 출력은 텍스트 위젯을 사용하시오.

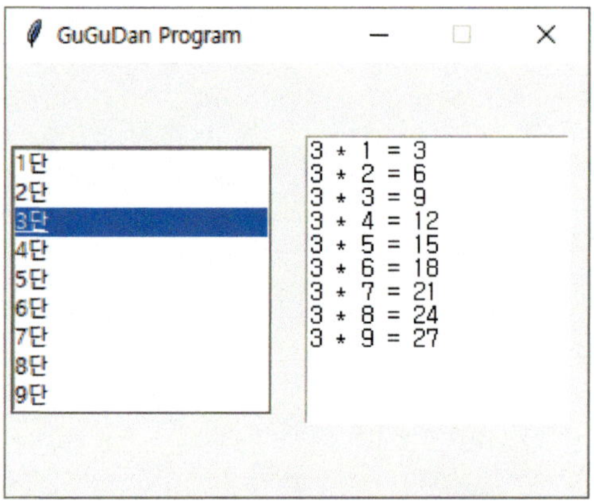

12-4. 다음과 같이 레이블을 이용하여 색 이름과 색 표시를 할 수 있도록 프로그램을 작성하시오. 이때 위젯 배치 방식은 grid() 메서드를 이용하여 배치하시오.

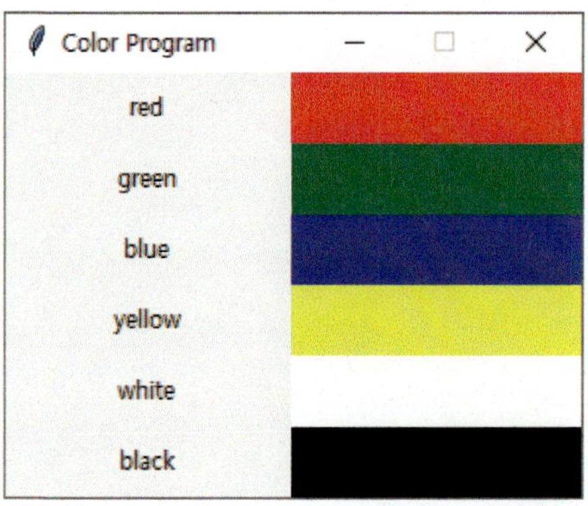

12-5. 다음과 같이 라디오버튼 위젯을 이용하여 레이블 위젯의 색상을 변경할 수 있는 프로그램을 작성하시오.

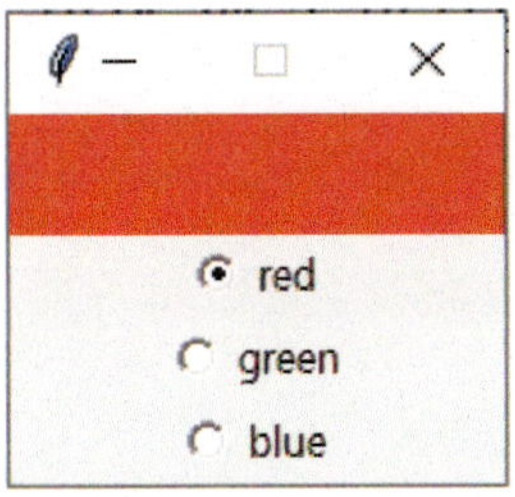

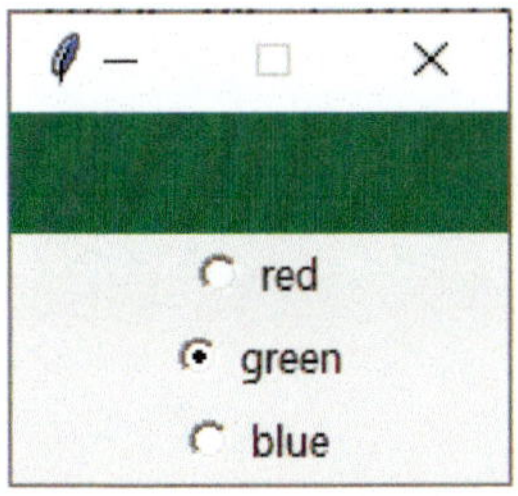

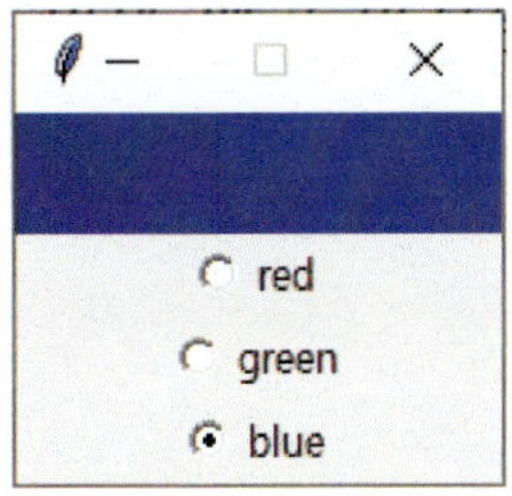

```
include <stdio.h>

oid main()

  int iValue1, iValue2, iResult;

  printf("\n\n ***** program start

  iValue1 = 20;
  iValue2 = 30;
  iResult = iValue1 * iValue2;

  printf(" %d + %
```

Chapter 13

파일처리

제 13 장 파일처리

지금까지 파이썬을 이용하여 프로그램을 만들 때 입력과 출력이 필요할 경우 키보드 또는 마우스를 이용하여 입력받고, 모니터를 이용하여 화면에 출력하였다. 그러나 때로는 영구적인 저장을 이유로 파일에서 자료를 읽은 후 그 결과를 다시 파일에 저장하는 형태의 프로그램이 사용된다. 또한 실제 대부분의 프로그램은 파일에서 자료를 읽고 파일에 저장한다.

키보드로부터 자료를 입력받고 화면에 출력하는 프로그램은 프로그램의 실행 도중 결과를 즉시 확인할 수 있다는 장점이 있지만, 프로그램이 종료되면 그 결과를 더 이상 확인할 수 없으며, 다시 프로그램을 실행시켜야 한다. 따라서 자료를 영구적으로 보존하기 위하여 하드 디스크 등 보조 기억장치를 사용하며, 파이썬에서는 이를 위하여 다양한 파일 처리 방법을 제공한다. 파이썬에서 파일을 처리하기 위해서는 다음과 같이 파일을 위한 변수를 생성하고, 파일을 읽고 쓰기 작업을 하며, 작업한 내용을 파일로 다시 저장하는 과정의 순서로 작업을 진행한다.

13.1. 파일 열기와 닫기

13.1.1. 파일 열기

파일에서 자료를 읽거나 파일에 자료를 저장할 때 반드시 파일에 대한 정보를 프로그램 내에서 생성해야 하며, 이를 파일 열기라고 한다. 파일을 열 때는 다음과 같이 open() 함수를 사용하며, 이때 읽거나 쓰고자하는 파일 이름과 함께 파일 열기 모드를 지정한다.

```
파일변수 = open(파일이름, 파일열기모드)
```

open() 함수를 이용하여 파일 이름을 지정하면, 해당 파일의 정보를 변수에 저장한다. 이때 사용할 수 있는 파일 열기 모드가 정해져 있으며, 다음과 같다.

모드	의미
r	읽기 전용 모드이며, 파일을 읽기만 할 때 사용
w	쓰기 전용 모드이며, 파일에 내용을 쓸 때 사용 동일한 이름의 파일이 있을 때는 파일의 내용을 지우고 처음부터 다시 저장
a	파일 추가 모드이며, 파일의 마지막에 새로운 내용을 추가할 때 사용

이제 파일 열기 작업을 확인하기 위하여 파일을 임의로 하나 생성해 보도록 하자. 다음 그림과 같이 윈도우즈 메모장을 실행한 후 간단한 텍스트 파일을 저장한다. "Hello.txt"라는 이름으로 파일을 저장하며, 해당 파일을 저장한 위치를 잘 기억하도록 하자. 본 교재에서는 "C:₩Python" 폴더에 해당 파일을 저장할 것이다.

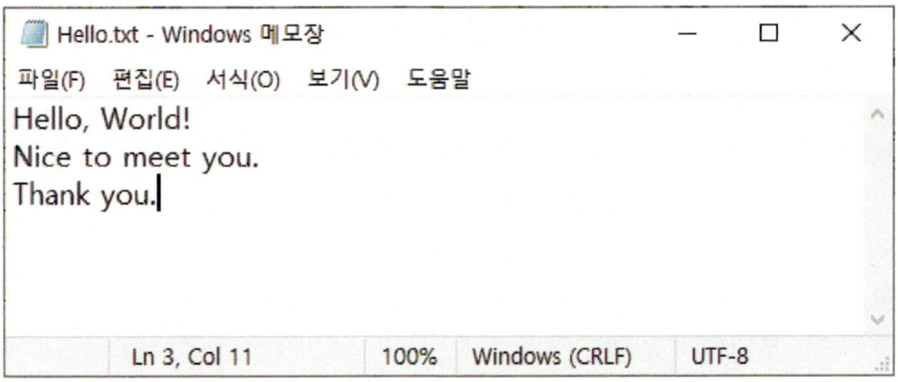

이제 다음과 같이 읽기 전용 모드로 파일을 읽어보자.

```
>>> file = open("C:\Python\Hello.txt", "r")
>>> id(file)
49961392
>>> type(file)
<class '_io.TextIOWrapper'>
```

파일 객체가 정상적으로 생성된 것을 확인할 수 있다. 아직까지는 파일에 대하여 아무런 작업도 하지 않을 것이다.

13.1.2. 파일 닫기

파일을 생성한 후 모드에 따라 읽기 및 쓰기 작업을 진행할 수 있다. 그러나 작업이 끝나면 반드시 다음과 같이 파일을 닫아주어야 한다. 예를 들어 우리가 워드 프로세서 등을 이용하여 문서 편집을 할 때, 파일을 열고 편집 중인 상태에서는 해당 파일을 탐색기를 이용해서 삭제할 수 없으며, 다른 문서 편집기에서 수정도 불가능하다. 파이썬에서도 open() 함수를 이용하여 파일을 열면 다른 곳에서 해당 파일을 변경할 수 없게 된다. 따라서 파이썬에서 파일을 열었을 때에도 파일의 사용이 끝나면 반드시 파일 닫기 작업을 해야 한다. 파일 닫기 작업은 다음과 같이 close() 메서드를 이용한다.

```
파일변수.close()
```

이제 앞에서 열었던 파일을 닫아보자.

```
>>> file.close()
```

파일 닫기 작업은 파이썬 인터프리터를 종료하면 자동으로 파일의 객체를 닫아주기 때문에 생략해도 되긴 하지만, 가급적 직접 닫아주는 습관을 기르는 것이 좋다.

13.2. 파일 읽기와 쓰기

13.2.1. 파일 읽기

13.2.1.1. read() 메서드를 이용한 파일 읽기

파일 열기 작업을 한 후에는 모드에 따라 파일을 읽고 쓸 수 있다. 파일에서 자료를 읽기 위한 가장 간단한 방법은 다음과 같이 파일 변수에 read() 메서드를 사용하는 것이다. read() 메서드를 사용하면 인수로 전달하는 문자의 개수만큼 파일 내부에서 글자를 읽을 수 있으며, 인수를 이용하지 않고 호출할 때는 파일의 전체 내용을 반환한다.

```
문자열변수 = 파일변수.read(문자 개수)
또는
문자열변수 = 파일변수.read()      # 파일 전체 읽기
```

이제 앞에서 저장했던 파일을 읽고, 해당 내용을 출력하는 프로그램으로 파일 읽기 작업을 확인해 보자.

```
>>> file = open("C:\Python\Hello.txt", "r")
>>> str = file.read()
>>> print(str)
Hello, World!
Nice to meet you.
Thank you.
>>> file.close()
```

13.2.1.2. readline() 메서드를 이용한 파일 읽기

앞에서 사용했던 read() 메서드는 파일에서 문자 개수를 지정하거나 전체를 가져올 때 사용하는 함수이다. 그러나 지금 배울 readline() 메서드는 파일의 첫 번째 라인부터 한 줄씩 데이터를 읽을 때 사용할 수 있는 메서드이다. readline() 메서드를 사용하면, 한 줄의 문자열을 읽어서 변수에 저장하며, 다시 readline() 메서드를 호출할 경우 다음 줄의 자료를 읽을 수 있다. 따라서 파일의 끝까지 읽었을 때의 처리가 필요하다. 예제를 통하여 확인해 보자.

```
>>> file = open("C:\Python\Hello.txt", "r")
>>> while True:
        line = file.readline()
        if not line:
            break
        print(line)


Hello, World!

Nice to meet you.

Thank you.
>>> file.close()
```

file.readline() 메서드를 호출하면, 파일에서 첫 번째 라인을 읽는다. 해당 라인에는 "Hello, World!" 문자열이 저장되어 있기 때문에, if not line:의 식은 거짓이 되어, print(line) 함수가 호출되어 문자열을 출력하고 줄바꿈한다. 이때 문서 파일 내부에 이미 줄바꿈이 표기되어 있기 때문에 출력문에서 두 번의 줄바꿈이 이루어진 것에 유의한다. 출력이 수행되고 나면 다시 file.readline() 메서드를 호출하고 두 번째 라인을 읽는다. 역시 자료가 있기 때문에 문자열을 출력한다. 계속하여 세 번째 라인까지 출력을 하고 나면, 더 이상 읽을 자료가 없다. 따라서 if not line:의 식이 True가 되고 break문을 수행한 후 반복문을 빠져나온다.

13.2.1.3. readlines() 메서드를 이용한 파일 읽기

readlines() 메서드는 read() 메서드와 같이 파일 내부 전체를 읽어서 저장하는 것은 같지만, 파일의 모든 줄을 읽어서 각각의 줄을 요소로 갖는 리스트로 반환한다는 것이 다르다. 즉 read() 메서드는 하나의 문자열 변수에 저장하는 것이고, readlines() 메서드는 각각의 줄을 문자열 요소로 갖는 리스트 변수에 저장하는 메서드이다. 다음의 예제로 확인해 보자.

```
>>> file = open("C:\Python\Hello.txt", "r")
>>> lines = file.readlines()
>>> for l in lines:
        print(l)

Hello, World!

Nice to meet you.

Thank you.
>>> file.close()
```

readlines() 메서드를 이용하여 파일에서 자료를 읽으면, lines 변수에 ['Hello, World!', 'Nice to meet you.', 'Thank you.']의 값이 리스트의 형태로 저장한다. 따라서 for문을 이용하여 각각의 항목을 추출한 후 출력할 수 있다.

13.2.2. 파일 쓰기

13.2.2.1. 쓰기 모드로 파일 열기

파일을 읽는 방법을 배웠으니, 이제 파일에 저장하는 방법을 알아보자. 파일에 자료를 저장할 때는 파일을 쓰기 모드로 열어야 한다. 이때 주의할 점은 쓰기 모드('w')로 파일을 열 때, 파일이 이미 존재할 경우 그 파일의 내용이 모두 사라지게 된다는 것이다. 파일을 연후에 파일에 자료를 저장하기 위해서는 파일변수의 write() 메서드를 이용한다. 예제로 확인해 보자.

```
>>> file = open("C:\Python\Hello.txt", "w")
>>> file.write("안녕하세요.\n")
7
>>> file.write("반갑습니다.\n")
7
>>> file.write("감사합니다.\n")
7
>>> file.close()
>>> file = open("C:\Python\Hello.txt", "r")
>>> print(file.read())
안녕하세요.
반갑습니다.
감사합니다.

>>> file.close()
```

파일에 자료를 저장하기 위하여 file.write("안녕하세요.₩n")과 같이 write() 메서드를 사용한다. 이때 write() 메서드는 자동 줄바꿈이 되지 않기 때문에 줄바꿈을 위하여 문자열 내부에 "₩n"이 포함된 것을 확인하자. "w"를 이용하여 파일을 열면, 파일의 내부 내용이 지워진다. 따라서 저장한 파일을 다시 출력해 보면, 기존의 내용은 사라지고 새롭게 저장한 것만 보인다.

13.2.2.2. 추가 모드로 파일 열기

쓰기 모드인 "w"를 이용하여 파일을 열면, 이미 파일이 존재할 경우 그 파일의 내용이 모두 사라지게 된다는 단점이 있다. 원래의 값을 유지하면서 새로운 값을 추가해야 할 경우에는 파일을 추가 모드로 열어야 하며, 파일 오픈 시에 "a"를 사용한다. 다음의 예제를 살펴보자.

```
>>> file = open("C:\Python\Hello.txt", "a")
>>> file.write("Hello, World!\n")
14
>>> file.write("Nice to meet you.\n")
18
>>> file.write("Thank you.")
```

```
10
>>> file.close()
>>> file = open("C:\Python\Hello.txt", "r")
>>> print(file.read())
안녕하세요.
반갑습니다.
감사합니다.
Hello, World!
Nice to meet you.
Thank you.

>>> file.close()
```

파일을 열 때 open("C:₩Python₩Hello.txt", "a")와 같이 추가 모드로 열었다. 따라서 기존에 파일에 저장되어 있던 내용을 유지하면서, 새로운 값을 추가할 수 있다. 실제 "Hello, World.₩n"와 같이 문장을 추가하면, 기존에 저장되어 있던 문장에 이어서 추가되는 것을 확인할 수 있다.

13.3. with문

지금까지 파일을 열고 작업을 수행할 때 open() 함수를 이용하여 파일을 열고, close() 메서드를 이용하여 파일을 닫았다. 이와 같이 파일은 open()이 되면 반드시 close()를 이용해서 닫아야하는 불편함이 따른다. 그리고 프로그램을 작성하다 보면 파일을 닫지 않아서 생기는 오류를 자주 만나게 된다. 지금 배울 with 구문을 사용하면 이러한 불편을 쉽게 해결할 수 있다. with 구문은 블록 단위의 작업의 시작과 끝을 자동으로 처리하기 위하여 사용하는 문장으로, 사용 방법은 다음과 같다.

```
with 함수() as 변수:
    문장
```

```
with open(파일이름, 파일열기모드) as 파일변수:
    문장
```

with문을 이용하여 함수를 호출하면, as 뒤에 지정된 변수에 함수 호출 결과가 저장된다. 이 변수는 with문 내부의 문장에서 변수로써 사용되며, with문이 종료되면 해당 변수는 자동으로 삭제된다. 따라서 with문을 이용하여 open() 함수를 사용할 경우 파일 변수 자체가 with문이 끝나면 사라지기 때문에 자동으로 close() 함수를 호출한 것과 동일한 기능을 한다. 다음 예제는 앞에서 파일 읽기 작업을 수행한 것을 with문을 이용하는 것으로 변경한 것이다.

```
>>> with open("C:\Python\Hello.txt", "r") as file:
        lines = file.readlines()
        for l in lines:
            print(l)

안녕하세요.

반갑습니다.

감사합니다.

Hello, World!

Nice to meet you.

Thank you.
```

13.4. 이진파일 읽기와 쓰기

지금까지 사용했던 파일들은 모두 문자열로 구성되어 있는 텍스트 파일이다. 그러나 컴퓨터를 사용하다 보면, 이러한 파일들 뿐만 아니라 실행파일, 이미지 파일, 음악 파일과 같이 바이트 단위로 정보가 저장되어 있는 파일이 많다. 이러한 파일을 이진파일이라고 부르며, 이진파일 역시 파이썬에서 자유롭게 자료를 읽고, 이진 파일로 저장할 수 있다. 이진파일로 파일을 열기 위해서는 open() 함수를 실행할 때 "r" 대신 "rb", "w" 대신 "wb"를 이용하여 파일을 열어야 한다. 이때 "b"는 binary의 약자이다.

이진파일을 열고, 쓰는 작업을 확인하기 위하여 하나의 이미지 파일을 다운로드 받은 후 실습을 진행한다. 다음의 이미지 파일은 Lenna.png 파일로 일반적으로 영상 처리 알고리즘과 관련된 출판물에서 시험용 이미지로 가장 널리 쓰이는 파일이다. 해당 파일을 적절한 곳에 다운로드 받은 후 실습을 진행한다. 본 교재에서는 "C:₩Python" 폴더에 저장되어 있다.

```
>>> file = open("C:\Python\Lenna.png", "rb")
>>> data = file.read()
>>> file.close()
>>> file = open("C:\Python\Lenna2.png", "wb")
>>> file.write(data)
473831
>>> file.close()
```

이진파일은 파일을 열 때 "rb"와 같이 "b"를 붙여서 여는 것 외에는 일반적인 텍스트 파일의 사용과 크게 다른 부분이 없다. 그러나 이진파일은 문자열로 구성된 것이기 아니기 때문에 readline()이나 readlines()를 사용할 경우 문제를 발생시킬 수 있다. 따라서 일반적으로 read() 메서드를 사용하여 자료를 읽으며, 자료를 읽고자 하는 바이트 수를 지정하기 위해서는 read(10)과 같이 사용할 수 있다.

13.5. 연습문제

13-1. 다음 괄호 부분을 채우시오.

① 파일에서 자료를 읽거나 파일에 자료를 저장할 때 (   ) 함수를 사용하여 반드시 파일을 열어야 한다.

② (   ) 모드로 파일을 열면, 읽기 전용 모드이다.

③ 열었던 파일을 닫을 때는 (   ) 메서드를 이용한다.

④ (   ) 메서드는 파일에서 한 줄의 문자열을 읽을 수 있다.

13-2. 프로그램을 실행하면 사용자로부터 입력받은 문자열을 index.txt 파일에 추가하는 프로그램을 작성하시오.

13-3. 다음과 같이 로또 번호를 자동으로 만들어 화면 및 lotto.txt 파일에 저장하는 프로그램을 작성하시오.

```
[15, 22, 32, 37, 39, 44]
```

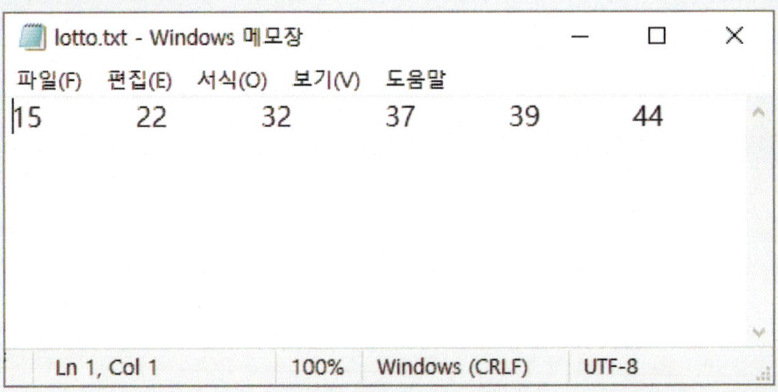

13-4. 다음과 같이 count.txt 파일을 읽고 해당 파일이 몇 개의 단어로 구성되어 있는 지 확인하는 프로그램을 작성하시오.

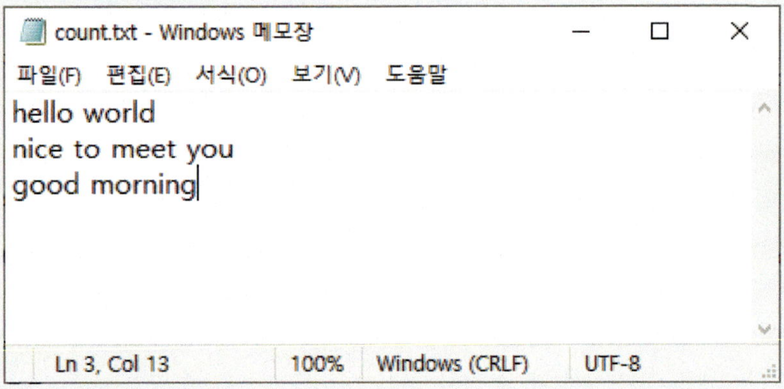

8 단어로 구성되어 있습니다.

Chapter 14

예외처리

제 14 장 예외처리

프로그램을 만들다 보면, 생성되지 않은 변수에서 값을 읽으려고 시도하거나, 리스트에서 인덱스 허용 범위를 넘어가는 곳에 접근한다거나 하는 수없이 많은 오류를 만나게 된다. 이러한 오류는 프로그램을 실행하는 도중에 주로 발생하며 이에 대한 처리가 필요하다.

14.1. 프로그램 오류와 예외처리

우선 다음의 예제는 우리가 흔히 실수하는 것들 중에 하나이다.

```
>>> values = [1, 2, 3, 4, 5]
>>> print(values[4])
5
>>> print(values[5])
Traceback (most recent call last):
  File "<pyshell#66>", line 1, in <module>
    print(values[5])
IndexError: list index out of range
```

리스트 변수에 1부터 5까지의 숫자를 저장한다. 그리고 해당 변수를 인덱스를 이용하여 접근하고자 할 때, 다섯 개의 항목을 저장했기 때문에 0부터 4까지의 인덱스만 가능하다. 따라서 values[5]와 같이 존재하지 않는 요소에 접근하고자 시도하면 오류가 발생한다. 이와 같이 프로그램 실행 도중에 발생하는 오류를 예외(exception)라고 하며, 더 이상 프로그램이 실행되지 않게 된다. 따라서 이에 대한 적절한 처리를 통하여 프로그램이 종료되는 것을 막는 것을 예외처리라고 한다. 다음의 예제를 추가로 살펴보자.

```
>>> 5 / 0
```

```
Traceback (most recent call last):
  File "<pyshell#67>", line 1, in <module>
    5 / 0
ZeroDivisionError: division by zero
```

예제에서 5를 0으로 나누었다. 이것도 역시 계산 작업을 수행할 수 없으며, 프로그램을 종료한다. 이와 같이 프로그램이 동작할 때 다양한 예외가 발생할 수 있으며, 각각의 예외는 그 형태가 있다. 앞에서 리스트의 인덱스를 잘못 접근했을 때는 IndexError가 발생했으며, 값을 0으로 나눌 때는 ZeroDivisionError가 발생했다. 예제와 같이 예외가 발생하면 프로그램에서 이를 무시하는 예외처리 기법을 사용해야 한다.

14.2. 예외처리 방법

14.2.1. try ~ except

예외처리를 위한 가장 간단한 방법은 try ~ except문을 이용하여 예외가 발생할 수 있는 부분을 감싸는 것이다. 다음은 예외를 처리하기 위한 try ~ except 구문의 기본 구조이다.

```
try:
    문장
except:
    예외가 발생했을 때 처리하는 문장
```

이제 try ~ except문을 이용하여 앞에서 예외가 발생했던 예제를 잘 처리하는 지 확인해보자.

```
>>> values = [1, 2, 3, 4, 5]
>>> try:
        print(values[5])
    except:
        print("Index Error!")


Index Error!
```

앞서 수행한 예제와는 다른 문장이 출력되었다. print(values[5]) 문장에 예외가 발생하기 때문에 print("Index Error!") 문장이 실행되었다. 따라서 프로그램이 정상적으로 실행되는 것을 확인할 수 있다. 사실 인터프리터 환경에서는 명령어를 한 줄씩 입력하기 때문에 예외처리가 크게 와 닿지 않을 수도 있다. 다음은 프로그램을 파이썬 스크립트에 저장한 후 예외처리를 하는 경우와 하지 않는 경우를 비교하는 예제이다.

```
1  # 예외처리 예
2  # with_try_except.py
3
4  values = [1, 2, 3, 4, 5]
5
6  try:
7      print(values[5])
8  except:
9      print("Index Error")
10
11 print(values[4])
```

실행 결과

```
Index Error
5
```

예제의 7번 라인은 인덱스의 범위를 벗어나기 때문에 오류를 발생시킨다. 따라서 9번 라인의 문장이 예외처리로 출력되었다. 그리고 예외를 처리한 후 11번 라인의 문장이 정상적으로 실행된다. 이제 예외처리를 하지 않은 프로그램의 결과를 살펴보자.

```
# 예외처리를 사용하지 않은 예
# without_try_except.py

values = [1, 2, 3, 4, 5]

print(values[5])

print(values[4])
```

실행 결과

```
Traceback (most recent call last):
  File "C:/Python/without_try_except.py", line 6, in <module>
    print(values[5])
IndexError: list index out of range
```

예제의 6번 라인에서 인덱스의 범위를 벗어나기 때문에 역시 예외가 발생한다. 그리고 그 결과 8번 라인의 문장이 실행되지 않았다. 이와 같이 프로그램 실행 도중 예외가 발생하면, 해당 프로그램은 자동적으로 종료하게 된다. 이때 예외처리 구문을 사용하면, 해당 예외를 무시하고 다른 문장을 수행하게 할 수 있다.

14.2.2. 특정 예외의 처리

지금까지 배운 try ~ except 구문을 이용하면 예외가 발생했을 때 프로그램이 종료되지 않고 예외를 처리한 후 다음 작업을 진행할 수가 있다. 이러한 방법은 예외가 발생하면 그 예외가 무엇이든지 관계없이 공통적인 작업을 수행하게 된다. 만약 특정 예외에만 예외처리가 반응하고자 할 경우에는 다음과 같이 except문 뒤에 발생 예외명을 적어서 예외별로 다른 작업을 수행하게 할 수도 있다.

```
try:
    문장
except 예외명1:
    예외명1이 발생했을 때 처리하는 문장
except 예외명2:
    예외명2가 발생했을 때 처리하는 문장
...
```

다음의 예제는 except 뒤에 IndexError를 이용하여 인덱스가 벗어났을 때 예외를 처리하는 방법을 보인다. 예제를 통해서 확인해 보자.

```
# 특정 예외의 처리 예
# try_except_name1.py

values = [1, 2, 3, 4, 5]

try:
    print(values[5])
except IndexError:
    print("Index Error")

print(values[4])
```

실행 결과

```
Index Error
5
```

앞의 예외 마찬가지로 IndexError가 발생했을 때 정상적으로 예외를 처리하는 것을 확인할 수 있다. 그러나 이와 같이 예외명을 이용하여 예외를 처리하는 경우 해당 예외만 처리할 수 있기 때문에 주의해야 한다. 만약 다음과 같이 ZeroDivisionError:를 이용하여 0으로 나누는 것에 대한 예외를 처리하고자 할 때, IndexError가 발생한다면 예외처리는 할 수 없게 된다.

```
# 특정 예외의 처리 예
# try_except_name2.py

values = [1, 2, 3, 4, 5]

try:
    print(values[5])
except ZeroDivisionError:
    print("You cannot divide by 0.")

print(values[4])
```

실행 결과

```
Traceback (most recent call last):
  File "C:/Python/try_except_name.py", line 7, in <module>
    print(values[5])
IndexError: list index out of range
```

예외처리 구문에 except ZeroDivisionError를 지정해 두었으나, 실제 예외는 IndexError가 발생하였다. 따라서 해당 예외는 처리할 수가 없기 때문에 예제와 같이 프로그램이 강제 종료된 것을 알 수 있다. 이때는 다음과 같이 except 구문을 여러 번 사용할 수도 있다.

```
# 특정 예외의 처리 예
# try_except_name3.py

values = [1, 2, 3, 4, 5]

try:
    print(values[5])
```

```
except ZeroDivisionError:
    print("You cannot divide by 0.")
except IndexError:
    print("Index Error")

print(values[4])
```

실행 결과	Index Error 5

또는 다음과 같이 이미 알고 있는 예외는 별도로 표기한 후 가장 마지막에 예외의 이름을 주지 않고 모든 예외를 처리하는 방법 역시 사용할 수 있다.

```
1  # 특정 예외의 처리 예
2  # try_except_nam43.py
3  
4  values = [1, 2, 3, 4, 5]
5  
6  try:
7      print(values[5])
8  except ZeroDivisionError:
9      print("You cannot divide by 0.")
10 except IndexError:
11     print("Index Error")
12 except:
13     print("Unknown Error")
14 
15 print(values[4])
```

실행 결과	Index Error 5

위의 예에서는 ZeroDivisionError가 발생할 경우 9번 라인의 문장이 실행되며, IndexError가 발생할 경우 11번 라인의 문장이 실행된다. 만약 발생한 예외가 위의 두 예외가 아닐 경우에는 13번 라인의 문장이 실행된다.

14.2.3. try ~ except ~ as

지금까지 예외가 발생했을 때 print() 함수를 이용하여 해당 예외에 대한 설명을 별도로 출력하였다. 그러나 미리 정해진 예외 이름만 출력할 때는 다음과 같이 try ~ except 뒤에 as를 이용하여 메시지 변수를 지정할 수 있다.

```
try:
    문장
except 예외명 as 메시지변수:
    예외명이 발생했을 때 처리하는 문장
```

다음의 예제를 통하여 메시지를 출력해 보자.

```
1 # 예외가 발생했을 때 예외 메시지 변수 사용
2 # try_except_as.py
3
4 values = [1, 2, 3, 4, 5]
5
6 try:
7     print(values[5])
8 except IndexError as e:
9     print(e)
```

실행 결과	list index out of range

위의 예와 같이 인덱스 범위를 벗어날 경우 IndexError가 발생하며, 변수 e에 예외 메시지를 저장한다. 그 후 9번 라인에서 해당 메시지를 출력하면 list index out of range와 같이 예외에 해당하는 문자열이 출력된다.

14.3. 예외 회피하기

14.3.1 pass문을 이용한 예외 회피

지금까지 예외가 발생했을 때 이를 처리하는 방법에 대하여 배웠다. 그러나 프로그램을 작성하다 보면, 예외에 대한 내용을 반드시 화면에 출력해야 하는 것은 아니다. 특정 예외가 발생했을 때 아무런 출력 없이 예외만을 피한 후 나머지 문장을 실행하고자 할 때는 다음과 같이 except문 안에 실행해야 하는 문장에 pass를 이용한다. 예제를 통하여 살펴보자.

```
1  # 단순 예외 회피
2  # try_except_pass.py
3
4  values = [1, 2, 3, 4, 5]
5
6  try:
7      print(values[5])
8  except:
9      pass
10
11 print(values[4])
```

실행 결과	
	5

예제에서 예외가 발생했을 때 처리해야 하는 문장에 9번 라인과 같이 pass문을 넣었다. pass문은 어떠한 것도 실행하지 않고 다음 문장으로 넘어간다. 따라서 문장에서 예외가 발생하더라도 어떠한 동작도 수행하지 않고 11번 문장으로 이동하여 value[4]의 값인 5를 출력한다.

14.3.2. try ~ except ~ else

지금까지 예외가 발생했을 때 처리 방법을 살펴보았다. 그러나 예외가 발생하지 않았을 때 문장을 실행할 필요도 있다. 다음과 같이 try ~ except ~ else문을 이용하면 예외가 발생했을 때 처리해야 하는 구문과 예외가 발생하지 않았을 때 처리해야 하는 구문을 구분하여 실행할 수 있다.

```
try:
    문장
except:
    예외가 발생했을 때 처리하는 문장
else:
    예외가 발생하지 않았을 때 처리하는 문장
```

예제를 통해서 어떻게 프로그램이 실행되는 지를 살펴보자.

```
1  # 예외가 발생했을 때와 발생하지 않았을 때의 구분
2  # try_except_else.py
3
4  value = int(input("Input numbers : "))
5
6  try:
7      result = 10 / value
8  except ZeroDivisionError:
9      print("You cannot divide by 0")
10 else:
11     print("10 / %d = %d" %(value, result))
```

실행결과 1

```
Input numbers : 5
10 / 5 = 2
```

실행결과 2

```
Input numbers : 0
You cannot divide by 0
```

위의 예제는 숫자를 입력받은 후 10을 입력받은 숫자로 나눈 결과를 출력하는 프로그램이다. 만약 숫자 0을 입력한다면 0으로 나눌 수 없다는 ZeroDivisionError가 발생할 것이다. 그러나 0 이외의 값을 입력할 경우 나눈 결과를 출력해야 한다. 즉 0일 때와 0이 아닐 때를 구분하여 실행해야 하는 것이다. 이때 예제의 10번 라인과 같이 else를 이용하면 예외가 발생했을 때는 except 이하의 문장인 9번 라인이 실행되고, 예외가 발생하지 않으면 11번 라인의 문장이 실행된다.

14.3.3. try ~ except ~ finally

try ~ except ~ else 구문이 예외가 발생했을 때와 발생하지 않았을 때 실행해야 하는 문장을 구분한다면, try ~ except ~ finally 구문은 예외 발생 여부와 관계없이 항상 실행할 문장들을 지정하기 위하여 사용한다. finally 구문은 앞에서 배웠던 else 구문과도 함께 사용가능하다.

```
try:
    문장
except:
    예외가 발생했을 때 처리하는 문장
else:
    예외가 발생하지 않았을 때 처리하는 문장
finally:
    예외 발생 여부와 관계없이 항상 실행할 문장
```

```
# 예외가 발생했을 때와 발생하지 않았을 때의 구분
# 예외 발생 여부와 관계없이 항상 문장 실행 추가
# try_except_else_finally.py

value = int(input("Input numbers : "))

try:
    result = 10 / value
except ZeroDivisionError:
    print("You cannot divide by 0")
else:
    print("10 / %d = %d" %(value, result))
finally:
    print("Calculate is done!")
```

실행결과 1	Input numbers : 5 10 / 5 = 2 Calculate is done!
실행결과 2	Input numbers : 0 You cannot divide by 0 Calculate is done!

위의 예에서 보는 것과 같이 0을 입력하여 예외가 발생하던, 5를 입력하여 예외가 발생하지 않던 모두 14번 라인의 문장은 실행하는 것을 알 수 있다. 일반적으로 finally문은 파일을 사용할 때 파일의 사용이 끝날 경우 close() 메서드를 호출해야 하는 경우와 같이 반드시 어떠한 문장을 실행할 필요가 있을 때 많이 사용한다.

14.4. 예외 발생시키기와 예외 만들기

14.4.1. 예외 발생시키기

지금까지 오류를 처리하기 위하여 try ~ except문을 이용한 예외처리 방법에 대하여 배웠다. 그러나 이러한 예외는 모두 파이썬 내부에 포함되어 있는 예외이다. 특별한 경우에는 사용자가 직접 예외를 발생시킬 수도 있다. 예외를 발생시키기 위해서는 다음과 같이 raise 예약어와 함께 Exception 클래스 또는 예외 인스턴스를 사용한다.

```
try:
    ...
    raise Exception("메시지")
except Exception as e:
    예외가 발생했을 때 처리하는 문장
```

예제를 통하여 강제로 예외를 발생시키면 어떠한 결과가 발생하는 지 살펴보자.

```
# 예외 발생시키기
# try_except_raise.py

values = [1, 2, 3, 4, 5]

try:
    if 0 not in values:
        raise Exception("0 is not in list")
    else:
        print("0 is in list")
except Exception as e:
    print(e)
```

실행 결과	0 is not in list

if 0 not in values: 문장은 0이 values 리스트에 있지 않을 경우 True이며, 0이 values 리스트에 있을 경우 False가 된다. values 리스트의 항목은 위의 예에서 [1, 2, 3, 4, 5]이기 때문에 True가 된다. 따라서 8번 라인에서 예외를 강제로 발생시키며, 예외 메시지는 11번 라인에서 e에 저장된다. 이후 12번 라인에서 e를 출력하여 예외처리를 완료한다. 본 예제에서는 Exception 클래스를 이용하여 예외를 만들어서 사용했지만, 앞에서 사용했던 IndexError나 ZeroDivisionError와 같이 파이썬에 내장되어 있는 예외도 사용할 수 있다.

14.4.2 예외 만들기

앞에서 예외를 강제로 발생시킬 때 Exception 클래스를 이용하여 예외 메시지를 전달하여 강제로 예외를 발생시키는 방법에 대하여 살펴보았다. Exception 클래스는 예외를 저장하기 위한 기본 클래스이며, 다음과 같이 Exception 클래스를 상속받음으로써 새로운 사용자 정의 예외 클래스를 생성할 수 있다.

```
class 사용자정의예외명(Exception):
    def __init__(self):
        super().__init__("메시지“)
```

사용자 정의 예외 클래스를 생성할 때는 대부분 위의 형식과 같이 __init__() 메서드만 포함하는 단순한 형태로 정의하는 것이 일반적이다. 또한 예외를 발생시킬 때는 raise와 함께 클래스의 이름을 사용한다. 다음의 예제를 살펴보자.

```
# 예외 만들기
# try_except_custom.py

class ZeroNotFoundError(Exception):
    def __init__(self):
        super().__init__("Zero not found in list Error")

values = [1, 2, 3, 4, 5]

```

```
try:
    if 0 not in values:
        raise ZeroNotFoundError
    else:
        print("0 is in list")
except Exception as e:
    print(e)
```

실행 결과	Zero not found in list Error

14.5. 연습문제

14-1. 다음 괄호 부분을 채우시오.

① (　　　　　　)을 이용해서 프로그램 실행 도중 예외가 발생하면 프로그램이 종료되기 때문에 반드시 예외처리를 하는 것이 좋다.

② 예외가 발생했을 때 처리하는 문장은 (　　　　　) 뒤에 넣는다.

③ 예외처리할 때 예외 이름을 출력할 때는 try ~ except 뒤에 (　　　　　)를 이용하여 메시지 변수를 지정할 수 있다.

④ 예외를 강제로 발생시키려면 (　　　　) 예약어를 사용한다.

14-2. 다음 코드는 파일이 없는 경우 다음과 같은 예외가 발생한다. 예외가 발생했을 때 "해당 파일이 없습니다."라는 문자열이 출력되도록 프로그램을 다시 작성하시오.

```
# 연습문제 14-2

with open("C:\Python\input.txt", "r") as file:
    string = file.read()
    print(string)
```

실행 결과

```
Traceback (most recent call last):
  File "C:/Python/연습문제/14-2.py", line 3, in <module>
    with open("C:\Python\input.txt", "r") as file:
FileNotFoundError: [Errno 2] No such file or directory:
'C:\\Python\\input.txt'
```

14-3. 다음은 입력받은 두 개의 정수의 합을 구하는 프로그램이다. 그러나 실수가 입력되면 다음과 같이 예외가 발생한다. 예외가 발생했을 때 "정수를 입력하세요."라는 문자열이 출력되도록 프로그램을 다시 작성하시오.

```
# 연습문제 14-3

val1 = int(input("첫 번째 정수를 입력하세요 : "))
val2 = int(input("두 번째 정수를 입력하세요 : "))

print(val1 + val2)
```

실행 결과

```
첫 번째 정수를 입력하세요 : 15.5
Traceback (most recent call last):
  File "C:/Python/연습문제/14-3.py", line 3, in <module>
    val1 = int(input("첫 번째 정수를 입력하세요 : "))
ValueError: invalid literal for int() with base 10: '15.5'
```

```
include <stdio.h>

oid main()

  int iValue1, iValue2, iResult;

  printf("\n\n ***** program start

  iValue1 = 20;
  iValue2 = 30;
  iResult = iValue1 * iValue2;

  printf(" %d + %
```

Chapter 15

유용한 모듈들

제 15 장 유용한 모듈들

지금까지 파이썬 문법을 이용하여 프로그램을 작성하는 방법에 대하여 배웠다. 파이썬은 리스트, 딕셔너리와 같이 알고리즘 기반의 자료형을 기본 제공하고, 다양한 메서드를 활용할 수 있기 때문에 현재 널리 사용되고 있다. 그러나 파이썬의 진정한 장점은 자료형 뿐만 아니라 다양한 모듈들을 활용할 수 있다는 것에 있다. 지금부터 소개하는 모듈들은 현재 과학 및 연구 분야에서 널리 사용되고 있는 모듈들이다. 모듈에 대한 깊이 있는 내용은 각 모듈들 마다 별도의 책 한권을 통하여 설명이 필요할 만큼 방대하기 때문에, 본 교재에서는 모듈들에 대한 소개를 통해 파이썬을 처음 접하는 사람들에게 어떠한 경우에 어떠한 모듈을 사용하는 지에 대한 방향을 제시한다.

15.1. Numpy

Numpy(넘파이) 모듈은 수치해석을 위한 라이브러리로, 다차원 행렬과 벡터를 편리하게 처리하기 위한 여러 유용한 기능을 제공하고 있다. Numpy는 다차원 행렬을 위한 자료구조인 ndarray(N-dimensional Array)를 이용하여 벡터와 행렬을 이용하는 선형대수 계산에 주로 사용한다. Numpy 내부는 C언어로 구성되어 있어 일반적인 파이썬 명령어에 비하여 속도가 빠르고, 인덱싱을 이용할 수 있기 때문에 간단한 코드로 복잡한 수식을 계산할 수 있다. Numpy 모듈은 파이썬 기본 모듈이 아니기 때문에 다음과 같이 pip를 이용하여 설치한 후 사용할 수 있다.

```
pip install numpy
```

Numpy를 이용하여 행렬을 생성하는 방법은 numpy 모듈의 array() 함수를 이용하면 된다. 이때 행렬의 각 요소는 동일한 자료형을 가진다. 행렬의 차원은 ndim 속성을 통하여 확인할 수 있으며, 각 차원의 크기는 shape 속성을 이용하여 튜플로 확인할 수 있다. 이제 Numpy를 이용하여 1차원 배열을 만들어 보자.

```
>>> import numpy as np
>>> arr = np.array(range(10))
>>> type(arr)
<class 'numpy.ndarray'>
>>> arr
array([0, 1, 2, 3, 4, 5, 6, 7, 8, 9])
>>> arr.ndim
1
>>> arr.shape
(10,)
```

np.array()를 이용하면 ndarray 객체를 생성할 수 있다. 실제 객체를 출력한 결과 바깥에 array([....])라고 표시된 것과 같이 리스트와 동일한 구조에 array()만 추가되어 있다. 그러나 리스트와 ndarray 객체가 다른 점은 리스트의 경우 각 항목이 서로 다른 자료형이 가능하지만, ndarray 객체의 각 항목은 동일한 숫자 자료형이어야 한다. 이러한 제약은 내부 요소에 대한 접근를 더욱 빠르게 한다. arr.ndim을 출력한 결과 1은 arr이 1차원 행렬임을 나타내며, arr.shape의 결과 (10,)는 첫 번째 차원에 10개의 요소를 갖고있다는 의미이다.

Numpy를 이용하면 이러한 행렬을 쉽게 변경할 수 있다. 다음은 앞에서 생성한 1차원 행렬을 2×5의 2차원 행렬로 변경한 것이다.

```
>>> arr.reshape(2, 5)
array([[0, 1, 2, 3, 4],
       [5, 6, 7, 8, 9]])
>>> arr
array([0, 1, 2, 3, 4, 5, 6, 7, 8, 9])
```

ndarray 객체에 reshape() 메서드를 사용하면 차원을 변경할 수 있다. 즉 기존 arr 객체는 1차원에 10개의 요소를 갖고 있었기 때문에, 2차원의 2×5 요소를 갖는 행렬로 변경이 가능하다. reshape() 메서드의 결과는 새로운 행렬을 반환하며, 객체 자체는 변경시키지 않는다. 따라서 객체 자체의 차원을 변경시키기 위해서는 다음과 같이 반환 결과를 변수에 저장해야 한다.

```
>>> arr = arr.reshape(2, 5)
>>> arr
array([[0, 1, 2, 3, 4],
       [5, 6, 7, 8, 9]])
```

ndarray 객체로 구현한 행렬은 다음과 같이 콤마(,)를 이용하여 각 요소에 접근할 수 있다. 그리고 일반적인 시퀀스 자료형과 같이 슬라이싱도 가능하다.

```
>>> arr[0,0]
0
>>> arr[1,0]
5
>>> arr[0, :]
array([0, 1, 2, 3, 4])
```

Numpy에서 ndarray 객체를 생성할 때 기존의 시퀀스 자료형을 이용하는 것 외에 자체적으로 제공하는 함수를 이용하여 생성할 수도 있다. zero() 함수는 모든 요소가 0인 행렬이 생성되며, ones() 함수는 모든 요소가 1인 행렬이 생성된다. 또한 모든 요소를 같은 값을 갖는 full() 함수를 사용할 수 있으며, eye() 함수를 이용하면 단위행렬을 생성할 수 있다. 또한 난수를 생성해서 행렬을 만들기 위하여 random 클래스 메서드들을 사용할 수 있다. 그리고 앞에서 np.array(range(10)) 문장과 동일한 역할을 하는 np.arange() 메서드를 사용할 수도 있다.

```
>>> arr = np.zeros((3, 3))
>>> arr
array([[0., 0., 0.],
       [0., 0., 0.],
       [0., 0., 0.]])
>>> arr = np.ones((3, 3,))
>>> arr
array([[1., 1., 1.],
       [1., 1., 1.],
       [1., 1., 1.]])
>>> arr = np.full((3, 3), 3)
>>> arr
array([[3, 3, 3],
       [3, 3, 3],
```

```
       [3, 3, 3]])
>>> arr = np.eye(3)
>>> arr
array([[1., 0., 0.],
       [0., 1., 0.],
       [0., 0., 1.]])
>>> arr = np.random.rand(2, 2)
>>> arr
array([[0.52152103, 0.65452399],
       [0.69209065, 0.62807365]])
>>> arr = np.random.randint(10, size = (2, 2))
>>> arr
array([[5, 8],
       [0, 1]])
>>> arr = np.arange(10)
>>> arr
array([0, 1, 2, 3, 4, 5, 6, 7, 8, 9])
```

Numpy를 이용하여 생성한 행렬은 +, -, *, /와 같은 연산을 사용하여 각 요소별로 계산을 수행할 수도 있으며, dot() 메서드를 이용하여 내적을 계산할 수도 있다.

```
>>> arr1 = np.ones((2,2))
>>> arr1
array([[1., 1.],
       [1., 1.]])
>>> arr2 = np.random.randint(10, size = (2, 2))
>>> arr2
array([[2, 9],
       [8, 0]])
>>> arr1 + arr2
array([[ 3., 10.],
       [ 9.,  1.]])
>>> np.dot(arr1, arr2)
array([[10.,  9.],
       [10.,  9.]])
```

15.2. Pandas

Pandas(판다스)는 파이썬에서 사용하는 데이터 분석을 위한 모듈로 현재 파이썬의 인기가 Pandas 때문이라고 생각해도 과언이 아닐 정도로 자주 사용하는 모듈이다. Pandas를 사용하면 데이터베이스나 엑셀의 스프레드시트와 같이 행과 열로 이루어진 자료들을 객체를 이용하여 다룰 수 있게 되어, 보다 편리하게 대용량의 데이터를 처리할 수 있다. Pandas 모듈을 사용하기 위해서는 다음과 같이 pip를 이용하여 모듈을 추가해야 한다.

```
pip install pandas
```

Pandas에는 1차원 자료구조인 Series, 2차원 자료구조인 DataFrame, 그리고 3차원 자료구조인 Panel이 있다. Numpy와는 달리 각 요소가 서로 다른 값이어도 가능하며, 파이썬의 딕셔너리와 같이 키를 가질 수 있다. 여기서는 Pandas에서 가장 많이 사용하는 DataFrame에 대한 내용을 간단히 소개한다. 다음의 예제를 살펴보자.

```
>>> import numpy as np
>>> import pandas as pd
>>> df = pd.DataFrame(np.random.randint(50, 100, size = (5, 3)), index = ["Kim",
"Lee", "Park", "Choi", "Yoon"], columns = ["Kor", "Eng", "Math"])
>>> df
      Kor  Eng  Math
Kim    89   86    73
Lee    53   63    80
Park   86   62    96
Choi   98   62    75
Yoon  63   61    57
```

예제를 살펴보자. import numpy as np 문장은 np.random.randint() 메서드를 사용하기 위하여 추가되었다. 그리고 import pandas as pd 문장은 Pandas를 사용하기 위하여 추가되었다. pd.DataFrame()을 이용하여 DataFrame 객체를 생성한다. 이때 np.random.randint() 메서드를 이용하여 50에서 100 사이의 난수를 5행 3열로 입력받는다. 그 후 index 매개변수를 이용하여 첫 번째 행에는 "Kim", 두 번째 행에는 "Lee"와 같이 행 인덱스를 지정한다. 마지막으로 columns 매개변수를 이용하여 첫 번째 열에는 "Kor", 두 번째 열에는 "Eng"와 같이 열 인덱스를 지정한다. 이와 같이 Pandas의 DataFrame을 사용하면 Excel의 스프레드시트와 같이 테이블 기반의 자료를 손쉽게 생성할 수 있다.

이제 생성된 자료를 이용하여 몇 가지 작업을 해 보도록 하자.

```
>>> df.index
Index(['Kim', 'Lee', 'Park', 'Choi', 'Yoon'], dtype='object')
>>> df.columns
Index(['Kor', 'Eng', 'Math'], dtype='object')
>>> df.values
array([[89, 86, 73],
       [53, 63, 80],
       [86, 62, 96],
       [98, 62, 75],
       [63, 61, 57]])
```

우선 df.index와 같이 index 속성을 이용하면 행에서의 인덱스를 확인할 수 있다. 또한 df.columns와 같이 columns 속성을 이용하면 열에서의 인덱스를 확인할 수 있다. 마지막으로 values 속성을 이용하면 DataFrame 내부의 값만을 가져올 수도 있다.

```
>>> df.head(2)
     Kor  Eng  Math
Kim   89   86    73
Lee   53   63    80
>>> df.tail(2)
      Kor  Eng  Math
Choi   98   62    75
Yoon   63   61    57
```

head()와 tail() 메서드는 DataFrame의 앞 부분과 뒷 부분의 값만을 별도로 출력할 수 있다. 이때 인수로 넘기는 값은 몇 개의 값을 출력할 것인지를 지정하며, df.head()와 같이 인수를 사용하지 않고 호출할 경우 5개까지가 출력된다.

```
>>> df["Eng"]
Kim     86
Lee     63
Park    62
Choi    62
Yoon    61
Name: Eng, dtype: int32
```

딕셔너리에서 사용하는 것과 같이 인덱스를 이용하여 DataFrame의 열을 한 번에 가져올 수도 있다. df["Eng"]와 같이 표기하면, "Eng" 열의 모든 자료를 가져올 수 있다. 반면 행의 내용을 지정하여 가져오기 위해서는 다음과 같이 loc 속성을 이용해야 한다.

```
>>> df.loc["Kim"]
Kor     89
Eng     86
Math    73
Name: Kim, dtype: int32
```

또는 열을 기준으로 인덱싱을 한 후에 다시 행을 기준으로 인덱싱을 수행하면, 개별 항목의 값을 구할 수 있다.

```
>>> df["Eng"]["Kim"]
86
```

mean() 메서드를 이용하면 각 열과 행의 평균값을 구할 수 있다. 이때 매개변수로 axis를 사용할 수 있으며, axis = 0이면 열의 평균, axis = 1이면 행의 평균을 구한다.

```
>>> df.mean(axis = 0)
Kor     77.8
Eng     66.8
Math    76.2
dtype: float64
>>> df.mean(axis = 1)
Kim     82.666667
Lee     65.333333
Park    81.333333
Choi    78.333333
Yoon    60.333333
dtype: float64
```

평균뿐만 아니라 max() 메서드와 min() 메서드를 이용하면 최댓값과 최솟값을 구할 수도 있으며, 이때도 axis 매개변수를 사용한다.

```
>>> df.max(axis = 1)
Kim     89
```

```
Lee      80
Park     96
Choi     98
Yoon     63
dtype: int32
```

이 외에도 DataFrame을 병합하거나, 분리하는 등 다양한 메서드가 있으며, 행을 추가하거나 열을 추가할 수도 있다. 더 자세한 사항은 Pandas 모듈의 공식 홈페이지(https://pandas.pydata.org)을 참고하기 바란다.

15.3. Jupyter-Notebook과 Jupyter-Lab

지금까지 파이썬을 이용하여 프로그램을 만들 때 파이썬 인터프리터 환경에서 명령어를 입력하여 작성하였다. 또한 프로그램의 길이가 길어지거나, 또는 자신의 작업 내용을 다른 사람에게 전달할 때는 .py 확장자를 가진 스크립트 파일을 만들어서 사용하였다. 그러나 스크립트 파일을 작성하는 것은 코드의 중간에 결과를 실시간으로 확인할 수 없는 단점이 있다. 이를 해결하기 위하여 나온 것이 바로 Jupyter-Notebook(주피터 노트북)이다. Jupyter-Notebook을 사용하면 파이썬 스크립트 파일을 나중에 재사용할 수 있으며, 코드의 중간에 결과를 쉽게 확인할 수 있다. Jupyter-Notebook을 사용하면 일반적인 텍스트 문서, 프로그램 코드, 이미지와 같은 시각화 화면을 바로 확인할 수 있기 때문에 현재 데이터 분석을 위하여 파이썬을 사용하고 있는 많은 사람들이 이용하고 있다.

Jupyter-Notebook은 현재 기존의 Jupyter-Notebook의 기능을 확장한 Jupyter-Lab이 배포되고 있지만, 아직까지는 Jupyter-Notebook을 더 많이 사용하고 있다. Jupyter-Notebook 또는 Jupyter Lab을 사용하기 위해서는 다음과 같이 pip 명령어를 이용하여 jupyter 모듈을 설치해야 한다.

```
pip install jupyter
```

Jupyter_Notebook은 파이썬과는 별도로 동작하는 프로그램이며, 실행시키기 위해서는 다음과 같이 콘솔 윈도우 창 또는 윈도우 실행 메뉴에서 jupyter notebook 명령어를 입력해야 한다.

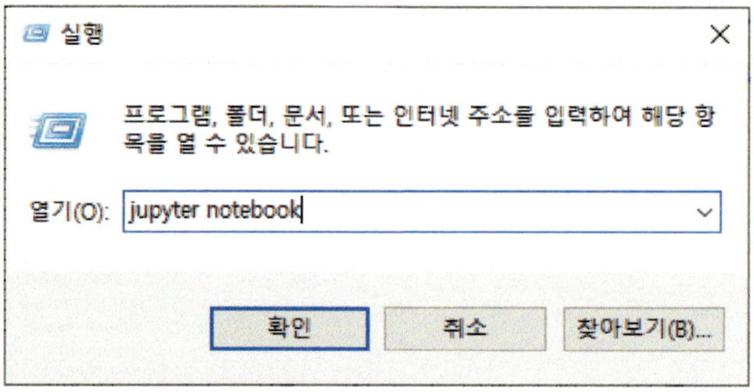

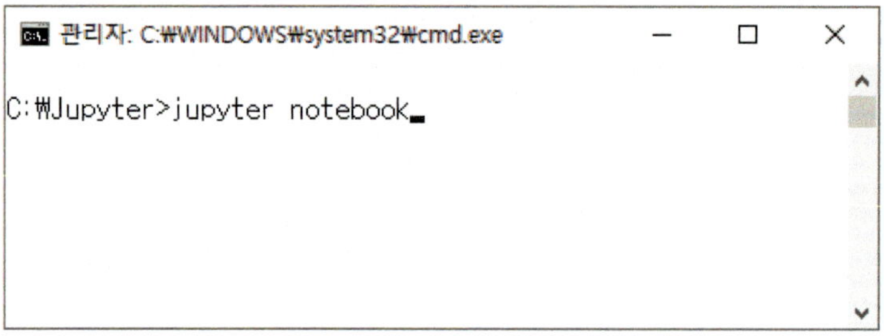

Jupyter-Notebook을 실행하면 다음과 같이 웹브라우저가 자동으로 실행되며, 작업 환경이 열린다. 만약 웹브라우저가 자동으로 실행되지 않는다면, 웹브라우저를 실행한 후 주소 창에 localhost:8888을 입력하면 Jupyter-Notebook이 실행될 것이다.

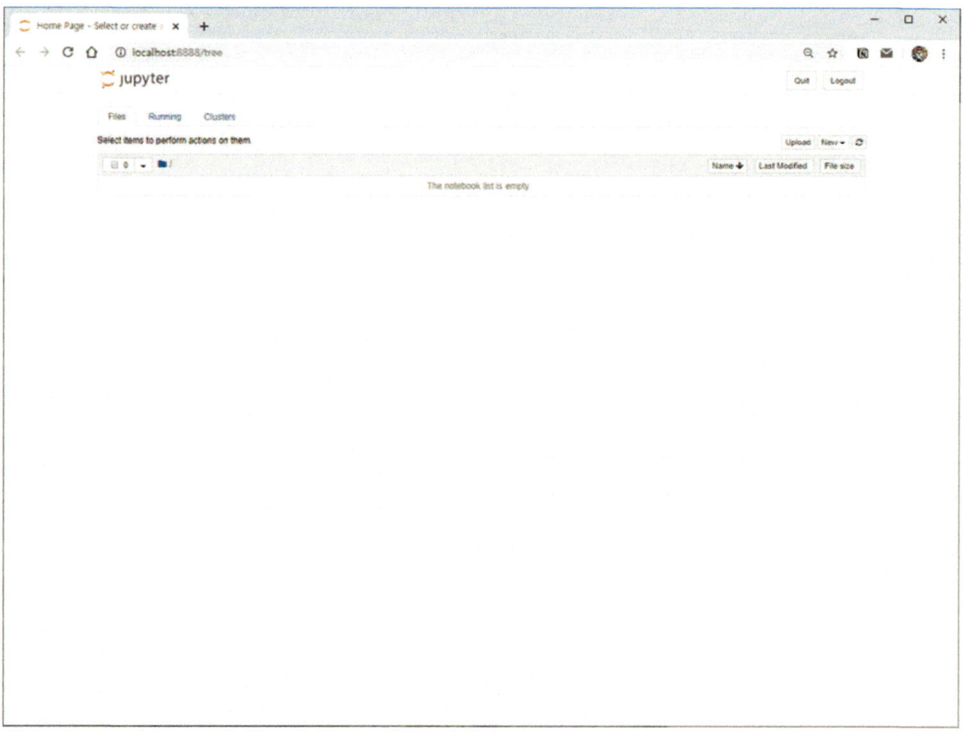

Jupyter-Notebook이 실행되었으면, 이제 파이썬을 이용하여 프로그램을 만들어 보자. 다음의 그림과 같이 New 메뉴에서 Python3를 선택하면, 다음과 같이 새로운 창이 열리면서 코드를 입력할 수 있게 된다.

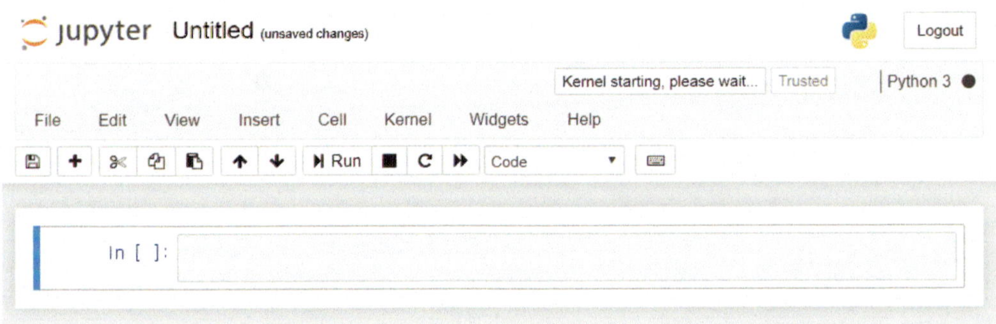

Notebook의 이름을 변경하기 위해서는 다음의 그림과 같이 Untitled를 클릭하면, 이름을 변경하기 위한 창이 열리며, 이름을 변경할 수 있다.

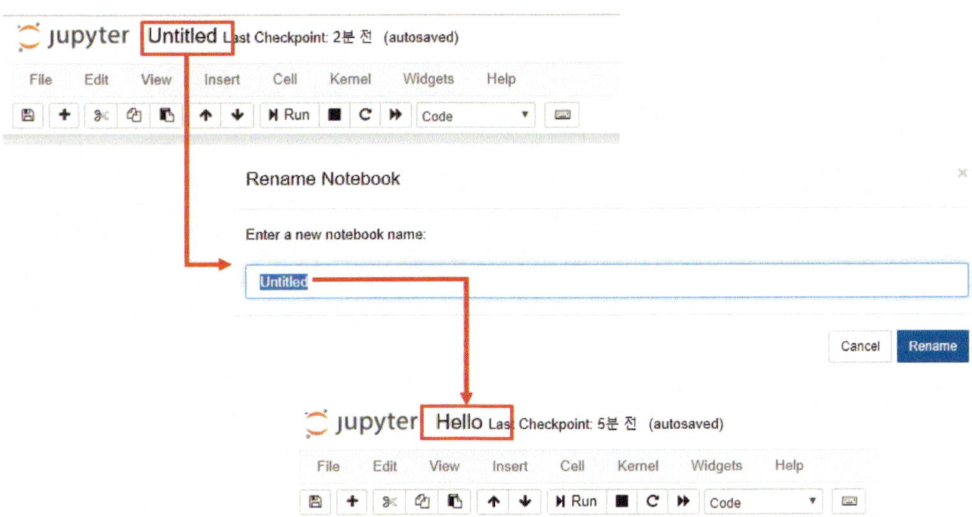

이제 셀에 다음과 같이 파이썬 코드를 입력한 후 실행해 보자. 다음의 그림과 같이 코드를 입력한 후에 [Run] 버튼을 클릭하면 해당 셀에 작성한 프로그램이 실행된다.

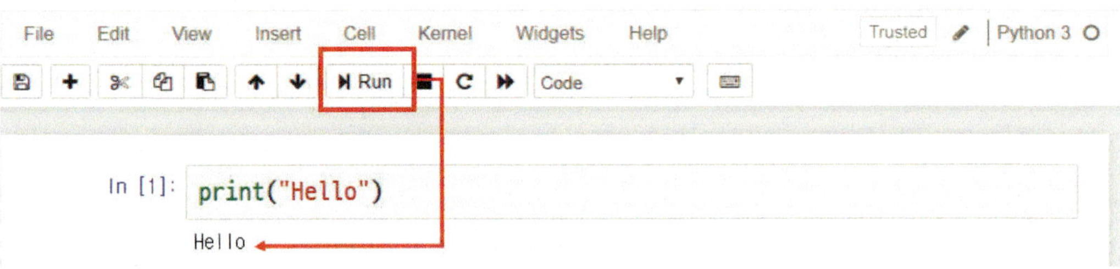

작업중인 파일을 종료하고 싶을 때는 다음의 그림과 같이 [File] 메뉴의 [Close and Halt] 메뉴를 선택한다.

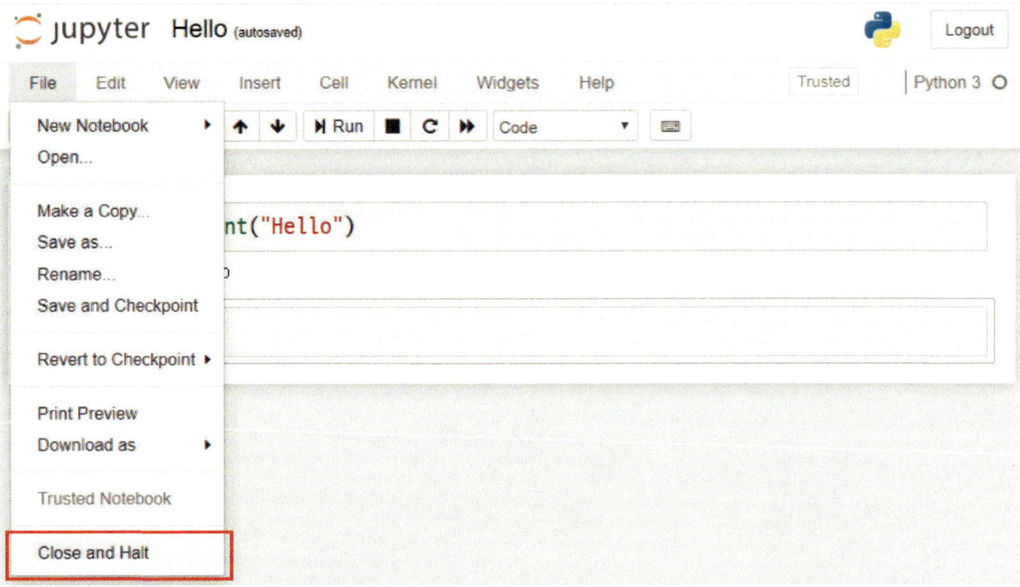

작업중인 창을 나가면, Jupyter-Notebook 메인 화면에 방금 작업했던 파일이 존재하는 것을 확인할 수 있다. 본 교재에서는 Hello라는 이름으로 변경했기 때문에 Hello.ipynb 파일이 생성된 것을 확인할 수 있다.

Jupyter-Notebook으로 작성한 파일 확장자는 .ipynb이며, 이것은 IPython Notebook의 약자이다. IPython은 Jupyter가 만들어지기 전에 Notebook 단위로 프로그램을 관리하기 위한 파이썬 모듈이다. 기존에 사용하던 .py 확장자인 파이썬 스크립트가 아니기 때문에 파이썬에서 직접 실행하지는 못한다. 그러나 Jupyter 자체 기능 중에 .ipynb 파일을 .py 파일로 변경 저장하는 기능이 있기 때문에 이를 이용하면 파이썬에서 직접 실행도 가능하다.

Jupyter-Notebook은 현재 데이터 분석을 위하여 파이썬을 사용하고 있는 사람들 사이에서 가장 많이 사용하고 있는 환경이기 때문에 반드시 기억해야 한다. 또한 Jupyter-Notebook 메뉴에서 파이썬 스크립트 파일 또는 PDF 문서 파일 등 다양한 파일 포맷으로 변경하여 저장할 수 있기 때문에 유용하게 사용할 수 있다.

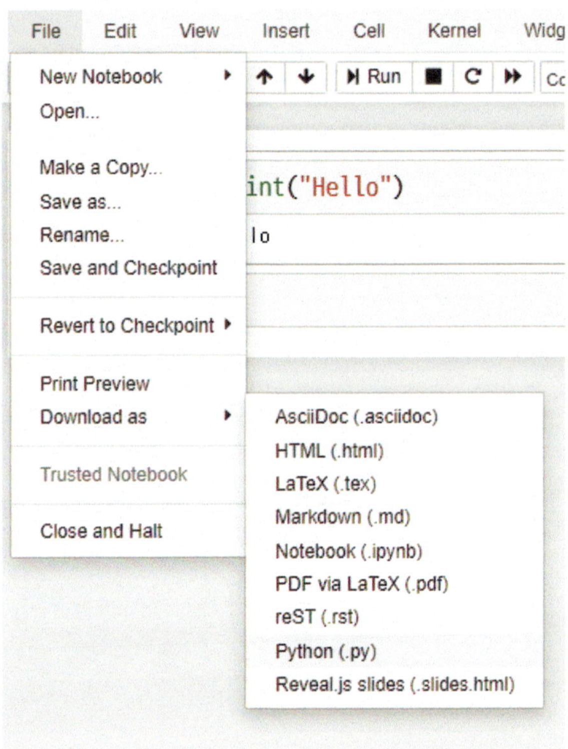

15.4. Matplotlib

Matplotlib 모듈은 파이썬에서 자료를 그래프로 나타내기 위한 시각화 패키지이다. Matplotlib을 이용하면 막대 그래프, 히스토그램, 스캐터 플롯 등 다양한 시각화 기능을 사용할 수 있다. matplotlib 모듈을 사용하기 위해서는 다음과 같이 pip를 이용하여 설치해야 한다.

```
pip install matplotlib
```

이제 matplotlib을 이용하여 간단한 그래프를 그려보자. 파이썬 인터프리터 환경에서는 그래프 표현이 되지 않기 때문에 Jupyter-Notebook 환경을 사용하여 실습한다.

```
import matplotlib.pyplot as plt
%matplotlib inline
```

```
plt.figure()
plt.plot([1,2,3,4,5,6,7,8,9,8,7,6,5,4,3,2,1])
plt.show()
```

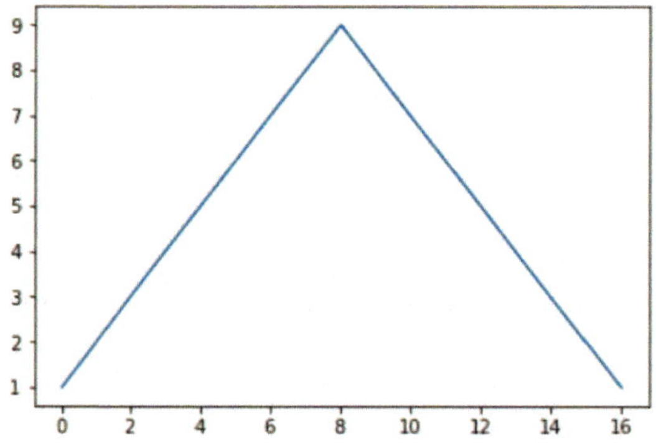

Matplotlib은 그래프를 그리기 위한 패키지이며, 이 중 pyplot 모듈이 실제 그래프를 표시하는데 사용한다. 따라서 import matplotlib.pyplot as plt와 같이 pyplot을 추가한 후 plt로 이름을 변경하여 사용하는 것이 일반적인 방법이다. 다음의 %matplotlib inline은 Jupyter-Notebook에서 Matplotlib을 이용하여 그린 그래프를 직접 표시하기 위하여 추가한 것이다.

다음 plt.figure() 메서드는 그래프를 그리기 위한 캔버스를 만드는 그림판을 만드는 작업이다. 그리고 plt.plot() 메서드는 만들어 놓은 그림판에 좌표를 설정하여 점을 찍고 각 점들 사이를 직선으로 연결한다. 마지막으로 plt.show() 메서드를 이용하여 캔버스를 화면에 표시한다.

다음의 예제는 Matplotlib을 이용하여 Sine 파형을 그린 예이다.

```
import matplotlib.pyplot as plt
import numpy as np
%matplotlib inline
```

```
t = np.arange(0, 12, 0.01)
y = np.sin(t)

plt.figure(figsize = (10, 6))
plt.plot(t, y)
plt.show()
```

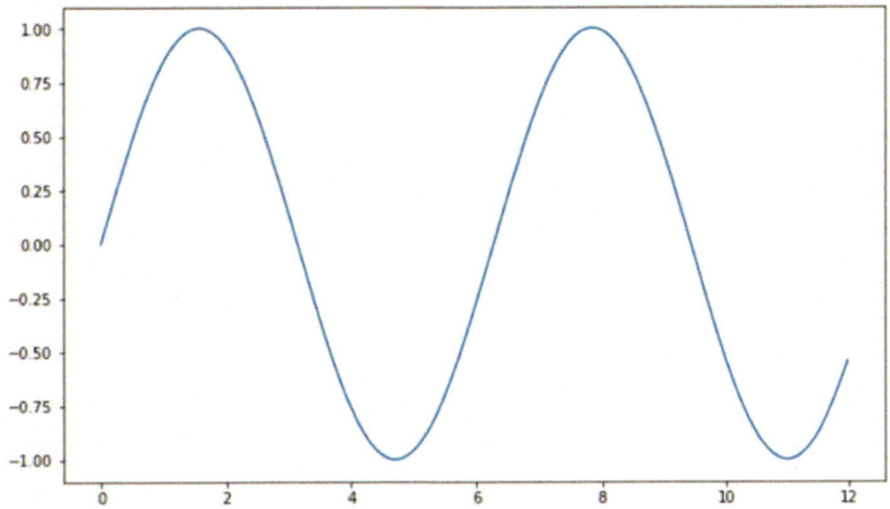

np.arange(0, 12, 0.01) 문장은 0부터 12사이의 값을 0.00, 0.01, 0.02, …으로 생성한다. 즉 가로 축을 0.01 단위로 작게 나눈다고 생각하면 된다. 그리고 그 값에 np.sin(t)를 이용하여 Sine 값을 계산하여 y에 저장한다. 다음 plt.figure() 메서드에 figsize 매개변수를 지정하였다. 실제 화면 출력 결과 앞에서의 출력 이미지와 비교하여 더 큰 것을 알 수 있다. (10, 6)은 가로 10, 세로 6의 크기를 의미하며, 인치 단위이다. 매개변수를 사용하지 않았을 때의 기본 크기는 (6.4, 4.8)이다. 다음 plt.plot(t, y) 문장은 x축을 t, y축을 y로 하여 그래프를 그린다.

Matplotlib을 이용하여 그래프를 그릴 때 축들을 자유롭게 표시할 수 있으며, 그래프의 색상도 변경할 수 있다. 또한 하나의 캔버스에 여러 개의 그래프를 한 번에 그릴 수도 있다. 다음의 예제를 살펴보자.

```
import matplotlib.pyplot as plt
import numpy as np
%matplotlib inline

plt.figure(figsize = (10, 6))
plt.plot(t, np.sin(t), lw = 3, label = 'sin')
plt.plot(t, np.cos(t), 'r', label = 'cos')
plt.grid()
plt.legend()
plt.xlabel('time')
plt.ylabel('Amplitude')
plt.title('Sin/Cos Wave')
plt.show()
```

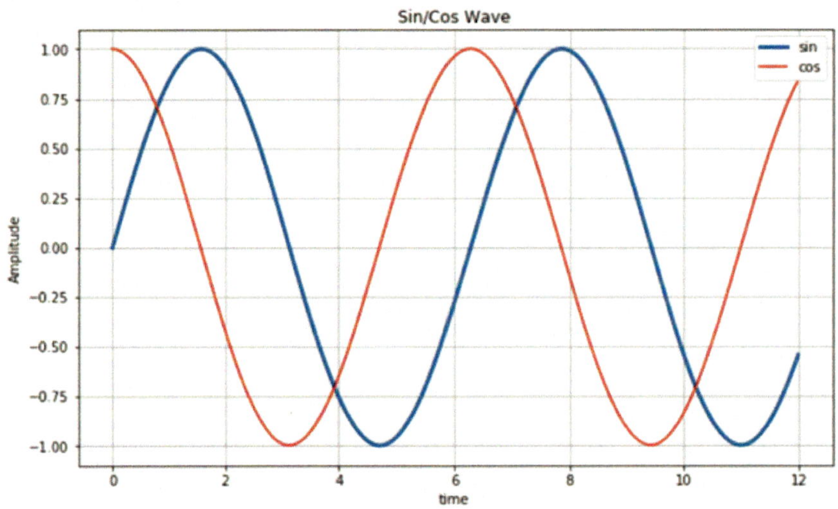

이와 같이 Matplotlib을 사용하면 그래프를 그릴 수 있으며, 지금 소개한 라인 그래프 외에 막대 그래프, 파이 차트, 스캐터 플롯 등 다양한 그래프를 그릴 수 있다. 자세한 내용은 Matplotlib 공식 사이트(https://matplotlib.org)를 참고하기 바란다.

15.5. Scipy

Scipy는 파이썬을 기반으로 과학 및 공학에서 사용하는 많은 계산용 함수 및 알고리즘들이 포함되어 있는 모듈이다. Scipy 내에는 확률 및 통계, 수치해석, 미분방정식, 최적화, 신호처리 등과 관련된 모듈들이 포함되어 있다. Scipy는 일반적으로 Numpy, Pandas, Matplotlib 모듈과 함께 사용되며, 이러한 모듈들을 함께 사용할 경우 수학 계산 전용 프로그램인 MATLAB을 거의 대체할 수 있다고 알려지고 있다. 따라서 최근에는 고가의 MATLAB 프로그램보다 파이썬을 이용하여 계산 작업을 발표하는 논문들이 늘어나고 있는 추세이다. 파이썬에서 Scipy를 사용하기 위해서는 다음과 같이 pip를 이용해서 모듈을 추가해야 한다.

```
pip install scipy
```

다음은 Scipy, Numpy, Matplotlib을 이용하여 정규분포를 갖는 확률밀도함수를 표현한 예이다. 수학적 해석이 필요한 자세한 내용은 생략한다.

```
from scipy.stats import norm
import matplotlib.pyplot as plt
import numpy as np
%matplotlib inline

x = np.linspace(-5, 5, 100)
plt.figure(figsize = (10, 6))
plt.plot(x, norm.pdf(x))
plt.show()
```

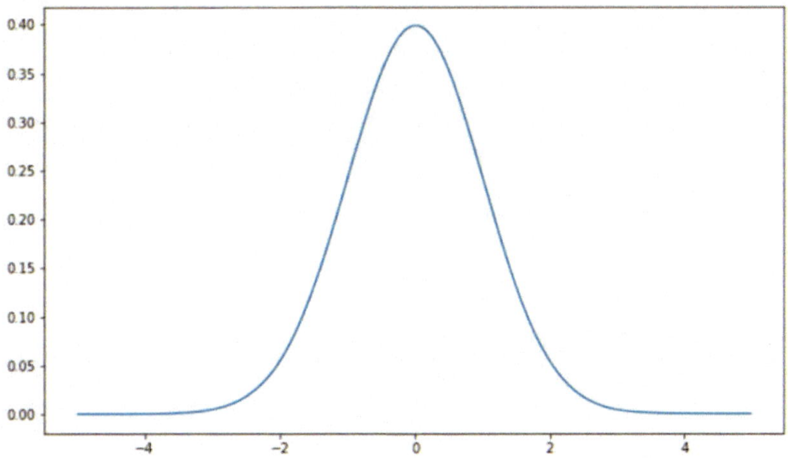

15.6. Scikit-learn

Scikit-learn 모듈은 파이썬에서 가장 유명한 기계학습(Machine Learning) 모듈 중의 하나로, 분류(Classification), 회귀(Regression), 군집화(Clustring), 의사결정트리(Decision Tree) 등의 다양한 알고리즘을 수행할 수 있는 방법을 제공하고 있다. 또한 이미지 분류를 위한 손글씨 숫자 필기 이미지 데이터 셋인 MNIST 데이터셋과, Iris(붓꽃) 이미지 데이터 셋을 내장하고 있으며, 회귀분석용 캘리포니아 집값 자료, 뉴스 그룹 텍스트 자료 등을 바로 다운로드 받을 수 있도록 함수를 제공하고 있기 때문에 다양한 샘플 데이터를 이용하여 초기 연구 계획을 수립하고 관련 기능을 학습하는데 도움을 준다. Scikit-learn을 사용하기 위해서는 다음과 같이 pip 명령어를 이용하여 Scikit-learn 모듈을 설치해야 한다.

```
pip install scikit-learn
```

다음은 Scikit-learn에서 제공하는 붓꽃 이미지의 분포를 표시한 예이다. 자세한 내용은 Scikit-learn 공식 홈페이지(https://scikit-learn.org)를 참고하기 바란다.

```
import matplotlib.pyplot as plt
from sklearn import datasets
from sklearn.decomposition import PCA

# import some data to play with
iris = datasets.load_iris()
X = iris.data[:, :2]  # we only take the first two features.
y = iris.target

x_min, x_max = X[:, 0].min() - .5, X[:, 0].max() + .5
y_min, y_max = X[:, 1].min() - .5, X[:, 1].max() + .5

plt.figure(2, figsize=(8, 6))
plt.clf()

# Plot the training points
plt.scatter(X[:, 0], X[:, 1], c=y, cmap=plt.cm.Set1, edgecolor='k')
plt.xlabel('Sepal length')
plt.ylabel('Sepal width')

plt.xlim(x_min, x_max)
plt.ylim(y_min, y_max)
plt.xticks(())
plt.yticks(())

plt.show()
```

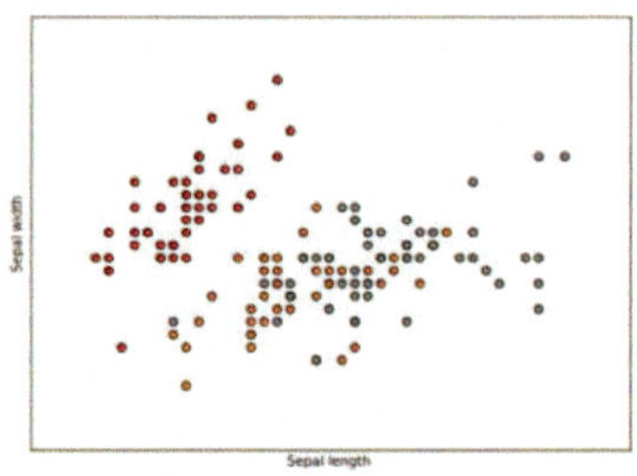

15.7. Tensorflow, Keras, Pytorch

알파고의 등장 이후로 인공지능 특히 딥러닝에 대한 관심이 폭발적으로 증가하고 있다. 파이썬 역시 전통적인 기계학습 방식의 연구에 수행되었던 Scikit-learn 외에 딥러닝에 대한 연구를 수행할 수 있는 모듈들을 제공하고 있다. 그 중 현재 가장 많이 사용되고 있는 모듈이 여기에 소개할 Tensorflow, Keras, Pytorch이다. 앞에서 소개한 Scipy, Scikit-learn과 마찬가지로 Tensorflow, Keras, Pytorch 역시 각각의 기능에 대한 전반적인 내용을 설명하기에는 책 한권으로도 부족하기 때문에 간단히 소개만 한다.

15.7.1. Tensorflow

Tensorflow(텐서플로우)는 데이터 흐름 그래프(Data Flow Graph)를 이용하여 계산을 표현하는 오픈소스 라이브러리로 구글의 사내 프로젝트로 시작된 수치 계산을 위한 소프트웨어 프레임워크이다. 그러나 인공지능을 위한 심층신경망을 표현하고 구현하기 위한 인터페이스를 목표로 설계되었다. 연산 그래프를 이용하여 신경망을 표현하고, 자동 미분을 통하여 각 신경망 사이의 가중치를 최적화한다. 이러한 가중치는 경사 하강법(Gradient Descent)을 이용한 역전파(Backpropagation)이라는 피드백 과정으로 학습되며, Tensorflow에는 많은 최적화 알고리즘을 제공하고 있다. Tensorflow에 대한 자세한 사항은 공식 홈페이지(https://www.tensorflow.org)를 참고하기 바란다.

15.7.2. Keras

Keras(케라스)는 인공지능을 위한 프로그래밍 작업을 쉽게 할 수 있도록 만든 파이썬 프레임워크이다. Keras는 Tensorflow와는 다르게 하위 레벨의 계산을 직접 수행할 수는 없지만, 사용자가 인공지능을 쉽게 구현하는데 도움을 주는 다양한 상위 레벨 인터페이스를 제공하고 있다. 이를 통해 세부적인 내용에 대한 고민 없이 다양한 분야에서 인공지능을 쉽게 응용할 수 있다. Keras는 자체적으로 구동되는 것이 아닌 Tensorflow와 같은 하위 레벨 인터페이스와 함께 구동된다. 일반적으로 Keras는 Tensorflow와 함께 많이 사용하며, 특히 Tensorflow 2 버전 이후에는 Keras가 Tensorflow의 상위 레벨 인터페이스에 포함되어 배포되고 있다. 즉 현재는 Tensorflow가 Keras를 포함하고 있는 형태이다. Keras에 대한 자세한 내용은 Tensorflow의 Keras 항목(https://www.tensorflow.org/guide/keras)을 방문하거나, Keras 공식 문서(https://keras.io)를 참고하기 바란다.

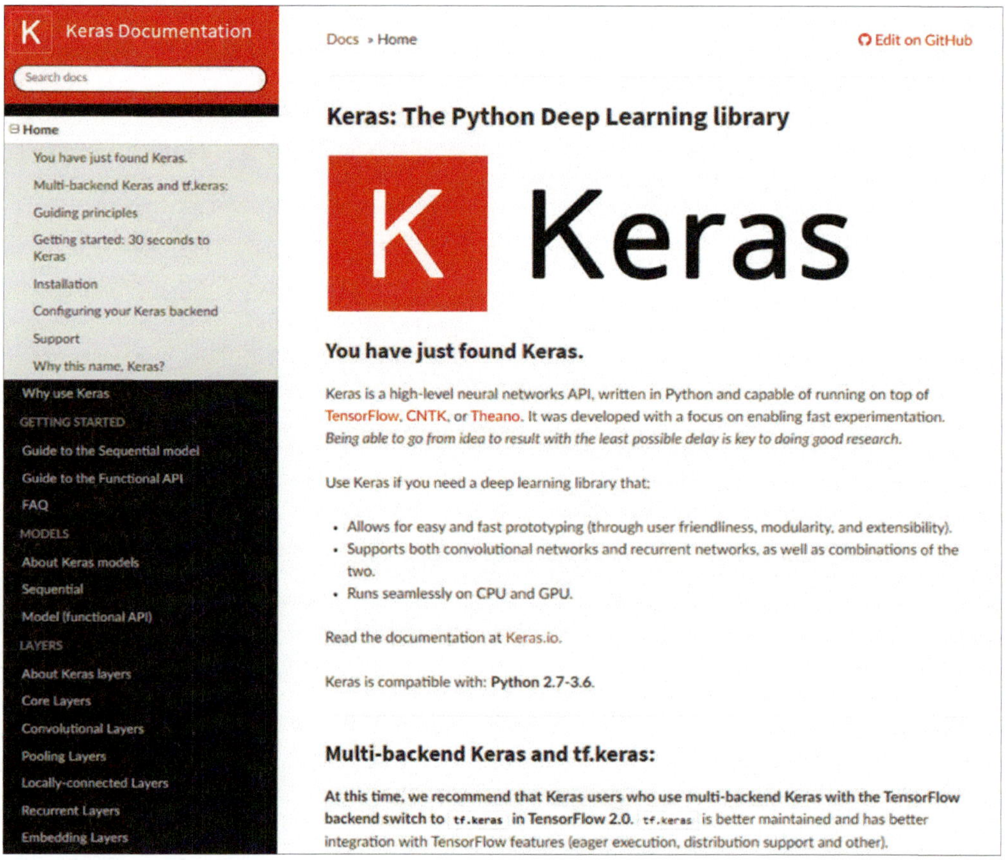

15.7.3. Pytorch

Pytorch는 구글에 의해서 Tensorflow가 발표된 이후, 페이스북 주도로 여러 회사와 대학이 함께 개발한 딥러닝용 오픈소스 프레임워크이다. 초기의 Tensorflow와는 다르게 딥러닝 모델을 쉽게 구현할 수 있도록 많은 편의 기능을 제공하고 있어서 현재 사용 분야가 점차 증가하고 있다. 파이토치는 간결하고, 직관적이며, 코드가 의미하는 내용을 그대로 나타내기 때문에 가장 파이썬다운 딥러닝 프레임워크로 알려져 있다. Tensorflow는 인공 신경망을 위한 그래프를 미리 정해두고 실행 중에는 바꿀 수 없는 정적 계산 그래프를 사용하는 반면, Pytorch의 경우 실행중에 그래프를 변경할 수 있는 동적 계산 그래프를 사용하기 때문에 데이터에 유연한 모델을 만들 수 있는 장점이 있다. Pytorch에 대한 자세한 사항은 공식 홈페이지(https://pytorch.org)를 참고하기 바란다.

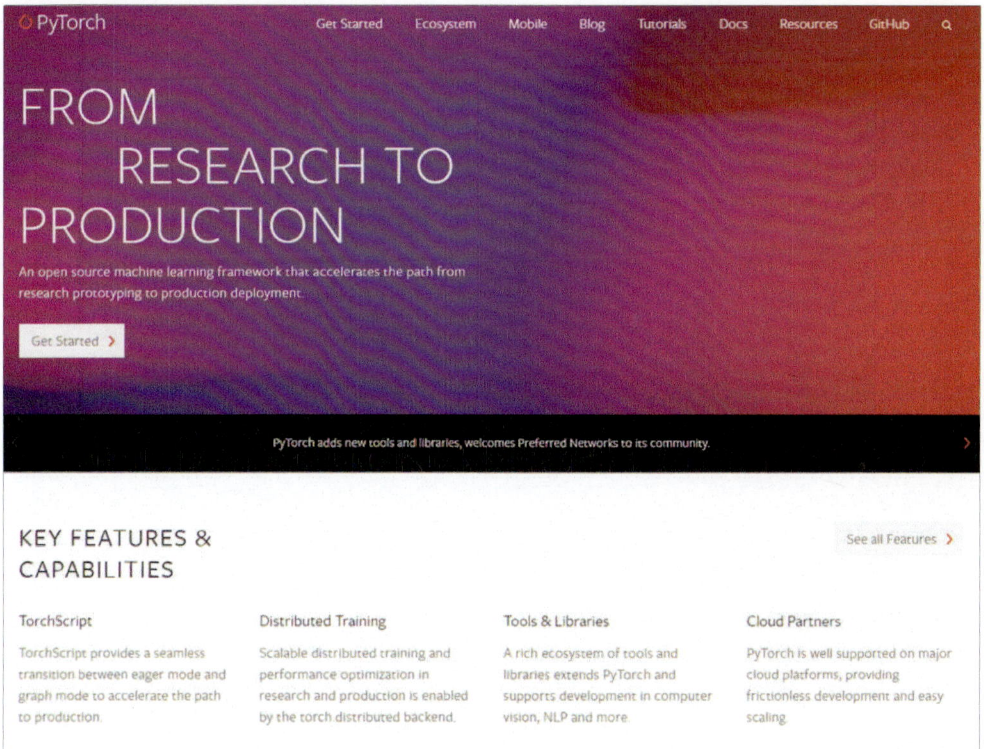

I/N/D/E/X

(기호 및 숫자)

(영문)

(국문)

저 / 자 / 소 / 개

김기용

경기대학교 공과대학 전자공학과 졸업

현재 경기대학교 창의공과대학 전자공학과 조교수

E-mail: eye4eye@kyonggi.ac.kr

성동수

한국과학기술원 전기 및 전자공학과 졸업

현재 경기대학교 창의공과대학 전자공학과 교수

E-mail:dssung@kyonggi.ac.kr

도서출판
그린

파이썬 연습

저자와의
협의하에
인지생략

초 판 발행 ▶	2020년 2월 27일
개정판 발행 ▶	2022년 2월 25일
저 자 ▶	김기용, 성동수
발행처 ▶	도서출판 **그린**
발행인 ▶	윤 덕 우
출판등록 ▶	제8-161호(1995. 5. 3.)
주소 ▶	경기 파주시 가람로116번길 107 운정한강듀클래스 411호 (우) 10896
전화 ▶	02) 333-2574, 2575
Fax ▶	02) 333-2561
E-mail ▶	greenpress@greenpress.co.kr
Homepage ▶	http://www.greenpress.co.kr

정가 : 26,000원

ISBN 978-89-5727-335-7